宁夏社会科学院文库

# 黄河文明在宁夏

薛正昌 著

*Yellow River Civilization in Ningxia*

社会科学文献出版社
SOCIAL SCIENCES ACADEMIC PRESS (CHINA)

# 宁夏社会科学院文库
## 编委会

**主　任**　张　廉

**副主任**　段庆林

**委　员**　刘天明　郑彦卿　李保平　李文庆　鲁忠慧
　　　　　雷晓静　马金宝　余　军

# 总 序

宁夏社会科学院是宁夏回族自治区唯一的综合性哲学社会科学研究机构。长期以来，我们始终把"建设成马克思主义的坚强阵地、建设成自治区党委政府重要的思想库和智囊团、建设成宁夏哲学社会科学研究的最高殿堂"作为时代担当和发展方向。长期以来，特别是党的十八大以来，在自治区党委政府的正确领导下，宁夏社会科学院坚持以习近平新时代中国特色社会主义思想武装头脑，坚持马克思主义在意识形态领域的指导地位，坚持以人民为中心的研究导向，增强"四个意识"、坚定"四个自信"、做到"两个维护"，以"培根铸魂"为己任，以新型智库建设为着力点，正本清源、守正创新，不断推动各项事业迈上新台阶。

2016年5月17日，习近平总书记在哲学社会科学工作座谈会上强调，当代中国正经历着我国历史上最为广泛而深刻的社会变革，也正在进行着人类历史上最为宏大而独特的实践创新。这种前无古人的伟大实践，必将给理论创造、学术繁荣提供强大动力和广阔空间。作为哲学社会科学工作者，我们积极担负起加快构建中国特色哲学社会科学学科体系、学术体系、话语体系的崇高使命，按照"中国特色哲学社会科学要体现继承性、民族性，体现原创性、时代性，体现系统性、专业性"的要求，不断加强学科建设和理论研究工作，通过国家社科基金项目的立项、结项和博士学位论文的修改完善，产出了一批反映哲学社会科学发展前沿的研究成果。同时，以重大现实问题研究为主要抓手，建设具有地方特色的新型智库，推出了一批具有建设性的智库成果，为党委政府决策提供了有价值的参考，科研工作呈现良好的发展势头和前景。

加快成果转化，是包含多种资源转化在内的一种综合性转化。2019年，宁夏社会科学院围绕中央和自治区党委政府重大决策部署，按照"突出优势、拓展领域、补齐短板、完善体系"的原则，与社会科学文献出版社达成合作协议，分批次从已经结项的国家社科基金项目、自治区社科基金项目和获得博士学位的毕业论文中挑选符合要求的成果，编纂出版"宁夏社会科学院文库"。

优秀人才辈出、优秀成果涌现是哲学社会科学繁荣发展的重要标志。"宁夏社会科学院文库"，从作者团队看，多数是中青年科研人员；从学科内容看，有的是宁夏社会科学院的优势学科，有的是跨学科或交叉学科。无论是传统领域的研究，还是跨学科领域研究，其成果都具有一定的代表性和较高学术水平，集中展示了哲学社会科学事业为时代画像、为时代立传、为时代明德的家国情怀和人文精神，体现出当代宁夏哲学社会科学工作者"为天地立心，为生民立命，为往圣继绝学，为万世开太平"的远大志向和优良传统。

"宁夏社会科学院文库"是宁夏社会科学院新型智库建设的一个窗口，是宁夏社会科学院进一步加强课题成果管理和学术成果出版规范化、制度化的一项重要举措。我们坚持以习近平新时代中国特色社会主义思想为指引，坚持尊重劳动、尊重知识、尊重人才、尊重创造，把人才队伍建设作为基础性建设，实施学科建设规划，着力培养一批年富力强、锐意进取的中青年学术骨干，集聚一批理论功底扎实、勇于开拓创新的学科带头人，造就一支立场坚定、功底扎实、学风优良的哲学社会科学人才队伍，推动形成崇尚精品、严谨治学、注重诚信的优良学风，营造风清气正、互学互鉴、积极向上的学术生态，要求科研人员在具备专业知识素养的同时，将自己的专业特长与国家社会的发展结合起来，以一己之长为社会的发展贡献一己之力，立志做大学问、做真学问，多出经得起实践、人民、历史检验的优秀成果。我们希望以此更好地服务于党和国家科学决策，服

## 总 序

务于宁夏高质量发展。

路漫漫其修远兮，吾将上下而求索。宁夏社会科学院将以建设特色鲜明的新型智库为目标，坚持实施科研立院、人才强院、开放办院、管理兴院、文明建院五大战略，努力建设学科布局合理、功能定位突出、特色优势鲜明，在全国有影响、在西部争一流、在宁夏有大作为的社科研究机构。同时，努力建设成为研究和宣传马克思主义理论的坚强阵地，成为研究自治区经济社会发展重大理论和现实问题的重要力量，成为研究中华优秀传统文化、革命文化、社会主义先进文化的重要基地，成为开展对外学术文化交流的重要平台，成为自治区党委政府信得过、用得上的决策咨询的新型智库，为建设经济繁荣民族团结环境优美人民富裕的美丽新宁夏提供精神动力与智力支撑。

宁夏社会科学院<br>
2020 年 12 月

# 前　言

宁夏历史悠久，早在战国时期境内已设立县治。六盘山、贺兰山南北纵贯，黄河穿越黑山峡进入宁夏平原。宁夏地处黄河中上游，正当九曲黄河河套"几"字湾地域，地理位置特殊而重要。秦朝建立后，宁夏平原得到了大规模开发。宁夏地处边地，历代在防御戍边的同时不断移民屯垦，军屯、民屯、商屯交替进行，尤其是军屯。各种形式的移民推动着宁夏经济社会文化发展，不断创造了宁夏农业文明的辉煌。宁夏平原土地肥沃，"黄河自昆仑入中国数万里，为害于大梁，独利于宁夏"。引黄灌溉塑造了宁夏平原"塞北江南"富庶景象，"天下黄河富宁夏"的赞誉传承千年。百年前在外国人的眼中，"黄河的开恩更使这块令人惊奇的土地变成一片绿洲"。宁夏平原是我国特大型古老灌区之一，流金的九曲黄河给宁夏留下了千里沃野，成就了"农业文化遗产"；引黄古灌渠进入世界灌溉工程遗产名录，成为世界排灌工程文化遗产。绿洲丝绸之路与草原丝绸之路呈网状在宁夏衔接延伸，农耕文化、草原文化、西域中亚文化在这里交汇碰撞，多元文化积淀丰厚。

宁夏的黄河文明，由早期的长城、城堡与水系布局，逐渐演进到沿黄河城市群，奠定了两千年后的城市格局，延续了悠久的城市文脉，同时也传承和创新了丰富的物质文化和非物质文化。黄河文化与黄河精神，深深根植于绵延数千年的宁夏地域文化之中，成为维系宁夏人共同进取创业的精神纽带，宁夏"唯黄河而存在，依黄河而发展，靠黄河而兴盛"。呵护与感恩黄河，才能传承黄河文明兼容并畜的博大精神，推进宁夏经济文化繁荣和社会进步。黄河流域生态保护和高质量发展先行区建设，为宁夏发展、生态文明建设提供了全新的时代机遇。

本书为2012年立项的国家社科基金（西部项目）研究课题，内容涵盖了宁夏历代政权建制、历代移民开发、天下黄河富宁夏、城市变迁与城市文化、城市群建设与经济动能、沿黄河带文化遗产、丝绸之路与"一带一路"建设等，将历史变迁与文化发展融合在一个全新的历史时空里，为人们了解和研究黄河文明与宁夏发展历史提供了多重路径和不同视角。

# 目　录

绪　论 …………………………………………………………… 001

**第一章　政权建制与沿黄河州县** …………………………… 012
  第一节　先秦县制 ……………………………………………… 012
  第二节　秦汉郡县 ……………………………………………… 014
  第三节　魏晋南北朝镇州县 …………………………………… 017
  第四节　隋唐郡县变迁 ………………………………………… 019
  第五节　宋夏对峙与西夏立国 ………………………………… 021
  第六节　开成路与宁夏行省 …………………………………… 023
  第七节　明代州县与军镇 ……………………………………… 025
  第八节　清代州县变迁 ………………………………………… 029
  第九节　民国县制与省市 ……………………………………… 032

**第二章　历代移民在宁夏** …………………………………… 037
  第一节　黄河与宁夏平原 ……………………………………… 039
  第二节　先秦移民 ……………………………………………… 044
  第三节　秦汉时期 ……………………………………………… 049
  第四节　魏晋南北朝时期 ……………………………………… 055

第五节　隋唐时期 …… 058
　　第六节　西夏时期 …… 060
　　第七节　元朝的移民 …… 062
　　第八节　明清的移民 …… 065
　　第九节　新中国成立后的移民 …… 068
　　第十节　移民文化 …… 076

第三章　黄河农业文明 …… 086
　　第一节　黄河文明与宁夏山川 …… 087
　　第二节　黄河文明与农业开发 …… 090
　　第三节　农业文明传承与创新 …… 133

第四章　城市变迁与城市文化 …… 144
　　第一节　城市设置与变迁 …… 145
　　第二节　沿黄城市带布局 …… 148
　　第三节　中心城市与文化传承 …… 170
　　第四节　黄河冲刷与城市迁徙 …… 188

第五章　城市群建设与经济动能 …… 198
　　第一节　沿黄城市群社会经济 …… 199
　　第二节　城市群建设与区域经济 …… 209
　　第三节　城市化与城市群建设 …… 219
　　第四节　黄河湿地与城市生态环境 …… 225

第六章　黄河带文化遗产与旅游 …… 238
　　第一节　黄河文明积淀 …… 238
　　第二节　黄河文化旅游 …… 291

**第七章　丝绸之路与"一带一路"经济** …… 312
　第一节　丝绸之路在宁夏 …… 312
　第二节　功能区与新县制经济动能 …… 328
　第三节　丝路经济带与沿黄城市群 …… 337

**主要参考文献** …… 349

**后　记** …… 352

# 绪　论

黄河文明源远流长，数千年前就被古人尊称为"四渎之宗""百泉之首"。黄河向东流经青海、四川、甘肃、宁夏、内蒙古、陕西、山西、河南、山东九个省区，全长5464公里，流域面积75万平方公里。"北方城市文明的产生基础是黄河文化，这直接导致了黄河流域的城市具有某种相似的地域特征。"[①] 汉唐时期的政治中心都在中国北方的黄河流域，黄河与城市的形成和发展、与城市文明关系极为密切。黄河流域的自然环境，气候、地貌、河流、生态等多元空间所形成的特殊凝聚力，像大地母亲般孕育了黄河文明。在历史发展的长河中，黄河文明融合了黄河支流上多民族的地域文化，演绎了一幅幅多姿多彩的历史画卷，历尽沧桑而自强不息，展示了黄河文明的生命力和向心力。浩瀚深邃且极具凝聚力的黄河文明，成为中华民族文脉永续的象征，是维护国家统一和民族团结的精神文化支柱。

## 一

宁夏地处黄河中上游，面积6.64万平方公里。黄河穿越黑山峡、青铜峡，南北纵贯397公里，宁夏境内有黄河一级支流清水河、二级支流泾

---

[①] 朱逸宁：《上古时期中国南北城市文化的源流与精神结构》，《复旦学报》（社会科学版）2014年第1期。

## 黄河文明在宁夏

河、三级支流葫芦河等水系汇入。黄河流域具有理想的、得天独厚的自然条件，宁夏平原是古代中国发达的农业文明经济区之一。世界上任何一种文明，总是和它产生的地域环境有着千丝万缕的联系。黄河孕育了美丽富饶的宁夏平原，"天下黄河富宁夏"是对古代黄河农业文明浸润宁夏的见证和赞誉。

城市是黄河文明的载体。追溯宁夏城市的发展变迁，可以看出黄河沿岸城市群既是人群密集的聚居区，是生活与生产劳动的富庶之地，也是物质文明与精神文明凝聚传承的标志。春秋战国时期设朐衍县、乌氏县、朝那县，秦汉以后置高平县、富平县，再置北地郡和安定郡及其属县。南部原州，北部灵州，是唐代著名的都市。之后，党项民族建立西夏国。元代设立宁夏中兴行省，1929年1月宁夏省建立，直到今天沿黄城市群建设，经过了两千年的发展变迁。现在，我们审视宁夏沿黄河城市带的布局，可以看出城市群建设成为黄河文明的载体，再现的仍是黄河文明的魅力。

黄河文明兼容并蓄。黄河文明体现着自身的博采众长与融会贯通，数千年间，草原游牧文化、西域中亚文化与中原农耕文化在宁夏不断融合交替。作为桥梁和纽带的丝绸之路，为多元文化在宁夏的碰撞交流、生成发展提供了广阔的时空。无论张骞"凿空"打通西域门户，还是成吉思汗西征及其子孙建立元朝，在这个频繁的中西文化大交流的历史进程中，宁夏的地域空间始终是一个大舞台。宁夏大地上的文化遗存和各种文化现象，体现的正是黄河文明的久远历史与兼容并蓄的多元特点。黄河文明，是一种包容性极强的文化系统。

历代移民开发促成了"塞北江南"农业文明。黄河千万年的淤积形成了宁夏平原肥沃的土地，从"千里黄河唯富一套""黄河百害，唯富一套"的赞誉，可见黄河宁夏平原"灌溉之利"的地理优势，为历代移民开发提供了自流灌溉特殊的便利条件。移民文化推进了黄河农业文明，也包括特殊时期的黄河航运。黄河出黑山峡后，进入宁夏中卫平原；再穿越青铜峡进入银川平原，总称为宁夏平原。早在秦代，这里就开凿了"秦渠"；早在明代，就有了"天下黄河富宁夏"之美誉。丰厚的自然禀赋,给宁夏平原农业生产提供了优越的条件。两千多年过去了,宁夏平原引黄水利工程的规模和灌溉面积,远远超过了历史上任何时期,已成为一种成熟的高度发达的农业文明。"塞北江南"的富庶景象,承载着农业文明的灿烂与辉煌。

## 二

"黄河是一条举世闻名的河流,人们往往将它看作是中华民族的象征,因为中华民族早期的历史是与黄河有着不可分割的关系,它哺育了世界上人口最多的中华民族的成长……黄河流域是中华民族的摇篮。要了解中华民族的历史,首先就必须了解黄河流域的历史,而要了解黄河流域的历史,自然也就离不开黄河的历史。"[①] 宁夏地处黄河中上游,地理位置重要。研究宁夏境内的黄河文明,可以说是研究整个黄河文明的一个重要组成部分。宁夏,因黄河而成就了名扬千古的宁夏平原,靠黄河而演绎了农业文明的兴盛过程。宁夏平原山川格局的影响,黄河对宁夏平原的恩赐,历代移民的持续开发,成就了"天下黄河富宁夏"的美誉。宁夏的文明史,是一部与黄河文明密切关联的历史。依靠黄河做大文章,仍是当代人的使命所在。沿黄城市群的建设,黄河金岸战略的部署,"两区"建设的推进,尤其是作为国家战略的"黄河城市群"的建设,为宁夏的未来发展提供了空前的历史机遇,奠定了坚实的空间和发展基础。

发源于六盘山的泾水与清水河,都是黄河的重要支流,它们一南一北,把汉唐时期政治中心长安(西安)与北部宁夏平原连在一起;汉代黄河沿岸的眴卷县(今中卫市大部分辖境),曾经是安定郡(固原)的辖县。水系,将地域空间有机地联系在一起。正是从这些意义上,我们理解的沿黄河城市带是一个大的地域概念,涵盖宁夏南北地域,固原是这个地域空间的重要辖区。

---

[①] 邹逸麟:《千古黄河》,中华书局香港有限公司,1990,"前言",第1~2页。

**黄河文明在宁夏**

宁夏平原是全国12个商品粮基地之一,其土地面积占整个宁夏土地面积的20%,但在这20%的土地上创造了80%的经济效益。沿黄河城市带分布着宁夏的10个城市,聚集了宁夏57%的人口、80%的城镇、90%的城镇人口、80%以上的产业、90%以上的GDP,[①]这是宁夏平原农业文明的奇迹。2010年底,国务院印发的《全国主体功能区规划》,将宁夏沿黄经济区纳入国家层面的重点开发区域;2011年3月,又将宁夏沿黄经济区写入国家"十二五"规划纲要,沿黄经济区建设上升为国家发展战略,宁夏沿黄经济区纳入国家重点建设的18个主体功能区之一。上升到国家战略层面的宁夏沿黄经济区,战略意义更为重大。

对黄河文明在宁夏的研究,正是黄河农业文明历史背景与现实问题研究的有机结合。该研究内容相对丰富,时间跨度大,自秦汉至当代;地域空间上包括宁夏全境并延伸到周边地区,如内蒙古自治区乌海市,陕西省延安市、榆林市,甘肃省庆阳市、平凉市等;在内容布局上,集中研究了宁夏历代政权建制与地域开发、历代移民与宁夏平原开发、"天下黄河富宁夏"、沿黄城市变迁与城市文化、沿黄城市群建设、丝绸之路经济带与向西开放战略、沿黄河带文化遗产、旅游文化与旅游开发等问题。从多个历史层面与文化视角,论述和诠释了黄河文明在宁夏的前天、昨天和今天,梳理了发展变迁的时空背景,为沿黄经济区建设提供了较为系统的历史参照和借鉴,为旅游文化深度开发提供了全新的历史背景和丰富的文化遗产积淀。同时,也为黄河文明扩展了新的内涵。

黄河文明孕育自强不息的精神。千百年来,"坚韧不拔、勤劳刻苦、自强不息、厚德载物、兼收包容、海纳百川"的黄河文化,凝聚成"团结、拼搏、求实、开拓、奉献"的黄河精神,深深根植于绵延数千年的宁夏地域文化之中,成为维系宁夏广大人民群众共同生活,激励不息奋斗

---

[①] 赵磊:《宁夏农业正在创造奇迹》,《宁夏日报》2008年5月5日;庄电一:《黄河玉带育明珠》,《光明日报》2009年7月19日。

的精神纽带。宁夏人民在长期的发展建设中艰苦奋斗、自强不息、和谐互助的文化品格和文化多元融合的人文胸怀，是宁夏黄河文化的内核。

## 三

城市群，是未来城镇化的延伸。中央城镇化工作会议提出要优化城市布局，即根据资源环境承载能力构建科学合理的城市布局，把城市群作为主体形态，促进大中小城市和小城镇合理分工，功能互补，协同发展。当今城市发展的主流和大趋势是城市群建设，它是我国经济发展中最有活力的核心增长极。中国的城镇化，其命脉系于城市群建设。[1] 目前，我国初具规模、得到公认的城市群有21个，银川城市群即为其中之一。这是宁夏城镇化过程中难得的发展机遇和大平台，也关乎未来人口、经济、社会、文化和整体结构等诸多方面，延伸和发展的意义重大。"平原是中国城市的摇篮。平原地区自然环境优越，地形平坦，交通方便，水源丰富，物产丰盈，能为城市的兴起和发展提供一切必要的条件。仅土地资源一项就使城市有足以回旋的余地，物产丰盈更使城市的发展具备雄厚的物质基础。"[2] 宁夏平原"塞北江南"的富庶景象，已被两千多年的历史检验过了，它的地理基础与物质条件仍将为新时期沿黄城市群的建设与发展提供特殊的支撑，为新的城市群落的形成和经济文化发展提供地缘优势。

黄河文明在宁夏沿黄河城市群建设中，依然要体现它的地域特点。因此，在城市群建设的过程中，从文化层面上"要依托现有山水脉络等独特风光，让城市融入大自然，让居民望得见山，看得见水，记得住乡愁"。地方城市发展要体现其地域特色，要符合地方发展的客观实际。两千多年

---

[1] 上海交通大学城市科学研究院：《城市群：未来城镇化的主平台》，《光明日报》2014年6月3日。
[2] 马正林：《中国城市历史地理》，山东教育出版社，1998，第22页。

来，宁夏平原农业文明的开发，沿黄河城镇的兴起，沿黄城市群的布局，依托的是黄河与黄河农业灌溉所形成的独有的"塞北江南"的富庶地理空间；宁夏沿黄经济区建设，同样依托的是黄河与黄河农业文明的长期积淀。

## 四

几年前，在国家创推委区域发展委员会主持的中国经济发展战略新腹地建设研讨会上，有专家认为"黄河几字湾应成为共建丝绸之路经济带的一个强大支撑点，撬起、促动整个丝绸之路经济带，成为继珠三角、长三角、环渤海三大经济增长极之后中国经济发展的第四极，从而有效拉动整个中国经济发展"。[1]国家构建黄河湾经济区宏观战略研究是全新的课题。基本思路是当前在我国复杂的周边环境下，黄河几字湾地区以其独特的区位优势、巨大的发展潜力而成为未来经济发展战略的新腹地，宁夏所在地理位置正当这一地域的南端，极具战略意义。国家层面上的发展战略，将进一步影响和推进宁夏沿黄城市群建设和发展。宁夏"唯黄河而存在，依黄河而发展，靠黄河而兴盛"，这是新时期"天下黄河富宁夏"的另一种前瞻性、智慧性的阐释和表述，也是宁夏人民对黄河文明新的感悟和认识。这样才能呵护黄河，才能感恩黄河，才能传承黄河文化兼容并蓄的博大精神，创新和推进宁夏经济文化繁荣和社会进步。

两千年前，秦始皇派蒙恬屯军开发宁夏平原，是宁夏平原大规模开发的开始。唐代的宁夏平原，已经是美丽富饶的绿洲。"贺兰山下果园成，塞北江南旧有名"，唐代诗人韦蟾以他睿智的审美观照，留下了描绘宁夏平原黄河灌区繁荣富庶景象的著名诗句。宁夏平原农业文明的开发史，为宁夏当代实施异地移民搬迁提供了历史参照和理论借鉴；宁夏平原得天独厚的自然条件，为国家"十二五"重点建设的主体功能区——宁夏沿黄经济区奠定了绚丽而厚实的基础。在发展经济的同时，异地移民搬迁于沿

---

[1] 罗容海：《加快建设黄河几字湾地区》，《光明日报》2014年6月9日。

黄经济区仍是一个古老而弥新的话题。正是从历史与现实的意义上，研究历代宁夏平原的开发与国家沿黄经济区建设，具有重要的现实意义和深远的历史意义。

宁夏平原黄河农业文明开发研究的文字记载，散见于汉唐以来的正史典籍、明代以来的地方志书、近数十年间见诸报刊的研究成果，以及一些专著里，但系统研究宁夏平原沿黄经济与城市发展、沿黄河文化带的文化遗存等还是空白。目前，在政府新一轮西部大开发背景下，宁夏沿黄经济区已上升为国家战略，[①] 是学术界尚未涉及的重大理论和实践课题。研究宁夏平原沿黄经济区与黄河文化带，有助于沿黄经济区国家战略的实施，有助于攻坚脱贫，有助于宁夏乡村旅游深度开发。

2018年，是宁夏回族自治区成立60周年。一甲子沧海桑田，宁夏的经济社会和文化建设发生了翻天覆地的变化，各项事业蓬勃发展，塞上大地进入了新时代。为庆祝宁夏回族自治区成立60周年，9月19日，中共中央政治局常委、全国政协主席汪洋率中央代表团出席庆祝活动。同时，向宁夏赠送了习近平总书记题词贺匾："建设美丽新宁夏 共圆伟大中国梦"。汪洋和宁夏回族自治区党委书记、人大常委会主任石泰峰一同为习近平总书记题词贺匾揭牌。60年间，宁夏始终是党中央情之所系、心之所牵的地方。习近平总书记的贺匾"情满塞上"，成为宁夏各族人民"奋进逐梦"的新起点。宁夏沿黄经济区城市群建设、沿黄文化带文旅融合并深度推进，都将进入一个新阶段。

## 五

2019年9月19日，习近平总书记在郑州主持召开黄河流域生态保护和高质量发展座谈会并发表重要讲话，强调要坚持"绿水青山就是金山银山"的

---

[①] 《中华人民共和国国民经济和社会发展第十二个五年规划纲要》，《人民日报》2011年3月17日。

理念，坚持生态优先、绿色发展，以水而定、量水而行，因地制宜、分类施策，上下游、干支流、左右岸统筹谋划，共同抓好大保护，协同推进大治理，着力加强生态保护治理、保障黄河长治久安、促进全流域高质量发展、改善人民群众生活、保护传承弘扬黄河文化，让黄河成为造福人民的幸福河。[①] 黄河流域是我国重要的生态屏障和重要的经济地带，是打赢脱贫攻坚战的重要区域，保护黄河是事关中华民族伟大复兴的千秋大计，是重大国家战略。

宁夏地处黄河中上游，两千年来守护着黄河，浇灌着奔腾不息的黄河水，吮吸着黄河的乳汁。宁夏"唯黄河而存在，依黄河而发展，靠黄河而兴盛"。我们不能只有无限制的索取，同样需要感恩和回报，需要保护和创新。宁夏山川有它独特的生态环境，宁夏古渠灌溉有它自流灌溉的特殊模式，有水域面积较大的湖泊湿地；宁夏有其丰富的黄河文化遗产资源，黄河文化视域下的传统民间艺术，是中国艺术的本源，是黄河文明的具体展现和价值内涵所在。在共同抓好黄河大保护和协同推进大治理的过程中，宁夏肩负着保护与创新的重大使命。适逢黄河保护与治理国家战略的实施，遂延伸了这些国家层面上的重大信息和未来黄河保护与治理的重要内容。

## 六

文明一词，最早见于《周易·文言传》，"见龙在田，天下文明"。文明可分为物质文明、政治文明和精神文明。文明涵盖着历史走向和社会发展的进程，它是文治教化、社会发展进步的客观状态，包括民族意识、技术水平、礼仪规范、宗教思想、风俗习惯等，文明是一种思维模式，是一种存在形态，是一种生活模式。现代意义的文明，是人类社会创造的物质财富和精神财富的总和，是社会发展水平较高阶段的状态，也包括人类审美观念和文化现象的传承发展。黄河文明，是华夏文化的根系，在多元一体的中华文化

---

[①] 《共同抓好大保护协同推进大治理 让黄河成为造福人民的幸福河》，《光明日报》2019年9月20日。

## 绪 论

中，是最有代表性、最具影响力的主体文化。约在公元前4000年至前2000年之间，黄河文明已经形成。龙山文化、马家窑文化、齐家文化、窑洞文化，是黄河流域甘青宁文明史的早期体现。文化的内涵主要包括物态文化、制度文化和行为文化三大层面，物态文化是可以触知的具有物质实体的文化事物，制度文化即各种社会行为规范，行为文化是约定俗成的礼仪、民俗等表现出来的外在的行为模式。

黄河文明之于宁夏，经脉血肉相连。宁夏缘黄河而生，因黄河而发展。黄河农业文明不仅灌溉富庶了宁夏，而且留下了久远的影响力。数千年的历史进程中，黄河文明给予博大宽容的气质、生生不息的民族精神、兼容并蓄的文化表象。《易传》曰："天行健，君子以自强不息。地势坤，君子以厚德载物。"厚德载物的精神，能够容纳百川，不断丰富和发展自己。宁夏的历史是一部移民史，历史进程体现了容纳百川的特点。宁夏城市文明产生的基础是黄河文化，宁夏塞北江南的富庶源于黄河农业文明，宁夏地域文化形成于黄河及其支流水系，黄河文明深深植根于宁夏地域文化之中。正是从这些意义上，体现着黄河文明的象征意义。千百年来，一代代人民不间断地开发，前赴后继，风雨兼程，历经坎坷，以"坚韧不拔、勤劳刻苦、自强不息、厚德载物、兼收包容、海纳百川"的黄河文化，凝聚形成"团结、拼搏、求实、开拓、奉献"的黄河精神，成为维系宁夏广大人民群众共同生活的精神纽带。

宁夏地理环境特殊，北部为宁夏平原引黄灌溉区，中南部逐渐过渡到丘陵山地，属于黄土高原地貌。沿黄城市群的研究，按照相关政策划定的范围，主要涉及宁夏平原沿黄河带分布的10个城市，但在书稿的撰写过程中，也将宁夏南部固原市列入其中。一是由于发源于六盘山的清水河，是黄河的一级支流。早在西汉时期，昫卷县（今中卫市大部分地域）即隶属于安定郡（今固原市）管辖。二是因为黄河文明的发祥地，主要依托在黄河诸多支流的两岸，清水河流域即是古丝绸之路通道，两岸台地又是便于人类栖息生存的地方。三是根据《宁夏空间发展战略规划》布局，固原是宁南区域中心城市。这样，沿黄河城市群的研究对象实际上覆盖了

**黄河文明在宁夏**

宁夏全域。

宁夏历史悠久，黄河文明积淀深厚。宁夏特殊的地理空间，承载过许多重大历史事件，出现过许多重要历史人物。这既是黄河在宁夏的文明史，也是国家层面上的大事。《黄河文明在宁夏》，内容涉及政权建制、军事机构、历代移民、引黄灌溉、城市与城市群、地域经济、文化遗产、湿地生态等诸多领域。

政权建制，是一个特定地域历史走向的时代见证。由战国时期秦国设置乌氏县、朐衍县直到民国时期，宁夏地区省、府、州、县建制齐全，从政权建制史层面上反映了宁夏两千多年的发展变迁史。军事机构亦独具特点，设置层级高，管辖地域广。明朝宁夏未设地方政权建制，镇、卫、所层级的军事建制管理军政民事，这种现象一直延续到清朝雍正时期设立宁夏府。在这个过程中，有多个独具特色的政权建制：一是建都近190年的西夏政权，二是元代设立的西夏中兴行省，三是元代六盘山下的安西王府，四是明代设立的固原陕西三边总督，五是明代就藩宁夏二百余年的庆王朱㮵家族。

宁夏历代移民开发与宁夏平原引黄河灌溉，是黄河农业文明独有的"河套现象"。历代移民与黄河灌溉，涉及移民史与黄河农业灌溉两大部分，所占的篇幅较大。宁夏平原农业文明的缘起，始于秦朝蒙恬戍边开发。除动荡时期之外，历代移民通过不同形式进入宁夏平原屯垦戍边。元代以后移民的规模更大，明代军屯、民屯、商屯等各种形式的移民屯田不断推进。总起来看，历代移民在宁夏屯垦，历代黄河水利与灌溉，黄河农业文明的开发等，成就了黄河文明在宁夏的多元体现。

沿黄河城市群是黄河文明的物质载体。宁夏城市和城市群的形成是一个逐渐发展的过程。唐代以前的中心城市，南部在原州（固原），北部在灵州。西夏建国前，将中心城市西平府（灵州）移往黄河西岸。西夏都城的修建，改变了唐代以前宁夏平原的城市格局。明代宁夏北部卫、所的空间布局，包括一些交通沿线的重要城堡，成为之后黄河沿岸城市形成之雏形。清代雍正年间宁夏府的改置，新渠县、宝丰县的设置（虽然因大地震存在的时间不长），使沿黄河城市群的城市格局基本形成。民国时期，随着县治的析置增加，沿黄河城市群更趋完善。中华人民共和国成立以来，黄河沿岸城市经济发展，城市群格局形成。

城市群建设与经济动能，城市群与区域经济的增长、宜居城市与文化记忆等，是黄河文明在新时代的延伸发展。未来沿黄河城市群经济发展存在巨大潜在动能：一是沿黄河城市群各市县（区）的经济状况与创新能力；二是宁东能源化工基地的引领；三是滨河新区、阅海中央商务区、银川综合保税区、内陆开放型经济试验区的经济新动能，包括红寺堡区；四是黄河湿地与城市生态高质量发展；五是丝绸之路与"一带一路"经济向外延伸。

文化遗产，是黄河文明在宁夏的宝贵财富。水洞沟文明产生于2万年前，宁夏文明史随之开始。沿黄河文化带的文化遗产，包括物质文化遗产与非物质文化遗产。物质文化遗产，主要指国家重点文物保护单位与自治区级文物保护单位，如贺兰山岩画、须弥山石窟、长城文化、西夏王陵、董府等；非物质文化遗产，包括六盘山花儿、杨氏泥塑、剪纸、刺绣等。各类文化遗产，是文旅融合开发旅游的独特资源。

追溯黄河文明与沿黄河城市群的发展历史，包括黄河农业文明的演进过程，旨在揭示黄河文明在宁夏的悠久历史，为宁夏人提供历史文化内容丰富的宁夏读本，为域外人了解宁夏历史文化提供多元窗口和精彩的历史画卷。

# 第一章　政权建制与沿黄河州县

宁夏地处黄河中上游，为古丝绸之路东段北道必经之地，正当中原与边地交融荟萃之地域空间，是中原农耕文化与西域中亚文化、北方草原游牧文化相碰撞的地方，历史上以军事防御与宁夏平原农业文明影响而见诸典籍记载。秦始皇、汉武帝、宇文泰、唐太宗、成吉思汗、忽必烈、康熙等封建君主都十分关注宁夏，有10代190年建国经历的西夏，也在这片土地上有过辉煌历史。从早期的乌氏县、朐衍县、朝那县、富平县，到安定郡、北地郡、中兴行中书省、宁夏省，正史典籍记载和叙写着宁夏历代地方政权建制、省废和发展变迁的历史。

考察和研究宁夏历代开发与人口迁徙的历史，必须了解和研究宁夏历代政权建制与变迁。实际上，通过地方政权的设置与变迁，即可以基本看清历代军事、政治与农业开发的过程。

## 第一节　先秦县制

### 一　"大原"与西周

泾水与清水河流域，是黄河的重要支流和早期人类居住地。黄河流域是中华民族的发祥地。固原开发较早，大量地下考古表明，原始社会早期，我们的先民就活动在这里。在固原境内已发现多处旧石器时代文化遗址，以及新石器时期马家窑文化、半山—马厂文化等遗址100多处。西周时期，固原已进入周朝的势力范围。西周与戎族在固原曾不断发生过战争，《诗经·小雅·六月》里已有描述和记载："薄伐猃狁，至于大原。""大原"，即固原一带。[①]《汉书·匈奴传》载"宣王兴师命将征伐猃狁，诗人美大其功"，指的就是对这次战争取胜后的赞美，这是宁夏历史上第一首描写战争场面的古诗。周宣王时期还曾"料民于大原"，目的是补充兵员，这是我国历史上人口普查的最早文字记载。

20世纪80年代初，在宁夏固原县中河乡孙家庄发现的西周时期车马坑墓葬，出土了兽面纹车轴饰、鼎、簋、戈、戟、车轴、銮铃、马镳等大量文物，印证了《诗经·小雅·六月》诗里西周与"大原"的历史关系。同时，这也说明西周文化已进入宁夏南部。

2017年6月，经国家文物局批准，对姚河塬商周遗址进行了抢救性发掘。姚河塬商周遗址位于宁夏固原市彭阳县新集乡，红河水系穿境而过。商周遗址正当红河支流李儿河、小河切割而形成的塬地上，为两水相交之地，遗址面积60余万平方米。经钻探发现了壕沟、墙体、道路、储水池、水渠等居住区，和铸铜作坊区、制陶作坊区等遗迹。墓葬区位于遗址东北部，面积约5万平方米，勘探发现墓葬60余座，发掘墓葬18座，其中甲字形大墓2座，竖穴土坑中型墓葬5座，小型墓葬4座。另有马坑6座、车马坑1座。陪葬马匹尸骨完整，陪葬马车轮廓清晰。另发现祭祀坑1座、灰坑8座，出土青铜器、玉器、骨器等文物3000余件。正在发掘中的姚河塬遗址，印证着西周时期"大原"的政治军事背景。

## 二 早期县制

春秋战国时期，固原是义渠、乌氏等少数民族聚居地，为义渠戎国所辖，境内筑城建县，延续时间近千年。秦穆公称霸西戎后，秦国与义渠戎国之间长期征战。公元前324年，秦惠文王出兵攻取乌氏戎地，置乌氏县

---

① 周振甫：《诗经译注》，中华书局，2013，第289页。

（固原东南），为宁夏历史上最早的县级建制。朐衍县，战国时秦置，治所在今盐池县花马池镇，属北地郡所辖。县制的设立，促进了宁夏开发的不断推进。

公元前272年，秦国攻灭义渠戎国后，在新获得的土地上设置了陇西、北地二郡，固原大片土地纳入秦国版图，属北地郡管辖。同时，秦国为加强西北边境的军事防御，在陇西与北地二郡之间修筑了一条长城，即固原城以北5公里处的战国秦长城。这一年为秦昭襄王三十五年。战国秦长城已被列为全国重点文物保护单位。

宁夏北部黄河以东的朐衍县，战国时秦国所置，地当今盐池县北柳杨堡乡。朐衍县是宁夏中北部最早设置的县制，秦朝时仍沿袭朐衍县建制，管辖范围包括现在陕西定边县的大部分地方，属北地郡所辖。秦汉时期的朐衍县境内，已是沃野千里、仓廪殷积、水草丰美、牛羊塞道的繁盛景象。

## 第二节　秦汉郡县

### 一　秦朝郡县

公元前221年，秦始皇统一中国，建立了中国历史上第一个中央集权制封建王朝。秦朝实行郡县制，宁夏全境隶属于北地郡（郡治在今甘肃宁县西北）。秦在宁夏南部设有两个县治，一是六盘山腹地设置乌氏县。乌氏县，本乌氏戎地，最晚在秦惠文王十四年（前324）设置。《史记·货殖列传》里记载的"乌氏倮"，就是一个以繁殖畜牧交易与商贸活动而富甲一方的巨富，受秦始皇的恩宠，"令倮比封君，以时与列臣朝请"，给他以很高的政治待遇。二是朝那县。可能是公元前272年，秦昭襄王攻灭义渠戎国之后，以朝那邑为中心设置的县治，待考。

宁夏北部设置两县，一是朐衍县，二是富平县（今吴忠市利通区西南）。秦惠文王五年（前333），秦王游朐衍，应该此时已有朐衍县建制（是秦自春秋至战国时设置的第35个县制），其地即在今宁夏盐池县境内。秦始皇三十二年（前215），命大将蒙恬率大军30万击逐匈奴，生活在黄河河套的少数民族（主要是匈奴）被迫迁到阴山以北，黄河河套以南的地域全部纳入秦朝的版图，即历史上著名的"新秦中"，宁夏中北部地区基本在此范围之内。设置县制除徙民耕种外，还体现着军事防御特点。据史书记载，在黄河河套以南、陕西和甘肃北部、宁夏大部分地区，包括清水河流域的广大地域空间上，设有44县（一说34县），由于地域空间太大，对重要关隘重点防御，修筑独立的城池，布置有专防的守军。这种城池，被称为"障城"。秦始皇在设置富平县的同时，在银川平原设有两个军事防御性的障城，一是在富平县西南青铜峡峡口一带设有神泉障，一是在县境东北（今平罗县境）设有浑怀障，这是宁夏北部得以开发的重要历史时期。后来，还有过朐衍道的设置。

秦始皇开中国历史上移民屯垦之先河，为历代所效仿。

## 二 北地郡

元朔二年（前127），汉武帝派卫青、霍去病数路多次出击匈奴，将河套以南的匈奴楼烦、白羊王逐出塞外，重新收复秦始皇时开发的"新秦中"大片土地，并移民畜牧与屯垦，重新修筑秦始皇时黄河沿岸的城堡，以加强防御。宁夏中北部，尤其是宁夏平原的黄灌区得到了新一轮开发。由于移民与屯垦的不断推进，宁夏北部新增灵武、灵州、廉县3县，北地郡亦北移治马岭（今甘肃庆城县北）。

灵武县治所在典农城（今青铜峡市邵岗堡西），辖黄河西岸的大片土地，应该是银川平原西岸南部最早的县级建制之一。廉县，治所在今贺兰县暖泉附近，辖黄河西岸以北的大片土地，也是黄河西岸北部最早的县级建制。灵武、廉县，都是汉武帝拓边屯垦的产物。灵州县，设于西汉惠帝四年（前191），是灵州中枢地位的体现。朐衍县依旧，仍在今盐池县北柳杨堡乡境内。西汉时期，边境相对安宁，移民屯垦取得良好的效益，从县级建制的增加即可看到当时的开发程度。

除了郡县之外，汉代还出现了一种特殊的自治性管理机构——"属国"。汉武帝元狩三年（前120），为了安抚归顺的匈奴民族，在边境地区设置5个属国，在安定郡辖境内的是安定属国，都尉驻三水县（今宁夏同心县东）。这是当时中央政府对于归顺西汉的少数民族实行的一种特殊的安置和管理形式，在专门指定的地域之内实行自治管理，保留其部族生活习俗及内部管理体系，直接由中央政府属国都尉管理。

### 三 安定郡

西汉初年，宁夏北部仍是以匈奴为主的少数民族活动的属地，西汉政府没有能力来收复秦始皇时开辟的"新秦中"广大土地。这种格局一直延续到汉武帝时期。在文景之治的基础上，汉武帝将西汉社会经济文化推向一个高峰。宁夏在西汉早期隶属于北地郡。汉武帝对西北的郡治作了重大调整，于元鼎三年（前114）析置安定郡（辖12县），郡治在高平县（今固原城），其中高平、乌氏、朝那（今彭阳县古城镇）等县，均在今固原境内。在两汉统治的400多年间，高平县是整个清水河流域唯一延续的县制。

眴卷县治所在今宁夏中宁县古城乡境。这是隶属于安定郡的最北端的县治，也是宁夏历史上唯一打破南北地理空间而隶属的县治。清水河将宁夏南北连接贯通起来，眴卷县隶属于安定郡管辖，应该与清水河有关，与清水河承载的萧关道有关。

安定郡是宁夏历史上第一个州郡级政权建制，它由此奠定了固原的历史地位。安定郡是关中通往西北地区的军事重镇。

### 四 郡县变迁

东汉时宁夏仍隶属于安定郡与北地郡。但北地郡由马岭移治于宁夏境内的富平县，宁夏北部政权建制格局提升。

东汉以后，西北地区的羌族势力日渐壮大，不断与东汉政权较量，严重威胁着北部边疆的安全,也影响了西北地区政权建制的稳定。汉安帝永初五年(111)的羌族大起义,使整个宁夏地区成为羌族与东汉激战的重要地区。安定郡内迁美阳(今陕西扶风东),北地郡迁往池阳(今陕西泾阳)。直到129年,尚书仆射虞诩上书汉顺帝,认为北地、安定、上郡一带沃野千里,水草丰美,阻山带河,不可久弃,建议将内迁的安定、北地二郡郡治迁回旧地。北地、安定二郡治再迁回原地后,汉顺帝还亲往巡视并犒赏边军。顺帝永和六年(141)十月,东、西羌族又联手,再度起义,征西将军马贤父子战死,安定、北地失陷,安定郡太守郭璜因失守北地而下狱死。[①] 东汉政府再次将安定郡迁至扶风(今陕西扶风县境),北地郡迁至左冯翊(今陕西高陵县西南)。东汉北地郡较西汉辖境已缩小,仅辖富平、泥阳、戈居、廉县、参䜌、灵州6县,安定郡所辖宁夏有高平、朝那、乌氏、三水诸县。

## 第三节　魏晋南北朝镇州县

经过魏晋南北朝时期的民族大迁徙、文化大融合,北方逐渐走向统一。北魏的统一,结束了北方自东汉以后长达数百年的分裂割据局面。对于宁夏来说,其标志就是北魏政权在宁夏南北两大军镇(高平镇、薄骨律镇)的建立。在此期间,少数民族在宁夏建立过两个地域性政权:万俟丑奴的高平政权,赫连勃勃的大夏国。因此,地方建制受到这两个地域性政权的影响。

### 一　高平镇

三国对峙时,安定郡治内迁,宁夏南部属于曹魏雍州所辖。这一时期战乱频仍,安定郡所辖县制随着政权的变更而变化。西晋时期,出现了短暂的统一,安定郡仍属雍州所辖。在今天的隆德县境,还增置都庐

---

[①]《后汉书》卷六《顺帝纪》,中华书局,1987,第270页。

县。永嘉以后，北方战乱再起，固原先后属于氐、羌、鲜卑等少数民族割据政权的势力范围。西晋灭亡之后，司马氏集团南迁江南，北方的少数民族纷纷内迁并建立各自区域性的政权，史称"十六国"时期。这一时期的行政区划和隶属关系变化频繁。前后赵时期（304～350），在固原置朔州牧官都尉，仍以高平（固原城）为朔州治所，刘曜曾以朔州牧镇守高平。前后秦时期（351～417），固原属雍州陇东郡，后于固原东部置平凉郡。

北魏太武帝太延二年（436），在南部固原置高平镇；在北部灵武置薄骨律镇，统辖宁夏全境及甘肃、内蒙古的部分地区。镇，是北魏地方最高政权建制。

北魏正光五年（524），高平镇改为原州，"盖取高平曰原为名"，[①]州治高平城。原州辖高平、长城二郡。高平郡辖高平、默亭二县，长城郡辖黄石、白池二县。西魏后期，改高平为平高，曾增设瓦亭县。北周天和四年（569）六月再修筑原州城，成为强化固原军事政治、经济文化中心的象征。之后在原州设置总管府，开唐代萧关道总管府的先河。这种政治格局及称谓，一直延续到隋朝初年。

他楼城在高平城以北，地当高平川水（清水河）上游，是4世纪发展起来的新城镇。北魏时，他楼城已发展成为一个较大的城镇，在某种意义上取代了汉、晋以来三水县的职能。西魏原州刺史李穆曾在建德元年（572）出任原州总管，这是宇文氏家族与原州李贤家族深层关系的直接体现。北周时，于原州再置总管府。

## 二 薄骨律镇

北魏对宁夏北部的经营，是在大夏国的基础上发展的。除设置薄骨律镇城外，北魏还利用赫连勃勃时在黄河西岸修建的故饮汗城丽子园，建县

---

[①] 王仲荦：《北周地理志》卷1，中华书局，1980，第86页。

制怀远（今银川市东南）[①]。对薄骨律镇的发展有过重大贡献的人物是薄骨律镇将刁雍。他到任后，首先组织人力，对秦汉以来的黄河灌溉旧渠进行修筑浚通，凿渠拦坝，截水灌溉数万亩良田，发展了黄河西岸的农业。为防御北方柔然民族南下，储备军队的粮食，刁雍还在宁夏平原水陆交通方便的地方修筑过储粮、屯兵的城池，魏太武帝赐名为"刁公城"。

北魏时期的原州与薄骨律镇，雄踞宁夏南北，不同于秦汉时期南北分属于二郡，此时在隶属关系上南北是一体的。这种格局的形成，在宁夏发展史上有着重要影响。

西魏、北周时期，宁夏政权建制仍相沿袭，在体制上仍实行州、郡、县制。由薄骨律镇到灵州，奠定了其在宋代初年以前宁夏北部的政治、经济、军事、文化的中枢地位。

怀远郡，成为银川历史文化名城的源起。宁夏平原的开发，早期在黄河东岸，以灵州为中枢。北魏以后，才逐渐向黄河以西发展。但早在赫连勃勃时期就已经在此修筑城池，名饮汗城。北魏时向这里移民增户，置怀远县制。西魏时有过废弃，北周建德三年（574），移民2万户，置怀远县（今银川市东南，为怀远郡治），辖黄河西岸的大部分地区，隶属于灵州。北魏还在宁夏平原设置过普乐郡等。北魏设置的鸣沙县（今中宁县鸣沙镇），北周时改置会州，时间不长州县皆废。

## 第四节　隋唐郡县变迁

隋朝建立后，政治体制基本沿袭北周，宁夏南部以原州为中枢，北部以灵州为中枢。隋朝也面临着边患，突厥人不时南下侵扰。隋朝在宁夏境内的原州、灵州设有总管府，征调军队积极防御，由朝廷大员充任原州总管府总管并驻节原州。隋朝统治短暂，地方政权建制却屡有变迁。开皇三年（583），废郡改置州县，固原再置原州，治平高县。隋炀帝大业元年

---

[①] （唐）李吉甫：《元和郡县图志》卷四《关内道四》，中华书局，2020，第95页。

(605)，新设他楼县。大业三年（607）改州为郡，原州为平凉郡，辖平高、默亭、百泉、平凉等县。灵州改为灵武郡，辖宁夏中北部回乐、弘静、怀远、灵武、鸣沙、丰安6县。盐州改为盐川郡，盐池县隶属于盐川郡，宁夏北部政治中心仍在黄河以东。

## 一　原州

唐代是中国历史上中央集权不断加强，对外空前开放的辉煌时代。贞观元年（627），唐朝依山河地形分全国为十道，固原属关内道。此时的道是监察机构而非行政机构。安史之乱后，道逐渐成了事实上的行政机构。贞观五年（631），置原州都督府，管辖原、庆、会、银、亭、达、要等7州。贞观六年（632），唐朝将突厥降户安置在他楼县境。为有效管理降户，又在原州境内增置银州，新旧《唐书》均作缘州，是统一管理突厥降户的专门机构，寄治在平高县境内的他楼城，实质是汉代以来沿袭的一种民族区域自治机构。贞观十年（636），亭、达、要三州合省，原州都督府只管辖原、庆、会、银四州。神龙元年（705），再撤废他楼县和缘州，另立萧关县。天宝元年（742），再改原州为平凉郡。公元755年，安禄山起兵范阳，西北驻军东调潼关一线。乾元元年（758），平凉郡再改为原州。

安史之乱后，吐蕃乘机内侵，原州政权机构被迫内迁。大中三年（849），泾州节度使康季荣相继收复原州、石门、驿藏、木峡、制胜、六盘等七关，原州治所得以复归平高城（固原）。隋、唐两朝在他楼城以北的州、县改制，反映了清水河上游沿岸各地的开发程度。唐代中期以前继续保留他楼县建置，到了神龙元年，撤他楼县，再置萧关县。他楼、萧关二县，都是丝绸之路文化与经济繁荣背景下原州政治安定、经济发展的产物。

隋唐时期原州畜牧业占据很重要的地位。隋代在西北设置陇右牧监，形成以原州为中心的军马官牧格局。唐代贞观年间于原州设立陇右诸监牧使，以原州刺史充任。监牧机构是当时政府畜牧业的重要管理部门，为军队提供军用马匹。隋唐时期，固原畜牧业兴旺发达。

## 二　灵州

宁夏北部同属于关内道，唐代改隋代盐川郡为盐州（今陕西定边）。当时盐州为梁师都所割据，盐州侨治于灵州。同时，改灵武郡为灵州总管府，领回乐（今灵武市西南，为普乐郡治）、弘静（又作宏静，今永宁县南）、怀远、灵武、鸣沙等县。唐太宗贞观元年，在灵州设大都督府以防备突厥犯边。

贞观四年（630），唐朝大败突厥，颉利可汗率10万余口归降唐朝，灵州接受并安置了突厥降户，按部落由其酋长统领。析置灵州总管府所辖的回乐县设回、环两州，同时在回乐县境内另设丰安县。705年，改弘静县为安静县，至德元载（756）再改保静县，后废。这一时期还设置温池县。开元九年（721），突厥降户康待宾反唐之后，改朔方道大总管为朔方节度使，管辖单于都护府及夏、盐等州，包括定远、丰安两军以及灵州以北的中、西受降城，进一步加强了灵州的军事实力。开元二十一年（733），分全国为15道，宁夏仍属关内道。朔方节度使治灵州，经略军同时驻灵州城。天宝元年（742），改灵州为灵武郡，盐州为五原郡。

## 第五节　宋夏对峙与西夏立国

### 一　镇戎军

北宋初年，宁夏北部设灵州、回乐县，定远镇（今平罗县姚伏镇）设威远军。北宋立国之初，固原并没有立即恢复唐代的建制。为巩固边防、对抗西夏，宋太宗至道三年（997），在故原州（今宁夏固原城）设立军事性质的州郡级军政机构——镇戎军，以有效防御和巩固宋朝西北边境。西夏建国后，与北宋形成对峙状态近百年之久。

宋、夏对峙期间，固原成为宋夏交锋的前沿。天禧四年（1020），镇戎军属下设有东山寨、开边堡、彭阳城。庆历元年（1041），秦凤路改为泾原路。镇戎军领二城、二堡、七寨。此后,为有效防御西夏进攻,又建立了德顺军(今宁夏隆德县城)、怀德军(今宁夏固原市原州区黄锋堡镇)两个军镇,以互为声援。南宋绍兴元年(1131),镇戎军大部分地区为金朝所辖。金大定二十二年(1182),升宋镇戎军为镇戎州,初隶凤翔路,后属庆原路。先后属县有东山县、三川县,辖三堡、八寨。金皇统二年(1142),升德顺军为州,后又升为镇,隶属熙秦路,下辖六县、四寨、一堡。为了加强对陕西五路的军事统领,金朝于1215年置陕西行省,固原的大部分地区归属陕西行省。金朝统治时期,采取了一系列恢复和发展农业生产的措施以恢复战争创伤,诸如兴屯田、置榷场等,并在合理利用的基础上开发森林资源,宁夏社会经济得到了一定程度的发展。

## 二 西夏

西夏立国在北宋,发展时空在唐代。在这个过程中,党项人在不断接受农耕文化的同时,巩固和提升了自己的实力。较长时间汉文化的熏染,为建立西夏国奠定了坚实的基础。1002年,李继迁攻取灵州(今灵武市)并改其为西平府。1020年,李德明将都城由西平府迁往怀远镇,改名兴州(今宁夏银川市)并正式建都,结束了宁夏北部唐代(包括北宋前期)以前政治中枢一直在黄河东岸灵州的政治格局。

李元昊即位后,从政治、军事、文化诸方面进行改制并加紧进行称帝的准备。第一,废除唐、宋两朝所赐李、赵姓氏,改为嵬名氏。第二,下令改变发式、规定服饰。第三,创造民族文字、简化礼乐。第四,仿中原制度设立官制和军制。第五,升兴州为兴庆府,兴建都城。1038年10月,李元昊正式即皇帝位,国号大夏,改元天授礼法延祚元年。至此,一个"东尽黄河,西界玉门,南接萧关,北控大漠,地方万余里"[①]的新王朝——西夏,屹立在中国西北部辽阔的疆域上。

---

[①] (清)吴广成撰,龚世俊等校证《西夏书事校证》卷十二,甘肃文化出版社,1995,第145页。

西夏传10代历190年，灭亡于1227年。蒙古汗国刚刚建立，成吉思汗便开始了对周边邻国的军事进攻。攻打西夏，揭开了蒙古军队旷日持久的扩张战争的序幕。成吉思汗率大军对西夏的军事进攻先后进行过6次，时间跨越20余年。西夏保义元年（1226）二月，蒙古军队分两路攻破西夏边境重镇黑水城和兀剌海城，先后攻取沙州、肃州、甘州等河西走廊重要城镇。蒙古灭夏战争的快速推进，使得西夏献宗皇帝忧悸而死，南平王李睍即位。此时，成吉思汗的兵锋已抵西夏在河西的重镇西凉府。八月，蒙古军队在扫平整个河西走廊之后，前锋直指应理州（今宁夏中卫市沙坡头区）。攻占应理州后，蒙古汗国军队进入西夏腹地，沿黄河直接攻取西平府灵州。保义二年（1227）六月，强烈的地震使中兴府房屋倒塌，粮尽援绝，疾病流行，西夏末主李睍在无奈中遣使向成吉思汗乞降。

## 第六节　开成路与宁夏行省

### 一　开成路

元代，是中国历史上第一个由北方草原游牧民族建立的统一的封建王朝。西夏保义二年闰五月，成吉思汗在攻灭西夏的前夜避暑六盘山。早在1216年冬天，成吉思汗诏见金朝降将郭宝玉问攻取中原之策，奠定了六盘山未来的军事地位。成吉思汗之后，窝阔台、蒙哥、忽必烈都先后驻跸六盘山，尤其是忽必烈时期的六盘山，一度成为当时政治、军事中枢。1252年忽必烈出兵大理、迎请藏传佛教高僧八思巴、诸郡县令往六盘山觐见、军用辎重在六盘山储备等重大事件，都是在六盘山议定的。实际上，六盘山成了蒙古攻取南宋的后方大本营。

元朝建立后，废除金代镇戎州，复为原州，辖东山、三川二县。至元九年（1272）冬，忽必烈封皇子忙哥剌为安西王，赐京兆封地，在开成设立王相府，驻兵六盘山下。至元十年（1273），元朝迁入大都（今北京）后，调整了原州的行政区划，改原州为开成路（州级政区），放弃旧原州城，在安西王府所在地开成另辟治所。开成路下设一州、一县，开成县与开成路同治于开成。广安州设在旧东山县，即现在的彭阳县古城镇，六盘山以西的隆德县划归他州。至治三年（1323），降开成路为州，隶属凤翔道，辖开成县、广安州。

元朝固原的建制区划和隶属关系变化很大，除了以上提到者外，隆德县当时隶属于静宁州；金代的化平县并入华亭县，隶属巩昌帅府。总体上，元代固原地区属陕西等处中书省辖。元代开成安西王府的设置，使开成一地在政权建制上包括了路、府、州、县四级，地域不大，却行政建制层级高而设置齐全。

## 二 西夏中兴行省

蒙元时期，宁夏北部的政权建制具有同样的特点，层级高变化大，影响深远。元代地方最高行政机构行省为中书省所派遣，全称行中书省。蒙古汗国时期，西夏故地即宁夏北部曾经隶属于中央政府——中书省，南部固原隶属于当时陕西行省。陕西行省，辖境包括今陕西省以及甘肃省、内蒙古自治区的部分地区。

宁夏是蒙元时期设置的行省之一。元中统二年（1261），宁夏北部西夏古地脱离中书省，立西夏中兴行省，治中兴府（今宁夏银川市）。其后时有变迁，在甘州（今甘肃省张掖市）与中兴府之间来回变动。至元三年（1266）撤罢西夏中兴行省，改置宣慰司，隶属于中书省。至元八年（1271）复置，至元十年（1273）又罢。至元十六年（1279）重新设立中兴行中书省，至元二十三年（1286）再徙省治于甘州路，改称甘肃行省。至元二十五年（1288）二月，元朝改中兴府为宁夏路总管府，"宁夏"的名字正式载入史册，这是宁夏历史上第一次用"宁夏"的名字设立的行省。直到1294年，元朝政府"分省按治宁夏"，实行甘、宁分治，一度将甘州行省管辖的宁夏路总管府再次分离出来，设立宁夏路行中书省，但次年又撤销，仍隶属于甘肃行省。此后，宁夏府一直保留路一级行政建制，直到元朝灭亡。按照元代的区划，宁夏府路下辖中兴州（为西夏中兴府、宁夏府路的治所）、灵州、鸣沙州（今宁夏中宁县鸣沙镇）、应理州（今宁夏中卫市沙坡头区）、定州（今宁夏平罗县姚伏境）5州，怀远、灵武、河渠县3县。[①]

## 第七节　明代州县与军镇

明朝弘治十四年（1501），设固原镇（又称陕西镇）。之后，朝廷再设总制府于固原，为陕西三边重镇的指挥中枢，总揽延绥、宁夏、甘州诸镇，总制大臣踞固原镇守西北，甘肃、延绥、宁夏、固原诸镇总兵、巡抚皆听三边总督节制。自弘治十五年起，三边总制始为定制；及嘉靖十九年（1540），因避"制"字而改"总制"为"总督"，直至明朝灭亡。陕西三边总制由因事设置到形成定制，足见当时西北边患对明朝中央政府的严重威胁，也体现了固原陕西三边总制军事地位的重要。

### 一　固原州与固原镇

明朝初年，固原仍沿袭开成、广安二州建制。洪武二年（1369），二州废弃，只设开成县，隶属于平凉府，治所在今固原城南开城。洪武年间，在固原开成设巡检司，隶属于平凉右卫。景泰二年（1451），因不断遭到北方蒙古势力的侵扰，陕西苑马寺长乐监监正上奏朝廷请修故原州城。固原的"固"本作"故"，因讳"故"而改为"固"，"固原"称谓始得于此时。同时，为加强固原防御，曾在景泰三年（1452）迁平凉卫右所于固原城，名为固原守御千户所。

明成化三年（1467），开成县治迁回修缮后的固原古城。成化四年（1468）六月，开成县满俊暴动，凭借石城险要与明朝廷抗衡，声势较大，朝野震惊。明朝先后调集近10万大军围剿，前后持续近一年时间。满俊暴动被围剿之后，明朝政府不断采取措施，加强地方军事实力，陆续

---

①　鲁人勇、吴忠礼、徐庄：《宁夏历史地理考》卷13，宁夏人民出版社，1993，第196页。

设置军事机构，升固原守御千户所为固原卫，设置海喇都城（今宁夏海原县城）。成化五年（1469），在西安州（今宁夏海原县西安镇）置西安守御千户所；成化六年（1470），置固原兵备道；成化十年（1474），设三边总制府于固原，统领延绥、宁夏、甘肃、固原诸镇兵马；成化十二年（1476），置镇戎守御千户所（今宁夏固原市原州区）；弘治十四年（1501），再设固原镇（又称陕西镇）；同年，在同心预望城置平虏守御千户所；弘治十五年（1502），升开成县为固原州，隶属平凉府。同时，县制也有调整，原属静宁州的隆德县，于嘉靖三十八年（1559）改隶平凉府，归固原州所辖；今泾源县地仍属平凉府华亭县辖。

马政机构群牧监，主管官马牧放，是明代在固原独具特色的军事机构。明代固原是全国最大的养马基地之一，马政机构与地方政权并存，专理马政，分苑马寺、监、苑三级，各苑马寺隶属兵部。

## 二　宁夏镇

明朝宁夏北部情况较为特殊。明初在西北设置了陕西行省，省之下设府、县二级地方行政机构掌管地方民政；在极边地带，明王朝不设府、县建制，而是以军事性质的管理机构镇、卫、所长官兼理地方民政。宁夏北部没有设府、州、县建制，是以军事机构管理地方行政的特殊区划形式，属军管型政区，即实土卫所制。所谓实土卫所，指不设置州、县地方政权建制的卫所；无实土卫所是指有州、县地方政权建制的卫所。这种镇、卫、所管辖的军事设置，一直持续到清代雍正初年。

明初废除元代应理州（今宁夏中卫）和灵州（今宁夏灵武）等地方建制。洪武三年（1370），设置宁夏府，洪武五年（1372）撤废，居民向关内迁徙。洪武九年（1376），创设宁夏卫，中间有过撤罢。明成祖朱棣即位的当年就恢复了宁夏城内设置的左、右屯卫；第二年又复置宁夏卫，领灵武、兴武、平虏（今宁夏平罗县）等千户所，又以元代应理州置宁夏中屯卫。之后，又增设宁夏前、中、后三卫。由宁夏北部卫、所的设置看，直接由军事系统的建制取代了地方州、县行政建制。

宁夏平原农业区由军队来屯田耕种，是一种军事性质的管理。南部固原却不同，它既有地方行政建制路、府、州、县，也有军事建制卫、所设置，还有统理陕西三边军事的"三边制府"。这种体制，在宁夏历史上是空前的。北部的宁夏镇，南部的固原镇，皆隶属于驻节固原的陕西三边总督。

为了加强战马的繁殖和牧养，洪武二十七年（1394），在宁夏韦州（今同心县韦州镇）置宁夏群牧千户所，以负责管理宁夏北部的军马苑牧。

明代宁夏境内的卫所，包括固原在内前后有10个。宁夏镇城7个：宁夏卫、左卫、右卫、宁夏前卫、宁夏中屯卫、宁夏左屯卫、宁夏右屯卫。宁夏镇城之外3个：宁夏中卫、固原卫、宁夏后卫（以花马池守御千户所改）。守御千户所有6个：西安守御千户所、平虏守御千户所、镇戎守御千户所、兴武营守御千户所、灵州守御千户所、宁夏平虏守御千户所。此外还有庆王府仪卫司、宁夏群牧所、甘州群牧所。①

永乐年间，隶属于宁夏镇的有四卫——左卫、右卫、中卫、前卫，驻地在宁夏卫城，常称"在城四卫"②。中卫，虽也设于永乐年间，但驻地在今中卫城；后卫设置时间较晚，明代中期正德年间所设，驻地在今盐池县城。永乐元年（1403）二月，宁夏总兵官何福言："宁夏四卫马步旗军二万四百一十三人。"③永乐以后，卫所有过调整和压缩。永乐四年十二月记载："洪武中诏宁夏中屯卫及左、右屯卫总设儒学一，置官品秩如府学，其印文曰宁夏中屯等卫儒学。至是，以中屯卫并入宁夏卫，故改为宁夏等卫儒学，易其印，而官如故。"④可见，永乐初年对宁夏诸卫有过合并压缩。

除卫军之外，还有班军。班军，是调遣外地军队来宁夏轮流驻防的军队。西安左、西安右、西安前、西安右护、潼关、宁羌、汉中等七卫及凤

---

① 《明史》卷九十《兵二》，中华书局，1987，第2199~2209页。
② 《明宪宗实录》卷19，台湾"中央研究院"历史语言研究所影印校勘本。
③ 《明太宗实录》卷17，台湾"中央研究院"历史语言研究所影印校勘本。
④ 《明太宗实录》卷62，台湾"中央研究院"历史语言研究所影印校勘本。

翔守御千户所共有班军一万一千余人，马五千余匹，分布在宁夏北部东、中、西三路备御驻防①。宁夏镇城四卫军与外调来宁的轮班军达3万多人，这是明代永乐时期宁夏镇的驻军数。随着北部边境战争的加剧，驻守宁夏的军队数一直呈上升之势。《九边考》记载：宁夏镇三路各城营堡原额马步及各种名目的备御官军达7万多人。到了嘉靖以后，宁夏镇的驻军即卫军和班军人数当在45000人左右②。如此庞大的军队，不但显示了宁夏镇军事防御的重要性，同样显示了宁夏镇在防御和抗击北方蒙古势力南下过程中所起的作用。

如果以卫对应府（州），宁夏卫、中卫、固原卫、后卫，是府（州）一级，6个守御千户所是县一级。军事层面上的机构设置，与后来府县设置数基本是吻合的。

明代的卫所与后世的兵营有重大区别。卫所不仅是军事机构，而且有管理土地的实质性权力，与州、府、县一样"成为一个明显的地理单位……都司下属的卫所管辖着相当于府、州、县范围的土地"，修筑的城称为"卫城""所城"③。从地理单位的转换看，行政系统的州（府）与军事系统的卫是平行的，县与所是平行的。实际上，军事系统的"卫"，就体现着府（州）的建制和功能，"所"，是一个县的建制或者职能。"所"有守御千户所、千户所之分，守御千户所隶属于都司，即直属于省。这是明代特殊的军事体制，即指实土卫所。

王府护卫是一种特殊的军卫，这部分军事力量也是明代宁夏特殊的军事存在。洪武五年（1372）定王府护卫制，一王府设三护卫，一护卫1260人。朱元璋的本意是想让自己的子孙坐镇一方，永固大明江山。洪武二十六年（1391），庆王朱㮵就封宁夏。随着朝廷削藩，护卫也随之调整。因安化王朱寘鐇起兵叛乱，宁夏庆王府的中护卫被朝廷革去。

---

① 《嘉靖宁夏新志》卷一，宁夏人民出版社，1982。
② 梁淼泰：《明代"九边"的军数》，《中国史研究》1997年第1期。
③ 顾诚：《隐匿的疆土——卫所制度与明帝国》，光明日报出版社，2013，第14~15页。

## 第八节　清代州县变迁

清代初年，陕甘总督驻节固原，仍设固原州，是明代固原陕西三边总督的延续。清初西北仍在用兵，固原的军事地位继如明代。顺治二年（1645）设陕西三边总督，驻节固原，下辖陕西、甘肃、延绥、宁夏四巡抚，节制陕、甘两省，旋即兼辖四川，改川陕三边总督。顺治十八年（1661）西北战事渐趋平息，四川与陕甘分离，陕西总督仍节制陕、甘两省。

### 一　固原州与陕西提督

顺治初年，置固原镇，属陕西省平凉府辖。顺治十四年（1657），陕西提督移驻固原后，改为固原提督，节制陕西三镇。乾隆二十九年（1764），陕甘总督府移驻兰州，因西安防务空虚，固原提督又移驻西安，改称西安提督；河州镇总兵官移驻固原。乾隆四十六年（1781），西安提督再移驻固原，仍改固原提督直至清末。

固原镇，始设于顺治二年，顺治十一年（1654）裁撤。固原提督移驻西安后，在将河州镇总兵官移驻固原的同时，又复设固原镇；及陕西提督再从西安移驻固原时，固原镇又裁撤，河州镇总兵官同时移回河州。

同治年间回民暴动后，左宗棠上奏朝廷，于同治十二年（1873）升固原州为固原直隶州。海剌都城，乾隆十二年（1747）改为海城，乾隆十四年（1749）改设盐茶厅。同治十二年（1873），在今同心县境设平远县，在今海原县地置海城县，在今西吉县硝河乡置固原直隶州硝河城分州。同治十年（1871），在原化平县地域置化平厅（今泾源县）。

康熙三年（1664），分陕西布政司为陕西左、右布政司，宁夏全境属于右布政司（治所在巩昌府，今甘肃陇西县），康熙六年（1667）七月，改陕西右布政司为甘肃布政司，从此有甘肃省之称，固原改隶甘肃省平凉府。

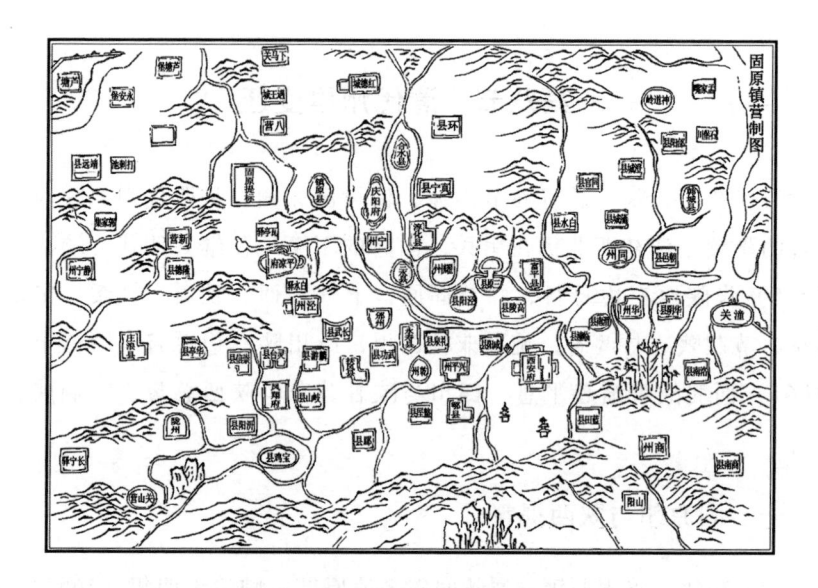

固原镇营制图，选自《乾隆甘肃通志》

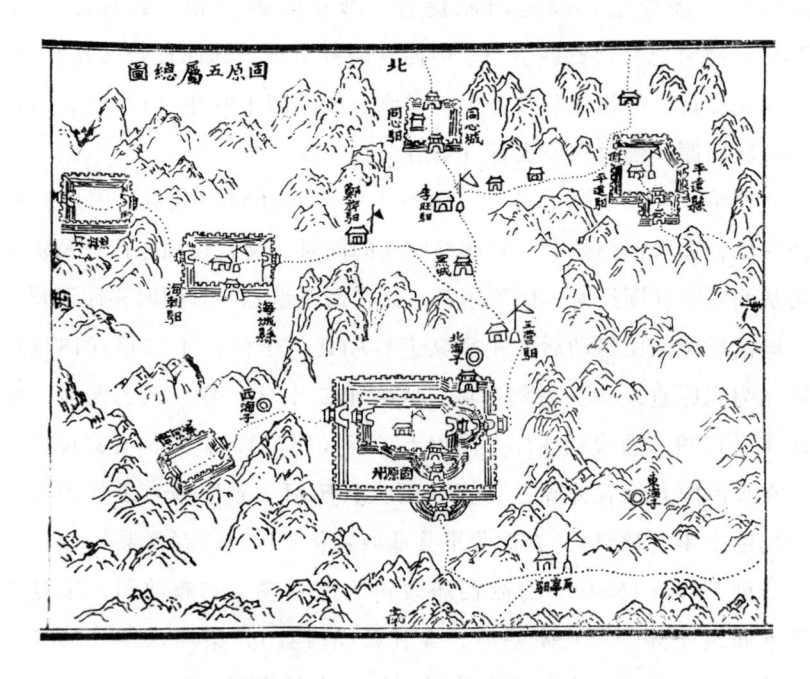

"固原五属总图"，选自《宣统固原州志》卷首图

## 二 宁夏府

清朝前期，宁夏北部仍只有军事建制，没有地方行政设置。

清初，设宁夏巡抚、宁夏总兵，镇守宁夏，隶属于陕西三边总督，仍是战争状态下的军事体制。王辅臣反清被平息之后，宁夏地区基本趋于平稳。围剿蒙古噶尔丹的战役结束之后，宁夏北部以地方政权建制取代军事建制。

雍正二年（1724）七月，川陕总督年羹尧奏准裁撤宁夏卫，改置宁夏府，从此宁夏结束了自明代以来延续了350年的军事卫所建制，改为地方府、州、县行政建制。原宁夏左屯卫改置为宁夏县，原宁夏右屯卫改置为宁朔县，原宁夏中屯卫改置为中卫县，原平虏守御千户所改为平罗县，裁灵州千户所置灵州直隶州。当时宁夏府管领宁夏、宁朔、平罗、中卫4县和灵州直隶州。宁夏之后200多年的建制格局基本未变。

雍正四年（1726），在宁夏北部贺兰山以东的辽阔地域，招民开垦土地，开渠引水灌溉，荒芜的土地变成了良田。随着进一步的开发，清政府在繁荣起来的土地上建立新县——新渠县。雍正六年（1728），由于垦区开发面积不断增大，在新的开发地域上再曾设宝丰县（《乾隆银川小志》记于雍正六年设县，《乾隆甘肃通志》记于雍正四年设县）。加上新增县治，宁夏府辖6县1州。乾隆三年（1738），宁夏大地震后，宝丰、新渠、宁夏县受灾最重，尤其是宝丰、新渠二县城垣倒塌，"县治沉没"，"一片汪洋"。第二年，宝丰、新渠二县建制裁撤并入平罗县。此后，宁夏府下辖4县1州的格局一直持续到清代后期。

同治十一年（1872），马化龙领导的宁夏回民暴动被清政府镇压后，为加强区域控制，清政府对当时宁夏府所属地区的行政区划做了一些调整。经陕甘总督左宗棠奏准，裁原宁夏水利同知改为宁灵同知，置宁灵厅驻金积堡。以豫旺城距离固原州过远治理不便，乃划固原州西北、海城县东北及宁灵厅西南部分地区另置平远县，仍隶属固原州。花马池原属陕西，此时划归灵州。这样，宁夏府领有灵州、宁夏县、宁朔县、平罗县、中卫县、宁灵厅1州1厅4县。

花马池分州，也是清代在宁夏中北部地区设立的较为特殊的地方行政机构，驻花马池城（今宁夏盐池县城）。明代，由于花马池地理位置极为紧要，是堵防蒙古兵锋南下的主要通道，在这里设宁夏后卫。清代初年，由于西北用兵，花马池的建制依旧相沿袭，驻有大量的军队。西北战争逐渐平息后，改置为灵州花马池分州。

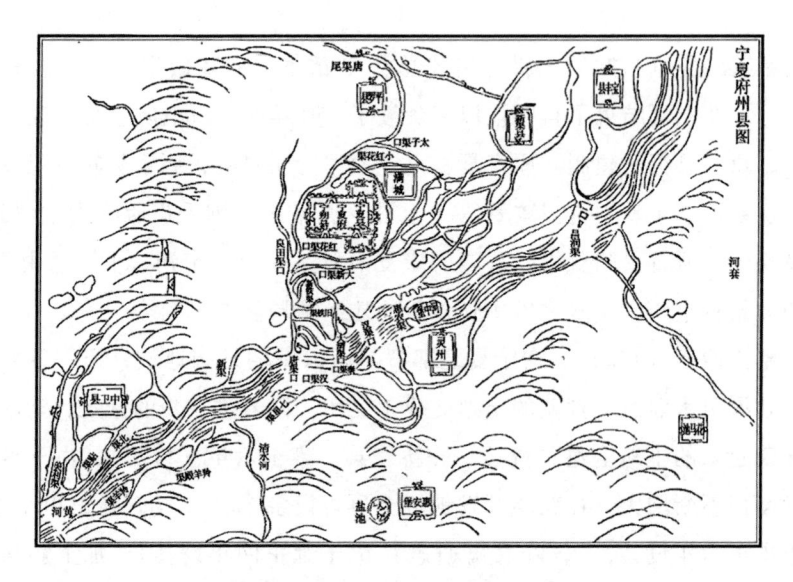

"宁夏府州县图"，选自《乾隆甘肃通志》

## 第九节　民国县制与省市

### 一　固原县制变迁

辛亥革命之初，改平凉府为泾原道，固原州归其所辖。

民国元年（1912），仍为明清旧制，置宁夏道、平庆泾固化道等。民国2年（1913），陕西固原提督府裁撤。同年，固原直隶州也随之裁撤，改为固原县，同时将清末设置的固原直隶州硝河城州判裁撤，一并归入固原县管辖。改化平直隶厅为化平县，隆德县所属的庄浪分县正式分离出去，将打拉池分县并入海城县。因海城与奉天（辽宁）海城县名重复，1914年改名为海原县。甘肃省重新划分各道的管辖范围，置陇东道，辖境为平庆泾固化道全境（平远县除外），固原属陇东道。1914年，陇东道又改名为泾原道。民国29年（1940），改泾原道为陇东专员行署，固原仍属陇东专区。海固三次农民起义之后，析固原、海原、隆德、庄浪、静宁5县地，1942年于沐家营新设西吉县。

## 二 宁夏省市

（一）宁夏省

民国建元以后，改宁夏府为朔方道，辖境包括清代宁夏府全境及平庆泾固化道所属之平远县。次年，又改为宁夏道。县的建制也发生变化，以灵州改为灵武县，以宁灵厅改为金积县，以花马池分州改为盐池县，以陇东道所辖之平远县改为镇戎县，隶属宁夏道。至此，宁夏道领有8县。

民国14年（1925），冯玉祥部西北军（即国民军）入甘以后，开始酝酿宁夏改省之事。冯玉祥之所以准备改建宁夏为省的建制，是为了扩大西北地区省的地盘。1928年11月28日，中央政治会议第一五九次会议通过决议，设立宁夏省，以原甘肃省宁夏道所辖各县及归其节制的内蒙古西套阿拉善、额济纳二旗为宁夏省管辖区域，以宁夏县治为省治。1929年1月1日，宁夏省政府正式成立。

新的宁夏省府领9县2旗，即宁夏县、宁朔县、平罗县、中卫县、灵武县、金积县、盐池县、豫旺县、磴口县（1926年由冯玉祥设县，1929年南京国民政府正式认可）和阿拉善旗、额济纳旗。宁夏建省后，县制又进行过数次调整。

贺兰县。原宁夏、宁朔、平罗3县土地面积辽阔，人口众多，遂将3县划分为5县，于1942年增设永宁、惠农两县，同时将原宁夏县改名为贺兰县，县治移至谢岗堡。

宁朔县。原清代雍正年间所置，属宁夏府辖。民国2年（1913）隶朔方道，移治于银川老城西面的满城（又名新城），后为宁夏省管辖。民国23年（1934），县治由新城迁到省城以南的王洪堡。

金积县。清末属宁灵厅所管辖。民国2年改宁灵厅为金积县，后隶属于宁夏省，县治金积堡位于省会的东南。1960年，金积县撤销。

灵武县。宁夏北部历史悠久的县治。清雍正三年（1725）改为灵州，属宁夏府辖。民国2年改为灵武县，后隶属于宁夏省管辖。

平罗县。平罗县属于宁夏北境。明洪武初年设置平虏守御千户所，属宁夏卫。清雍正三年改置平罗县，属宁夏府。民国以后，属宁夏省管辖。

中卫县。宁夏境内历史悠久的县治。清雍正三年，裁撤卫的建制置中卫县，属宁夏府。民国以后，属宁夏省管辖。

盐池县。盐池县在秦以前为少数民族聚居之地，因其境内池盐与历代经济的关系，曾是历代统治者极为关注的地方。明代为宁夏后卫，又改为花马池所，清代相沿袭，为花马池分州，属宁夏府。民国2年改为盐池县。两年后，又将灵武所辖之惠安、萌城等数堡划归盐池县管辖，隶属朔方道，后划归宁夏省辖。

同心县。原镇戎县，明代为平虏守御千户所，亦名平远所。清代为固原州辖地。清代同治年回民暴动后，置平远县，隶属于固原直隶州。民国2年，改平远县为镇戎县，属朔方道。民国17年（1928），改名豫旺县，并划归宁夏省辖，县治在下马关。民国27年（1938）4月，移县治于同心城，并改名为同心县。

磴口县。原属阿拉善旗地，由蒙古衙门管理这里的民事，刑事归之于王府。清代同治年以后，渐趋混乱。民国15年（1926），冯玉祥经过磴口，见这里人口众多、商业繁华，遂设立县治，以有序管理。1929年，国民政府正式批复设县。

中宁县。源于中卫县。中卫县地域面积广阔，为便于管理，民国22年（1933），将中卫县划分为中卫、中宁两县，将宁安堡、鸣沙州、枣园堡、广武营等村镇划归中宁县。以黄河为界，河东为中宁县，以宁安堡为县城；河西为中卫县，仍沿用旧城。

陶乐县。原为陶乐湖滩，1929年宁夏建省后，经国民政府行政院同意，省府在陶乐滩设立陶乐设治局，负责新开垦之地。民国24年（1935）4月，正式将陶乐设治局提升设置为县，划归宁夏省管辖。

惠农县。民国30年（1941），将宁夏、宁朔、平罗3县地划分为5县，其中惠农县由平罗县划出，以地近惠农渠，故名为惠农，县治设立于旧平罗县之宝丰镇。

永宁县。民国34年（1945）由宁夏县、宁朔县析置，县治设于杨和堡。

民国时期的县制划分有等级，由一等县到六等县，如宁夏、贺兰、永宁为一等县，宁朔、中卫、固原等为二等县，盐池、陶乐为六等县，这中间有过变化。民国23年、民国末年有过两次调整。

以上是民国时期宁夏省所辖的13个县治。在这个过程中，还在新开发的地区继续实行准县级政区的设制局制度。宁夏建省初期除两个蒙旗外，原只有8县，后陆续增设发展成为13个县、2个设置局（民国18年陶乐设治局、民国30年香山设置局）、2个蒙旗。阿拉善与额济纳两旗，亦在紫湖和居延海地方设置设治局①。

（二）银川市

银川市，即宁夏省府所在地。银川城的兴建，始于西夏李德明修筑的兴州城，后立为国都近二百年。历元、明两朝，数百年间城池未废。清乾隆三年（1738），宁夏大地震，省城被毁；两年之后，清政府再拨币重修。重建后的银川城，周围十五里余，六处城门，城墙雉堞巍峨，城市街道整齐②，为后来宁夏建省创造了城垣条件。宁夏省的成立，为银川市的

---

① 胡平生：《民国时期的宁夏省·历史沿革与自然地理》，台湾学生书局印行，1988，第15页。
② 胡平生：《民国时期的宁夏省·历史沿革与自然地理》，台湾学生书局印行，1988，第15页。

诞生奠定了基础。民国33年（1944）1月，宁夏省政府呈准行政院设置银川市，同意先行成立市政筹备处。1947年，银川市正式成立，为宁夏省会，南京国民政府公布宁夏的行政区域为13县、1市（省辖）、2设置局。

　　陕甘宁边区时期，宁夏盐池县属边区政府。抗战全面爆发后，陕甘宁边区政府曾向国民政府行政院呈报：将固原、海原绕边区的县划入边区政府。1937年12月，边区政府给行政院呈报取消这个要求。固原地区东北部曾是陕甘宁革命根据地的一部分。1936年，以红军西征解放的固原东部一些地区成立了固北县，属陕甘宁省领导。1938年3月7日，边区政府第23次主席团会议决定撤销固北县。此外，1936年红军西征期间，在同心城南古老的清真大寺成立了陕甘宁省豫海县回民自治政府，这是中国共产党历史上第一个回族自治政权。

# 第二章 历代移民在宁夏

中国古代在治理边疆的过程中，根据特殊的地理环境和时空背景，制定过一些有重大影响的政策，如拓边政策、和亲政策、羁縻政策、屯垦政策、互市政策等，体现的是中国古代治边的政治智慧和开拓精神①。屯垦政策，是历代统治者在边疆地区实施的重大政策之一，是边政与边防的伴生物，既体现了农耕文化与游牧文化的碰撞，也体现着中华文明的历史连续性和多元一体。移民实边是古代重要的边政策略，也是历代国家重要的边政内容。"散中国肥饶之余，以调边境。边境强，则中国安，中国安，则宴然无事。"② 这是移民安边的根本目的。移民是中国历史发展过程中的重要内容，早期传说中就有移民的信息。以黄帝为例，"一个居于统治地位的部落集团，也还经常因受到同类或自然的威胁，不得不以迁徙来求安全和生存"③。可见，移民伴随着中国的历史进程。宁夏历代移民，就是伴随着屯垦治边的历史走过来的。

"移民"，指以改变定居地点为目的而进行的跨地区、跨国界的人口迁移和流动，它包括由各种突变而引起的无序流民，也包括政府出于政治、经济或军事目的而组织实施的有计划的人口迁移。大体上可分为政治

---

① 郑汕：《中国边疆学概论》，云南人民出版社，2012，第4页。
② （汉）桑弘羊撰、王利器校注《盐铁论校注》卷四《地广第十六》，中华书局，1992，第207页。
③ 葛剑雄、曹树基、吴松弟：《移民与中国》，中华书局香港有限公司，1992，第2页。

性移民、军事性移民、经济性移民。移民这一社会现象几乎是与人类社会同步产生的，在中国有着悠久的历史，在宁夏更是如此。其实，从2万年前的旧石器时代水洞沟时期开始，已经开始了宁夏地域上的原始移民史。由于宁夏地理位置的特殊性，它是在全国范围内居住空间不断发生着变化的历史背景下人口移动的缩影。自春秋战国开始，经汉唐至明清的两千多年间，移民始终伴随着宁夏的历史进程。

"移民"的另一面是户籍制度的约束。把民众固定在本乡本土，是历代统治者治国之要政。约束人群的主要手段，就是户籍管理制度。考古发现最早的户籍档案，源于战国时期的秦国，而且户籍管理已经纳入法律程序①。秦汉以降，历朝历代都非常重视户籍管理，通过户籍管理的形式把老百姓限制在一个固定的空间，不能随便迁徙。以明代为例，明代的"津关制度"把人口固定在一个地方，"皇册制度"把每家每户的牛羊等家畜数都记录在案。"人户避徭役者曰逃户，年饥或避兵他徙者曰流民，有故而出侨于外者曰附籍，朝廷所移民曰移徙。"② 这里的界定非常清楚，"朝廷所移民曰移徙"，才是真正的移民。因此，宁夏历代移民就其形式看，或者为政治性移民，或者为军事性移民，或者为经济性移民，但无论哪些种形式的移民，都是政府行为，都是政府有组织实施的移民屯垦。

一百年前，美国著名旅行家、英国皇家地理学会会员威廉·埃德加·盖洛来到中国考察长城时，宁夏平原水乡景色和富饶的黄河平原灌区使他惊奇，他在《中国长城》一书中这样写道："黄河的开恩更使这块令人惊奇的土地变成一片绿洲。"水是生命之源，黄河自西南而东北穿越宁夏平原，水流平稳舒缓，属天然导流性灌溉，有得天独厚的地利条件。在黄河流经宁夏的这个397公里的绿色生命之源的空间里，从秦始皇时期移民拓边起，凿渠引水，就开始了黄河灌区的开垦。此后，经过历代的不断开发，便有了汉代汉延渠，唐代唐徕渠，元代美利渠，清代的大清渠和惠农

---

① 睡虎地秦墓竹简整理小组：《睡虎地秦墓竹简》，文物出版社，1978。
② 《明史》卷七十七《食货一》，中华书局，1987，第1878页。

渠等。利用黄河水，才有了这些历代移民屯田过程中不断拓展的灌区；有了这些灌区，才使历代移民能够依附在素有"塞北江南"之称的土地上。

宁夏的历史，就是一部移民史。前文按朝代就地方政权建制、军事建制作了较详尽的梳理和叙述。2013 年 12 月，英国牛津大学出版了欧柏林大学历史系教授迈克尔·费希尔（Michaer Fisher）的新著《移民：世界史》（Migration: A World History）。费希尔在书中按年代顺序追踪了移民活动的历史和意义，认为移民、迁徙活动从人类诞生起就一直伴随着人类的发展延续至今。他把人类的移民进程分为五个阶段：公元前 20 万年至公元前 600 年，是人类最早的移民、迁徙活动；前 600 年至 1450 年，是混合和冲突属性的移民活动；1450～1750 年，移民活动开始将各大陆重新联系起来；1750～1914 年，国内和跨国移民；1914 年至今，全球化时代下的移民。按照这个观点，宁夏早期移民跨越了前两个阶段，如果以水洞沟时期算起，已有 2 万年历史。如果以司马迁《史记》记载算起，已有两千多年移民史。秦朝建立后，为反击宁夏北部的游牧民族，派大将蒙恬率大军向北推进。此后，在黄河河套平原上设立县治，驻军屯田，开始了宁夏平原的移民开发。这种移民活动持续了两千多年，展示了宁夏移民的特点与移民成分的多元性。同时，也可以看出移民开发与宁夏府、州、县城市群的形成过程。

## 第一节　黄河与宁夏平原

黄河与宁夏平原相伴相随，黄河水滋润着这块土地。可以说，没有黄河，就没有享誉天下的宁夏平原绿洲；没有宁夏平原，黄河在中上游的精彩与母亲河孕育的黄河文明就无处体现。

### 一　地理空间与黄河

宁夏地处大西北内陆，黄土高原与内蒙古高原在这里交会。六盘山、贺兰山纵向南北，清水河、泾水南北相连。中原农耕文化与北方草原游牧

## 黄河文明在宁夏

文化在这里划界，也在这里融合。在地理概念上，半湿润地区、半干旱地区、草原与沙漠、山地与平原、自然区划与农业区划等大致构成了宁夏的自然与生态。宁夏平原的西面是腾格里沙漠，北面是乌兰布和沙漠、巴丹吉林沙漠，东面是毛乌素沙漠，宁夏平原就是被镶嵌在其中的一块绿洲。"天下黄河富宁夏"，黄河孕育了宁夏平原，滋养着一个"塞北江南"的绿洲。

黄河一开始并不连贯，而是分段出现，各有自己的流向和归宿。由于地壳中发生的断裂升沉，还有地表上的流水冲刷侵蚀等作用，后来才上下贯通成为一条大河[①]。中更新世时代（地质时代第四纪早期）的砾石层，见诸青铜峡和沙坡头，说明黄河在几十万年前就已经流经宁夏[②]。宁夏平原在古地质时期是盆地，分布有众多的湖泊和沼泽地。随着地壳的运动，这些湖泊和沼泽地经河水不断冲刷，最终贯通成为黄河。宁夏平原的形成，得益于黄河与黄土高原的黄土。从地貌看，宁夏平原处在六盘山、贺兰山与鄂尔多斯台地中间，是一个沉降带，尤其是因断层陷落而形成的古银川湖，直接成就了今日之银川平原[③]。由于宁夏平原地壳的沉陷，长时期大量肥沃的黄土淤积于沉降区，最终形成了千里黄河唯富一套的屯田灌溉的富庶之区。黄河穿越黑山峡，自中卫市南长滩翠柳沟进入宁夏境，孕育了中卫平原；之后穿越青铜峡，孕育了银川平原。黄河在宁夏境内流经中卫、中宁、青铜峡、吴忠、灵武、永宁、银川、平罗、石嘴山等市县，在石嘴山关道坎麻黄沟出境，在宁夏境内的河段约占黄河全长的十四分之一，流经引黄灌区的长度318公里，滋润着富庶的宁夏平原。黄河流域处于温带，气候和土壤皆适宜农作物生长和人类生存。黄河流域也正是农耕民族与游牧民族碰撞、交流和融会的重要地区。黄河造就的冲积平原，使得宁夏平原水利灌溉充足，农业文明发达，对后世影响久远。

---

[①] 侯仁之主编《黄河文化》，华艺出版社，1994，第39页。
[②] 《黄河为什么富宁夏？——专家眼中的黄河与宁夏》，《中国国家地理》2010年第1期《宁夏专辑·上》，第54页。
[③] 侯仁之主编《黄河文化》，华艺出版社，1994，第40页。

## 二　宁夏平原开发

秦始皇三十三年（前314）派大军击退匈奴后，宁夏平原就得到了一定程度的开发，同时建立县制。从传承的意义上看，"秦渠"就是秦代宁夏平原开发的历史符号。对此，司马迁在他的《史记·河渠书》里记载："然河菑衍溢，害中国也尤甚。"唐代以前，古人将黄河称为"河"。司马迁认为黄河是"灾难之河"，就要下功夫疏浚变害为利。他对秦以前都江堰灌溉、漳水灌溉、郑国渠灌溉等都有简略的记载，但没有具体指出宁夏平原的开发与灌溉，这可能与他的实地勘察有关。当他"北自龙门至于朔方"，有了朔方之行的经历后，也就有了宁夏平原黄河灌溉水利的记载，他看到了"朔方、西河（包括宁夏平原——自注）、河西、酒泉皆引河及川谷以溉田"[1]的景象，"用事者争容水利"，明确提出"水利"的概念。《汉书·沟洫志》除延续了《史记·河渠书》的内容外，多记载汉代黄河灾害的事。汉代初期北方防御匈奴的任务艰巨，宁夏首当其冲。当时有一个名延年的人上书朝廷："……北边不忧匈奴，可以省堤防备塞，士卒转输，胡寇侵盗，覆军杀将，暴骨原野之患。"[2] 延年上书的内容，揭示了地处防御匈奴一线的宁夏，军屯会解决一系列的边塞防御的重大问题。可以看出，当时宁夏屯田已成为朝野的共识。

司马迁《史记》里虽然只记载他亲眼看到的汉代朔方的屯田与水利，但并不意味着秦代宁夏就没有水利开发的经历。由《汉书》记载的延年上书看，秦代宁夏平原的水利开发为汉代的屯田与水利、军事与边防奠定了基础。

## 三　神奇的引黄灌溉

宁夏平原，自秦汉大规模开发并引黄河水灌溉以来，至今两千多年间

---

[1] 《史记》卷二十九《河渠书》，中华书局，1982，第1414页。
[2] 《汉书》卷二十九《沟洫志》，中华书局，1987，第1686页。

**黄河文明在宁夏**

一直沿用着这种天然的灌溉模式。其间除了黄河改道外，不但灌溉的模式没有变，而且诞生了一个"灵州"的名字。史书记载，汉惠帝四年（前191）设灵州县。灵州称谓因何而来？与黄河在宁夏平原的走势有关。黄河流经银川平原时有主流与支流之分，主流在西，支流在东；主流与支流之间形成南北长90余公里、东西宽约30公里的洲岛。西汉时期设置的灵州县，就在这个特殊的洲岛上。其神奇之处主要表现在以下几个方面。

神奇之一，是黄河与黄河文化的神奇。何谓洲？水中之陆地曰洲。黄河水之涨落，是随季节变化的。坐落在黄河洲岛上的灵州县，并未因黄河水的涨落而湮没。在古人眼里，自然是神奇的事，灵州的名字应运而生。西汉文帝后元六年（前158），朝廷为繁荣马政，在西北边郡分设36个牧马苑以管理养马，在当时灵州县就设有河奇、号非两苑，①"故谓牧马处为苑"②。这里的河奇苑，实质上是对黄河与灵州文化内涵的诠释，体现的是汉代人崇山祀水的神秘思想，也是黄河与黄河文化的神奇表现。

神奇之二，是地理构成的神奇。宁夏平原引黄灌溉的神奇处是无坝引水，自流灌溉。它是我国特大古老灌区之一，有独具特色的灌溉模式。通常人们称它为"地下河"，即河水水面比河床低，河水在稳定的河槽里流淌。一方面，感觉地面与水面落差很小，河面与地面近乎在一个平面上；另一方面，这种自流灌溉的地表特征，显得河水冲刷河床的能力强，河床泥沙淤积少，不易泛滥。"黄河百害，唯富一套"，无坝引水，是奇中之奇。考察银川平原灌区进水口青铜峡市峡口镇，就会感知宁夏平原引水工程悠久的历史和神奇，其宏大的规模、精巧的布局，足以与都江堰引水工程相媲美。

宁夏平原上游的黑山峡和中游的青铜峡，虽是苍凉且缺少植被覆盖的山峦，却为宁夏平原引黄灌溉提供了天然的进水口。宁夏平原灌区引水口，正是利用峡谷的地形，在峡口处开口引水，形成自流灌溉，方显出神

---

① 《汉书》卷二十八下《地理志下》，中华书局，1987，第1616页。
② （元）马端临：《文献通考》卷一百五十九，中华书局，1986，第1384页。

奇。黑山峡出口处沙坡头附近，黄河河道呈"U"字形大湾，美利渠首正好利用了这里曲流凹岸的地形进水。"古人对于坝址的选择很讲究，一般是从自流灌溉的原则出发，根据地形地貌和灌溉面积的需要，利用弯道环流原理，河道凹岸顶点选择最合适的地方修建堤坝。"① 实际上就是分水坝，也叫引水埧。唐徕渠长长的引水埧，引黄河水进入渠口。渠口数十米宽，进水容量大。渠口往里边延伸，分别有相当于溢流堰的"大跳"和三道退水闸，再往里就进入水渠的正闸了。渠口段的这些设施，都分别发挥着各自的功能，调节着进入正渠的用水量。它们的原理与都江堰水利工程是一样的，充分显示了古人的智慧和能力。宁夏水利部门现在还保存着1936年唐徕渠渠首平面图②，可以直观唐徕渠渠口进水的全貌。

分水坝作用在于从大河中分水，这是古代自流灌溉引水进渠口的分水设施。青铜峡不但有长长的分水坝，而且还有溢流堰"大跳"，传统的名字叫"滚水坝"③，主要是调节进水渠的流量。青铜峡黄河水入口处，分水坝与滚水坝皆备，将进水与调节水处理得合理科学。治水与用水过程在民间形成了一套科学的方法，无论堵口截流、防冲护岸，还是施工导流，全用土办法就地取材，名为草土工程，具体有散草、捆草和卷埽三种形式。不同的堵截和导流，用不同的草土石相组合来实施完成。④ 此法至今仍在沿用。

神奇之三，贺兰山护佑着宁夏平原，黄河水浸润着宁夏平原，山水一体才孕育了"塞北江南"这样一个闻名全国的农业灌溉区。没有贺兰山的呵护，就没有宁夏平原农业灌溉；没有黄河水的利用，就没有宁夏历代屯田与开发的辉煌历史。宁夏平原得天独厚的水利灌溉条件，成就了历代

---

① 王双怀：《中国古代灌溉工程的营造法式》，《陕西师范大学学报》（哲学社会科学版）2012年第4期。
② 汪一鸣、王杰：《这里的水利能跟都江堰媲美》，《中国国家地理》2010年第1期《宁夏专辑·上》，第60页。
③ 王双怀：《中国古代灌溉工程的营造法式》，《陕西师范大学学报》（哲学社会科学版）2012年第4期。
④ 吴尚贤：《宁夏引黄灌溉水利述要》，载宁夏政协文史和学习委员会、宁夏回族自治区水利厅编《黄河与宁夏水利》（上卷），宁夏人民出版社，2006，第14~15页。

黄河文明在宁夏

屯垦开发的灌区和粮仓，黄河农业文明在这里得到了充分展示。

神奇之四是自流灌溉。宁夏平原整体地貌，总体上呈现出西南高东北低的走势。流经宁夏平原黄河河段总长度 387 公里，河道入境地海拔 1271 米，出境地海拔 1071 米，总落差 200 米[①]。这种地貌与落差，成为宁夏平原自流灌溉的特殊之处。河道不积不淤，不高不低，灌溉和排水都十分顺畅，完全是一种天然的自流状态。

新中国成立后，青铜峡水利枢纽工程、沙坡头水利枢纽工程先后建成，使用了几千年的古老水利设施，被现代化水利工程所取代，无坝引水变成了有坝引水。水位提高了，闸堰更新了，供水量提高了，设置更为合理，纵横水道网络更为科学。

## 第二节　先秦移民

宁夏的移民，早期始于黄河东岸的水洞沟旧石器时代。之后，移民自周朝至现代，都是一个永恒的话题。移民文化，是移民与伴随着移民而来的四方文化的大融合。现代意义上的宁夏首府银川，总有人说它是移民城市。这里说的移民，包括因战争等各种原因自然南下进入宁夏的北方少数民族，也包括中原政权对宁夏境内的政治性、军事性、经济性移民等。

地理意义上的宁夏，正好处在中原农耕文明与北方草原游牧文明的交错地带，成为各民族密切交往的地区。从商周至明清的数千年间，宁夏境内民族众多，迁徙频繁。就史料记载看，西周时期宁夏主要是义渠戎、乌氏戎和朐衍戎的活动范围。春秋战国以后，宁夏境内已有县的建制。此后，封建统治者与北方游牧民族间的对峙与互进逐渐加剧，宁夏已成为多民族进入的重要地区。魏晋南北朝三百年间，宁夏是各民族大融合的舞台，先后进入这里的有汉、匈奴、鲜卑、羌、氐、羯、敕勒、柔然等民

---

[①] 汪一鸣、王杰：《这里的水利能跟都江堰媲美》，《中国国家地理》2010 年第 1 期《宁夏专辑·上》，第 65 页。

族。隋代和唐初，东突厥和薛延陀部先后控制过宁夏北端。唐贞观以后，宁夏南北安置过大量的包括突厥民族在内的北方游牧民族，而且有自治性的特殊管理形式。安史之乱后，吐蕃、回纥、吐谷浑、党项等民族进入宁夏，也包括大食（唐代阿拉伯帝国）的军队。吐蕃在宁夏南部驻军将近百年。五代和宋初，居住在宁夏的民族主要有汉、沙陀、党项、吐蕃等。党项民族建立西夏国后，宁夏南部先后隶属于北宋和金朝。元朝，宁夏的民族构成又发生了变化，蒙古族、从中亚西亚东来的回回人等先后进入宁夏。明代以后，宁夏的各民族迁徙大体稳定，汉、回两个民族成为宁夏民族的主体。到了清代，满族又成为宁夏的少数民族。与此同时，或因军事的需要，或因政治的变化，或因经济的原因，历代中原统治者都要向宁夏迁入大量的军队进行屯田，包括民屯。少数民族的南下，中原各种移民的迁入，构成了宁夏古代民族大融合地域背景和实质上的文化变迁。

追溯宁夏古代民族的迁徙演进过程，就会发现在迁徙过程中的民族融合。民族融合本身就是文化融合，因为文化的生成与传播主要是由人来完成的，移民与战争为移民文化的融合提供了更大的背景和空间。比如，唐朝以后进入宁夏的沙陀、吐谷浑、党项和其他各种色目人，元朝以后都不见了，都与汉人、南人逐渐融为一体[①]。再如，明朝初年宁夏已成为抵御元朝残余兵锋的前沿，为有效防御蒙古兵锋侵扰，明朝政府将宁夏北部所有蒙汉军民迁徙到关中，造成宁夏、灵武、鸣沙等地"空城"现象。数年之后的洪武九年（1376），政府又"徙五方之人实之"[②]，将四面八方的人再迁回到宁夏，这是宁夏历史上罕见的大规模的人口迁徙和更新。仅此，我们就可以看出历代移民屯田的军事意义、政治意义和经济意义。

北方少数民族南下与中原统治者移民宁夏，是由宁夏黄河灌溉农业的灌溉条件和宁夏自身的战略地位所致。宁夏水利的兴衰，从某种意义上成为衡量中原与宁夏政局是否稳定的标志。西夏、元、明、清诸朝，都是历

---

① 韩儒林主编《元朝史》，人民出版社，1986，"前言"。
② 《嘉靖宁夏新志》卷一《宁夏总镇》，宁夏人民出版社，1982，第8页。

史上移民屯田和兴修水利的重要时期，移民是双重多元的过程，开发与文化融合同步。

## 一 水洞沟原始移民

旧石器时代晚期，正当母系氏族公社早期，是"禽兽逼人，兽蹄鸟迹之道交于中国"[1]的时期，人类以自然界提供的植物果实、动物为食物来生存，利用自然条件（如天然洞穴、悬崖陡壁下方或树林、树杈等）栖身。稍后则"因丘陵堀穴而处焉"[2]，在高地上穿穴而居，使用着粗笨的石器，过着十分简单的采集和渔猎生活，移民的过程使他们逐渐发现新的生活环境。

著名地质学家刘东生先生为《水洞沟：1980年发掘报告》一书所写序言里写过一段文字，见证的就是宁夏境内最早移民迁徙的生活形态和生存环境：

> 2万多年前，一群远古人顶着凛冽的西伯利亚寒风，艰难地跋涉在鄂尔多斯黄沙漠漠的旷野之上。他们是一支由男女老少组成的队伍，随身携带着猎人的专用工具、武器、帐篷和火种。当他们翻上一道连绵起伏的山梁而来到一处今天叫做水洞沟的地方时，眼前出现了一片水草丰盛的湖泊，远处草原上还隐约可见成群奔跑的野马、野驴和羚羊。显然，这是一处诱人的地方。于是他们放下行装，就地宿营，开始书写生活的新篇章。[3]

水洞沟人"书写生活的新篇章"，就是定居在黄河岸边，利用黄河湿地开创自己的新生活。这是宁夏移民的源头。

水洞沟，位于宁夏灵武市境内。水洞沟遗址，为中国三大旧石器时代

---

[1] 杨伯峻译注：《孟子译注》卷五《滕文公章句上》，中华书局，1960，第124页。
[2] （清）孙诒让：《墨子间诂》卷六《节用》，上海书店，1986，第6页。
[3] 宁夏文物考古研究所编著《水洞沟——1980年发掘报告》，科学出版社，2003，"序言"。

遗址之一，自发现以来的90年间，引起中外学者的高度关注，先后经历过5次系统的考古发掘，极大地丰富了水洞沟的文化内涵。水洞沟古文化遗址再现了距今数万年前宁夏境内人类活动的历史，是旧石器时代人类文化遗存的典型。从出土的动物化石种类看，有野驴、犀牛、羚羊、转角羊、鸵鸟等，另外还有数万件石器材料和石器。在发现的大量石器中，有一类以长石叶为毛坯、两侧经修理左右对称、背面有脊梁的三角形尖状石器，能与欧洲典型的莫斯特尖状器相媲美，在中国旧石器文化体系中独具特点。另一类以长石片为毛坯，一端修理出半圆形刀刃状的刮削器，是水洞沟石器中最具代表性的器物。1963年发掘的一件以鸵鸟蛋壳为原料制成的圆形穿孔装饰物，其边缘略加雕磨过，再现的是远古人类磨制艺术的萌芽，是原始初民对美的形式的探索，在人类工艺发展史上是一个划时代的进步，揭示了人类早期移民文化发展的程度。

水洞沟遗址的发现和发掘是一个里程碑，它正式揭开了中国古人类学和旧石器考古学研究的序幕。水洞沟史前人类已经掌握了热处理技术，水洞沟人会烧石热水煮食，使后人从一个新的视角看到了水洞沟移民全新的生活状态。

## 二 先秦移民

战国时期，不仅是中国历史上第一次文化意义上的"百家争鸣"时期，也是各国之间人口不断流通、迁徙的时期，文化的大融合，实际上带来的是人口格局的变化。战国后期，随着秦国疆域的扩展，秦国在不断吸收和强制迁入其他国家和地区人口的同时，也将本国的人口大量迁入新占领的地区[1]。固原所在的六盘山（陇山）东西的广大地区内，已经随着规模不等的战争拉开了移民的序幕。

战国时期，秦国已逐渐变成了强国。义渠戎，是宁夏南部固原境内较早的土著民族之一。当秦穆公时期西戎八国臣服于秦国之后，陇山东西、

---

[1] 葛剑雄等：《移民与中国》，中华书局香港有限公司，1992，第19页。

**黄河文明在宁夏**

泾水流域各戎族的归属与生存环境开始发生变化，义渠戎古国成为秦国东进过程中被吞噬的对象。自秦穆公之后的百余年间，尽管义渠戎国多筑城郭，以加强军事防御，但仍不能抵御秦国的蚕食。到了秦惠文王时，义渠戎国的25座城池已被纳入秦国的版图。秦昭襄王时，义渠戎王因与秦国宣太后之间的私通而放松了警惕性，被宣太后诈邀于甘泉宫杀害。之后，秦国起兵，以迅雷不及掩耳之势大举进攻义渠戎国。秦国虽然吞并了义渠戎国，但义渠戎国的北面并不安静，北方匈奴铁蹄经常南下扰边。为防御匈奴的入侵，秦国在原义渠戎国的北端"筑长城以拒胡"[①]。筑就的这一长城防线，就是现在固原城以北数公里处的战国秦长城（全国重点文物保护单位）。

长城以内义渠戎国故地成了秦国的领地，秦国在加强管理的同时，开始了更大空间上的人口迁移。中国古代封建统治术之一，就是对新占有的地区进行人口的大迁徙。从时间序列看，这是有记载的宁夏早期移民史的开始。这次移民，属军事性的迁徙。

除军事意义上的移民迁徙外，商贸同样是早期移民的一种形式。战国时期宁夏南部固原的乌氏倮，是司马迁《史记》里点名记载的巨商之一。乌氏倮以固原为商贸基地，凭借固原邻近关中的地理优势来充当商贸的中枢，将北方游牧民族和中原华夏民族各自所需的商品按照原始的交易形式分别提供给对方。乌氏倮是宁夏南部与关中商贸的龙头。商业的运行，并非少数人所为，它有一个庞大的流通渠道。在这个流通渠道里，活跃着无数个大大小小的乌氏倮。商贸活动不断增加流动过程的人口，促使手工业的进一步发展并促使城市的形成和规模的不断扩大。正是从这个意义上，乌氏倮所在的宁夏南部固原以丝绸输出与畜牧交易为龙头，沟通和繁荣着中原与北方草原的商贸交易。早期商业意义上的移民，也是移民的一种独特形式。

---

① 《史记》卷一百一十《匈奴列传》，中华书局，1982，第2885页。

## 第三节　秦汉时期

### 一　秦朝移民

秦始皇扫平六国海内一统，开创了中国历史的新纪元。秦始皇统一中国的过程中，已不断地对六国的旧贵族实行强制性的移民政策。统一后的秦始皇为了防御北方少数民族的南下，同样实施了一种空前而又引领后代的创举——徙民实边政策。所谓徙民实边，就是从内地迁移民户到边疆地区居住，这同样属军事性移民。我国古代的移民屯田，在很大程度上体现着军事性移民的性质。

秦始皇统一中国后，为解除边患以拓展帝国的疆域，首先集中力量对付来自北方匈奴民族的军事进攻。公元前214年，令大将蒙恬率30万大军北伐匈奴，取得重大军事胜利。第二年，继续向北推进，将驻牧河套的匈奴人驱逐到黄河以北，夺取了阴山以南的广大地区，宁夏全境皆纳入秦帝国的版图之中。为巩固新取得的河套广大地区，"因河为塞，筑四十四县城临河，徙谪戍以充之"。[1] 秦朝在这一广袤的大地上设置了44（一说34）个县。有了县的建制，就要有相应的人口来支撑；要进行长远意义上的开发，就要有大量的移民来充实这块土地。于是秦始皇采取"谪戍"和"拜爵"的办法，开始从内地迁徙大批的移民进入这一地区，分别安置在不同的县域境内，以充实户籍和开垦土地。这一新开发的移民区，就是至今仍被历史研究者所称道的"新秦中"。同时，秦朝还修筑了连接南北的直道，它是当时联系边境地区与内地的军用通道，用于向边境地区调动军队和运送粮秣给养。宁夏北部大部分地方即属"新秦中"的地域范畴，这里的军用物资主要是通过直道来输送的。

"新秦中"在数年内有过两次移民。按照葛剑雄先生的研究，两次移

---

[1] 《史记》卷一百一十《匈奴列传》，中华书局，1982，第2886页。

民有7万多户30余万人。① 宁夏是这次移民迁入的重要地区，尤其是中北部黄河以东地区。

秦始皇开创的移民实边政策极具历史意义，只是秦朝存在的时间太短暂，使得这一固边方略持续时间不长即失去了延续，还没有真正形成规模就因秦朝的灭亡而夭折了。当主持移民实边的蒙恬被杀、秦朝灭亡之后，国家陷入混乱，原被强制迁入并安置在河套新开发土地上的移民纷纷逃离，已在阴山以北徙居的匈奴乘机南下，重新占领河套地区，宁夏中北部再次成为匈奴的势力范围。这次移民大迁徙虽然持续时间短，但却开宁夏移民史之先河，并对宁夏的开发起了积极的作用。

## 二　两汉移民

西汉时期，是西北地区移民实边的重要阶段。如果说秦始皇的移民实边政策的实施是初创时期，那么，西汉则是历代移民实边的成型时期。

汉代的移民实边，已成为巩固边防的一项重大国策。西汉移民实边，其重点在西北地区，这是由当时匈奴对西汉边疆的直接威胁造成的。西北边境的安危，是历代王朝十分关注和忧虑的问题。西汉初期，西北边境依旧伴有战争的威胁。自公元前182年以后的50余年中，大规模的入侵就有30余次②。汉文帝十四年（前166）匈奴14万铁骑长驱直入，宁夏南部固原、关中北部的防御要隘萧关被攻破，北地郡驻守萧关的最高军事长官孙卬战败身亡，汉朝朝野为之震动。或许因为这次战役，西汉政府看到了西北沿边军事防御的空疏，秦始皇时期移民实边的举措再次引起了西汉统治者的重视。晁错提出募民徙塞下的建议被汉文帝采纳了，他建议所徙之民，主要是罪犯和贫民。同时，推行和实施马牧业，为战争准备特殊的装备工具，为军事反击储蓄力量。移民行动开始于汉文帝时期，汉武帝时随着军事进攻的节节胜利，移民迁徙得以大规模展开。汉文帝时期徙民实

---

① 葛剑雄等：《移民与中国》，中华书局香港有限公司，1992，第31页。
② 《中华文明史》（第三卷），河北教育出版社，1994，第148页。

边只是一个开端,并没有取得太大的成效,但却为汉武帝时期的进一步屯田拓边奠定了基础。

汉武帝元朔二年（前127）,西汉军队大破匈奴,收复了秦始皇时拓展的河套地区,设置了朔方、五原等郡,朝廷招募10万贫民分别迁入这些收复的地区。这是西汉第一次对西北边地大规模移民。元狩三年（前120）,漠北会战再次大破匈奴；同时,关东连年遭受水灾,大量流民需要安置,朔方、新秦中也需要移民开发,政府再次将关东贫民70多万人迁移到朔方以南新秦中地区①,这是对西北边疆最多的一次移民。将军事戍边与移民实边结合起来。宁夏东北部、南部固原地区是这次移民安置的主要地区之一②。此后,移民活动一直持续到西汉末年。在宁夏大部分地区,移民在很大程度上构成了当地的主要人口成分。西汉末年,关东移民在经历了近百年的发展后人数大增,还带来了先进的生产技术,使宁夏的农业生产得以快速发展。这一时期,南部以安定郡（固原）为中枢,北部以北地郡（灵州）为中枢,北方边境相对平稳,民屯与军屯都取得了很大的成就,是宁夏历史上发展的最好时期之一,呈现给世人的是一派农业与畜牧业兴旺发达的安定局面。同时,中原农作物栽培技术在宁夏得到了广泛传播和发展。汉成帝时命冯参为上河（今宁夏永宁县）"农都尉",上河城是冯参任职屯田的地方。③ 这是汉代宁夏平原屯田的典型模式。

徙民实边,是集军事、政治和经济意义于一体的措施。移民居则为民,可垦田耕种；战则为兵,可巩固国防。

屯田,也是与徙民实边相配合的一种纯军事性质的防御性国防措施。屯田是指边防驻军在屯戍地区从事农业生产,以解决或者缓解军队后勤供应的困难。汉朝在向西北地区大规模移民的同时,还实行军屯。汉文帝时虽然采纳晁错建议实施移民实边之策,但有限的粮食生产远不能满足驻军

---

① 《资治通鉴》卷19,中华书局,1996,第635~636页。
② 葛剑雄等：《移民与中国》,中华书局香港有限公司,1992,第32页。
③ 《汉书》卷七十九《冯奉世传》,中华书局,1987,第3306页。

和边防的需要。因此，还要实施军屯，以此来解决军队粮秣补给问题。史籍明确记载历史上的军事屯田，是从汉武帝开始的。武帝元鼎五年（前112），向西北地区派遣60万戍卒，实行规模较大的屯田。这种军事性质的屯田，开历代军屯之先河。宁夏平原黄灌区，是早期军屯的理想之地。

东汉时期，西北边疆又开始骚动，匈奴再次不断给边境地区带来威胁。不久，周边的羌族也不断带来"羌乱"，迫使南部固原的安定郡、北部灵州的北地郡建制相继内迁，羌族进入宁夏大部分地区。西汉以后移居在宁夏的移民，大批迁回内地。移民屯田，是国力强盛、边境相对安定时期的产物，乱离状态下的移民屯田是无从谈起的。东汉末年，河西地区相对平稳，是政治、经济和文化较为发展的地方，关中各个阶层的人很多设法离开长安投奔河西。东汉时期的宁夏，除了朝廷发配迁移到这里的各种犯人之外，没有像西汉那样集中迁徙一定数量的人来屯田。

随着社会的发展和农业生产技术的提高，汉代宁夏屯田已使用铁制农具和牛耕技术。西汉中期赵过大力推广新的农田耕作法。《汉书·食货志》记载："（赵）过能为代田，一亩三甽，岁代处，故曰代田，古法也。""其耕耘下种田器，皆在便巧。"[1] 同时，农业水利开发已初具规模，农业生产离不开灌溉，屯田已伴以水利。先进的生产工具与兴修水利的结合，使得汉代宁夏地区的粮食产量不断增多。人们在农业生产活动中对"农时"的把握日益精确，依汉代农学之书《氾胜之书》和《四民月令》看，基本形成了完备的二十四节气和七十二候，已按不同季节的耕作技术操作。汉将邓禹说，北地、安定等地"土广人稀，饶谷多畜"，可"就粮养士"[2]。汉顺帝时，尚书仆射虞诩认为安定、北地等郡已是"沃野千里，谷稼殷积"[3]之地。当时的主要粮食品种为糜谷之类，还有小麦、青稞等，宁夏屯田得到了一定程度的发展，人民生活已显得富庶。

---

[1] 《汉书》卷二十四上《食货志上》，中华书局，1987，第1139页。
[2] 《后汉书》卷十六《邓冠列传》，中华书局，1987，第603页。
[3] 《后汉书》卷八十七《西羌传》，中华书局，1987，第2893页。

### 三 少数民族内迁

秦汉时期的移民，是双向的。就宁夏境内来说，这里不仅有中原向西北边境移入的人群，也有北方草原游牧民族内迁的人群。

（一）匈奴民族内附

汉武帝时期，一方面对匈奴发动大规模的军事进攻；另一方面，匈奴民族由于战争、内讧等多种原因开始分化，被俘或者归降的匈奴人数不断增加。匈奴昆邪王降汉以前，已有数万人内迁西北边境。到了元狩二年（前121）秋，匈奴昆邪王再率4万人降汉。为了妥善安置这些归附的匈奴人，西汉朝廷在5个边境郡地设立属国，将他们以一种特殊的形式安置。在宁夏境内的是安定郡（固原）三水县（今宁夏同心县东）属国。这是官方文字记载的较大规模的少数民族归附的历史事件。到了西汉末年，内迁的匈奴人可能接近20万人[1]，按照5个属国平均计算，宁夏境内当时迁入的匈奴人已不下4万。从地域的整体环境看，宁夏或许要更多一些。这些内迁的匈奴人可以在属国内保持本民族的风俗习惯，继续从事传统的畜牧业，但必须接受汉朝政府在属国内设置的相关机构的监督。

东汉初年，匈奴分裂为南北两部，与东汉有着联姻关系的南部呼韩邪单于向汉朝归附。附汉的呼韩邪单于的部属依旧分布在边境地区，宁夏境内是安置的主要地区之一，朝廷有专门管理机构负责管理。到了东汉末年，匈奴人内迁者估计已超过50万人[2]，宁夏境内的匈奴人主要分布在中北部地区。他们留下了宁夏青铜牌饰文化艺术，也成为宁夏历史文化的开发者。

（二）羌人内附

羌人是一个古老的民族，早在秦汉以前就生息繁衍在西北地区的大片

---

[1] 葛剑雄等：《移民与中国》，中华书局香港有限公司，1992，第42页。
[2] 葛剑雄等：《移民与中国》，中华书局香港有限公司，1992，第43页。

土地上，宁夏是羌人生存活动的重要地区之一。秦汉时期，羌人被逐到长城以外，与朝廷发生过军事冲突。东汉初期，居住在沿边的羌人逐渐强大起来，开始向内地迁徙渗透，宁夏不少地方已有迁徙的羌人。到了东汉末年，宁夏境内南北大都有羌人生存。在东汉末年的羌族大起义中，宁夏地域成为羌人与汉人争夺的战场，在南部固原发生过数次较大的战役，尤其是羌人烧何部落。双方争夺的结果，安定郡治（今宁夏固原市原州区）被迫内迁，大量羌人迁入宁夏。就当时的整体情况看，羌人已成为宁夏数量仅次于汉人的第二大民族。[①] 东汉在宁夏的地方政权内迁之后，移居宁夏的羌人开始建立自己的政权。

东汉永初（107~113）年间，东汉王朝调集大军围剿羌族，先零羌酋豪滇零趁机于北地郡（今宁夏吴忠市利通区西南）建立政权，众羌人推滇零为"天子"，封官授印，以丁奚城（今宁夏灵武市东南）为都城。势力最盛时，其地域范围包括陇东地区、陕西北部和宁夏全部，还有山西的河东、上党，甘肃陇右等地。此次起义长达12年，建立了羌人历史上的第一个政权。这期间，羌民在丁奚城附近开辟了许多农田。东汉延熹（158~167）年间，宁夏固原的羌人依旧与东汉政府相抗衡，朝廷命段颎为护羌校尉，进行镇压。同时，又派固原籍人皇甫规为中郎将持节督兵围剿羌人。皇甫规没有对羌人兵锋相见，而是以安抚为主，竟以"货赂群羌"的罪名被贬。可见当时移入宁夏的羌人之多。

东汉初年羌人不断内迁，发生过三次羌人起义，安定、北地郡治一度内迁侨置关中，直到顺帝永建四年（129），北地、安定郡治复迁回原地。这期间，宁夏的经济尤其是黄河灌溉农业受到一定程度影响，人口锐减。三国末期，虽然地方政权内迁，但宁夏汉人与羌人杂居的格局已经形成，文化上相互融合的环境已经出现，移民的地域化程度不断加深，开魏晋南北朝移民文化多元的先河。

---

① 葛剑雄等：《移民与中国》，中华书局香港有限公司，1992，第51页。

## 第四节　魏晋南北朝时期

魏晋南北朝时期，是中国历史上战乱与动荡最为酷烈的时期，也是边地与中原多民族相融会迁徙最为频繁的时期。中原汉人纷纷外迁，进入黄河流域的少数民族继续向中原推进，西北边地的少数民族源源不断内迁。不少民族纷纷建立了自己的地域性政权。这种兼容性的民族政权，不仅显示了三百多年的战乱与民族大迁徙的过程，而且展示了以汉族为主体的各民族大融合，秦汉意义上的汉民族已经成为历史。这一时期，最能体现宁夏民族大迁徙的是赫连勃勃建立的大夏政权、鲜卑拓跋前期的迁徙与征战。

### 一　赫连勃勃移民

魏晋南北朝时期，以不同的形式进入宁夏境内的少数民族有匈奴、氐、羌、鲜卑等。西晋义熙（405~418）年间，匈奴人曹弘部因叛晋失败，有15000余落被迁徙到甘肃东部，宁夏固原被安置了一部分。氐、羌是古老的民族，也是迁徙游走较频繁的民族，在西晋时曾有一部分迁入固原。东晋时期，后凉主吕隆东迁后，有一部分移入固原。鲜卑人进入宁夏早期，主要是在固原清水河流域，与汉、羌等族杂处，主要游牧地在清水河流域、六盘山以东至甘肃靖远以北的麦田城一带的广大地区。仅鹿结部就达7万余落，此外还收降了鲜卑人的另一部5万余落。秃发鲜卑，也是活动于宁夏固原的一支。贺兰山东北与黄河西岸相接壤，也曾是乞伏鲜卑迁徙驻牧过的地方。后来，乞伏祐邻再率部落向南迁徙，与居于高平川（清水河流域）的鲜卑鹿结部"迭相攻击"，鹿结部失败后继续向六盘山迁徙，乞伏等部又据有高平川，势力逐渐强胜。到了十六国时期，祐邻的曾孙述延时部落联盟势力进一步发展，六盘山一带是其联盟首领分镇的地方之一。淝水之战后，前秦镇西将军乞伏国仁最终建立了十六国时期的西秦。

入主宁夏时间长，而且有过重大作为的是北魏时的宇文泰。宇文泰部下的鲜卑人，在平息固原万俟丑奴陇东起义的过程中，大军踏遍了宁夏中南部。宇文泰看重了固原并以此为关陇集团的发迹地，与固原地方势力李贤等携手共进，谋图大业。

鲜卑人在南迁西进的过程中，与匈奴、丁零（高车）、汉族等融合形成许多新族别。如匈奴父与鲜卑母结合而形成的铁弗部，鲜卑父与匈奴母结合而形成的拓跋氏。赫连勃勃就是匈奴人铁弗部刘卫辰的第三子，他是匈奴人迁徙进入宁夏且控制宁夏时间最长的少数民族精英。从宁夏固原起兵"称帝"到朔方修筑统万城，他的部属一直活跃在宁夏境内大部分地区。从人群迁徙的角度看，这也是宁夏移民史上的重要时段。

赫连勃勃对宁夏历史产生过重大影响，宁夏平原黄河沿岸的饮汗城、丽子园，以及黑宝塔（海宝塔）等城堡与宗教文化景观的修筑，显示的都是赫连勃勃时期移民文化在宁夏的象征和遗存。

这一时期，宁夏是各个民族登临的大舞台，既有移入的，也有迁出的。如赫连勃勃时期攻后秦黄石固（今宁夏彭阳县），后迁数千家于大夏统万城外围。北魏时，高平（今宁夏固原市原州区）的鲜卑人多兰部也被迁往北魏都城平城。

## 二　北魏移民

东汉以后，战乱致使农业区遭到严重破坏，人民流离失所，白骨蔽野，千里土地荒芜，"名都空而不居，百里绝而无民者"。就连名都都没人居住了，到处是一片萧条景象，可想见当时的荒凉与凄惨。北魏时开始发生变化，强制性移民和自发性移民活动又渐趋兴盛。北魏实行屯田较早，登国九年（394）已有记载。《魏书·食货志》载："……自五原至于稒阳塞外，为屯田。"

十六国离乱之后，由于政治、经济的需要，屯田制又逐渐发展起来。北魏入主中原后，多处屯田空间都在不断扩大。移民活动次数频繁，规模宏大，构成复杂。据统计，从拓跋珪建国到北魏分裂，时间跨度为150年，移民次数近200次，移民人口在500万以上，被迁徙的大多是汉人。[①]在宁夏，被征服的少数民族多安置在北部的薄骨律镇、南部的高平镇。如显祖时，安置万余户蠕蠕族降人于高平、薄骨律镇。薄骨律镇屯田，是北魏设置的重要屯田区之一，河西的不少降户也迁徙来这里屯田[②]。当然，这是在相对稳定时期迁入宁夏的移民。窦炽在原州刺史任内，"每亲巡垄亩，劝农耕桑"[③]，已非常重视农业生产。北部灵州境内兴修水利，徙关东汉人屯垦，当时称为汉城；将破大夏国时所收编的少数民族迁徙至南典农城，又称为胡城。民族多元并存，农业生产并举。

北魏时期，不仅移民迁入宁夏，宁夏也有过移民迁出。高车族（敕勒族）突骑骁勇善射，为北魏所依重。北魏灭夏时，曾命高车敕勒骑驰击赫连定，"斩首数千级"[④]。盖吴起义爆发后，又诏驻防屯垦高平（固原）的高车敕勒族人赴长安驻防。破多兰部，也曾是北魏统治者由高平迁入北魏都城——平城的移民。道武帝天兴五年（402）二月，常山王遵破鲜卑别种破多兰部，尽徙其民移入平城[⑤]，但没有记载迁徙的具体人口数。北魏时，宁夏境内的薄骨律镇、高平镇，是北魏时设在宁夏南北的两大重镇，迁出、迁入人口较多，尤其是薄骨律镇黄河灌区的移民屯垦开发，是发挥过很大作用的。

北周存在了24年，这个时段仍有移民进入宁夏。建德三年（574），迁2万户于怀远郡（由饮汗城改建）；579年，"破陈将吴明彻，迁其人于灵州，其江左之人崇礼好学，习俗相化，因谓之'塞北江南'"[⑥]。在不断迁徙移民开发的同时，还留下了一个影响千年的名字——塞北江南。

---

① 操晓理：《北魏移民初论》，《首都师范大学学报》（社会科学版）1998年第6期。
② 《中华文明史》（第四卷），河北教育出版社，1994，第157页。
③ 《周书》卷三十《窦炽传》，中华书局，1987，第519页。
④ 《魏书》卷二十八《古弼传》，中华书局，1987，第690页。
⑤ 《魏书》卷二《太祖纪》，中华书局，1987，第39页。
⑥ 王文楚等点校《太平寰宇记》卷36，中华书局，2002，第760页。

## 第五节　隋唐时期

隋唐、五代时期，突厥、回纥、吐蕃、党项等西北少数民族都非常强势，而且不断内迁，是历史上又一次大规模的移民潮。宁夏依旧是这一时期多民族迁移并驻足的地方。隋唐时期的移民，有两种形式：一是少数民族移民，二是军事屯田性质的移民。宁夏成为众多民族的聚居区。

### 一　少数民族移民

（一）突厥人

突厥是中国北方继匈奴、鲜卑、柔然之后又一个重要的游牧民族。到了南北朝末期，突厥族建立了北方的强大政权。隋朝开皇年间，分裂为东、西突厥。当东突厥发生内讧后，有一部分南下归附隋朝，宁夏境内东北一带已有移入驻牧的突厥人。在唐朝灭东、西突厥的过程中，先后有数次突厥移民迁入宁夏北部。贞观四年（630），唐朝灭东突厥后，俘获15万人；再加上归附的突厥残部，已是一个庞大的移民群体。唐朝将这些归附的突厥人安置在北部长城一线的边缘地带，宁夏北部的灵州（今灵武市），是这次移民安置的主要地区之一。

唐朝灭西突厥后，有一部分突厥人被安置在灵州境内。这一时期，先后安置在灵州、夏州境内的突厥人已经很多。为了便于管理，于调露元年（679），在灵州、夏州间设置所谓的"六胡州"管理机构，专门统领被安置在这里的突厥部落。天宝四载（745），东突厥为回纥所灭，又有一部分突厥人南下归附，被安置在灵州。

（二）粟特人

粟特人，也称西域胡人，是隋唐时期由中亚阿姆河、锡尔河流域逐渐东移的昭武九姓人，以善于经商而闻名。唐代初年，昭武九姓诸部落已陆续迁徙至河套一带。在这个过程中，宁夏南北地域上同样有昭武九姓人迁入，南部以固原为中枢，北部以灵州为中枢。最近30余年宁夏考古发掘出土了不少粟特人墓葬，证实移入宁夏的昭武九姓人居住时间悠久，而且以家族的形式生存和繁衍，有的已成为当时地方上的望族。

（三）吐谷浑人

吐谷浑人，南北朝时居于现在的青海一带。吐蕃强大之后，逐渐进入吐谷浑的境域。到了唐朝龙朔（661～663）年间，吐谷浑被吐蕃灭掉，头领率部落先投奔凉州，后沿丝绸之路过黄河移入今宁夏中卫一带，唐朝专门设置安乐州（今宁夏中宁县鸣沙镇）来安置和管理归附宁夏的吐谷浑人。吐蕃攻陷河陇地区后，安乐州的吐谷浑转迁至朔方、河东一带。

（四）吐蕃人

吐蕃本居于青藏高原，灭掉吐谷浑后势力进入青海。安史之乱后，驻守河西走廊的唐朝军队东调，吐蕃乘虚而进，不但陆续攻占了陇右、河西，而且多次攻入长安。在吐蕃扩张东进的过程中，以弹筝峡（今宁夏固原市泾源县三关口）为界，弹筝峡以北宁夏大部分地区成为吐蕃人活动的地域和征战的疆场，固原还有不少吐蕃居民驻足繁衍。这种移民状况先后持续了80余年之久，但并没有给农业屯垦带来机遇，更多的是带来文化方面的停滞和毁坏。唐末五代时期，宁夏南部有不少吐蕃居民，大的数千家为聚，小的也有百十家[1]。随着时间的推移，他们都融入汉文化之中。

（五）党项人

党项人原生活在青海东部黄河河曲地带，包括甘肃南部和四川北部的草原山区。当吐蕃侵入这里后，这个多部落民族开始迁徙。唐代天授年间（690～692），党项人东迁，徙居在宁夏北部的灵州与夏州境内。广德年间（763～764），党项人参与叛军仆固怀恩攻唐事件后，唐朝将徙居在灵州、夏州的党项人继续东迁。后来，为防御回鹘民族南下，又将党项人迁回陕北、陇东和河套等地。由此，演绎生成了一个统治近190年的地方政权——西夏。西夏移民与西夏政权的农业根基，就是以宁夏平原黄河灌溉为支撑。

---

[1] 葛剑雄等：《移民与中国》，中华书局香港有限公司，1992，第113页。

## 二　军事屯田式移民

隋唐时期，来自北方的突厥民族不时南下侵边。为就地解决边境军粮供应，有效防御突厥的入侵，与秦汉时期一样，隋唐两朝都在边疆实行屯垦。唐代开元以后，由于军事制度发生变化，戍边士卒长期驻守防地，政府允许携带家属。这样一来，这些长期守边的军队，转化成了实际上专门从事屯田的军队。此外，还有迁徙贫民屯垦、流放安置待罪之人的屯垦，都是当时屯垦的形式。隋唐时期屯垦地域，大多在西北边疆，宁夏尤其是宁夏平原是主要垦区之一。

唐代在边疆的屯田，屯域之广，屯垦面积之大，远远超过了以前各个朝代。据《唐六典》卷七"屯田郎中"条下注，宁夏所属的关内道有258屯，具体到灵州、原州所辖：盐州监牧4屯，盐池7屯，东受降城45屯，中受降城41屯，西受降城25屯，定远40屯，夏州2屯，丰安27屯，原州4屯，会州5屯。以每屯50顷地计，可见当时灵州、原州所辖屯田的规模是很大的。当然，唐代灵州所辖地域非常广阔，不少地域空间现在已不在宁夏管辖范围之内。

## 第六节　西夏时期

西夏在宁夏，有近190年的建国史，是一个特殊时代，这里单列出来叙述。

西夏王朝是一个传10代历时近190年的封建政权，先后与北宋、辽、南宋、金鼎足而立，称雄西北。西夏的创立者党项族的缘起和早期迁徙，在唐代移民里已有简略叙述，这里仅从党项人归附隋唐说起。

## 一　移民开发

公元6世纪末7世纪初，党项人相继归附隋、唐王朝。在唐朝的鼎力扶持下，党项部落不断内迁，分别散居于陇右道北部，关内道庆、灵、夏、

第二章　历代移民在宁夏

银等州之地。党项人进入宁夏，唐朝置羁縻州府以安置，寄治于灵州境内。唐朝围剿六胡州起义的过程中，包括灵州在内的党项人参与了这次围剿战。安史之乱爆发后，原本已内徙的党项人又开始了大规模的迁徙移民，主要在庆、夏、灵等州。对于宁夏而言，在灵州境内的党项人已经是二次迁移，与当地汉族和内迁的其他少数民族杂居共处，党项原来的氏族与部落内部的血缘纽带松弛，逐渐形成以地缘为纽带的部落集团。[①] 灵州已成为相对集中的党项人活动的重要地区。唐朝末年，党项平夏部首领拓跋思恭助唐王朝镇压黄巢起义军有功，受封为夏州定难军节度使，晋爵赐姓。这时的党项拓跋氏，已成为称雄一方的唐朝藩镇。

进入宋朝以后，党项贵族内部发生内讧，新任定难军节度使李继捧被迫向宋朝献出经营了数百年的夏、银、绥、宥、静五州之地，他的族弟李继迁却抗宋自立。此后，李继迁一面举旗抗宋，一面向辽朝和好以取得支持。宋真宗无奈，于至道三年（997）授李继迁夏州刺史、定难军节度使。李继迁取得夏州党项人的"故地"之后有了自己的根据地，便于第二年起兵攻打宋朝边境地区的一些州、军，开始脱离宋朝的羁縻统治。李继迁调集重兵攻陷灵州，改灵州为西平府，将政治中心由夏州迁往宁夏平原灵州。经过李继迁、李德明两代人的努力，到了李元昊时期，开始着手正式建国前一系列事宜的处理。北宋明道二年（1033）五月，升兴州为兴庆府，大兴土木，营建宫室和殿宇，仿宋朝的政治制度设立官制等。景祐五年（1038）十月，李元昊于都城兴庆府南筑台受册，即皇帝位，国号大夏。

党项人的早期迁徙到归附隋唐以后的发展变迁，表现了党项民族的移民史。西夏灭亡之后，党项民族的消失同样显示了西夏封建政权形成过程中移民规模之大，与其他少数民族相居杂处、融合的经历。

西夏时期的镇戎军（今宁夏南部固原），是宋夏对峙的前沿。双方在边境地区有战争冲突，也有商业贸易。党项人入居内地后，与中原地区各族人民有着密切的贸易交往，双方都设立各种类型的贸易市场进行贸易。

---

[①] 王钟翰主编《中国民族史》，中国社会科学出版社，1994，第514页。

镇戎军设立的榷场，就是当时规模较大的边境地区的贸易中心，宋朝每年要从镇戎军、保安军两大榷场购进数千匹马、数万头羊。西夏对宋朝的贸易以马、羊、牛、驼、盐为大宗，以及香料、红花、甘草等。这样大的商贸市场，要有一定数量的官方机制搭建的平台，要由众多的民间贸易者来完成，他们带来的商业繁荣的背后，体现的是另一种形式的移民。

## 二 农业水利

西夏时期的农业水利，是在汉唐以来宁夏平原农业水利发展的基础上继续往前推进的。西夏时期，宁夏平原黄河灌区的水域网络基本形成，西夏人除了有效开发和利用前人的水利网络之外，还开挖过新的渠道，如昊王渠，说明西夏人是非常重视农业发展和水利建设的。西夏时期银川平原黄河水利的充分利用，的确为西夏的立国带来了安定的后方和极大的经济效益。《宋史·夏国传》里记载："其地饶五谷，尤宜稻、麦……兴、灵则有古渠曰唐俫，曰汉源，皆支引黄河。故灌溉之利，岁无旱涝之虞。"[1] 西夏农业水利发展，不仅充分利用了宁夏平原黄河灌区的水系，而且还有一整套法律制度来保证。[2] 其法律文本《天盛律令》的条文里就有明确规定[3]，保证了西夏黄河灌区农业的发展。

## 第七节 元朝的移民

元朝是一个重要的移民时期，移民地域跨度广，移民人流规模大。通常认为，唐高宗永徽二年（651），大食国（唐时的阿拉伯帝国）派遣使节来长安朝贡，成为伊斯兰文化传入中国内地的开始。伊斯兰文化在唐代进入中国，主要是在留居沿海地区的波斯、阿拉伯商人中流行，直到两宋

---

[1] 《宋史》卷四百八十六《夏国下》，中华书局，1985，第14028页。
[2] 杜建录：《西夏农田水利的开发与管理》，《中国经济史研究》1996年第4期。
[3] 《天盛律令》卷15，"春开渠事门""渠水门"，法律出版社，2000。

时期仍没有形成规模。蒙元时期，由于中亚移民不断进入中国，伊斯兰文化的传播和发展较快，宁夏也成为"回回人"落籍的地区之一。

## 一 回回人在宁夏

"回回"一词，最早见于宋代人沈括的《梦溪笔谈》。在蒙元官方文书或诏令中，"回回"指信仰伊斯兰教的中亚各族人。在蒙元统一中国的过程中，东来中国的"回回"人，有些被吸收到蒙古统治者各级政权机构中，有的效力于官营手工业作坊，有的随蒙古军出征参战。随军出征的"回回"人最初被编入"回回军"，参加过灭金和攻打南宋的战争。战争结束后，宁夏南北成为回回军屯驻或畜牧的重要区域，这部分回回人逐渐开始定居宁夏。回回人改为"编民"，与本土人一样过起兵农合一、"屯驻牧养"的生活。宁夏既是重要的镇戍之地，又是屯田地区，也是从西域进入中原的交通要道，通过不同方式落籍于宁夏的回回人越来越多，宁夏成为回回人生息繁衍的重要地区之一。安西王阿难答所部15万军队的其中一部分，屯田于宁夏。元代人姚燧在他的《牧庵集》里写到开成安西王府及其建筑时，记载了当时"回回"人在宁夏定居后，大多数从事畜牧业的情况。①

在固原开成安西王府的修建中，不少回回工匠参与施工。安西王府规模大，宫殿宏伟，尤其是安西王阿难答为忽必烈及其皇后修建的延釐寺，其形制仿元大都（北京）敕建寺的形式，只是规模略小而已。如此豪华富丽的宫殿式建筑，是需要大量的能工巧匠的。成吉思汗西征以后蒙古帝国数次西征签发到中国的工匠不下数十万人，安西王府和延釐寺的工程就是由汉族工匠和回回工匠共同完成的，回回工匠也是宁夏早期回回人移民的一部分。

## 二 西征东来工匠

伊斯兰文化传入宁夏，早期应该是在唐代。安史之乱时，西域诸国派兵帮助唐朝收复两京的军队中有"大食兵"。据《新唐书·大食传》记

---

① （元）姚燧：《牧庵集》卷十《延釐寺碑》，人民文学出版社，2011，第145页。

**黄河文明在宁夏**

载,早在651年,大食与唐朝就建立了交往关系,此后两国军队的交往推动了伊斯兰文化的传播。唐朝士兵杜环被俘西去,在大食国等地居住十余年,有《经行记》传世,对阿拉伯伊斯兰文化有细致的观察和记载。唐代的伊斯兰文化传播没有卷入激烈的社会斗争之中,也没有与中国儒释道以及社会政治势力发生冲突。所以,唐朝武宗会昌五年(845)打击佛教、景教和祆教时,伊斯兰教没有被取缔[①]。安史之乱时,宁夏是屯兵和反击安禄山叛乱的重要地区,尤其是唐肃宗灵武即位后,西域诸国派兵收复两京过程中宁夏显得更为重要。唐肃宗至德二载(757),已有大食等国的军队进入陕甘[②]。这一时期大食兵进入宁夏参与平乱,战争结束后,大食兵撤回西域的过程中,有一部分留了下来,这应该是早期进入宁夏的伊斯兰文化的传播者。宋夏对峙时期,中国海上对外交通和商业呈繁荣趋势,阿拉伯人纷纷来华,有一批人长住不归,修建清真寺,带来了伊斯兰文化。类似的中外文化和经济交流,促进了回回民族的形成[③]。与此同时,大食国、波斯国的商人往来于西北,也有寓居者[④]。总体上看,唐宋时期来华的信仰伊斯兰教的商人,大多是在沿海,西北内地较少。因军事或战争进入中国的信仰伊斯兰教者,大多在西北地区而非沿海。

成吉思汗西征中亚,被征发来的军士、工匠、商人、教士、科技人才、妇女儿童达数十万人[⑤],其中一部分参与了攻灭西夏的战争。"元时回回遍天下"[⑥],宁夏成为伊斯兰教徒留居的重要地区之一。随着元朝的统一,回回人大分散、小聚居的地缘格局已经形成,宁夏回回人已经很密集,这与宁夏作为西夏都城、镇戍的重要地区有关,也与宁夏作为丝绸之路交通要道关系密切。西域的穆斯林商人、学者、传教士、达官贵人、旅

---

[①] 《中华文明史》(第五卷),河北教育出版社,1994,第607页。
[②] 《资治通鉴》卷219,中华书局,1996,第7014页。
[③] 《中华文明史》(第六卷),河北教育出版社,1994,第584页。
[④] 杨建新:《中国西北少数民族史》,宁夏人民出版社,1988,第515页。
[⑤] 邱树森:《论元代中国少数民族新格局及其社会影响》,南京大学民族研究所等编《元史及民族史研究集刊》(第十五辑),南方出版社,2002。
[⑥] 《明史》卷三百三十二《西域四》,中华书局,1987,第8598页。

行者也纷至沓来，其中许多人定居中国，与当地人通婚，这其中的一部分人就落籍宁夏。

### 三 移民屯田

成吉思汗攻灭西夏之后，大批党项人或从军征战，或远徙其他地方，或隐匿贺兰山中；再加上战争兵祸，宁夏北部一片萧疏景象。《元史·朵儿赤传》载："土瘠野圹，十未垦一。"可见战后哀鸿遍野、荒凉悲凄之状。忽必烈即位之后，中书左丞张文谦行省中兴等路，用郭守敬、董文用等水利专家兴修宁夏水利。同时，开始向宁夏平原黄灌区迁徙移民。在迁徙的新移民中，蒙古人占有特殊的地位。

1269年，忽必烈封皇子忙哥剌为安西王，统辖今陕西、甘肃、宁夏等西北大部分地区，包括内蒙古部分地区，迁徙蒙古军队大兴屯垦。这里包括当时的六盘山地区，也包括宁夏平原西夏故地。自安西王忙哥剌到他的儿子阿难答，大批蒙古军队在宁夏境内南北屯田。《元史·成宗纪》记载，自六盘山至黄河立屯田戍兵万人。

元朝统治者十分看重宁夏平原独有的黄河灌溉的水利资源，尤其是这里得天独厚的天下粮仓。朝廷不仅安置大量的西域人进入宁夏平原，而且从内地调集新附的汉民来这里屯田，并设置怀远、灵武二县，以实施有效管理。据《元史·兵志·屯田》记载，在宁夏的屯田管理机构有宁夏等处新附军万户府、宁夏营田司、宁夏路放良官等，都是有针对性的专门的屯田管理机构。

由于元政府重视水利，宁夏地区的千年古渠焕发了古老青春。凭借着宁夏黄河灌区的地理优势，数以几十万计的各族移民共同开发着这块肥沃的土地。

## 第八节 明清的移民

元朝统治者本身来自草原文明，所以没有来自北方的军事威胁，这是与此前朝代都不一样的。元顺帝退守草原以后，中原王朝边境的冲突又开始了。明朝时期的西北地区，多为蒙古兵锋南下的通道。明朝在边疆地区的屯垦开发，较元代又有空前的发展。为了防御蒙古人南下，明朝在西北沿边设置了统领军务的"三边总督"，管辖数十个军卫，将士及家属约有44万人。① 按照当时"三分守城，七分耕种"的原则，有近30万人在西北地区从事军屯垦田。当时北方长城沿线共设有九大军事重镇，在西北地区的有延绥、宁夏、甘州、固原4镇，三边四镇的中枢"三边总督"设在固原。宁夏境内这些军事性质的移民，在不少地方都成为当地人口的主体。

## 一 明朝初年移民

明代宁夏军事地理位置较为特殊，军事性质的移民屯田始于洪武时期（1368～1398）。元顺帝北走草原之后，北部边境的军事较量渐趋复杂起来。明太祖朱元璋为防止北元势力卷土重来，首先分封诸子于北方各军镇，建立王府，设置官制，"护卫甲士少者三千，多者至万九千人"②，并将各地驻军的指挥权交给各地皇子。其次，设立卫所，集权调动兵力，亲王成了实际上的地方权要人物，受封于宁夏的是明太祖第十六子朱栴。明代全国的军事战区基本按行政省区划分，卫所统归都指挥使司管辖。各战区根据防务需要，设置守御千户所或千户所、群牧千户所等军事机构。

卫所制，是朱元璋创建的明代常备军建军制度。他依照前代屯田的办法，厉行军屯政策，一边戍守一边屯田。卫所的士兵称"军"，法律规定军人为世袭，如无子孙继承，由其亲属壮丁顶补。兵营实际成为武装的集体家庭，军士及其家庭具有特殊的社会身份，有专门的军籍，由五军都督府直接管理，不受地方行政官吏的管束，与一般民户不同。卫所指挥使、百户、千户等卫所军官也是世袭制，称"世官"。这些变相的移民终身为军，一代一代服务于宁夏垦区。这种军屯形式完全按照卫所编制单位进行，是军户世袭卫所制存在的经济基础。

---

① 葛剑雄等：《移民与中国》，中华书局香港有限公司，1992，第171页。
② 《明史》卷一百一十六《诸王一》，中华书局，1987，第3557页。

## 二 明代的吊庄移民

吊庄移民，是指家户定居在一个地方，耕种在另一个地方，即"两头有家，来去自由"。吊庄，有县际吊庄、县内吊庄之分。吊庄式移民不是后人发明，最晚也应该是出现在明代。文献里明确记载着明代的吊庄移民。明代宁夏未设地方政权建制，只设卫所类军事设置，伴以军屯、商屯与民屯。明代是宁夏历史上移民屯田时间最长、规模最大的历史时期，屯田的基层组织是屯堡，屯堡属下已产生了吊庄式经营方式。这应该是宁夏移民过程中吊庄出现的滥觞。

明代的"屯"以百户为单位，建屯的目的是加强对屯军的组织管理。"堡"，始于永乐年间，最先在宁夏试行。如今银川平原上仍以"堡"为地名者近百个，就是明代军屯包括移民吊庄留下的文化遗产，是那个时代移民文化的缩影。

明代宁夏的军事屯田，既体现着那个时代的军事特点，又体现着移民"塞下充实"的繁荣景象。《嘉靖宁夏新志》所列宁夏沿黄河带堡寨近90处，还有近200处烽墩。这些屯堡和烽墩，在当时都是屯田军士居住的地方，后来逐渐演变成一处又一处的自然村落，有的甚至发展成城镇。吊庄，就是在这种背景下形成的。如右屯卫杨信堡，最初是弘治年间巡抚督御史张祯叔（《乾隆宁夏府志》名张正淑）所筑，"为屯种军余十余家所居，春往冬返"，仅是一处屯种的吊庄，不是常居之地。但到了正德九年（1514），都御史冯清檄南路守备雍彬率兵"拓其地而筑是城"，在前人张祯叔所筑屯堡的基础上拓展成为城池。原堡住"十余家"，拓展后住"百余家"，已经是一个小镇子的规模。从此，屯军者便定居下来，已不再是"春往冬返"，而是"人无往返之劳，获安耕牧之业"[①]。再如马圈儿墩、罗家洼墩等，原本是正德年间巡抚督御史冯清修筑的瞭望台，但后来由"镇城拨军瞭

---

[①] 《嘉靖宁夏新志》卷一《宁夏总镇》，宁夏人民出版社，1982，第75页。

望"而"渐居之"①。可见，屯堡与烽墩一样，随着军屯年代的延续，都慢慢地变成了一个一个的居民点。再往后发展，就形成了管辖一方的城镇。

由移民屯军堡、墩的发展变化，可以看出明代宁夏移民屯田过程中吊庄的形成与发展演变。早在几百年前，我们的前人就已经发明并娴熟地利用吊庄这种生产模式来管理离屯堡较远的耕地，对后来移民耕种形成直接影响。同时，吊庄移民对宁夏城镇的社会繁荣有特殊意义和经济价值，是明代宁夏移民屯田开发的一个里程碑。清代、民国时期，吊庄已经发展成为一种传统的农业耕种经营方式，在山区亦普遍使用。

### 三 清代宁夏移民

清代的宁夏平原，是农田水利建设的重要地区。康熙、雍正年间先后新建灌溉农田 11 万亩的大清渠和灌田 20 余万亩的惠农渠，与唐徕、汉延二渠合称四大干渠。此外还有昌润渠等，灌田也各有数万亩至十余万亩的规模。清代，军事意义上的屯田不存在了，明代的世袭制军屯和军屯的官兵，以及他们的家属，都变成了宁夏平原上的主人。再加上清代对农田与水利建设的重视，近代意义上宁夏平原水利网络已经形成。

清朝宁夏除明朝遗留下来的屯户外，也不断有迁入的移民落户。随着惠农渠、昌润渠的修建，西北地区迁入了大量的移民，除宁夏本土而外，甘肃、陕西二省也都有移民迁入。雍正年间（1723~1735）设立的新渠县、宝丰县，主要是由新迁入的移民来开发耕垦的。在宁夏平原上的屯田人，为宁夏的农业发展倾心竭力，历史把他们都变成了宁夏人。

## 第九节 新中国成立后的移民

新中国成立后的宁夏移民，规模较大者有三次。一是宁夏省时期的移民，包括军队就地转业、干部调配、学生分配等。二是 1958 年宁夏回族

---

① 《嘉靖宁夏新志》卷一《宁夏总镇》，宁夏人民出版社，1982，第 71 页。

自治区成立前后，国家层面上向宁夏的移民，全国各地以不同形式向宁夏移民。三是自20世纪80年代始，宁夏区域境内的大规模、长时间移民。

## 一 宁夏省时期的移民

新中国成立之后，1949年12月23日，宁夏省成立。这期间，党和国家全方位支持宁夏经济社会文化建设事业的大发展，先后多批次派遣工业、农业、科技、卫生、教育等各个行业人才支援宁夏，包括军垦、农业移民、一些企业的迁建等各类移民，先后有数十万人来到宁夏。实际上，这是国家层面上的宁夏移民，很大程度上可称为政治性移民。依时间顺序，可分为新中国成立以后、宁夏回族自治区成立前后、20世纪80年代以后三个大移民时段。

## 二 自治区成立前之移民

新中国成立初期，大批干部与科教文卫方面的人员到了宁夏。1951~1954年，宁夏是省的建制，国家向宁夏调配了多批干部，包括十九兵团、三边支队、回民支队、回民骑兵团等军队干部的转业，也有西北局调配到宁夏工作的干部，还有华北大学、华北革命大学近2000名毕业学员陆续充实到宁夏的干部队伍中来。宁夏省建制撤后，虽然出现一个低潮，但各类移民并没有停止。如1956年从上海、天津等地招收4000余名高中毕业生和社会青年到宁夏，经过师范培训后分配到银川地区各县小学任教。[1]

新中国成立初期，在毛泽东《军委关于1950年军队参加生产建设工作的指示》精神的召唤下，宁夏的第一个国营农场——灵武农场建立，拉开了宁夏屯田耕垦的序幕，部队转业的官兵成为农场的主力军。截至宁夏回族自治区成立前，已建立军队所属的国营农场11个。[2] 此外，

---

[1] 刘天明等：《移民大开发与宁夏历史文化》，宁夏人民出版社，2008，第109页。
[2] 刘有安：《移民社会文化适应——20世纪迁入宁夏的汉族移民研究》，民族出版社，2013，第62页。

1951~1956年期间还安置了北京、上海等城市的无业人员,其中北京2000余人,上海3.28万人。①

安置三门峡水库和灾区的移民,也是宁夏移民的重要组成部分。1956年,三门峡库区移民主要来自陕西,迁入地都在黄河灌区。1957年"盲流灾民",主要来自河北,还有安徽、山东、四川、山西、内蒙古等地。灾民主要是农民,之后陆续返乡,最终留下来的不多,不足10户百口人。

1958年宁夏回族自治区成立前后是另一个移民高峰期。自治区成立的当年,有北京的知识青年数百人支教宁夏;有北京师范大学、华东师范大学、东北师范大学等各高校的毕业生来宁夏,支援宁夏的高等教育。这一时期,还有一大批被错划为"右派"的高级知识分子,从北京、上海等地"下放"到宁夏。1958年,中国人民志愿军五三一医院撤离朝鲜回国,整建制转业到固原,并入固原回族自治州医院。这一批人的大部分于20世纪70年代末80年代初陆续离开,也有一部分永远地留在了宁夏。他们牺牲了自己的青春年华,为宁夏的教育卫生事业做出了巨大贡献,他们的事迹永远铭刻在宁夏社会发展史的丰碑上。

在文化建设方面,宁夏回族自治区成立之前,中国京剧院四团整建制迁来宁夏,成立了宁夏京剧院。

### 三 自治区成立后之移民

自治区成立之后的移民,规模较大的有:

一是宁夏回族自治区成立后,在中共中央、国务院的大力支持下,宁夏先后接收了来自陕西、河南、河北、山东、安徽、北京、上海、天津、江苏等省市支援的建设者10万人左右,进入宁夏农业、工业、科技、卫生、教育等行业,主要安置在宁夏平原黄灌区各市县。

---

① 刘有安:《移民社会文化适应——20世纪迁入宁夏的汉族移民研究》,民族出版社,2013,第63页。

## 第二章　历代移民在宁夏

二是"三线建设"时期，国家在宁夏安排了一批内迁大型企业。1965年以后，这些企业由华东、东北、华北等地陆续向宁夏整建制搬迁，如西北轴承厂、吴忠配件厂、长城机床厂、清河机械厂等。随着企业的迁入，职工与家属亦迁入宁夏。这一时期共迁入企业29家，职工19715人①，再加上职工家属，这是一个庞大的人群，成为宁夏移民的重要组成部分。

三是石嘴山煤炭开发带来的移民。石嘴山位于银川以北的黄河西岸，煤炭储藏于贺兰山中，这里地理位置重要，地层构造简单，煤田煤种齐全，便于开采。这里的煤炭开发，具有战略意义，主要用于兰新铁路、包兰铁路的用煤，以及包头钢厂、酒泉钢厂的用煤。石嘴山煤田开采过程中，国家从辽宁、江苏、山西、甘肃等省的煤矿抽调大批干部、技术人员、工人前来支援。从20世纪50年代中期到60年代中期的十年间，迁入这里的有5万余名职工。② 在煤炭基地建设的过程中，还从河北、河南、陕西、浙江等地招工，形成了20多万人口的煤城，其中外省市职工与家属占到14万人。③

四是知识青年参与开发。当时的宁夏属于边疆地区，国家大力倡导"支援边疆，建设边疆"，知识青年积极响应，赴宁夏参与开发建设。从迁入人群看，主要是天津、浙江知青，他们主要在宁夏北部落户，南部六盘山地区也有落户。

这些不同形式的移民，为宁夏经济社会文化发展做出了巨大贡献，也影响了宁夏的城市布局，石嘴山就是这一时期诞生的黄河沿线的新型城市。

---

① 刘有安：《移民社会文化适应——20世纪迁入宁夏的汉族移民研究》，民族出版社，2013，第66页。
② 刘有安：《移民社会文化适应——20世纪迁入宁夏的汉族移民研究》，民族出版社，2013，第67页。
③ 刘有安：《移民社会文化适应——20世纪迁入宁夏的汉族移民研究》，民族出版社，2013，第67页。

## 四 其他方式移民

20世纪80年代初期以后,国家对贫困地区开发与扶贫,每年都投入大量的资金以及物资。从1980年至1994年底,中央各类扶贫投入接近600亿元。1997年前后,每年的扶贫投入近百亿元。[1] 宁夏南部固原地区一些地域偏僻、交通不便、生态失调、人畜饮水困难、生产生活条件极为恶劣的地方,这一时期已成为扶贫的对象。扶贫的形式有两种:一是对口扶贫,二是移民迁徙,即生态移民。

早在1979年,国务院就组织部分经济发达省市对口支援少数民族地区,上海开始支援宁夏。为了加快扶贫进度,1996年5月底国务院扶贫领导小组进行新的部署,确定经济发达的9个省(市)和4个计划单列市分别帮扶经济欠发达的10个省(自治区),福建帮扶宁夏。20多年过去了,闽宁对口支援仍在帮扶之中。闽宁镇,是福建对口扶贫宁夏、南部移民进入引黄灌区的一个典型。移民的形式,一种是借鉴历史上的移民迁徙,离开故土到"宽乡"、到"有条件生存"的地方,即由南部固原迁徙至数百公里之外的黄河灌区;一种是县域内的移民安置,实际上也是到"宽乡"、到"有条件生存"的地方,但这只是在小范围内迁徙,没有从根本上离开故土。这种移民形式规模也不小,"十二五"期间,固原市县域内生态移民安置19240户83154人。[2] 我们这里说的移民是指前者。

(一)吊庄移民

宁夏区域内移民,在改革开放初期,仍是通过传统的"吊庄"形式,依据"以川济山,山川共济"的方针,有计划地把一部分人口搬迁疏散到黄河灌区。1983年,政府实施的固(原)、海(原)、盐(池)、环

---

[1] 陈栋生等:《西部经济崛起之路》,上海远东出版社,1997,第178页。
[2] 冯涛:《以移民满意为最高标准:固原市生态移民工作巡礼》(中),《宁夏日报》2013年12月23日。

(甘肃环县)、定(陕西定边)扬水工程,开辟了新的灌区,中宁县的长山头、平罗县的隆湖移民吊庄开发建设,成为新时代吊庄移民的标志,拉开了吊庄移民的新序幕。1997年,县外集中连片移民吊庄12处,县外插花移民吊庄5处,县内移民吊庄6处,计23处。[1]吊庄移民隶属关系,最初是由移民迁出地管理,迁入地仍用迁出地的村庄名,后来属地管理,由所在地域的县级人民政府接管,原吊庄名称亦有新的命名。如固原县大战场吊庄和彭阳县马家梁吊庄移交中宁县管理后,改名为中宁县大战场乡,2012年撤乡设镇。泾源县芦草洼吊庄改为两个乡镇:兴泾镇、兴源乡。兴泾镇隶属银川市西夏区,兴源乡隶属银川市金凤区,从目前看还留有移出地的影子。移民隶属关系改变后,移入地的地名亦随之改变,逐渐淡化了移出地乡政村落文化的影响。

吊庄移民之后是易地扶贫移民,现在是生态移民(还有中部干旱带县内移民)。伴随着时代的推进,30多年经历三种移民的形式,移民的过程打上时代的烙印。

(二)易地移民

易地移民,是宁夏移民的另一种形式。2001年,国家计委发布了《关于易地扶贫搬迁试点工程的实施意见》,提出在西部地区开展易地扶贫搬迁试点。这不但是21世纪扶贫工作的新途径,也是促进西部地区生态环境改善的有益尝试。随后宁夏回族自治区政府也颁布了《关于实施国家易地扶贫移民开发试点项目的意见》,将易地移民与生态移民等同起来,标志着宁夏移民工程由吊庄移民时期进入生态移民时期。

生态移民地主要在银川市西夏区、金凤区和吴忠市红寺堡区。30多年间,有百万人口迁入黄河灌区22个县区,主要安置在沿黄河各市县、重点城镇、工业园区和重点产业基地等区域。生态移民虽然加大了移入区的人口压力,造成资源紧张,但人口的增加也有助于当地经济的发展,尤其是

---

[1] 李培林、王晓毅主编《生态移民与发展转型——宁夏移民与扶贫研究》,社会科学文献出版社,2013,第18页。

促进了银川地区经济中心城市的形成。[①] 移民持续进入银川周边黄河灌区，正在为宁夏沿黄城市群区域中心城市银川经济中心的形成聚集人力基础，也成为银川增强吸引力的一个重要方面。

生态移民的迁出，减轻了宁夏南部山区人口环境压力；生态移民的迁入，使黄河灌区周围大量荒地得到了开发与治理，荒漠化的生态环境得到了改善。随着西部大开发战略与国家建设的整体推进，尤其是在宁夏沿黄城市群列入国家重点开发建设地区之后，移民与银川经济区中心建设和新型城镇化建设结合起来，一并推进正逢其时。大量非农业移民就业有助于城市化发展。

宁夏最大的移民区为红寺堡县级移民区。此外的移民安置地，相对集中的有长山头移民区、闽宁镇移民区、兴泾镇移民区等。这些移民区的共同特点，就是将南部贫困地区的老百姓迁徙至黄河水能浇灌到的地方，使他们也能享受"天下黄河富宁夏"的日子。

全民奔小康，是中共中央、国务院让人民享受改革开放成果的重大战略目标之一。生态文明建设上升到国家战略层面之后，移民扶贫与生态文明建设显得同等重要。从2011年开始，宁夏全面启动生态移民工程，自治区党委、政府提出举全区之力实施生态移民攻坚计划，用5年时间把生活在不宜居住、不能发展的地方的35万贫困群众，搬迁到有水、有路、靠城的地方，再用5年时间帮助他们脱贫致富，与全区、全国人民一道实现全面小康。

沿黄河城市带，是移民安置的主要地区。2001年12月7日，宁夏回族自治区人民政府第80次常委会研究批准，吊庄改为属地市县的乡镇建制。现在，迁出时间长、已经融入迁入地且实现了致富梦的移民区，除红寺堡区外，中宁县的长山头移民区、闽宁镇移民区，西夏区的兴泾镇移民区等，已由"镇"的建制独立管理。始于2011年的生态移民，2015年完成搬迁任务。迁入的移民，主要安置在银川市、吴忠市、中卫市区县境内的黄河沿

---

[①] 李培林、王晓毅主编《生态移民与发展类型——宁夏移民与扶贫研究》，社会科学文献出版社，2013，第10页。

岸，月牙湖滨河家园是一处相对集中的安置区，由月牙湖乡政府统一管理。这里地处毛乌素沙漠与黄河交界处，土地平衍肥沃。滨河家园的名字就会让人们想起黄河。现在，这里已成为黄河边上的一处美丽的小城镇：红顶瓦房，太阳能路灯，学校、卫生室、商业街等一应俱全，彰显着现代化的气息。

移民开发成就了宁夏，移民开发滋养着"塞上江南"，移民开发同样成就了沿黄河城市群。历史是一面镜子。当沿黄河城市群上升为国家发展战略时，城市群的建设需要更多的移民来奋斗，需要更多的高层次的移民来支援。目前的移民格局，已经有不同形式的层级管理：有县区一级的红寺堡区，也有乡镇一级的多元多地移民区。这些移民区皆依赖于黄河农业文明；这些移民区，都将成为沿黄河城市群的组成部分。

## 五　移民与生态文明建设

移民与生态文明建设，看上去是两个问题，但在特定的空间里，实际上是一个问题的两个方面。宁夏30多年间的移民能说明这个问题。宁夏历史上长时间大规模的移民屯田主要在银川平原，在战争等特殊时期固原也有移民屯田，但数量与规模相对要小。移民是有条件的，宁夏平原黄河灌区是历代粮仓，南部固原除清水河流域、葫芦河谷地等地域外，大多是山地加丘陵，没有相应的条件来承载大量的移民和屯垦太多的田地。由于清代以后的战乱，以及气候的变化，再加上近百年间的自然灾害频发，生态破坏超出了极限，不少生存空间成为"不适宜居住"的地方，扶贫性移民成为解决问题的唯一办法。"不管是为了扶贫的目的，还是为了生态环境保护的目的，都需要将那些生态脆弱地区的贫困人口搬迁出来。通过30多年的实践和努力，宁夏成功地将百十万贫困人口从中南部生态脆弱地区搬迁到北部的黄河灌区，这些移民在新的地区稳定地脱贫致富，收入水平有了明显的提高。"[①] 移民与生态保护同步并

---

[①] 王伟光：《生态移民是一项大战略——〈生态移民与发展转型——宁夏生态移民发展战略研究〉序》，《中国社会科学报》2013年3月27日。

举推进，生态明显恢复，自然环境得到改善，农民生活富裕了，山头也开始变绿了。

随着移民的整村迁出，人为的活动停止了，这一方生态就得到了修复。据相关报道看，移民整村迁出后，地方乡镇动用机械推平原来的村庄，再移植或栽上各种树木，一段时间后，恢复的植被覆盖了地貌，似乎这里没有人类生存过一样，成为一种原始状态。六盘山腹地多雨，固原市各县的生态恢复成为良性运转，山绿了，人富了。移民的确有助于生态养成。只是在这个过程中，应该有选择地保留一些村舍的原貌，让后人从比照中看到移民搬迁的足迹。尤其是一些窑洞类的居住形式，作为一种文化遗产可与旅游衔接起来。2002年8月12日，著名经济学家厉以宁先生在"贫困地区发展战略报告会"上发言，就谈到移民迁出后的村舍保留问题，可为未来旅游开发提供移民景观参照。同心县新庄集乡整体搬迁后，在罗山脚下保留了7000多座院落，房屋、窑洞和羊圈等近万间，再加上周围分布的古老城址、庙宇等，乡村曾经的整体面貌很好地保存了下来，它承载着曾经的记忆，见证着巨变沧桑。这是一种村落文化，可以成为旅游文化独特的景点。

迁入新的移民区后，移民文化与当地文化会有一个新的融合。移民文化展示着社会发展的进程。移民文化不仅要研究迁入地的发展变化，也要研究迁出地的发展变化。某种程度上，迁出地的文化遗址更能反映社会变迁的深层比照。研究移民文化，即要研究其在移民区的文化特色，更要研究移民文化在新区建设中如何促进了文化的迁移和融合。对沿黄城市群建设而言，移民文化与城市发展、经济社会发展关系密切，在多个层面有着特殊意义和文化价值。

## 第十节 移民文化

移民，是中国历史发展过程中的特殊文化现象，对国家疆域的拓展和多民族交融荟萃、地域文化的形成等产生过十分重要的作用。正如葛剑雄先生说的:"没有移民就没有今天的中华民族,就没有今天的中国。"① 纵观宁夏的发展史,数千年间移民的不断融入,对宁夏的历史进程产生过十分久远的影响。

## 一 移民与宁夏开发

### (一)移民开发的前奏

秦汉时期开发宁夏,首先是中原王朝的军事需要。在中国封建社会的早期,地区的开发与移民的迁徙是相辅相成的。一定数量的劳动力是完成一个地区开发的先决条件。换句话说,必须具有一定数量的人口支撑才能使一个地区的土地得以开垦。同时,人口聚集到一定程度,商业和手工业才会有集聚效应。移民的过程,就是在人力资源相对集中的地区对这一地理空间的土地开垦。

公元前221年,秦始皇灭六国建立秦朝。当他派大将蒙恬率大军深入河套开辟"新秦中"并置县管理时,宁夏的移民开发史已进入史籍记载。这是有史料记载的宁夏移民的开始,不是"水洞沟"时期这种远古意义上的移民。秦末的战乱,一度影响了宁夏的移民开发,北方的匈奴民族借机南下,再度进入河套,但秦始皇奠定的这种移民格局永远成为历史的丰碑。汉武帝时期,西汉的大军再次进入河套,直达阴山脚下。匈奴的退去,武帝的奋进,在"新秦中"这个历史大舞台上演绎了第一次拉锯式民族大融合。宁夏一直是一个民族融合的大舞台,宁夏中北部地区,其待耕垦的土地由各地移民尤其是内地汉族移民来完成,宁夏的移民开发呈现出前所未有之创举。

### (二)少数民族的功绩

东汉末年的羌族大起义,成为新一轮少数民族内迁的契机。魏晋南北朝时期数百年的历史,在宁夏境内基本是由少数民族来抒写完成的。这一时期,少数民族曾在宁夏境内先后建立过形式不同的地域性政权,如羌人

---

① 葛剑雄等:《移民与中国》,中华书局香港有限公司,1992,第205页。

在宁夏平原建立的政权，鲜卑人万俟丑奴在固原建立的政权，匈奴人赫连勃勃在固原建立的大夏政权。作为游牧民族，他们在经营游牧经济的同时，由于地域条件的变化也在向农耕民族靠近，农业文明也在改变着他们的生活方式。这一时期正是农业文明与游牧文化的融合期，是一种多元的互动，有利于社会经济持续发展。

北魏是鲜卑族建立的政权，孝文帝改革进一步推进了文化的融合。北魏对宁夏的开发，是秦汉之后、隋唐之前的承前启后时期。主要表现在对宁夏南北地方政府机构的设置，和对宁夏平原黄灌区渠道的修浚与开发。从政权建制看，在宁夏南部固原设高平镇，在宁夏北部灵州设薄骨律镇，由此奠定了宁夏后来发展的政治格局。宁夏平原灌区的开发，不但使进入这里的少数民族定居下来，由游牧民族过渡到农耕民族，而且为隋朝的统一奠定了基础。

（三）汉民族形成的地域空间

宁夏在全国的版图上正处在中原农耕文明与北方草原游牧文明的过渡地带。在夏、商、周时期，宁夏南部固原是"三代"文化的边缘；在宁夏中、北部，是少数民族你来我往的舞台。如果再往前追溯，水洞沟远古人类文明、贺兰山岩画的文化遗存，基本上诠释了"三代"以前宁夏北部的民族成分。秦朝时期，夏、商、周所代表的华夏文化向北延伸了许多，宁夏地域完全进入了这个大文化圈，从南到北已有了秦帝国设置的郡县。这个时期，宁夏境内的一些少数民族已经融入诸夏民族的行列，如南部固原的义渠戎、北部盐池的朐衍戎等。

西汉时期，在经历了秦、汉两次大规模的移民拓边后，宁夏境内的民族以同一民族自居。以军屯为先导的移民，已形成一种巨大的吸纳源，在吸引着各个民族的融入。原游牧在宁夏北部的匈奴族，秦朝拓边时被驱至阴山以北，秦末战争纷起，他们又回到河套故地；当汉武帝大规模拓边时，匈奴族再向北退去。在这一过程中，一些匈奴部族没有像秦始皇时期一样再度向北退去，而是以不同的形式融入诸夏人群之中。当漠北匈奴内部发生分裂时，汉武帝将这些愿意内附的匈奴人再以属国的形式安置在北部边境地区，宁夏就是当时匈奴属国安置地之一。这些内附的匈奴人，逐渐融入华夏民族的大家庭之中。

　　魏晋南北朝时期，宁夏是少数民族登台表演的大舞台，也是多民族融合的地域。政治上的融合、民族间的融合成空前之势。在近400年的时间里，活动在这个地域的多民族或迁徙或融合，逐渐走向一体。唐代安史之乱后，吐蕃民族与唐朝以宁夏南部弹筝峡（三关口）为界，双方相持80余年。这期间，宁夏的大部分地方成为吐蕃民族的疆域。战争改变着共同地域上的生存态势，同样使一部分吐蕃人融入汉民族的序列。葛剑雄先生在谈到移民迁徙过程中汉族的吸引力时说：

> 汉族吸收迁入汉族地区的异族移民以及融合移植地区原有移民的能力也是非常之强的。至战国后期，在秦、赵、燕长城以南黄河流域内的戎、狄、胡等非华夏族基本上已被诸夏所吸收，不再作为其他部族而存在。以后迁入黄河流域的其他民族大多也先后被汉族吸收，重新迁出的人口很少，一个民族完整迁回的更少。
>
> 从西汉开始因迁入中原而被汉族吸收的至少有越人、匈奴、羌、氐、乌桓、鲜卑、突厥、回鹘及其他铁勒系部族、中亚粟特人（昭武九姓）、西域诸族、吐谷浑、吐蕃、党项……回回等族；除个别民族今天依然存在外，其余都早已融合在汉人之中了。①

　　以上这些在历史上被融合的少数民族，在不同朝代的宁夏都出现过，最后或是经过战争，或是通过文化融合，先后都消失在同一个民族之中。宁夏的地理空间和宁夏的移民史，为各个时期不同民族的大融合创造了独特环境，提供了背景深远的舞台。他们都为宁夏的开发和发展，从不同角度做出了贡献。

---

① 葛剑雄等：《移民与中国》，中华书局香港有限公司，1992，第222页。

## 二 明代移民与城镇化

按照学者的研究思路,"历代移民主流是从人口稠密区流向人口稀疏区,从经济文化发达地区流向较落后的地区,由中心区流向边远地区,由汉族地区流向非汉族地区。所以,一般说来,移民的生产技能和文化素质要比迁入地人口的高,移民中的青壮年人口比例也较高,移民的迁入为当地生产力的提高创造了有利条件"。[①] 这是历代移民的规律。自秦汉以后,历代中原王朝在经营北方边地的过程中都采取屯田的办法,以军屯为主,再伴以商屯或民屯。在迁入的移民中,不少来自经济文化发达地区,这些浸润着先进文化的民族,为宁夏的开发做出过重大贡献。明代实行的卫所制度,将军人的身份规定为世袭制,而且是家属随军耕种,将他们与土地牢牢地捆绑在一起。这实际是一种特殊的移民形式,驻屯的军人最终完全演变成了屯垦或屯驻的移民,后来都转化成了定居人口。随着时间的推移,屯田地域出现了一个个相对稳定的屯田村镇。屯田点的形成吸引着其他移民,随着屯垦区人口的不断增加,商业、手工业和服务业的社会需求也随之出现。随着商业、手工业和服务业的出现,市镇逐渐形成。市镇出现后,将会吸引更多的流动人口。明代银川平原上因军屯而生成的近百个"屯堡",就是这样逐渐形成村落和市镇的。葛剑雄先生研究明代移民与屯田的一个观点是:"明代在北方和西北的一些卫所逐渐成为新的居民点,有些点还成了相当繁盛的城市,就是明显的例子。"将这个观点移植在宁夏平原明代屯田对宁夏的开发上是非常有象征意义的。"这类军事屯垦与移民一样,对中原王朝疆域的扩大和巩固起了重要的作用。"[②] 明代宁夏镇卫所的布局与城镇的发展,预示了明清以后沿黄河城市群生成格局。

宁夏移民开发有其山川自然地理条件之利。贺兰山屹立在西,灵盐台

---

[①] 葛剑雄等:《移民与中国》,中华书局香港有限公司,1992,第232页。
[②] 葛剑雄等:《移民与中国》,中华书局香港有限公司,1992,第212页。

地隆起于东，北部是辽阔的宁夏平原。高耸的贺兰山挡住了流沙，成为宁夏农业发展的一道屏蔽。黄河浇灌着宁夏平原的农田，再加上适宜农业生产的气候，以及历史上形成的畜牧业等资源，成就了"天下黄河富宁夏"之美誉。

### 三　移民与文化开发

华夏文明的发祥地带，通常是指黄河中上游地区。在历史的延续过程中，华夏文明不断向四周扩展和辐射，不但渗透于中华大地，还辐射和影响到周边的邻国。在中华传统文化向四周扩散传播的过程中，不断迁徙的人群起了重要作用。

在古代社会，由于生产力不发达，以及受传播媒介和交通工具的局限，文化的传播离不开人群的作用，在很大程度上依赖于人类自身的迁徙和流动。"在早期，人几乎是文化唯一的载体。人口的迁移，实际上就是他们所负载的文化的流动；所以移民运动本质上是一种文化的迁移运动。"[①] 正是在这个意义上，人口的迁徙与流动往往导致文化从一个地区扩散、传播到另一个地区。汉文化圈的不断扩大，几乎是与移民分不开的。民族的迁徙与民族文化的相互传播，不仅是中华民族各个原始族群特有的文化现象，也是古代人类社会带有普遍性的历史现象。宁夏，在历代都近乎是一个移民区；不间断的外来移民，为宁夏带来的是不断融合、不断更新的多元文化的丰富内涵。

（一）学术文化

这里说的学术文化，是指外来文化与地域文化的接触及其留下来的至今影响后人的精神文化遗产。宁夏移民开发虽始于秦汉，但真正留下来的能看得见的文化遗产，除汉、唐正史里的记载外，就是明清以后的地方志书的文献记载。明代是宁夏移民开发时间最长、规模最大的时代，也是外来高层文化人汇聚宁夏最多的时代。

---

① 葛剑雄等：《移民与中国》，中华书局香港有限公司，1992，第236页。

固原，是明代陕西三边总督的驻节之地，先后有60余位朝廷部院大臣莅临固原出任陕西三边总督之职。《嘉靖固原州志》《万历固原州志》是由当时这些高层文化人主持完成的。《嘉靖宁夏新志》的编纂者胡汝砺，是随移民潮到宁夏的。《宁夏志》是明初就藩宁夏的藩王朱栴主持完成的，他在王府里经营着一个文化人圈子，影响大且具有代表性。清代，地方志书修纂更为兴盛，但清代宁夏地方志书仍大多出自外来文化人之手。《乾隆宁夏府志》是由当时出任宁夏府知府的张金诚主持完成的，他是辽宁人。《宣统固原州志》是当时出任固原直隶州知州王学伊主持完成的，他是山西文水人。

以上这些传世的地方历史文化著作，是明清以后外来文化人留给宁夏人的文化遗产和精神财富。他们虽代表明清外来文化的高层，但从移民的视角看，仍属于移民文化的范畴。

（二）诗旅文化

诗旅文化是宁夏地域文化的特色。从秦汉移民开始至明清，各个朝代的各类移民不断进入宁夏。在这个不断延续的文化群体里，有屯田军人中的高级官员，有为官宁夏的高层文化人，有僧侣、商贾和使节，有犒赏三军的朝廷大员，有就藩宁夏的亲王……他们在宁夏的所见所闻、在宁夏长时间的活动经历构成了他们的文化视野，触动着他们的文化情怀。丝绸之路上的声声驼铃，萧关古道上的驰骋战马，黄河两岸的江南水乡，汉、唐帝王们的巡边与即位……这些宁夏历史的大事件牵动中原与边地，构成了一幕幕时代画卷，描绘了一幅幅山川独秀的大自然风光。诗旅文化从这里生成，诗旅文化由这里传递给后人。

表2-1 《嘉靖宁夏新志》"人物·流寓"条下文人

| 姓　　名 | 籍　贯 | 职官与来宁夏原因 | 特　长 |
| --- | --- | --- | --- |
| 边　定，字文静 | 陈留人 | 洪武初为杭州府属典史，谪戍宁夏 | 长于吟作 |
| 潘元凯，字俊民 | 嘉禾人 | 洪武初为知县，谪戍宁夏 | 工诗文 |
| 林　季，字桂芳 | 嘉禾人 | 洪武初谪戍宁夏 | 擅文名 |

续表

| 姓　名 | 籍　贯 | 职官与来宁夏原因 | 特　长 |
|---|---|---|---|
| 沈　益 | 嘉禾人 | 洪武初谪戍宁夏 | 亦骚客之雄也 |
| 毛　翀,字文羽 | 钱塘(今杭州)学生 | 洪武初代父来戍宁夏 | 词翰超卓 |
| 承　广 | 延陵人 | 洪武初为南昌知事,谪戍宁夏 | 诗笔豪迈 |
| 王潜道 | 天台人 | 洪武初为秦州主簿,谪戍宁夏 | 酷好题咏 |
| 阮　彧,字景文 | 钱塘人 | 以国子生上章,谪戍宁夏 | 工吟咏,长于四六 |

以上是《嘉靖宁夏新志》卷之二中"流寓"名下记载的流寓宁夏的文人。此外，还有一部分有代表性的人物，虽然没有列入流寓一类，实际上也属于流寓类。

表2-2　《嘉靖宁夏新志》"人物·国朝"条下文人

| 姓　名 | 籍贯 | 职官与来宁夏原因 | 特　长 |
|---|---|---|---|
| 陈矩(字善方) | 庐陵人 | 洪武初进士,以户部主事谪戍宁夏,后复官江陵县知县 | |
| 唐鉴(字景明) | 姑苏人 | 税户,洪武初谪戍宁夏 | 词韵雅健,有诗集 |
| 叶公亮 | 天台人 | 洪武初谪戍宁夏 | 有诗名 |
| 郭原(字士常) | 淮安人 | 洪武初以知县谪戍宁夏 | 以酒诗自乐 |
| 王友善 | 溧阳人 | 洪武初谪戍宁夏 | 以文学名 |

以上是《嘉靖宁夏新志》卷之二"国朝"名下记载的文化人。他们的共同特点，都是谪戍宁夏的文化人。胡汝砺修撰的《嘉靖宁夏新志》，将这部分归入"流寓"类。同时，还增加了一个"王友善"。实际上都归在人物类，都有谪戍的背景。[①] 贬谪文化，是移民文化的另类，也是宁夏诗旅文化的重要组成部分，反映了明代的政治背景和宁夏地域文化的特点。

（三）艺术和建筑

不断的人群迁移过程会留下神密隽永的艺术长卷。贺兰山岩画，就是宁夏早期人类迁徙过程中留下的艺术。虽然时空发生过无数次变迁，但它

---

① 《嘉靖宁夏新志·宁夏总镇》，宁夏人民出版社，1982，第126~132页。

总是灭不了人群迁移带来的文化遗存的背景和丰富内涵。盐池县唐墓出土的胡旋舞图案造型，固原城出土的胡旋舞图案的瓷壶，都是中亚昭武九姓粟特人迁徙宁夏的历史见证，是当时人群迁徙过程中留下的中西文化相融合的象征。西夏建都城于兴庆府，是王者文化在宁夏的封建性体现，是因人群迁徙演绎而成的都城文化建筑，从移民的视角看最有代表性。元代固原安西王府的修建，体现的是特殊时期安西王府的地位和权力，也是特殊的建筑文化艺术形式。安西王府建筑格局与元大都的修建如出一辙，极为华丽显赫，仍是多元移民文化的产物。

(四)方言

方言的形成和变化，与历史上的移民有着千丝万缕的联系。历史延续到今天，宁夏南北地域的方言明显不同。南部固原，地理位置接近关中，语言与甘肃庆阳、平凉市极为相似，与陕西关中也很相近。北部中卫、吴忠、银川则与南部固原不同。一是由于宁夏历史上南北隶属关系不同。西汉时，宁夏南部属安定郡，北部属北地郡；隋唐时，南部属原州、平凉郡，北部属灵州、灵武郡；直到清代，固原属甘肃省平凉府，北部属甘肃省宁夏府。二是由于宁夏南北移民规模不同，固原移民相对较少；北部是历代重要的屯垦区，人群迁入频繁且规模庞大。三是由于南部固原靠近关中，文化内涵与之接近，是关中秦文化区的亚文化区，环境相对封闭；北部屯垦区移民文化相对多元，外来文化影响更大。这些深层次的原因，造成宁夏北部方言与南部固原的差异。方言的差异，实质上也是移民文化的产物。

(五)宗教

汉唐以后，外来宗教和文化沿丝绸之路不断进入中国。宁夏的佛、道、伊斯兰三大宗教出现于不同历史时期。道教，是宁夏最早传播的宗教，秦汉时已非常盛行，祭祀朝那湫(固原)最具代表性。佛教传入宁夏也较早，北魏时须弥山石窟佛教造像已开凿。元代以后佛教与伊斯兰文化的传播最具代表性。伊斯兰文化传入中国后，早期主要的信徒是在中国经商的阿拉伯商人以及在中国定居的阿拉伯移民。尤其是13世纪成吉思汗西征后，大批中亚人随之东来，他们被编为"探马赤军"，在宁夏驻防屯田，伊斯兰文化得到了迅速传播。元代安西王阿难答信仰伊斯兰教，他的部下也有不少人皈依信仰伊斯兰教。到了明代，伊斯兰文化进一步发展，同样与这个文化背景和移民有着直接关系。

## 四 移民屯田反思

历代移民实边，对宁夏地区的开发发挥了积极作用，华夏文化在宁夏得到了广泛传播。通过移民屯田，中原的农作物栽培技术和先进生产工具不断传入宁夏，黄河文明在宁夏得到了充分积淀和发展。从今天审视远去的历史，移民屯田对于中国历代西部农业开发、西部边疆民族地区经济开发尤其是国防建设功不可没。在这个悠久绵长的历史过程中，宁夏的过度开发与当今西部的现实环境构成了生态环境意义上的矛盾。宁夏是以历代长久的军事目的来换取农耕区的无限度开垦的。从西部开发史的角度反思，历代屯田并不是因为国家粮草的匮乏，而主要是因为西部地区边防广阔而从内地粮草运输困难，从汉代的"八粟拜将"到清代的屯田免"挽输之劳"，都体现了这个目的。[①] 这种观点在汉唐以前的确是这样，但到了明代以后，实际上不完全是这样。屯垦，是解决御边粮饷的良策，清代也是如此。清初康熙帝亲征噶尔丹的战役，清末左宗棠收复新疆的战役都印证了这一点。由于明清以来大规模的移民屯垦，生态被破坏了。明朝末年，已经没有能力来维持其庞大的军费（粮饷）开支。当然，这里还有战争带来的灾害问题。

历史是一面镜子，历代移民屯田的得失，为我们今天提供了历史借鉴和参照。移民，应该是一种有序的、有组织的移民，应该是一种开发性的、有益于生态建设的移民。

---

[①] 蓝勇：《西部开发史的反思与"西南"、"西北"的战略选择》，《西南师范大学学报》（人文社会科学版）2001年第5期。

# 第三章 黄河农业文明

　　被尊为"四渎之宗"的黄河，"东西贯九州，南北串百川"。黄河由西往东，辟重重群山，穿层层谷嶂，汇入苍茫大海，正是应了李白"黄河之水天上来，奔流到海不复回"的诗句。宁夏，正处在黄河东来的中上游，出黑山峡即进入宁夏中卫平原，出青铜峡即进入银川平原。黄河沿着贺兰山、阴山、晋陕大峡谷走了一个"几"字形，划出了一个名为"河套"的地域空间。"河套地区，是指黄河由银川到山西的河曲，所形成的大套环以南的地区，河套的外围有大青山、乌拉山、贺兰山等著名山脉包围"。① 宁夏平原、内蒙古平原，皆在这个"大河套"的空间里。"河套"地域，是秦汉以后国家层面上屯垦开发的地方。宁夏平原，是这个"大河套"里最富庶的地方，依赖黄河自流灌溉，农业文明发达，早在明代就有了"天下黄河富宁夏"之誉。胡朴安的《中国风俗》里不但记载了这句谚语，还把"南京北京都不收，黄河两岸报春秋"的话写在了宁夏的名下，可见宁夏黄河灌溉农事之盛。

　　关于宁夏平原开发研究的文字记载，散见于汉唐以后的正史典籍、明代以后的地方志书，近数十年间见诸报刊的研究成果，以及个别研究著作，但系统研究宁夏平原屯田与水利开发历史的还少见，尤其是在中国历史大背景下研究宁夏平原黄河农业文明、历史变迁、文化生成等的成果更

---

①　侯仁之主编《黄河文化》，华艺出版社，1994，第73页。

是鲜见。目前，在政府新一轮西部大开发背景下，宁夏沿黄经济区建设已上升为国家战略，[①] 是学术界尚未涉及的重大理论和实践课题。研究宁夏平原的开发史，有助于沿黄经济区国家战略的实施。

## 第一节　黄河文明与宁夏山川

移民与宁夏平原黄河灌溉有着直接的关联，移民与历代宁夏平原开发有着千丝万缕的联系。地理意义上的黄河，决定了黄河文化在宁夏的表现形态：南部地处黄土高原边缘，北部为宁夏平原。南部清水河、泾河是黄河的重要支流，也是黄河文化的滋生地。北部平原，黄河孕育了宁夏农业文明。秦代，黄河东岸的秦渠诞生，汉代已成为著名的灌区。北魏时黄河水利再兴，隋唐时灌区得到了大力开发，宁夏平原已是一片美丽富饶的绿洲。西夏时开发利用了汉唐以来的重要渠道，农业生产有力支撑着西夏政治生命的延续。元明清时期，黄河水利得以大规模开发和利用，呈现出的是阡陌纵横、繁荣富庶的景象。宁夏平原农业文明的辉煌历史，伴随着历代移民屯田的开发史。

### 一　泾水与清水河

宁夏地理空间呈南北带状分布。南部是以六盘山为屏障的黄土高原，有黄河支流清水河、泾河发源于六盘山；北部以贺兰山为屏障，黄河介于六盘山与贺兰山中间，穿宁夏平原而过。萌芽于黄河流域的文化，最初较为集中地分布在黄河中上游的河谷地带。泾水、清水河流域作为黄河中上游的重要支流与河谷地，自然条件极有利于原始农业的发展，是黄河文化的重要组成部分。六盘山，是黄河重要支流泾水与清水河的源头。南流的泾水，北流的清水河，分别将宁夏与关中平原连在一起。

---

[①] 《中华人民共和国国民经济和社会发展第十二个五年规划纲要》，《人民日报》2011年3月17日。

泾、清二水又与古代长安通往西域的丝绸之路东段北道走向相一致。马家窑文化、齐家文化都在这里得到了考古发现，中国早期的战国秦长城修筑在固原古城以北。

萧关是秦汉以后的著名关隘，是关中北出塞外的军事屏障，司马迁在《史记》里有清晰的记载。西汉文帝十四年（前166），北方匈奴14万铁骑南下，与汉军在萧关发生激战，北地都尉孙卬战死。为表彰孙卬战功，汉文帝破例将孙卬后代封侯。司马迁因推崇孙卬而将其作为报效国家的典型人物写进《史记》里。西汉末年班彪为考察当年孙卬战死地萧关，沿战国秦长城前往高平（固原）城，写下了著名的《北征赋》，将长城的历史、萧关的历史、固原的历史信息描述和记载下来。

泾水与清水河孕育了宁夏南部古代文明。宁夏境内早期县的建制——乌氏县、朐衍县和朝那县，宁夏最早的州郡级建制——安定郡，在秦汉时已出现在中国的版图上。古代的城墙是"城"的标志，是地方文化的象征。固原最早的城，在汉武帝析置安定郡之前的高平县筑就，雄踞于清水河西岸。高平县城以南有清水河与泾水相接，城北有清水河与黄河相融。固原城是关中北出塞外的军事重镇，历两千多年而不衰。《史记·秦本纪》载："秦惠文王后五年，王游至北河。"张守节《正义》说："王游观北河，至灵、夏州之黄河也。"清水河，将宁夏南北贯通，秦惠文王北游的路线，就是沿清水河北上的。

黄河的一级支流清水河，发源于六盘山东麓，向北流经固原、海原、同心、中宁等县，在中宁县境注入黄河，是宁夏境内流入黄河水量最大、最长的支流。历史上，清水河两岸台地是早期人群生息繁衍和耕牧的地方，也是北方少数民族相互汇聚交融的地方。清水河谷地是古丝绸之路东段北道的必经之地，汉唐萧关古道沿清水河谷地而西出北上。

从文化生成的角度说，泾水与清水河谷地，就是黄河文化的滋生地。钱穆先生在《中国文化史导论》里说："中国文化发生，精密言之，并不赖藉黄河自身，它所凭依的是黄河各支流。每一个支流两岸和其流进黄河时两水相交的那一个角,都是古代文化之摇篮地。"[1] 正是从这些意义上说,清水河谷地是黄河文化的一个重要组成部分。因为清水河谷地历史上就是连接宁夏南北的通道,同时也是北方少数民族南下进入中原的通道。

秦汉时期,清水河流域是农牧两宜的半农半牧区,有"马千匹,牛倍之,羊万"的畜牧业,也有"以万钟计"的粟[2],农牧并重。秦始皇时期的乌氏倮,是固原历史上经营畜牧业最有名的人物,他不但精通畜牧之道,牛、马、羊数以万计,而且凭借着固原的地利条件与北方少数民族进行友好商贸往来。乌氏倮的商贸活动深得秦始皇的赞赏,"朝比封君",给他以很高的政治待遇。司马迁将乌氏倮作为少数民族商贸的代表性人物写进《史记》里,是有特殊意义的。

## 二 黄河与宁夏平原

黄河流经宁夏的河段,地当黄河中上游。自兰州以下,黄河沿黄土高原西北边沿流动,两侧是万壑涌动的峰峦。从航拍的照片看,无数个起伏的峰峦拱围着一道蜿蜒的白练,黄河穿过一道道的峡谷地带进入宁夏。黄河出黑山峡,水势已经平稳。从黄河流域的地质透视看,黄河出青铜峡后之所以要转折北上,是因为受到鄂尔多斯台地的阻挡;而最终由北向南的转折流向,正是沿着鄂尔多斯台地边缘的轮廓而行。黄河在河套地区马蹄形流过,区隔了宁夏平原与河套平原的南北地理,也孕育了黄河农业文明。

黄河流域基本处在暖温带,气候变化四季分明。距今 8000 年前,地球上的气候进一步变暖,黄河流域进入新石器时代,农业开始出现。黄土高原是我国农业文明最早出现的地区之一,宁夏平原是黄河流域主要的农业区,它的形成与黄土直接相关。宁夏平原基本上是由黄土高原的黄土被侵蚀后重新沉积而成的。黄土、黄河,负载着宁夏黄河文化的历史演进。

---

[1] 钱穆:《中国文化史导论》,上海三联书店,1988,第 1~3 页。
[2] 《史记》卷一百二十九《货殖列传》,中华书局,1987,第 3280 页。

历代不间断的开发耕耘，共同造就了宁夏平原黄河农业文明，形成并孕育了"塞上江南"的富庶景观。

## 第二节 黄河文明与农业开发

### 一 秦汉时期

以农业文明为特色的古代东方文化，最突出地表现为对水资源、水利设施的特殊倚重。从最早的诗歌总集《诗经》看，周代的水利灌溉已有一定的规模，真正大规模的农田水利灌溉是在春秋战国时期。开宁夏农业灌溉之先河的秦渠，是宁夏平原农业文明的象征。

宁夏平原地势平坦，黄河自西南而东北流过，水流平稳舒缓，属导流性灌溉。秦渠由黄河青铜峡东岸引水，经青铜峡、吴忠到灵武市北门外，全长约60公里，整个走向地处黄河东岸古灵州境内。这里地势平坦，土地肥沃，灌溉条件极为便利，是早期宁夏平原自流灌溉最理想的灌区，至今仍是黄河东岸最大的灌区。秦汉时期宁夏平原河东的秦渠、汉渠等大型水利工程，无论在当时还是对后世都很有影响。这一时期，农田水利工程分布以关中地区为中心，宁夏平原是主要开发区之一。《史记·河渠书》里记载了当时屯田和开凿的水渠。

秦代宁夏平原屯田与水利开发同步进行。秦始皇三十三年（前314），派大将蒙恬率30万大军攻打匈奴，"悉收河南地，因河为塞，筑四十四县城临河，徙谪戍以充之"。[1]匈奴势力退出黄河以南地区，秦政府在这个地域空间新设置44个县城（一说33县），大量的人口迁移集结在这里开发，宁夏平原的富平县就是其中之一。同时，在宁夏平原还增加了两处军事防御设施——障城：一处在青铜峡峡口附近，名神泉障；一处位于宁夏平原东北黄河东岸，名浑怀障。富平县的设置，两大障城一南一北的修

---

[1] 《史记》卷一百一十《匈奴列传》，中华书局，1982，第2886页。

筑，既达到了军事防御的目的，也为当时宁夏平原水利与屯田起到了保驾护航的作用。

秦代军队戍卒和有罪之人成为宁夏平原屯垦的主要人群。秦始皇三十五年（前212）、三十六年①，还不断往这里迁徙人口。秦王朝先后集结在河套地区的人力达"七八十万之众"②。"始皇之初，郑国穿渠，引泾水灌田，沃野千里，民以富饶。"③秦朝已在关中引水灌溉，宁夏平原引黄河水灌溉紧随其后。司马迁的《史记》里，没有直接提到秦代宁夏平原的水利状况，但秦代开凿的"秦渠"，就是对宁夏平原引黄灌溉的诠释。④

汉代宁夏平原水利与屯田已有明确记载。西汉初期，匈奴冒顿单于组建"控弦之士三十余万"，开始大规模向外扩张。西汉王朝对付匈奴只有以"和亲"换来边境的安宁。在这种背景下，徙民实边被提上日程。晁错的《守边备塞疏》为汉文帝所接受，开始"募兵徙塞下"，允许人多地少地区的乡民"徙宽大地"，宁夏成为重要的移民徙入地。汉武帝反击匈奴，重新收复了秦始皇时期开发的"新秦中"大片领土。大量的移民迁入后，水利与屯田再度兴盛起来。同时，汉朝在宁夏北部新设灵武、灵州、廉县和朐卷县（属于安定郡辖），开始有效管理和经营宁夏平原屯垦。

光禄渠，是汉代银川平原著名的水渠，汉武帝太初三年（前102）开凿。汉伯渠，一名汉渠，明代的地方文献里称其为汉伯渠。汉顺帝永建四年（129），尚书仆射虞诩建议在朔方一带屯田，派谒者郭璜"浚渠"，即汉伯渠，位于黄河东岸，流经青铜峡、吴忠、灵武市境内，全长40余公里。汉延渠，始凿于汉代，历代修浚利用，流经青铜峡、永宁、银川和贺兰，全长80余公里。当时除了修浚渠道扩大屯垦外，还设立了专门的管理机构——农都尉。

---

① 《史记》卷六《秦始皇本纪》，中华书局，1982，第256~259页。
② 赵俪生主编《古代西北屯田开发史》，甘肃文化出版社，1997，第6页。
③ 《汉书》卷二十八下《地理志下》，中华书局，1987，第1642页。
④ 侯仁之主编《黄河文化》，华艺出版社，1994，第28页。

#### 黄河文明在宁夏

西汉时期设置的农都尉，治所在上河城（今永宁县西南）。农都尉为主管屯田的官员。《汉书·百官公卿表》记载："农都尉、属国都尉，皆武帝初置。"《后汉书·百官志》记载："武帝……边郡置农都尉，主屯田殖谷。又置属国都尉，主蛮夷降者。"明确记载农都尉为汉武帝时期设置的负责屯田的官员。农都尉之职，既不属于郡县系统，也不属于军事系统，而属于中央大司农管辖。农都尉属于郡一级的屯田主管官，所属下级机构是"田官"，为县一级机构。① 农都尉这一级管理机构设在宁夏平原，可能管辖的屯田范围要超出宁夏平原。汉代宁夏屯田人群大致有三部分：一是边郡部都尉率领的障塞戍卒，二是边郡之屯兵，三是农都尉所辖的田卒。田卒参加防御，就配发给他们武器②，且耕且战，类似于现代生产建设兵团的功能。

汉代宁夏平原还设有管理屯田的典农城。典农城，有南典农城（今青铜峡市邵岗堡西，北魏时俗称胡城）与北典农城（今永宁县西北，北魏时俗称汉城）之分，二城为西汉冯参出任农都尉时所筑。

随着冶铁技术的提升，铁器在全国范围内迅速推广普及，为新修水利提供了更为锋利耐用的生产工具。黄河流域农业生产发展很快，主要表现在普遍使用牛耕、农业生产工具的改进、精耕细作技术的创新和水利事业的发展。水利是农业的命脉，水利工程的修建为农业发展提供了更为有利的条件。汉代的水利灌溉，在战国秦以后修建的水利工程的基础上有了更大的发展，掀起了中国历史上第二次兴修水利的高潮，宁夏平原已成为当时主要的农业灌溉区。秦汉两朝为了加强边防，曾数次大规模徙民屯边，在黄河东岸开辟秦渠、汉伯渠，在西岸修建汉延渠、光禄渠，引黄河水灌溉黄河两岸的良田，宁夏已形成了黄河流域著名的引黄灌溉区。

秦始皇统一六国的物质基础，就是在关中修建的郑国渠和关中的粮仓。同理，秦始皇命大将蒙恬率大军筑长城以御边，开发"河南地"的

---

① 赵俪生主编《古代西北屯田开发史》，甘肃文化出版社，1997，第48页。
② 赵俪生主编《古代西北屯田开发史》，甘肃文化出版社，1997，第62~63页。

经济基础，就是当时宁夏平原各种类型的屯田所提供的保障和支持。汉武帝时期为了抗击匈奴，大规模兴修水利，致力于经营西北地区，宁夏平原水利农业发展较快。汉武帝集重兵反击匈奴，其后勤保障大都是依赖徙民于宁夏平原的屯垦。随着社会的发展，兴修水利被汉代有识之士看作固国安邦、御守疆土、富国强兵的国策，备受重视。《史记》里说："用事争言水利。"汉代宁夏灌溉农业，不但改变着宁夏北部的自然景观和社会面貌，而且成为当时社会经济发展的基础和命脉。黄河农业文明凭借宁夏平原独特的地理条件，在秦汉屯田开垦的基础上往前推进了里程碑式的一步，为后来"塞北江南"的形成奠定了良好的基础。东汉政府国力衰弱，水利建设亦随之受到影响，主要是对西汉旧渠的修缮利用。汉延渠，就是东汉顺帝永建四年（129），谒者郭璜督促徙民在秦时修建的旧渠基础上进一步修缮延伸而成的。[①] 汉代宁夏平原灌溉面积以今天的田亩计算，约50万亩[②]，合汉亩72万亩[③]。

宁夏平原屯田久负盛名，尤其是汉武帝时期。东汉初年，南匈奴内附，在减轻边境压力的同时，屯田规模却在逐渐缩小。公元111年，西北地区羌族大起义，安定、北地二郡政权建制内迁关中，宁夏平原屯田一度停顿，直到公元129年尚书仆射虞诩上书汉顺帝，将迁入关内的安定、北地郡治迁回旧地，宁夏平原的屯田始得以继续。但好景不长，141年东羌、西羌再度联手爆发了大起义，东汉政府再次将安定、北地二郡迁入关内，宁夏平原的屯田在战乱中再次走向停顿。

## 二 魏晋南北朝

魏晋南北朝时期，匈奴等民族内迁，西北地区民族关系呈多元之势。同时，少数民族政权林立，长时期处于战乱状态。各少数民族政权的注意

---

[①] 《后汉书》卷八十七《西羌传》，中华书局，1987，第2893页。
[②] 杨新才：《关于古代宁夏引黄灌区灌溉面积的推算》，《中国农史》1999年第3期。
[③] 刘磐修：《汉代河套开发中的政府行为》，《内蒙古社会科学》2003年第4期。

力不在发展生产力方面，而是在征战和巩固政权方面。在宁夏平原耕种的汉族人口不断南迁，农业人口锐减，耕地面积荒废，原有的屯田基本处于停滞状态。实际上，当时北方都处于耕地荒废和牧场转化时期，战乱给社会经济尤其是农业经济带来极大破坏。西晋有过短暂的安定时期，晋武帝司马炎曾大力倡导发展农业生产，宁夏平原的农业出现过短期的恢复。这一时期农田水利工程多遭破坏，成就远不如秦汉时期。北魏时宁夏平原农业水利是一个发展期，有影响的就是刁雍修筑的艾山渠，或称薄骨律渠。赫连勃勃时期，曾在宁夏平原有过兴牧垦殖。薄骨律镇的得名与赫连勃勃有关，其引黄灌溉范围大致是西汉上河农都尉辖区。薄骨律镇屯田影响较大，是北魏西北屯田之成效卓著者。①

通常认为，魏晋南北朝时期的北方农业由于长时期受战乱影响，处于停滞和衰退状态，"黄河南北千里之地，大部分始终沦为牧场"②。"这时北方经济区不只是衰落，而且是退化，退化为游牧或半农半牧"区③。也有人认为，"十六国时期，游牧民族大举进入，民族矛盾空前尖锐，战争也空前残酷，这是北方农业真正遭受致命伤害的时期，但仅70年左右，而更多的则是相对和平时期"。④ 实际上，前两种观点是对的。总体上，这一时期对农业生产影响较大。

### 三 刁雍与屯垦

宁夏平原是肥沃之地，称雄一时的赫连勃勃乱中取胜，不但在这里开发农业，而且在黄河岸边修建行宫饮汗城。大夏国昙花一现，还没有来得及经营饮汗城，就被北魏的大军攻灭了。此后，北魏向这里移民增户，设立了怀远县。西魏虽有过短暂的废弃，但北周建德三年（574）又向这里大规模移民2万户，并设置怀远郡，辖黄河西岸大部分地区。北周大力拓

---

① 赵俪生主编《古代西北屯田开发史》，甘肃文化出版社，1997，第132页。
② 李剑农：《魏晋南北朝隋唐经济史稿》，生活·读书·新知三联书店，1959，第32、48~49页。
③ 傅筑夫：《中国封建社会经济史》（第3册），人民出版社，1984，第32页。
④ 刘磐修：《魏晋南北朝时期北方农业的进与退》，《史学月刊》2003年第2期。

展国土，建立郡县政权。宁夏平原除怀远县、怀远郡外，还设置了普乐郡、鸣沙县。北周时，鸣沙县改置会州。这些郡县的设置预示着宁夏平原引黄灌溉农业与水利的复兴，尤其是少数民族政权对农业与水利灌溉的重视。

北魏早期就重视发展水利事业。太平真君五年（444），出任北魏薄骨律镇（灵武）镇将的刁雍（390～484），到任后就做了大量的实地考察工作，之后上书朝廷陈述他对本地治理之策略，其中就谈道："夫欲育民丰国，事须大田。此土泛雨，正以引河为用。观旧渠堰，乃是上古所制，非近代也。"① 刁雍虽然没有具体指出这"上古"渠道的开凿年代，但说"乃是上古所制"，说明当时旧渠的年代已经很久了。他甚至推测"凿以通河，似禹旧迹"（古人称上河峡，今青铜峡）。刁雍在上书的文字中还描写了"上古旧渠"的样子，"其两岸作溉田大渠，广十余步，山南引水入北渠中"②。从这些记载看，此古渠应该是秦始皇时开凿的秦渠。

在刁雍看来，薄骨律镇虽然少雨，但可引黄河之水灌田。富平县（今宁夏吴忠市利通区西南）西南 30 里有艾山，山下有古渠堰可利用，但因年代久远，渠高水低，引水入渠困难。此渠早先开凿时大概高出黄河水平面不到 1 丈，以坝逼水比较容易。后来经过黄河长期急流冲刷，河床下沉，旧渠与黄河水面落差已高出 2 丈 3 尺之多，引水进渠更加困难。刁雍便在艾山以北选合适的地段延伸开凿新渠，宽 15 步，深 5 尺，两岸筑堤高 5 尺，渠床共高 1 丈，河水往北流 40 里与旧有高渠汇合，灌溉渠道达 120 里，可灌田 4 万余顷，计划用 4000 人 40 天完工。同时，刁雍以为还需要再开凿一个新渠口，计划 20 天完工，两项工程总计花 60 天时间。完工后，入渠水量充足，"一旬之间，则水一遍，水凡四溉，谷得成实"③。这是刁雍修缮利用秦时修筑的旧渠、新开引水口灌溉及灌溉效益的详细记载。

---

① 《魏书》卷三十八《刁雍传》，中华书局，1987，第 867 页。
② 《魏书》卷三十八《刁雍传》，中华书局，1987，第 867 页。
③ 《魏书》卷三十八《刁雍传》，中华书局，1987，第 867~868 页。

**黄河文明在宁夏**

刁雍兴修的引黄灌溉工程，使得薄骨律镇屯田获得了巨大的经济效益。数年之后，粮食生产和储存大增。太平真君七年（446），北方沃野镇（今内蒙古杭锦旗西北黄河南岸）因军粮匮乏而告急，而薄骨律镇之河西（今宁夏青铜峡市）垦区却屯谷堆积。北魏朝廷下令要高平、安定、统万和薄骨律四镇出车五千辆，向沃野镇调运薄骨律镇粮食五十万斛。① 这说明薄骨律镇屯田与水利开发效益很好，其他军镇的军粮也仰赖于这里供给。为了减轻巨额运输成本，不给老百姓带来麻烦，刁雍建议并实施黄河船运，向沃野镇运粮60万斛，超额完成任务。

北魏兴光二年（455），刁雍任薄骨律镇镇将，薄骨律镇屯田持续发展。早在太平真君九年（448），薄骨律镇粮食生产已经是"屯谷盈溢"。刁雍上表朝廷请求筑城以储粮。为表彰其屯田之功，特命所筑之城名为"刁公城"，后人称为薄骨律"仓城"。刁雍在宁夏屯田影响很大，北魏太和年间，朝廷要北方六镇与关内六郡"各修水田，通渠灌溉"。"唯有水田，少可菑亩"②。同时，也为宁夏水利与屯田发展做出了贡献。

薄骨律镇是北魏统一北方后在宁夏平原建立的军镇。薄骨律镇属下的民户有汉族，也有少数民族。居住形式上有"汉城"与"胡城"③ 之分。"汉城"，为北魏时迁关东汉人到此屯垦④；"胡城"，为北魏赫连昌迁少数民族屯垦。少数民族政权能组织屯田，说明农耕文明已经影响到他们。屯田性质，既有官田，也有私田。屯田的对象，军屯与民屯兼备，皆归军帅与镇将统领。北魏在薄骨律镇大兴屯田，弥补了西北屯戍体系的缺环。⑤ 北魏对宁夏平原农业与水利的开发，是经历了长时间的战乱之后的繁荣，对后世有一定影响。

北魏末年，宁夏固原爆发了鲜卑人万俟丑奴领导的关陇大起义。北魏

---

① 《魏书》卷三十八《刁雍传》，中华书局，1987，第868~869页。
② 《魏书》卷四十一《源贺传附子怀传》，中华书局，1987，第926页。
③ 王国维校《水经注校》卷三《水经·河水注》，上海人民出版社，1984，第74页。
④ （唐）李吉甫：《元和郡县图志》卷四《关内道四》，中华书局，2008，第94~95页。
⑤ 赵俪生主编《古代西北屯田开发史》，甘肃文化出版社，1997，第81页。

大将贺拔岳奉尔朱荣之命入关中镇压,在这个过程中固原屯田得到了发展。宇文泰掌控西魏政权后,"务弘强国富民之道","并置屯田以资军用"①,视固原为其发迹的地方。此外,协助宇文泰以成霸业的固原本土人士李贤,在出任原州刺史时就非常重视军队就地屯田以解决军用等问题,"乃大营屯田,以省运漕;多设斥堠,以备寇戎"。②成就了北魏时期的固原屯田。

北周虽然短暂,但在北魏奠定的农业与水利开发的基础上继续往前推进,重视引黄河灌溉,发展农业经济,宁夏平原已经是阡陌纵横、水网遍布的江南景象。"塞北江南"的称谓,是在北周时期(557~581)形成的。由于战争与移民,南方的人群被迁徙到宁夏平原,他们用南方人视野审视宁夏平原的景象,南北文化相融,便有了"塞北江南"的称谓。唐代诗人韦蟾《送卢藩之朔方》诗云"贺兰山下果园成,塞北江南旧有名",将宁夏平原北魏、北周时期农业与水利开发的繁盛程度通过历史人物和水乡景观揭示出来,极具印证与传承意义。

## 四 隋唐五代

隋唐两代立国的过程中,面对的是西北边地少数民族及其建立的政权,如突厥、吐谷浑、吐蕃、回鹘等。军队的保障供给仍显得非常重要,屯田仍是统治者必须考虑的问题。实际上,隋唐时期的农业生产比前代发展更快。隋朝短暂,看不出宁夏具体屯田情况。但当时是"天子亲伐,师兵大举……比屋良家之子,多赴于边陲,分离哭泣之声,连响于州县"。③ 在当时,"良家子"都当兵到了边地。宁夏是边陲,是秦汉以来屯田之要地。开皇年间(581~600),突厥犯塞,吐谷浑寇边,冲突与战乱迭起,朝廷明令长城以北"大兴屯田,以实塞下。又于河西,勒百姓立

---

① 《周书》卷二十三《苏绰传》,中华书局,1987,第382页。
② 《周书》卷二十五《李贤传》,中华书局,1987,第417页。
③ 《隋书》卷二十四《食货志》,中华书局,1987,第672页。

堡，营田积谷"。① 隋代的宁夏，军队一边防御，一边屯田，宁夏仍是重要的屯田区之一。

唐代灵州是朔方节度使驻地。朔方节度使管理整个宁夏、内蒙古黄河以南的军事防区，为唐代边防军事重镇，也是唐代前期抵御突厥兵锋南下的第二道军事防线。境内的丰安军、定远军，是灵武辖区重要的屯田区。丰安军，驻军今宁夏中卫境，兵马近万人，《唐六典》记载这里有屯田"二十七屯"；定远军，在今宁夏平罗县境，兵马近万人，《唐六典》记载这里有屯田四十屯。

唐代大规模屯田始于唐玄宗时期。安史之乱是唐代农业生产走下坡路的转折点。安史之乱前是北方水利建设的复兴时期，水利建设遍及黄河流域，宁夏平原灌区得到了大规模开发，废弃的前代灌渠得以修浚和恢复，同时还新修和扩建了一批渠道，唐徕渠最具代表性。元和十五年（820）修浚和扩建而成的唐徕渠，为宁夏历史上最大的灌溉工程，全长212公里，有支渠510条，使惠农、平罗、贺兰、银川、永宁诸县的60万亩农田得到灌溉并取得很好的经济效益。长庆四年（824），又在灵州回乐县（今宁夏灵武市西南）修建特进渠，溉田600顷，②并在灵武以北千金陂左右开挖胡渠、御渠、百家渠等八条渠道。③七级渠在灵州南，"灵州绕城旧有黄河分水大渠三重，及沟浍纵横贯注，水所溉田约二十里"④，这里应包括七级渠。郭子仪曾在此击败吐蕃的进犯。因此，七级渠是唐代或唐以前修建的。⑤

从管理体制看，隋唐屯田都有专门官员督办。地方屯田属各州管理，中央屯田属司农司管理，负责一监者名"屯监"，属于屯田的主官。屯监之下一级屯田组织为"屯"，设屯主、副屯主，直接管理一线屯田事务。

---

① 《隋书》卷二十四《食货志》，中华书局，1987，第681页。
② 《新唐书》卷三十七《地理志》，中华书局，1986，第972页。
③ 《稳定的黄河文化中心的形成》，侯仁之主编《黄河文化》，华艺出版社，1994，第287页。
④ 《续资治通鉴长编》卷321，元丰四年十二月戊午条，中华书局，2012，第7739页。
⑤ 漆侠、乔幼梅：《中国经济通史·辽夏金经济卷》，经济日报出版社，1998，第256页。

边镇设军屯田，其管理者多为军使、都督兼任营田。屯田任务，唐代京畿地区以20~30顷土地为一屯，州镇诸军以50顷为一屯。① 宁夏平原屯田以50顷为一屯，任务是明确的。

宪宗元和（806~820）中，李听任灵盐节度使时，灵州"境内有光禄渠，废塞岁久。欲起屯田，以代转输，听复开决旧渠，溉田千余顷，至今赖之"。② 吐蕃对灵州黄河灌区的破坏和影响是很大的，因为"光禄渠，废塞岁久"，"灵武、邠宁，土广肥而民不知耕"③，这就印证了原有的良田都放弃不耕了。武宗时期（841~846），还下过这样的诏令："灵武、天德三城封郡之内，皆有良田，缘无居人，久绝耕种。"④ 由于吐蕃长期破坏和干扰，有一段时间宁夏的屯田受到严重影响，甚至局部屯田停顿。大和末年（832~835），再"立营田"，应该是宁夏平原屯田恢复的开始。王起为户部尚书判度支时上奏朝廷，"于灵武、邠、宁起营田"⑤，宁夏平原屯田陆续得到了恢复。穆宗长庆（821~824）年间，"灵武节度使奏于特进渠新置营田六百顷"⑥，宁夏屯田规模得以陆续扩大。

固原是唐代养马基地，土地大多为"监牧地"，但固原亦有屯田。⑦ 宣宗大中三年（849），朝廷发布诏令，将"流役囚徒"解押到原州、秦州及六盘关等地屯垦，"其秦、威、原三州并七关侧近，访闻田土肥沃，水草丰美，如百姓能耕垦种莳，五年内不加税赋，五年后已量定户籍，便任为永业"。⑧ 这里说的"三州并七关"皆在固原境内，固原当时也是可耕可牧的地方。此外，唐代盐州境内也有屯田，其中一部分就在今宁夏盐池县境内。

---

① 《通典》卷二《食货》，中华书局，1988，第44页。
② 《旧唐书》卷一百三十三《李晟传附子李听传》，中华书局，1986，第3682页。
③ 《新唐书》卷五十三《食货三》，中华书局，1986，第1373页。
④ 《册府元龟·邦计部·屯田》，中华书局，1982，第6038页。
⑤ 《旧唐书》卷一百六十四《王起传》，中华书局，1986，第4278页。
⑥ 《册府元龟·邦计部·屯田》，中华书局，1982，第6037页。
⑦ 《唐六典·屯田郎中》，中华书局，2020，第223页。
⑧ 《唐大诏令集》卷一百三十《收复河湟德音》，中华书局，2008，第709页。

**黄河文明在宁夏**

安史之乱致使社会动荡，吐蕃乘虚而入，给唐朝带来更大的麻烦。驻军的粮食成了问题，朝廷"因隙地置营田"①，开展屯田就地解决。早在贞元（785～788）初年吐蕃劫盟之后，唐朝与吐蕃的关系就已经紧张。一方面，朝廷"召诸道兵十七万戍边"；一方面，由于吐蕃蹂躏唐朝沿边地区数十年，"北至河曲，人户无几"②，尤其给宁夏平原的屯田带来不可估量的损失。《新唐书·吐蕃传》记载："（大历）十三年（779），虏大酋马重英以四万骑寇灵州，塞汉、御史、尚书三渠以扰屯田，为朔方留后常谦光所逐。"贞元八年（792），"（吐蕃）寇灵州，陷水口，塞营田渠"。③ 灵州不仅是土地肥沃的屯田之地，更是战争时唐朝在北方的军事大本营。因此，灵州屯田意义重大。吐蕃统治者也看明白了这点，所以不断变着手法对灵州屯田及其设施进行破坏，目的是"削弱唐王朝的边防力量"。

黄河文明孕育的宁夏平原灌区，经过数百年的屯垦经营，尽管中间因战乱而荒芜过，但仍是一片富饶美丽的绿洲，是镶嵌在贺兰山与毛乌素沙漠之间的一颗翡翠，沿丝绸之路而过的胡商、文人和各国使节等都为这块宝地所吸引。一千多年前途经宁夏平原的唐代诗人韦蟾就被这里的富庶景象所触动，为后人留下了影响千古的著名诗句——"贺兰山下果园成，塞北江南旧有名"④。

## 五 宋夏时期

党项与宋朝的对峙关系，在宋初就逐渐凸显出来。宋夏屯田，根据宋夏边界对峙状况，大体分两部分来叙述较为清晰。宁夏南部固原，是宋朝屯田的重要地区之一；北部宁夏平原，是西夏长期耕耘的黄河农业灌溉的精华之地。

---

① 《新唐书》卷五十三《食货三》，中华书局，1986，第1372页。
② 《新唐书》卷五十三《食货三》，中华书局，1986，第1374页。
③ 《新唐书》卷二百一十六下《吐蕃下》，中华书局，1986，第6098页。
④ （唐）韦蟾：《送卢潘尚书之灵武》，《全唐诗》卷566，中华书局，1979。

（一）宋朝在固原的屯田

固原是汉唐以后西北地区的重要军镇，也是宋夏对峙的军事前沿。"实边之策，以屯田为利"①。宋夏关系破裂之后，宋朝为了防止西夏的入侵，为沿边驻军提供粮饷，曾在宋夏沿线进行屯田或者营田，宁夏固原就是一个重要区域。宋代固原称为镇戎军，在古人眼里，这里的地理位置非常重要，是"山川险阻，旁扼夷落，为中华襟带"②之地，又是"其川原甚广，土地甚良"③，宜于屯田的地方。北宋至道三年（997），置军领县，并开始屯田与营田。咸平四年（1001），陕西转运使刘综视察镇戎军之后，向上司提出在这里屯田的建议："臣请于军城四面置一屯田务，开田五百顷，置下军二千人，牛八百头以耕种之。"④由知镇戎军李继和兼任屯田制置使，下辖四个堡寨，屯田的具体事务有专人负责。这是宋代边境地区屯田较早的地方。数年之后，知镇戎军曹玮继续这里的屯田，以闲田招募弓箭手，"人给田二顷，出甲士一人，及三顷者出战马一匹"⑤，真正将屯田与防御结合起来了。当时规定弓箭手营田或屯田，"每五十顷为一营"⑥，设指挥使或巡检等官员来管理。

固原另一处屯田地是笼竿城，即今宁夏隆德县城。如果以六盘山为屏障，六盘山外围也是重要的防御之地，是"内则为渭州藩篱，外则为秦陇襟带"⑦的地方。这里的广大地域，也是宋代的屯垦地，一度升笼竿城为"德顺军"⑧，屯田与军事防御皆备。

（二）宋朝在宁夏北部的屯田

宋朝在宁夏平原屯田早于南部固原。至道元年（995），陕西转运使

---

① 《文献通考》卷七《田赋七》，中华书局，1986，第77页。
② 《文献通考》卷三百二十二《舆地八》，中华书局，1986，第2531页。
③ 《续资治通鉴长编》卷50，咸平四年十二月壬戌条，中华书局，2012，第1094页。
④ 《续资治通鉴长编》卷50，咸平四年十二月壬戌条，中华书局，2012，第1094页。
⑤ 《宋史》卷一百九十《兵志四》，中华书局，1997，第4712页。
⑥ 《宋史》卷一百七十六《食货志上四》，中华书局，1997，第4269页。
⑦ 《续资治通鉴长编》卷139，庆历三年正月丙子条，中华书局，2012，第3339页。
⑧ 《续资治通鉴长编》卷139，庆历三年正月辛卯条，中华书局，2012，第3342页。

**黄河文明在宁夏**

郑文宝已在贺兰山下的宁夏平原屯田。宋朝在西北屯田的背景，是党项人李继迁不断出兵骚扰宋朝西北边疆。为了巩固边防，解决军队供给，便有了宁夏平原早期的屯田，范围包括贺兰山下的黄河西岸、灵州所在的黄河东岸。唐末宁夏平原水利灌溉由于战乱和管理不善等原因，耕种面积已经缩小，黄河西岸有"平田数千顷"①，可引水灌溉。郑文宝"建议兴复"这里的屯垦地，以"减岁运之费"②。

咸平年间（998~1003），党项首领李继迁由夏州向西发展，看重的是黄河东岸灵州及其平畴阡陌的灌区农业。李继迁多次图谋夺取宋朝的军事重镇灵州。对于北宋来说，灵州战略地位至关重要，这里历来就是宁夏北部军事、政治、文化中心，"地方千里，表里山河，水深土厚，草木繁盛，真牧放耕战之地"。③为了确保灵州安全，咸平二年（999）六月，宋朝派秘书丞何亮、转运使陈纬"同往灵州经度屯田"④。第二年，又任裴济为灵州知州兼都部署，地方管理与屯田并举，"谋缉八镇，兴屯田之利，民甚赖之"。⑤遗憾的是咸平五年（1002）三月，李继迁攻陷灵州，知州裴济以身殉职，宋代在灵州的屯田随之结束。

（三）西夏屯田

党项族在内迁以前是以畜牧业和狩猎为生的民族。内迁后长时间与农耕民族相融，土地与农耕生活在这个民族中扎下了根，由原来"不知稼穑，土无五谷"⑥的游牧民族而融入农耕民族大家庭之中，李继迁时已经十分重视农业生产。攻陷灵州后，"侵河外膏腴之地而垦辟之"，下令修筑黄河堤坝，疏通渠道引水灌田，使宁夏平原的农业生产得到恢复和发展。

---

① （唐）李吉甫：《元和郡县图志》卷四《关内道四》，中华书局，2020，第95页。
② 《宋史》卷二百七十七《郑文宝传》，中华书局，1997，第9427页。
③ 《续资治通鉴长编》卷44，咸平二年六月戊午条，中华书局，2012，第947页。
④ 《续资治通鉴长编》卷44，咸平二年六月戊午条，中华书局，2012，第947页。
⑤ 《宋史》卷三百零八《裴济传》，中华书局，1997，第10144页。
⑥ 《旧唐书》卷一百九十八《西戎列传》，中华书局，1986，第5291页。

第三章　黄河农业文明

西夏建国后，李元昊在对宋、辽作战的同时，大力发展灌溉农业，修筑了宁夏平原上青铜峡至平罗段新的水利工程，后人称这一工程为"昊王渠"或"李王渠"。新开发的水利工程与汉唐以来的水利工程，共同构成了宁夏平原兴、灵二州黄河灌区的新局面，显示了西夏水利事业的繁荣景象。据周春《西夏书》记载，西夏时期有68条大小渠道，灌溉着9万顷良田。西夏仁宗时期的法典《天盛改旧新定律令》里已经规定了灌溉用水与维护水利灌溉的办法和制度。西夏法典里关于农业生产的律令，是西夏农业生产发展、西夏统治者认识到农业生产重要性的政策性依据。西夏农业发展过程中，为扩大耕地面积曾以武力手段开辟土地，"入界开垦生地"①。同时，将战争中俘获的汉人凡健壮勇猛者编入军队，"若脆怯无他伎者，迁河外耕作"②，从事农业生产。西夏在宋夏战争中大量掳掠的人口，尤其是汉族农业人口，大都安顿在农业区屯田。

宁夏平原是西夏国腹心地区，也是黄河农业的重要地区。秦汉以后，历代统治者设置郡县，移民开发。至西夏时，农业灌溉的模式早已定型，中原地区的耕作技术早已传到这里，从西夏时期水利事业的发展和利用即可看到农业的发展程度。半农半牧、农牧并举，是西夏立国的经济基础，但对于宁夏平原、甘肃河西走廊灌区这样的涉及立国之本的农业区，西夏统治者是非常重视的。

西夏人除了让中原汉人直接从事灌溉农业生产之外，还注意吸纳中原先进的农业水利管理办法，并形成西夏农田水利开发与灌溉的制度和政策。在管理方面，不但设有农田司，专门管理农田水利事宜，而且制定了《天盛改旧新定律令》，其中第十五、十六两卷中的相关法律条款，涉及各级水利管理官员的职责、渎职的处罚规定，包括渠道开凿、渠道淤泥的清理、渠道防护林建设和规划等诸多具体细微的规定。"西夏的农田水利开发与管

---

① （清）徐松：《宋会要辑稿》第一百七十四册《兵五》，中华书局，1987，第6841页。
② 《宋史》卷四百八十六《夏国下》，中华书局，1997，第14029页。

103

理制度，继承了唐代的《水部式》，又远远详于《水部式》。这既是对中原地区农田水利制度的继承，同时也是一种发展。"① 农田水利灌溉制定的相关法规和制度精细到如此程度，说明西夏水利灌溉是很有成效的。

西夏时期，黄河平原上著名的渠道有秦家渠、光禄渠、汉伯渠、艾山渠、七级渠、特进渠等前代修筑的河渠，西夏时继续开发利用。据《郭守敬行状》载，"西夏濒河五州，皆有古渠，其在中兴者，一名唐来，长袤四百里，一名汉延，长袤二百五十里。其余四州又有正渠，长袤各二百里，支渠大小共六十八"②。《嘉靖宁夏新志》记载更为详尽，西夏元昊时期修筑的李王渠（或称昊王渠），"南北长三百余里"，西夏以后却成为废渠。实际上，卫宁灌区黄河南岸还有一条古渠遗迹，当地人也称为"李王渠"③，说明西夏时期在宁夏平原南北各修有可供灌溉的渠道。西夏时期，宁夏平原沟渠纵横，灌溉体系完备，是"计灌溉田九万余顷"④ 的重要农业地区，"故灌溉之利，岁无旱涝之虞"⑤。西夏农业的发展，支撑着西夏政治生命的延续。西夏近二百年的发展史，同样延续和创新着宁夏平原屯田与水利灌溉及发展的过程。

## 六　元代屯田

（一）元代屯田

元朝是由蒙古族入主中原后建立的政权，马上民族何以屯田？要想巩固其统治，要想长治久安，必须"帝中国当行中国事"⑥，"必行汉法，乃

---

① 陈广恩：《西夏史论稿》，天马出版有限公司，2010，第42页。
② 漆侠、乔幼梅：《中国经济通史·辽夏金经济卷》，经济日报出版社，1998，第256页。
③ 卢德明：《宁夏引黄灌溉事业经久不衰》，载宁夏政协文史和学习委员会、宁夏回族自治区水利厅编《黄河与宁夏水利》（上卷），宁夏人民出版社，2006，第29页。
④ （元）齐履谦：《郭守敬行状》，《元文类》卷50，四部丛刊，据至正二年杭州路西湖书院刊本影印。
⑤ 《宋史》卷四百八十六《夏国下》，中华书局，1997，第14028页。
⑥ （元）苏天爵：《元朝名臣史略》卷十二《太常徐公》，中华书局，1996，第252页。

可长久"①，遂开始移民屯田。早在忽必烈即位之前，蒙古统治者就曾把京兆等处无籍游民徙往灵州屯田。②元代前后屯田的目的不一样，建国前屯田是军事性质的，"且耕且战"③，是为了夺取城池。建国后屯田是为了"寓兵于农"，"以省粮饷"，尤其是朝廷于至元九年（1272）二月，"诏诸路开浚水利"；至元二十三年（1286）三月，"浚治中兴路河渠"；至元二十五年（1288）正月，"诏中兴、西凉无得沮坏河渠"④，皆明确指出宁夏平原要不断加大引黄灌溉水利开发的力度。至元二十六年（1289），再"复立营田司于宁夏府"⑤，这是忽必烈执政晚期在宁夏再度设立的管理屯田的机构。至大元年（1308），他的继承者又在"宁夏立河渠司，秩五品"⑥。从屯田规模的扩大和屯田管理机构的设立，可以看出元代统治者对宁夏引黄灌溉的重视程度。

元朝屯田有一个特点，就是令汉族军民与少数民族杂居屯种，以达到便于统治的目的。元朝实行屯田的时间较早，在建国前的太宗窝阔台时期就有屯田。具体到宁夏屯田，则是元朝建立以后的事。至元九年十月，忽必烈封其第三子忙哥剌为安西王，"赐京兆为分地，驻兵六盘山"⑦。忙哥剌以李德辉为王相，负责屯田事宜。元朝建立前在宁夏设立中兴行中书省，元朝建立后在六盘山腹地设立安西王府。这些机构设置层级高，有相对独立的管理权限，有利于多民族杂居与发展屯田。

元代在宁夏开发史上是一个重要时期，尤其是宁夏建省及其影响。中统二年（1261），元朝立行中书省于中兴府（今宁夏银川）；至元八年（1271），立西夏中兴路行尚书省；元贞元年（1295），宁夏行省并入甘肃行省。在这个过程中，地方政权设置的提升，有利于地方经济的发展。成

---

① 《元史》卷一百五十八《许衡传》，中华书局，1987，第3718页。
② 《元史》卷一百二十六《廉希宪传》，中华书局，1987，第3089页。
③ 《元史》卷一百五十一《石抹孛迭儿传》，中华书局，1987，第3576页。
④ 《元史》卷十五《世祖十二》，中华书局，1987，第308页。
⑤ 《元史》卷十五《世祖十二》，中华书局，1987，第321页。
⑥ 《元史》卷二十二《武宗一》，中华书局，1987，第502页。
⑦ 《元史》卷七《世祖四》，中华书局，1987，第143页。

**黄河文明在宁夏**

吉思汗时期，蒙古汗国与西夏间数次爆发较大的战役，给宁夏平原的农业生产造成了很大的破坏。西夏政权灭亡后，战乱给宁夏平原带来的是人口外流、农业经济萧条，宁夏呈现出"土瘠野圹，十未垦一"[1]的荒凉景象。元代正式进入宁夏平原屯田之前，有一些田地是由僧人耕种的，"凡良田为僧所据者，听蒙古人分垦"[2]，说明西夏灭亡后仍有一部分僧人坚守耕种在这里。当中兴行中书省最终迁入甘州（今甘肃张掖市）之后，为了宁夏屯田的大发展，朝廷设立了专门的屯田管理机构——宁夏营田司、宁夏府路安抚司、宁夏府路放粮官、宁夏等处新附军万户府屯田等，分别管理属下不同类型的屯田。赵俪生先生主编的《古代西北屯田开发史》，记载如下元代宁夏平原重要的屯田区。

枣园等处屯田：至元八年正月，徙南宋随州（今湖北随县）、鄂州（今湖北武昌）降民1107户安置到中兴府[3]，数年后正式编为屯户，在枣园等处屯田1800顷。因属于民屯，隶属宁夏营田司管辖。

鸣沙州屯田：至元十一年（1274），忽必烈根据宁夏府路安抚司的请求，同意在鸣沙州（今宁夏中宁县鸣沙镇）兴办民屯，有屯田446.5顷，屯户904户，由宁夏府路放粮官管理。[4]

中兴府屯田：至元二十三年（1286），"徙戍甘州新附军千人屯田中兴（今宁夏银川）"[5]。

塔塔里屯田：至元十九年（1282）至二十一年（1284），忽必烈命于"西安州置司，塔塔里置屯田"。西安州，即今宁夏海原县西安镇。塔塔里屯田1498.33顷，有屯户2340户，属于军户，归宁夏等处新附军万户府管理。[6]

---

[1]《元史》卷一百三十四《朵尔赤传》，中华书局，1987，第3255页。
[2]《元史》卷六《世祖三》，中华书局，1987，第110页。
[3]《元史》卷一百《兵三》，中华书局，1987，第2569页。
[4]《元史》卷六十《地理三》，中华书局，1987，第1451页。
[5]《元史》卷十四《世祖十一》，中华书局，1987，第293页。
[6] 赵俪生主编《古代西北屯田开发史》，甘肃文化出版社，1997，第260~268页。

第三章 黄河农业文明

水利灌溉事业与农业经济发展息息相关。元朝建立后，战争带来的灾难和创伤亟待赈救和修补。宁夏平原黄灌区是宁夏乃至西北地区稳定和发展的重要粮食基地，元朝统治者不敢掉以轻心，对农田水利建设十分重视，召集流民归田；并派遣政府高级官员前来宁夏管理屯田，张文谦以中书左丞身份"行省西夏中兴等路"。经张文谦举荐，著名水利专家郭守敬巡视西夏河渠，恢复和兴修宁夏水利。中央政府还设立专门的管理机构都水监和河渠司，直接负责河渠治理与兴修水利的事宜。郭守敬随张文谦行省西夏，修浚了西夏以来唐徕、汉延诸古渠，"更立牐堰，皆复其旧"，可"灌田九万余顷"。① 同时，还开辟新渠。美利渠（元时称蜘蛛渠）就是董文用与郭守敬在应理州（今宁夏中卫）新开辟的渠道，灌溉中卫平原近3000亩农田。② 郭守敬主持宁夏平原水利灌溉期间，大范围地推广水利工程新技术，还使用调控水量的"牐堰"，即渠、堰、陂、塘的斗门等。至元三年（1266）五月，还征调民夫疏浚中兴府之汉延、唐徕等渠。张文谦在任期间，"浚唐来、汉延二渠，溉田十数万顷，人蒙其利"③。沿黄河五州（中兴、灵州、鸣沙、应理、定州）的古渠皆得到修浚，水利建设颇有成效。

中统元年（1260），浑都海在六盘山发动兵变，影响到宁夏平原的屯垦，屯田人纷纷逃匿山林。至元元年（1264），朝廷委任著名水利专家董文用为西夏中兴等路行省郎中。他到宁夏后"乃为书置通衢谕之，民乃安。始开唐徕、汉延、秦家等渠，垦中兴、西凉、甘、肃、瓜、沙等州之土为水田若干，于是民之归者户四五万，悉授田种，颁农具，更造舟置黄河中，受诸部落及溃叛之来降者"④。这四五万户归来者，有一部分属于甘肃河西走廊的屯田户。

至元元年到至元三年（1264~1266），张文谦、郭守敬、董文用这

---

① 《元史》卷一百六十四《郭守敬传》，中华书局，1987，第3846页。
② （清）张金城修、（清）杨浣雨纂、陈明猷点校《乾隆宁夏府志》卷19，宁夏人民出版社，1992，第723页。
③ 《元史》卷一百五十七《张文谦传》，中华书局，1987，第3697页。
④ 《元史》卷一百四十八《董文用传》，中华书局，1987，第3496页。

些水利大家一时齐集宁夏平原,与各族人民努力经营农田水利灌溉,对元代宁夏平原黄河水利灌溉的恢复与新技术的使用等都做出了承前启后的重大贡献。至于《元史·张文谦传》中"灌田十数万顷",与《元史·郭守敬传》中"灌田九万余顷"的数字,可能有记载方面的差异。

元代宁夏农业生产的恢复与发展,一方面是由于政府关注战后重建,另一方面是由于通过各种途径陆续召回一部分流散外地的土著民。同时,还大量从南方迁徙实边,主要是南宋降附的军民。至元八年,"移鄂民万余于西夏"①。《元史·兵志·屯田》载:至元八年由湖北随州、鄂州迁往中兴府的新民1107户。至元十二年(1275),于中兴路置怀远、灵武两县,迁徙安置"新民四千八百余户"②。至元十九年(1282)灭南宋后,又向宁夏迁徙新附军1382户。为便于管理,设有专门的管理机构"宁夏等处新附军万户府"③。西夏中兴等路新民安抚副使袁裕还建议:"西夏羌、浑杂居,驱良莫辨,宜验已有从良者,则为良民。"④ 之后,再招募数百户来宁夏屯田。劳动力的不断增加,使得宁夏平原黄灌区的农业生产很快得以恢复和发展。《元史·朵尔赤传》载,元世祖忽必烈召见西夏人朵尔赤时,朵尔赤提出:"西夏营田,实占正军,倘有调用,则又妨耕作。土瘠野圹,十未垦一……若以其成丁者,别编入籍,以实屯力,则地利多而兵有余矣。"朵尔赤建议将"南军"子弟成丁者"别编入籍,以实屯力",同时自荐"请为其总管",忽必烈采纳了他的建言,任命他为"中兴路兴民总管。至官,录其子弟之壮者垦田,塞黄河九口,开其三流。凡三载,赋额增倍,就转营田使"⑤。元代后期在宁夏的屯田,整个呈现贯通南北的局面。《元史·成宗纪》记载,自六盘山至黄河一带"置

---

① 《元史》卷一百七十《袁裕传》,中华书局,1987,第3998页。
② 《元史》卷八《世祖五》,中华书局,1987,第164页。
③ 《元史》卷一百《兵三》,中华书局,1987,第2569页。
④ 《元史》卷一百七十《袁裕传》,中华书局,1987,第3999页。
⑤ 《元史》卷一百三十四《朵尔赤传》,中华书局,1987,第3255页。

军万人"① 军屯。元代宁夏平原屯田效益显著且影响较大。元成宗以后就开始走下坡路，但元顺帝时期，宁夏南北屯田尚有规模，说明元代后期宁夏屯田仍比较兴盛。

（二）元代黄河漕运

宁夏平原灌溉农业发达，屯田有一定的规模，粮食生产量较大，再加上黄河漕运的方便条件，元朝建国前就非常重视宁夏黄河漕运。忽必烈与其弟阿里不哥争夺汗位期间，为了给平定阿里不哥的军队提供粮食，命西京宣抚司造船备西夏漕运。② 从这个时候开始，宁夏平原就成了漕粮供给地。中统四年（1263），西夏中兴等处宣抚司又采伐大通山区的木料造漕船30艘，修整旧船36艘，共计66艘，由应理（今宁夏中卫）至东胜（今内蒙古托克托县）设立十站，驿船60艘，配备水手240名。③ 漕运线路主要是由西夏中兴路到东胜黄河渡口。

郭守敬随张文谦"行省西夏"后，上言"舟自中兴沿河四昼夜至东胜"。④ 这条漕运线共设水站10所（属东胜者3站，属西夏中兴路者7站）。据郭守敬实际勘查，漕船自中兴顺流而下，四昼夜即可到达东胜渡口，顺水漕运十分便捷。运往东胜的粮食，再装车由旱路运往大都。元朝统一南宋之前，宁夏漕运一直占有十分重要的地位。至元十六年（1279）南宋覆灭，江南粮食可以经过海道或大运河源源不断地运到北方，宁夏的粮食逐渐不再输送大都，改运邻近的亦集乃（今内蒙古额济纳旗）地区，或更北边的和林等地。⑤ 宁夏平原灌溉农业是政府经营的重点，同时，宁夏畜牧经济也十分发达，如至元七年（1270）六月，"敕西夏中兴市马五百匹"⑥。

---

① 《元史》卷十九《成宗二》，中华书局，1987，第402页。
② 《元史》卷四《世祖一》，中华书局，1987，第72页。
③ 《永乐大典》卷19417《经世大典·站赤》，中华书局，1960，第173册，第2页。
④ 《元史》卷一百六十四《郭守敬传》，中华书局，1987，第3846页。
⑤ 《元史》卷一百三十九《乃蛮台传》，中华书局，1987，第3351~3352页。
⑥ 《元史》卷七《世祖四》，中华书局，1987，第130页。

## 七 明代屯田

明朝军队统一西北的过程中，各地屯田已陆续开展。宁夏是设立卫所较早的边境地区，民政管理隶属于陕西布政使司（南部固原），卫所管理隶属于都指挥使司（简称陕西都司）统领。《明史·兵志》记载，陕西都司所辖今宁夏的卫所有宁夏卫、宁夏中屯卫、宁夏左屯卫、宁夏右屯卫、固原卫、宁夏后卫及平虏守御千户所、兴武营守御千户所、镇戎守御千户所等。卫所军士戍守边地过程中的屯田任务，通常是戍三屯七，或戍四屯六，也有戍屯各半的，这是明代军屯的常例，但也有例外。依庆王朱㮵的《宁夏志·屯田》看，宁夏镇一度曾是六分屯田四分守城，说明宁夏边镇军事防御的重要。宁夏是明代屯田御边的守军中守军人员比例较大的边镇。明朝先后在北部防线设立九大军镇，各镇所辖士兵各个时期不尽相同，宁夏、固原二镇十余万人，再加上驻守固原镇的陕西三边总督机动部队，驻军人数近20万。顾炎武《天下郡国利病书》中记载："明太祖时屯田遍天下，九边为多。而九边屯田，又以西北为最。"[①] 明代宁夏、固原二镇移民多，屯田规模大，是当时西北军屯的重要地区。

屯田在明代前期是开垦荒地的重要途径。明代驻守在宁夏、固原的军队，其粮饷供给主要有两个途径：一是南粮北调，二是军屯、商屯。军屯是军饷的主要来源，商屯是军屯的补充。因运粮路途险远，商人往往雇人在边地开荒垦种，将收获的粮食就地交付于卫所官仓。军屯、商屯之外还有民屯，军屯规模最大。明代中叶以后，军屯、商屯逐渐名存实亡，兵饷基本上依靠国家直接供给。

明朝建国前，朱元璋就本着"寓兵于民"的屯垦思想实施军屯。建国后推行世袭军户制，军屯大规模地展开。军屯分为边屯和官屯两类，前者是边地屯垦，后者是屯于内地卫所附近。宁夏、固原军屯，属于边地屯

---

[①] （清）顾炎武撰、黄珅等校点《天下郡国利病书·砥斋集 延安屯田议》，上海古籍出版社，2012，第2040页。

垦。军屯的现役军人称为"正军",每军种田50亩为一份,也有20亩、30亩、70亩不等的现象,耕种亩数的多少根据土地面积大小、土质的好坏来决定,宁夏每军种田大约是50亩为一份。军官和正军的家属称为"舍余"或"军余",他们都要在自己的屯地上耕种。

(一)固原卫军屯

从防御的角度看,固原在明代初年为内地,属平凉卫右所屯地。到了成化、弘治年间,退居漠北的蒙古残余势力不断从河套南下掳掠,固原"遂为敌冲"[1]。为了加强固原的军事防御力量,明朝政府于1468年在固原设置卫一级军事建制。弘治十四年(1501),再设固原镇,为当时"九边"重镇之一。同时,固原又成为总制边务大臣的驻节之地,固原的军事地位不断提升。"弘治十四年,虏酋火筛大举由花马池入寇平、凤、临、巩。弘治十五年(1502),兵部建议设大臣一员,开府固原,总制延绥、宁夏、甘肃、陕西四镇军务以备虏。"[2] 总制大臣驻节固原,显示了固原在西北地区突出的军事地位。

固原卫所属有西安州(今宁夏海原县西安镇)、镇戎(今宁夏固原市原州区北)、平虏(今宁夏同心县预旺镇)3个守御千户所,有白马城(今甘肃环县西南)、海剌都营(今宁夏海原县城)、下马防关(今宁夏同心县下马关镇)、红古城(今宁夏同心县城以南)等屯堡以及黑石头、马刚堡等40余个小屯堡。嘉靖中,固原卫马步官军2487名,按戍三屯七的比例计算,屯田军士为1600名,屯田1233顷45亩,岁纳屯粮7437石,马草11157束。西安州守御千户所有官兵1349名,屯田300顷,岁纳夏秋子粒1800石,马草2700束。镇戎守御千户所有官兵1106名,屯田300顷,岁纳夏秋子粒1800石,马草2700束;平虏守御千户所有官兵1245名,屯田300顷,岁纳夏秋子粒1800石,马草2700束。[3] 其余分布在海

---

[1] 《明史》卷九十一《兵三》,中华书局,1987,第2238页。
[2] 《嘉靖固原州志》卷一《文武衙门》,宁夏人民出版社,1985,第27页。
[3] 《嘉靖固原州志》卷一《文武衙门》,宁夏人民出版社,1985,第20~23页。

剌都营、红古城、白马城屯堡附近。

明代后期，固原屯田仍在进行。据《万历固原州志》载，当时"固原卫原额屯丁一千三百一十三人，屯田四千八百一十五顷五十九亩三分四厘九毫，屯粮六千五百一十一石七斗九合九抄九撮，屯草八千五百三十七束零"①。与嘉靖时期相比，屯田土地面积虽然大增，然屯粮收入却不如先前。

(二) 宁夏镇诸卫军屯

1372年，明朝政府撤销了宁夏府的建制，属地百姓迁入关中。这属于军事性移民里的"边民内徙"，是为抵御北元残余势力扰边而采取的一种退却性军事移民政策。当某一王朝政府难以有效保卫边疆时，便主动将边疆居民迁移到内地，以避免边疆的人力和物力落入敌国之手，有研究者称这种退却性移民为"移民虚边"。如东汉中叶，政府为了对付羌人，便将设在宁夏北部的北地郡建制迁入池阳，南部固原安定郡建制迁入美阳，并将早前因屯垦实边而定居下来的民户强行迁到内地。明代初年，宁夏"边民内徙"也是因为特定的战争背景所致，但这种特殊环境持续时间不长，洪武九年（1376）置宁夏卫，隶属于陕西都司。不设地方政府，只设军事性的卫所建制，这种格局一直延续到明末，体现的是明代宁夏边地浓郁的军事特点。

宁夏卫设置后，相继增设宁夏前卫、宁夏左屯卫、宁夏右屯卫和宁夏中屯卫。不久，又并中屯卫于左、右屯卫。庆王朱㮵由韦州迁至宁夏后，置中护卫为其扈从。正德五年（1510），因安化王朱寘鐇反叛朝廷而削卫，改中护卫为中屯卫。此外，还有宁夏中卫（今中卫市）、宁夏后卫（今盐池县）、灵州守御千户所（今灵武市）、兴武营守御千户所（今盐池县兴武营）、平虏（今平罗县）守御千户所、宁夏群牧千户所（今同心县韦州镇）等。这些卫所，是明代宁夏军屯与移民屯田的管理机构。

宁夏屯田，始于洪武八年（1375）。时河南侯陆聚和卫国公邓愈屯田

---

① 万历《固原州志》上卷《田赋志》，宁夏人民出版社，1985，第150页。

陕西,"置卫戍之"①,这是宁夏军屯的前奏。第二年,宁夏立卫后,明政府"徙五方之人以实之"②,这是移民屯田的开始。从此,宁夏军屯、民屯、商屯齐头并进,充分利用宁夏黄灌区的水利优势,发展屯田生产,数年既大见成效。《明太祖实录》里记载:"修筑汉唐旧渠,令军士屯田,引河灌田万余顷,兵食以足。"③ 洪武年间的宁夏屯田,为后来更大规模的屯田奠定了基础。到了永乐元年(1403),宁夏镇总兵何福奏报:"宁夏四卫马步旗军二万四百一十三人,见拨马步三千一百七十一人操持,其余守城正军并纪录幼小之属不计外,实用一万四千一百八十四人,耕田八千三百三十七顷有奇。"④ 可见永乐初年宁夏军屯人数占驻军总数的一少半,屯田绩效尚好。按照明朝制定的屯田赏罚条例和样田考较法,永乐三年"宁夏种样田军士素或遵守朝廷法度,好生勤谨,每名收得子粒折算细粮五十石有零",管理屯田的官吏与屯田军士均受到奖赏,"赐敕褒美"⑤,宁夏镇总兵何福因此而得到明成祖的赐敕嘉奖。宁夏屯田也因此而号称"天下屯田积谷,以宁夏最多"⑥。

据《嘉靖宁夏新志》记载,嘉靖时宁夏卫有屯田 3370.08 顷,实有军伍 3890 名;左屯卫有屯田 2991.41 顷,实有军伍 4300 名;前卫有屯田 2258.09 顷,实有军伍 3261 名;右屯卫有屯田 1277.40 顷,军伍数不详;中屯卫有屯田 1931.14 顷,实有军伍 2139 名。此外,灵州守御千户所有屯田 425.52 顷,有军士 702 名;中卫有屯田 1911.88 顷,有军士 2203 名;鸣沙州城有屯田 587 顷,实有军士 279 名。⑦ 洪武二十一年规定:"凡卫所系冲要、都会及王府护卫军士,以十之五屯田,余卫所以五之

---

① 《明史》卷一百三十一《陆聚传》,中华书局,1987,第 3853 页。
② 嘉靖《宁夏新志》卷一,宁夏人民出版社,1982,第 8 页。
③ 《明太祖实录》卷 245,台湾"中央研究院"历史语言研究所影印校勘本,1962。
④ 《明太宗实录》卷 16,台湾"中央研究院"历史语言研究所影印校勘本,1962。
⑤ 《明史》卷七十七《食货一》,中华书局,1987,第 1884 页。
⑥ 《明太宗实录》卷 33,台湾"中央研究院"历史语言研究所影印校勘本,1962。
⑦ 嘉靖《宁夏新志》卷一,宁夏人民出版社,1982,第 64~79 页。

四。"① 宁夏系冲要之地，大致是六分屯种，四分守城。宁夏屯军"以五十亩为一分，一家承之，余丁田无定数"。② 同时，由政府分给耕牛和籽种。③

明代宁夏诸镇屯田，除了黄河灌区外，黄河以东小盐池至花马池一带平缓地带，也曾为屯垦地。早在弘治年间，驻节固原的陕西三边总督秦纮就实地考察过这一带的土地，说"固原以北延袤千里，闲田数十万顷，旷野近边，无城堡可依"，可"于花马池以西至小盐池二百里，每二十里筑一堡，堡周四十八丈，役军五百人，固原以北诸处亦各筑屯堡，募人屯种，每顷岁输米五石，可得五十万石"，得到了朝廷的允准。④ 秦纮奏准在以上这一地域屯田，而且是"募人屯种"，是明代移民屯田形式的另一种，即民屯。明代后期的屯田，已经没有绝对意义上的"军屯"与"民屯"的划分，二者很可能交织在一起。比如小盐池至花马池这一线，秦纮时"募人屯种"，但到了万历年间，三边总督贾应春主政时曾开垦花马池闲地，"给军屯垦"，说明"军屯"也在这里屯田耕种。

宁夏军屯在历史上产生过重大影响，是边境地区重要的军屯粮仓。同时，宁夏军屯的发展过程，始终凭借和依赖宁夏平原的地理条件和黄河灌溉的水利优势。"屯田之恒，藉水以利"。⑤ 宁夏设卫，兴屯之初，即修复元末战乱中遭到破坏的水利灌溉设施。汉延渠和唐徕渠是黄河西岸银川平原上最大的水利灌溉工程。汉延渠，自峡口（今青铜峡以南）引黄河水入流，南北贯通，"延袤二百五十里，其支流陡口大小三百六十九处"。唐徕渠，自汉延渠之西凿引河流，"延袤四百里，其支流陡口大小八百八处"。由汉延与唐徕支渠的数量看，宁夏平原已织构成一个庞大的灌溉水系网络。此外，还有分布在中卫市境内的蜘蛛渠、石空渠、白渠、枣园渠等。黄河

---

① 嘉靖《宁夏新志》卷三，宁夏人民出版社，1982，第186、220、235页。
② 嘉靖《宁夏新志》卷一，宁夏人民出版社，1982，第64页。
③ 《明鉴》卷1，中华书局，1987。
④ 《明史》卷一百七十八《秦纮传》，中华书局，1987，第4745页。
⑤ 嘉靖《宁夏新志》卷一，宁夏人民出版社，1982，第49页。

东岸古老的汉伯渠、秦家渠之外,尚有七星渠、贴渠、夹河渠、柳青渠等。黄河东西两岸纵横交错的大小水渠,浇灌着宁夏平原数千万顷良田。

宁夏屯田是军事性的安排,由政府统一管理。屯田过程中渠道的修浚与管理,同样由政府统一监管。"每岁春三月,发军丁修治之,所费不赀。四月初,开水北流。其分灌之法,自下而上,官为封禁。修治稍不如法,则水行不利,田涸而民困矣,公私无所倚。此宁夏恃以为重者。"①宣德六年(1431),工部侍郎罗汝敬奏准,特设水利御史并"往宁夏、甘州巡视农田水利"②。此后,为进一步增强渠坝的灌溉能力以省时省力,减少靡费,熟悉地方屯田的官员们陆续提出建议,可重修汉延渠、唐徕渠,以石闸取代过去的木闸。朝廷曾派解学礼来宁夏主持水利工程建设。万历初年,唐坝、汉坝先后修建告竣,更有利于宁夏屯田与水利事业的发展。水利工程建设的创新,增添了银川平原上水网灌溉的新景观,"石上跨以桥,桥之上穿廊轩宇,豁然耸瞻"。③

屯田的基层组织是屯堡。"屯"以百户为单位,建屯的目的是加强对屯军的组织管理。"堡"的修筑,始于永乐年间,最先在宁夏试行。永乐二年(1404)八月,明成祖敕命宁夏总兵何福:"宁夏之地屯所较多,外敌至,恐各屯所慌措无举,故可于四五屯内择一屯有水草者,四周浚濠,广丈五尺,深则广之半;筑土城,高约二丈,开八门以便出入,旁近四五屯辎重粮草皆集于此。无警则各居本屯耕收,有警则驱羊从八门入土城,固守以待援兵,则寇无所掠。"④这实际上是一种坚壁清野的政策。为贯彻明成祖在宁夏筑堡守御的战略方针,宁夏的屯堡修建都按照上述要求实施推广。数年后,明成祖又命兵部、都察院派官员来宁夏视察推行筑堡防御的执行情况,并重申前令,令其地"每小屯五七所,或四五所,择近便地筑一大堡,环以土城,高七八尺或一二丈,城门八;围以濠堑,阔一

---

① 嘉靖《宁夏新志》卷一,宁夏人民出版社,1982,第20页。
② 《明宣宗实录》卷85,台湾"中央研究院"历史语言研究所影印校勘本,1962。
③ 张维编《陇右金石录·汉唐二坝记》,甘肃省文献征集委员会校印,1943,第18页。
④ 《明太宗实录》卷32,台湾"中央研究院"历史语言研究所影印校勘本,1962。

丈或四五尺，深与阔等，聚各屯粮刍于内。其小屯量存日引粮食，有警则人畜尽入大堡，并力固守"①。

可见，设立屯堡的作用很清楚，就是"为守备计"，出于防御的需要。在这个特殊背景下，形成了当时的军事化屯堡。屯堡的设立，为宁夏屯田固边、军队足食起了重要作用。银川平原上以"堡"相传承为地名的近百个屯堡名，就是明代军屯留下的地方文化遗产。如现在的叶升堡，可能就是由洪武时期以都指挥使身份镇守西安州的叶升的名字命名的。屯堡是那个时代屯田与农耕文化的缩影，沿袭了几百年，生命力极强。宁夏平原上的屯堡，在当时起到了军屯与御敌的双重效应，也由此演绎出丰富的地名文化。

宣德年间（1426~1435）是明代军屯其由盛而衰的转折点。一是由于官豪势要侵占屯田；二是由于将校侵暴屯卒，使得军士贫困不堪，不得已而大量亡散。当时延绥巡抚王伦对陕西三边各镇兵额做过统计，宁夏、固原二镇军屯人数是这样的：宁夏镇旧设军士44000余名，而当时仅存28000余名，几乎少了一半；固原镇旧设军士79000余名，而当时只有11000余名，固原亡散的人数更多。② 由这些数字，可看到宁夏、固原二镇在不同时期实施的军屯状况，宣德年以后军屯已受到严重破坏。

（三）民屯与商屯

1. 民屯

民屯，就是移民屯垦。民屯分为移民屯田、募民屯田、徙罪屯田三种类型，这三种类型的民屯形式在宁夏镇都出现过。

民屯与军屯在管理上不一样。民屯，"其制：移民就宽乡，或召募、或罪徙者为民屯，皆领之有司；而军屯则领之卫所"③。"凡荒闲可耕之地，召募军民商贾有捐资者，给为永业。"④ 民屯是由政府通过召募、迁

---

① 《明太宗实录》卷93，台湾"中央研究院"历史语言研究所影印校勘本，1962。
② （明）余继登：《典故纪闻》卷17，中华书局，2011，第316页。
③ 《明史》卷七十七《食货一》，中华书局，1987，第1884页。
④ 《明世宗实录》卷15，台湾"中央研究院"历史语言研究所影印校勘本，1962。

徙等方式，将一部分民户从狭乡移往宽乡或边远荒闲之地屯垦的一种耕种形式。明初民屯，大多在腹里地区，但也迁徙边地民户于内地，如洪武五年"徙宁夏民于西安府"，当然，这是有其他政治军事原因的，未必是屯田意义上的移民。

洪武九年（1376）是宁夏卫设立的时间，也是宁夏屯田正式开始的时间。"宁夏境内……土膏沃，宜招集流亡屯田"①。迁入屯田者以吴楚人居多。移民屯田，是随着北方战事程度的加剧而不断发展的。明初向边地移民人数有限，正统（1436～1449）以后，移民人数不断增多，民屯随之在宁夏兴盛起来。

正统年间，西北边地兵锋加剧，宁夏首当其冲。一方面，蒙古也先部不断南下扰边；另一方面，军屯本身弊端丛生，军士流亡严重，军屯呈衰落之势。统治者为了实边固防，便积极招募和迁徙民户屯田，以补军屯之不足。所以，正统以后，景泰、正德年间，民屯在宁夏发展起来。到了嘉靖、万历时期，屯政渐趋废弛，尤其军屯土地大量荒芜，民屯较以前更为发展。在当时的特殊背景下，政府开始以十分优惠的政策，积极鼓励民屯。"请令各屯原额地土有抛荒及空闲者，无论土豪官民军余尽力开耕垦，永不起科。"②民屯耕种的土地，却不纳地租，这是嘉靖时期（1522～1565）的屯田政策。万历十九年（1591），户部尚书樊玉衡关于屯政的奏议中称"广招佃"，即以"抛荒地土，听小民开垦"③。宁夏召民屯垦，再度兴盛。同时，对陕西沿边军民田地及早已抛荒的闲田，均免征税粮。政府试图以优惠政策和实惠利益，来激励民屯的发展。到了万历后期至崇祯年间，大批的军屯已转化为民屯，民屯取代了军屯。民屯在宁夏大量开垦荒地，对社会经济的恢复和发展产生过积极的促进作用。

2. 商屯

商屯由"开中"发展来，是为解决军粮问题而实行的一种特殊屯田

---

① 《明史》卷七十七《食货一》，中华书局，1987年，第1883页。
② 《明世宗实录》卷95，台湾"中央研究院"历史语言研究所影印校勘本，1962。
③ 《明神宗实录》卷233，台湾"中央研究院"历史语言研究所影印校勘本，1962。

政策。通常意义上，政府垄断食盐专卖权，因边防地区在战争状态下急需粮食，政府实行一种"募盐商于各边开中"的制度。即政府规定商人把粮食运到边境指定地点交纳上仓，就可以换取国家专营盐场的盐引，也称中盐法。它始于北宋仁宗年间，经元代至明代，已发展成为一种相对稳定而成熟的、适宜于边地商屯开中的制度。

明代开中法始于洪武三年（1370），最早在山西实行，商人输粮于太原、大同粮仓，领到政府的专控盐引，再到指定的盐场支盐，行销于指定的地方。明代陕西所属的灵州盐区，是明朝政府管理的重要产盐区之一，设有盐课司管理大小盐池。灵州盐区所产食盐，是宁夏、固原商屯的一部分，但换得的粮食仍很有限；大量的是两浙、两淮、福建、长芦、河东等地的盐商输送到边地的粮食。宁夏纳米中盐，淮浙盐每引3斗，河间、长芦盐每引3.5斗，山东、河东、福建、四川、广东盐每引2斗。① 在实施"开中"的过程中，宁夏、固原实际上成为中盐保证的重点地区和商屯的中介。

盐商长途输送粮食于边地，需要付出一定的代价。为了就地获取便宜的粮食，以省长途运输之苦，商人遂在边地兴建屯田，将生产的粮食就地输送官仓换取盐引，这就是商屯。开中法与商屯不一样。开中法是商人将当地的粮食长途运往边地；而商屯是招募人来塞下就地耕种，粮食入仓换取盐引。永乐、宣德时，"商人惮远输之苦，无不自出财力，招致游民以事耕作"②。商人所谓的"远输之劳"即指千里迢迢的运输之苦，也指运输过程中耗费的巨大开支。这是商人要在边地招募商屯的主要原因之一。同时，朝廷所给的优惠政策，也是商人乐意就地屯田的主要原因。永乐、宣德年间，朝廷多次下诏劝募军民屯田，"凡新开垦荒地，不问多寡，永不起科"③，商人屯田不负担封建赋役，这才是正直意义上的商屯。

---

① 《明宣宗实录》卷89，台湾"中央研究院"历史语言研究所影印校勘本，1962。
② （明）张宸：《商屯议》，《明经世文编》卷34，上海书店出版社，2018。
③ （明）张萱：《西园见闻录》卷34，哈佛燕京学社铅印本，1940。

## 第三章 黄河农业文明

朝廷对商人屯田的优惠政策，极大地刺激了商人在边地商屯的发展，使得这一时期北部沿边出现了很多由盐商兴建的屯庄。明代人霍韬在他的《哈密疏》中就记载了当时陕西三边（榆林、宁夏、甘肃三镇）商屯的盛况："富商大贾，悉于三边自出财力，自垦边地，自艺菽粟，自筑墩台，自立堡伍，岁时屡丰，菽粟屡盈。"① 时人张溥也记下了当时的见闻："永乐中下实粟于边之令，富商大贾竞于三边出财力，招游民，筑墩台，立堡伍，荒土膏沃，稼穑衍殖，及乎成化，甘肃、宁夏粟石二钱，边用大饶。"② 这一时期，应该是宁夏商屯最兴盛的时期之一，商屯也为宁夏边地生产和输入了不少粮食。具体表现在：一是粮食价格便宜，二是提供的粮食数量大增。同时，可以看出当时出现的新情况，商人"自筑墩台，自立堡伍"，商屯不但移民屯垦，而且带有自卫性质。

商屯盛行于当时"九边"，而以陕西"三边"为最。商人在沿边兴建屯庄，为明朝政府解决边饷发挥了重要作用，得到了朝廷的大力支持。随着时间的推移，朝廷对商人纳盐中粮于边地的做法在政策上不同于初始。由于"盐法"得不到有效实施，尤其是朝野权贵介入盐运以牟取暴利；原本给盐商所支盐引，经年不能及时支付；盐引定价太高，息不能偿本；私盐盛行，官盐销路停滞等原因③，盐商的利益严重受损，无利可图，对中盐的兴趣逐渐降低，影响了商屯的继续推进。

原有的"盐法"破坏了，新的政策总得出台。弘治五年（1492），户部尚书叶淇"请召商纳银运司"后，可用银买盐，"一时太仓银累至百余万。然赴边开中之法废，商屯撤业，菽粟翔贵，边储日虚矣"。④ "商屯撤业"，说明商屯已呈式微之势，随之而来的是粮价飞升。宁夏商屯伴随着"召商纳银"政策的实施而结束了它的兴盛期。宁夏地处极边，驻扎着大量的军队，军队的粮饷供给始终是棘手的问题。政府"罢中盐法"之后，

---

① （明）余继登：《典故纪闻》影印本卷十七，第 13 页。
② （明）张溥：《七录斋文集》卷一《盐法论》，齐鲁书社，2015。
③ （明）谭希思：《明大政纂要》卷五，清光绪二十一年湖南思闲书局刻本。
④ 《明史》卷八十《食货四》，中华书局，1987，第 1939 页。

宁夏商屯并没有停下来，仍在继续。商屯仍旧是宁夏军屯的一部分。嘉靖时期，杨一清主持固原陕西三边总督府军务，曾请求"召商开中，又请仿古募民实塞下之意，招徕陇右关西民以屯田"；隆庆中（1567~1571），庞尚鹏"总理江北盐政，寻移九边，与（三边）总督王崇古先后区划屯政甚详。然是时因循日久，率鲜实效"。① 这时商屯已十分不景气。总起来看，宁夏屯田以军屯为主，商屯为辅。

（四）明代屯田与水利

明代实行屯田，皆因北元长时间犯边，无休止的战争与军事冲突耗费了难以算清的人力、物力和财力。洪武十八年（1385），大学士宋讷上疏："备边固在乎足食，足食又在乎屯田……宜选其智勇谋略者数人，每将以东西五百里为制，随其远近高下屯田，所领卫兵，斟酌损益，率五百里一将，彼此相望，首尾相应，耕作一时，训练有法，遇敌则战，寇去则耕，此长久安边之策也。"② 因此，屯田是明朝在北部边境防御蒙古兵锋南下的长久之策。宁夏地处防御一线，自洪武九年设立军事建置卫、所（没有地方行政建置），直到明朝灭亡都是一个大军事防区。明代北部九大边防重镇，宁夏有两镇（固原镇、宁夏镇）。宁夏平原屯田在模式上有军屯、民屯和商屯三种，以军屯为主，共同推进着宁夏平原的屯田与水利事业的发展。在明代人的眼里，"宁夏屯守之资，全赖黄河水利"③。宁夏平原引黄河水灌田屯种，"军民藉此以食，边围藉此以保矣"④。

元代末年的战乱，给宁夏平原的灌溉农业造成严重影响，不少渠道被废弃。明初，首先是整修和恢复旧有的渠道，在此基础上再新修渠道。明代处于中国封建社会晚期，虽然仍采用传统农业耕种，但与宋元时期相比，农业生产力有了很大提高。明代前期，大部分荒地开垦是通过屯田途

---

① 《明史》卷七十七《食货一》，中华书局，1987，1885~1886页。
② （明）陈建：《皇明通纪》（上），中华书局，2011，第247页。
③ 《明宪宗实录》卷78，台湾"中央研究院"历史语言研究所影印校勘本，1962。
④ （明）张应台：《王现湃记》，乾隆《宁夏府志》卷十九《艺文》，宁夏人民出版社，1992，第721页。

径解决的。军屯、民屯、商屯三管齐下，耕地面积大增。在注重开垦的同时，水利事业也得到进一步发展。明代统治者已经深刻地认识到水利对农业发展的决定性作用。明洪武十六年（1383）十二月，朝廷命长兴侯耿炳文、延安侯唐胜宗巡视陕西城池，"督军屯田，训练士卒"[1]，宁夏已开始屯田。洪武二十七年（1394），朝廷下令地方政府要注意修治当地可蓄泄以备水旱的陂塘湖堰，并分遣国子监生和举荐的人才分头到全国各府州县督促当地政府与百姓兴修农田水利。同时，或派遣官员视察，或设立相关管理机构以督促屯田水利建设。宣德六年（1431），朝廷"专遣御史巡视宁夏、甘州水利"[2]。明英宗时，宁夏始设水利提举司专管水利事宜。明熹宗时宁夏镇设立屯田水利都司[3]，宁夏镇城还设有理刑屯田水利同知[4]。明朝政府还不断派遣水利御史巡视宁夏镇的水利得失，这些都有利于宁夏水利事业和农业的快速发展。

　　明代农田水利建设，基本上是修复和利用宋元以前被破坏和长期失修的较大型渠堰、水道。宁夏镇是明代九边重镇之一，驻有重兵并实行大规模屯田。明代宁夏北部的军政建制为一镇（宁夏镇）七卫（宁夏卫、左屯卫、右屯卫、前卫、中屯卫、中卫、后卫）及若干千户所和守御千户所，不设府州县制。南部有固原镇、卫及若干千户所、守御千户所，但有地方政权建置固原州，隶属平凉府。宁夏平原以军事性质的卫、所编制取代地方州县政权建置，管理地方驻军和编入军籍的地方居民，从事军事性质的屯田，显然有利于在宁夏平原进行大规模农业开发。洪武年间已经开始"修筑汉唐旧渠，引河水灌田，开屯田数万顷，兵食饶足"[5]。汉延、唐徕、秦家等渠，西夏时即恃其而富强；元代西夏中兴等路行省郎中董文用再修复汉、唐等渠以发展农业；明代依旧注重汉延、唐徕等旧渠的修复

---

[1] （明）陈建：《皇明通纪》（上），中华书局，2011，第283页。
[2] 《明史》卷九《宣宗本纪》，中华书局，1987，第122页。
[3] 《明熹宗实录》卷486、卷497，台湾"中央研究院"历史语言研究所影印校勘本，1962。
[4] 万历《朔方新志》卷二，中国社会科学出版社，2015，第50页。
[5] 《明史》卷一百三十四《宁正传》，中华书局，1984，第3905页。

与利用。

　　明代"屯田遍天下，九边为多"。固原镇不仅是九边重镇之一，而且是陕西三边四镇总督开府之地。固原卫所属有西安州（今宁夏海原县西安镇）、镇戎（今宁夏固原北七营）、平虏（今宁夏同心下马关）3处守御千户所，大多为旱田。固原镇所属是明代靠内地的屯田区，直到明万历时期仍屯田四千八百余顷[1]。宁夏平原历来为著名的屯田区，洪武十二年（1379），河州卫指挥使韦正兼领宁夏卫事时，"修筑汉唐旧渠，令军士屯田，引河灌田万余顷，兵食以足"[2]。总兵何福主政宁夏时号称"天下屯田积谷，以宁夏最多"[3]。嘉靖时期，宁夏平原屯田近15000顷，万历时屯田18000余顷[4]。嘉靖以后，尤其是万历以后屯政废弛，军屯土地大量荒芜，但宁夏平原的屯田数还在增加。

　　明代军屯，大致是一份屯地一百亩，但有水旱地的区别。宁夏南北屯田，自然条件有别，耕种田亩的多少也不一样。南部固原与北部宁夏平原一份五十亩至百亩不等，"五十亩一分的屯地必定是有水渠可供灌溉的地区"[5]，固原屯垦属旱田，每份数量要大于北部平原黄河灌区。隆庆四年（1570），总理屯盐都御史庞尚鹏奏称，宁夏镇屯田五十亩为一分[6]。这种军屯分地的总量基本没有变，说明其规定还是比较科学的。

　　宁夏后卫盐池一带，是防御蒙古兵锋南下的重要地区，这里长城双向延伸，城堡多，墩台多，闲田多，战略地位重要。每年秋防时，驻节固原的陕西三边总督就要移府于宁夏后卫，统一调度和指挥这里的防务。嘉靖三十四年（1555），以花马池闲田两万余顷拨给新招军士耕种。[7]除宁夏平原屯田灌溉之外，这里也是当时的屯田区，是明代宁夏屯田的组成部分。

---

[1]　万历《固原州志》上卷《田赋志》，宁夏人民出版社，1985，第150页。
[2]　《明太祖实录》卷245，台湾"中央研究院"历史语言研究所影印校勘本，1962。
[3]　《明太宗实录》卷33，台湾"中央研究院"历史语言研究所影印校勘本，1962。
[4]　赵俪生主编《古代西北屯田开发史》，甘肃文化出版社，2007，第301页。
[5]　王毓铨：《明代的军屯》，中华书局，2009，第70页。
[6]　《皇明经世文编·清理宁夏屯盐疏》。
[7]　《明世宗实录》卷430，台湾"中央研究院"历史语言研究所影印校勘本，1962。

宁夏平原屯田之所以重要，主要是得黄河灌溉之利。"屯田之恒，藉水以利"①。明代汉延、唐徕二渠是宁夏平原两大主干渠，大支渠有五道渠、新渠、红花渠、满答剌渠等，大小支流与陡口八百余处②，灌溉以宁夏镇城为中枢的宁夏卫、前卫、左屯卫、右屯卫、中屯卫五卫之地。宁夏镇城黄河东岸灵武守御千户所屯垦区，有古汉伯渠、秦家渠等主要灌溉渠道，支渠也不少。成化（1465～1487）年间，右副都御史宁夏巡抚张鋆建议并修浚花果园、沙井等处渠道，灌田 700 余顷③。宁夏镇西南的中卫境内，先后修建了蜘蛛渠、石空渠、白渠、枣园渠、羚羊角渠、七星渠等。弘治十三年（1500），巡抚督御史王珣主持在灵州开凿金积渠，因遇顽石而未得通畅，也影响了灌溉。同年，王珣奏开靖虏渠，此为西夏李元昊时旧渠，南北长三百余里，但因各种原因未能开凿成功。这些都说明当时主政宁夏镇的官员都在设法利用宁夏平原黄河水利资源，以最大限度地开发灌区农业。

明代在整理和利用前代旧渠的同时开凿了不少新渠。嘉靖时期宁夏平原引黄灌溉主要是靠汉渠和唐徕渠，两渠长 650 余里，支流陡口大小近1200 处，"此宁夏恃以为重者。"④ 嘉靖年间是宁夏平原引黄灌溉兴盛的时期，但也因黄河改道而给屯田带来一定时段的影响。"近年河流改徙，水利不通，屯田半为蒿莱。即经题准蠲免屯种（粮），而有司未有实心奉行者。即今一岁中各卫屯堡逃丁已至千余。"⑤ 部分屯田荒芜，屯田人因得不到赔补而逃离。明代后期，由徐光启与意大利传教士熊三拔合译的《泰西水法》一书面世后，西方水利科学知识开始引入中国。宁夏的水利事业，也在逐渐接受新知识的基础上往前推进。

宁夏平原屯田与黄河灌溉，在管理上早已形成了一套约定俗成且行之有效的模式。"每岁春三月，发军丁修治之，所费不赀。四月初，开水北

---

① （明）胡汝砺编纂《嘉靖宁夏新志》卷一《公署》，宁夏人民出版社，1982，第 49 页。
② （明）胡汝砺编纂《嘉靖宁夏新志》卷一《水利》，宁夏人民出版社，1982，第 20 页。
③ 《明宪宗实录》卷 71，台湾"中央研究院"历史语言研究所影印校勘本，1962。
④ （明）胡汝砺编纂《嘉靖宁夏新志》卷一《水利》，宁夏人民出版社，1982，第 20 页。
⑤ 《明世宗实录》卷 545，台湾"中央研究院"历史语言研究所影印校勘本，1962。

流。其分灌之法，自下流而上，官为封禁。修治少不如法，则水行不利，田涸而民困矣，公私无所倚。此宁夏恃以为重者。"① 这种管理模式一直传承了下来，直到当代仍是如此。"过去的旧渠灌溉，都是'立夏'节前开口放水，放水后都采用'严封实闸，逼水到稍'的办法，即上中段的斗口一律封堵不许放水，待水到泄稍后，下段将灌完时，中上段才开始'表'水……开灌后的'头轮水'、紧接着'二轮水'和冬灌，都须送水到稍，由下而上的轮灌……这种灌水的方法，在今天的配水计划中仍然沿用。"② 明代的灌水法过去数百年了，但仍然影响着后人。

明代宁夏平原上渠道纵横，阡陌遍布，水乡腴田，到处是"汉唐渠水流潺潺，冬则涸兮夏则溢"③ 的平原灌区的四季景象。这一切构成了黄河农业文明独特的"塞上江南"景观，使行旅人流连忘返，文人墨客更是文思泉涌。明太祖朱元璋第十六子朱㮵受封庆王、驻藩宁夏后，不仅编纂了宁夏最早的地方志书《宁夏志》，而且写下了不少赞颂和描绘宁夏自然风光与人文地理景观的诗文。明代人曹琏写的《朔方形胜赋》里就有专门描写灌区景观的诗句："汉渠春涨兮，练拖平邱。"④ 与农业灌溉有关的《汉渠春涨》诗就是其中有代表性的一首："神河浩浩来天际，别络分流号汉渠。万顷腴田凭灌溉，千家禾黍足耕锄。三春雪水桃花泛，二月和风柳眼舒。追忆前人疏凿后，于今利泽福吾居。"⑤ "东西处处人栽树，远近家家水灌田""田开沃野千渠润，屯列平原万井稠"等诗句，都是对宁夏平原"塞北江南"黄河灌溉景观的细腻摹写。

（五）屯堡与黄河沿岸地名

明代宁夏平原屯田，为宁夏沿黄河两岸留下了不少至今仍在沿用的地

---

① （明）胡汝砺编纂《嘉靖宁夏新志》卷一《水利》，宁夏人民出版社，1982，第20页。
② 吴尚贤：《宁夏引黄灌溉水利述要》，宁夏政协文史和学习委员会、宁夏回族自治区水利厅编《黄河与宁夏水利》（上），宁夏人民出版社，2006，第18~19页。
③ （明）潘元凯：《贺兰九歌之一》，《嘉靖宁夏新志》卷七，宁夏人民出版社，1982，第369页。
④ （清）杨灿芳主修，（清）郭楷纂修《嘉庆灵州志迹·艺文志》，宁夏人民出版社，1996，第172页。
⑤ （明）胡汝砺编纂《嘉靖宁夏新志》卷二，宁夏人民出版社，1982，第170页。

名。明代宁夏没有地方政权设置，是镇卫所各级军事建置。明代宁夏平原建立了基层屯田组织——屯堡，这是一种极具军事性质的防御城堡。蒙古部队为骑队，来去如风，这种屯堡可以避其锋芒，有坚壁清野、"并立固守"①的防御作用，固边、足食与御敌多重效应皆备。

屯堡，是为保护屯田而修筑的保护性堡寨，用于防御入侵和劫掠。屯堡在宁夏平原修筑始于明朝永乐二年（1404），其建筑样式有大小之分。永乐二年八月，明成祖敕命宁夏总兵何福："宁夏之地屯所较多，外敌至，恐各屯所慌措无举，故可于四五屯内择一屯有水草者，四周浚濠，广一丈五尺，深则广之半；筑土城，高约二丈，开八门以便出入，旁近四五屯辎重粮草皆集于此。无警则各居本屯耕收，有警则驱羊从八门入土城，固守以待援兵，则寇无所掠。"②这叫"大屯堡"或"总堡"，宁夏的屯堡就是按照上述要求修建的。数年后，明成祖又命兵部和都察院派官员来宁夏视察推行筑堡防御的落实情况时，曾再次重申前令："每小屯五七所，或四五所，择近便地筑一大堡，环以土城，高七八尺或一二丈，城门八；围以濠堑，阔一丈或四五尺，深与阔等，聚各屯粮刍于内。其小屯量存日引粮食，有警则人畜尽入大堡，并力固守。"③

百人以上为大屯堡，五十人以上为小屯堡。大屯"立屯长屯副"，小屯立"屯长"④。屯堡的设立，为宁夏屯田固边、军队足食起了重要作用。当屯堡成为历史后，其"堡"和"屯堡"的名字传承了下来，逐渐演变为村庄的名字。⑤现在，宁夏平原上以"堡"命名的地名近百个，有的发展成为村镇，有的成为乡镇，有的发展成为后来的县城。

（六）宁夏屯田的作用

屯田，是中国自秦以后形成的行之有效的防御形式，尤其在北方边境

---

① 《明太宗实录》卷93，台湾"中央研究院"历史语言研究所影印校勘本，1962。
② 《明太宗实录》卷33，台湾"中央研究院"历史语言研究所影印校勘本，1962。
③ 《明太宗实录》卷93，台湾"中央研究院"历史语言研究所影印校勘本，1962。
④ 《明世宗实录》卷126，台湾"中央研究院"历史语言研究所影印校勘本，1962。
⑤ 王毓铨：《明代的军屯》，中华书局，2009，第190页。

地区，屯田显示了它强大的生命力。明代在北方的军事屯田，体现着那个时代的军事特点。元顺帝逃走漠北，并不是战争的结束，而是预示着明朝与北元之间长久的冲突和战争。因此，明代军事防御始终伴随着屯田。对于宁夏来说，屯田在防御和应对冲突与战争的同时，对于宁夏驻军的饷源供给也意义重大。

首先，屯田加强了宁夏的军事防御。"强兵足食"是明代军事屯田的特点，体现的是"兵农合一，国用以舒"[1]的思想。屯田的结果是"饷不烦转输而仓廪充实，兵不烦招募而士族精强"[2]。在宁夏屯田前期，这些目的都达到了，军队所需粮饷自给。宁夏诸卫军屯到了永乐年间，"见有粮料三十万二千一百石有奇，而官军月支八千六百石有奇"，仅存粮可供近三年之用。[3] 自宣德年以后，随着屯田的日渐破坏，屯田提供给驻军的粮饷日渐减少，军饷问题越来越突出。

屯田的目的是"强兵"，防止蒙古兵锋南下。顾炎武在他的《天下郡国利病书》中指出："明太祖屯田遍天下，九边为多，而九边屯田，又以西北为最。"[4] 西北屯田，宁夏为重要地区之一。明代宁夏的屯田，在固边御敌方面发挥了重要作用。

其次，屯田有利于西北开发。明代宁夏屯田，除了其军事上的防御作用外，其积极作用在于开发西北。就宁夏、固原而言，大量的荒闲地得以垦辟。元朝末年的战乱，使得人民流离失所，十室九空，田园荒芜。明朝建立后，不但在宁夏实行军屯，还采用移民实边的政策，"迁五方之人实之"[5]。无论军屯，还是民屯、商屯，被迁徙者都要离开故土，携妻子儿女到边地垦荒屯种。在这个过程中政府给予种种优惠，如种子、农具、

---

[1] （明）余继登：《典故纪闻》卷五，中华书局，2011，第82页。
[2] （清）孙承泽著，王剑英点校《春明梦余录》卷三十六，北京出版社，2018，第706页。
[3] 《明太宗实录》卷16，台湾"中央研究院"历史语言研究所影印校勘本，1962。
[4] （清）顾炎武：《天下郡国利病书·砥斋集 延安屯田议》，上海古籍出版社，2012，第2040页。
[5] 嘉靖《宁夏新志》卷一，宁夏人民出版社，1982，第8页。

车，还蠲免租税，延长起科（纳税）的年限，甚至永不起科。这样做，目的是招来更多的流民屯垦。军屯、民屯、商屯的存在并长期经营土地，对宁夏的开发起过重要作用，产生过积极影响。

《嘉靖宁夏新志》记载，仅宁夏镇五卫（宁夏卫、左屯卫、前卫、右屯卫、中屯卫）屯田就达 11828.12 顷，这里面包括公用田、样田、原额屯田数。屯田发展的另一面，是迁徙人口的增加。明代初年，宁夏人口内迁西安府，一度成为"空地"。但为了固防边境，不久又大量迁入各地屯田人。不仅有大量驻军，以卫所的形式大兴屯田，而且有大量的移民、招抚的流民来宁夏垦种，宁夏人口大增。永乐时期的陕西三边，已经是"塞下充实，地渐开辟"的移民屯垦状态①，宁夏最能体现"塞下充实"的耕垦景象。明朝政府特别重视宁夏地区的移民屯垦，加之各级官吏的努力，宁夏人口增长较快②，屯垦面积不断增大。

宁夏诸卫屯堡，主要指宁夏平原的屯堡。《嘉靖宁夏新志》所列宁夏诸卫的堡寨近 90 处，另外还有近 200 处烽墩。这些屯堡和烽墩，在当时都是屯田军士不同时期居住的地方，后来逐渐演变成一处一处的自然村落，有的甚至发展成为城镇。如右屯卫所在地杨信堡，最初是弘治年间巡抚督御史张祯叔所筑，"为屯种军余十余家所居，春往冬返"。实际上，这仅是一处屯种的吊庄，不是常居之地。但到了正德初年，都御史冯清檄部下率兵"拓其而筑"，在前人张祯叔筑城的基础上予以拓展。原堡住"十余家"，拓展后能住"百余家"，已经是一个小镇子的规模。从此，屯军者便定居下来，而不是"春往冬返"，自然是"人无往返之劳，获安耕牧之业"③。再如马圈儿墩、罗家洼墩等，原本是正德年间巡抚督御史冯清修筑的瞭望台，是不常住人的。但后来由"镇城拨军瞭望"而渐居之。④ 可见，屯堡与烽墩一样，随着军屯年代的延续，都慢慢地变成了一

---

① 《明经世文编·张元洲先生合省疏·边患稍宁及时大修边政疏》。
② 赵俪生主编《古代西北屯田史》，甘肃文化出版社，1997，第 343 页。
③ 嘉靖《宁夏新志》卷一，宁夏人民出版社，1982，第 75 页。
④ 嘉靖《宁夏新志》卷一，宁夏人民出版社，1982，第 71 页。

个个居民点或村落。

由以上屯军堡、墩的发展变化，可以看出宁夏移民屯田的发展过程对宁夏城镇生成的作用和文化意义。从文化影响看，明代移民影响着诸多方面，传承下来的方言足以说明。宁夏人经常说的方言之一"解手"，就与明代移民有关。明初有一部分移民是被强制遣送宁夏的，途中双手被缚，只有被同意大小便时才将绳索解开。于是"解手"就成了大小便的代名词而广泛传承。①

## 八　清代屯田

清代西北屯田，是在清廷对蒙古准噶尔部用兵过程中开始的。这个过程历康熙、雍正、乾隆三朝近70年。清代，是又一个少数民族掌握中国命脉的时代。当满族统治者与蒙古贵族上层实施政治联姻后，北部边境的冲突与战争基本消失了，宁夏转而成为腹地。康熙亲征噶尔丹的过程中，曾坐镇宁夏镇城统一调度指挥各路大军，宁夏已成为大后方。

（一）清代初年屯田

顺治初年，清朝即发布招垦令，准各地百姓开垦无主荒田耕种，即可成为自己的产业。当时，从东北到西北的边境防线上，驻守着大量的军队及随役人员，给清政府带来繁重的粮饷负担。平定"三藩之乱"后，清朝重新移民耕垦。清代的屯田形式有三种：一是兵屯，二是户屯，三是遣屯。兵屯，每百人设一屯，屯田兵每名种地20亩，由官府发给耕牛、农具、种子等；户屯，即由内地迁往边疆地区的汉族农民；遣屯，即遣犯罪者前往屯田地耕种。

清朝建立后，北方边境地区的防御格局发生了根本变化。宁夏由明代的沿边地区变成腹地，但宁夏的地理位置在军事上仍显得重要。顾祖禹在其《读史方舆纪要》中分析北京的周边军事地理形势时说：近畿有三辅，即蓟州、宣府、保定，互为声援；外层有九边，即辽东、宣府、大同、延

---

① 葛剑雄等：《移民与中国》引言，中华书局香港有限公司，1992。

第三章　黄河农业文明

绥、宁夏、甘肃、蓟州、太原、固原。在兵家的眼里，宁夏、固原二镇仍是战略要地。清代初年，固原仍是陕西总督的驻节之地，不但驻守着大量的军队，而且仍在实施着屯田。

在经历了明末的战乱之后，清代初年的社会现状大致是"一望极目，田地荒凉；四顾郊原，社灶烟冷"①的景象。顺治时期（1644～1661）明确要求官吏督垦荒地以发展生产，直到康熙年间还在推行垦荒政策，"有田功者升，无田功者黜"。到了康熙后期，荒地基本上开垦无遗。在这个过程中，宁夏境内不但屯田在进行，而且还有移民进入。研究清代移民的学者在分析清代经济状况时，把当时的中国分为"已开发区域"、"开发中区域"和"未开发区域"三种类型。当时隶属于甘肃省的宁夏府，属于"开发中区域"。②清代前期的移民运动，主要是大量人口从已开发区域向开发中区域的迁移。这一时期，隶属于甘肃省的固原州也有移民进入。

明末清初的数十年间，战乱给农业生产带来了一定程度的损失，这种现象一直持续到康熙初年（1662～1670），大致到了平定噶尔丹叛乱之后。另外，清兵入关后自身也在发生变化，八旗贵族失去了原来的土地，顺治皇帝不但下令皇亲国戚大量圈地，而且驻防各地的旗人也大肆圈占土地。宁夏人民深受其害，原耕种土地的农民失去土地，而被圈占的土地却一时难以有效耕种，致使"广连阡陌，多至抛荒"，同样影响了宁夏黄灌区农业生产。康熙朝以后，社会经济才得以迅速发展。

自王辅臣、噶尔丹之乱平定后，宁夏基本进入相对安宁的时期，不需要屯驻大量的军队，宁夏平原黄河灌溉农业仍在发挥着重要作用。康熙亲征噶尔丹离开宁夏府城后，曾给宁夏留下"我不惟多诰，惟祇告尔课农桑，豫储畜，各恭乃职，励乃士，重伦教，策经术，庶几万民子孙，永安斯土"的话，③告诫宁夏人要重农桑，尽职守，重教育，为万民造福。

---

① 《皇清奏议》卷一，罗振玉墨缘堂印本，1936。
② 《中华文明史》第九卷，河北教育出版社，1994，第156页。
③ （清）吴赫：《钦颁圣训碑记》，乾隆《宁夏府志》卷二十《艺文》，宁夏人民出版社，1992，第754页。

**黄河文明在宁夏**

清代对汉代以后不断开发的宁夏平原灌区的旧渠道进行大规模的整修利用，同时还开发了新渠。康熙、雍正年间先后新建灌溉农田11万亩的大清渠和灌田20余万亩的惠农渠，与唐徕、汉延合称为四大灌渠。此外，还有昌润等渠，灌田也各有数万亩至十余万亩不等。①《宁夏府志》载，康熙年间修建的大清渠，"袤延百余里"，"遍注万顷"。②惠农渠修建于雍正年间，渠长300里，溉田数万顷。③"康乾盛世"是中国封建社会的最后一个繁盛期，宁夏平原的溉区农业也显现出末世的兴盛，在历代开发的基础上，呈现出"川辉原润千村聚，野绿禾青一望同"的繁荣富庶景象。

清代宁夏平原每开有新渠，地方官员都要勒碑记事，如总督吴赫的《钦颁圣训碑记》，侍郎通智的《钦定昌润渠碑》《修唐来渠碑记》《惠农渠碑记》，观察使钮廷彩的《钦命大修汉渠碑记》《大修大清渠碑记》，总督黄廷桂的《重修昌润渠碑记》，涂觐颜的《修大清渠碑文》《宁夏道钮公生祠碑记》《钮公政德碑记》，同知王全臣的《重修暗洞记》，杜森的《宁夏司马王公生祠记》，知县周克开的《修唐铎暗洞记》，知府张金城的《大方伯王公修渠记》等。④这些创作于不同时期的碑记文字，同样说明清代宁夏平原引黄灌溉农业的兴盛于前代。

清代宁夏平原引黄灌溉，是在历代开发基础上的进一步发展，包括旧渠的修润，新渠的修筑，灌溉新技术的应用、改进和提升。同时，也可以洞见清代宁夏地方官员倾心为民，对引黄灌溉所付出的智慧和心血。总体上，清代宁夏平原引黄灌溉面积不断增大，灌溉技术在前代的基础上不断创新，基本奠定了宁夏平原引黄灌溉的现代规模，包括衍生和传承的灌溉细节，形成了约定俗成的灌溉民俗文化。

---

① 马福祥、陈必淮主修《朔方道志·水利志》，天津华泰印书馆，1926。
② 乾隆《宁夏府志》卷二十《艺文》，宁夏人民出版社，1992，第763~768页。
③ 乾隆《宁夏府志》卷二十《艺文》，宁夏人民出版社，1992，第759页。
④ 乾隆《宁夏府志》卷二十《艺文》，宁夏人民出版社，1992，第753~783页。

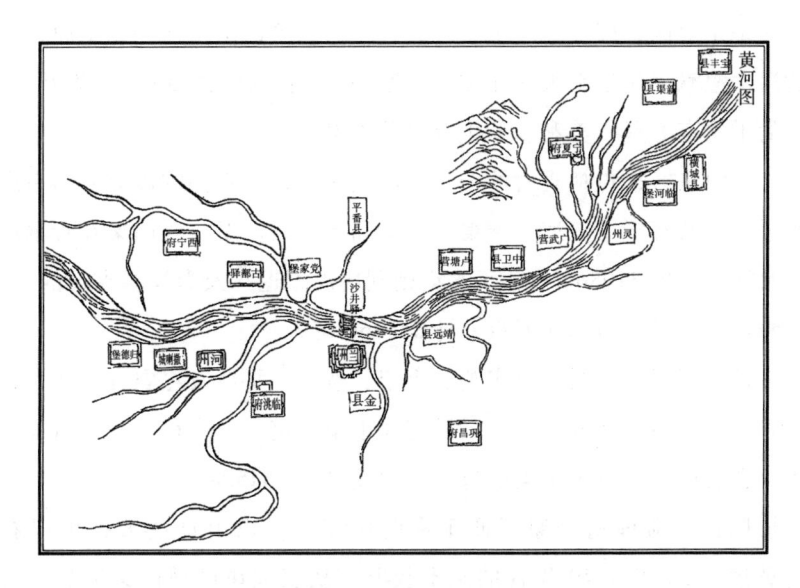

"黄河图"，选自《乾隆宁夏府志》

## 九 新中国成立前后屯田

宁夏平原引黄灌区随着历代的不断开发，灌溉面积一直呈上升趋势。元朝初年约100万亩，明代嘉靖时为156万亩，清代嘉庆时为210万亩，民国25年（1936）为182万亩，新中国成立后的1982年为410万亩。[①]民国时期，新开凿唐徕渠的支渠湛恩渠、惠农渠的支渠云亭渠、美利渠的支渠扶农渠，但宁夏平原仍有不少未利用的土地，"此间土地肥沃，而荒渠及荒地数万亩"[②]。20世纪40年代，黄震东先生撰成《宁夏省农田水利改进问题之我见》[③]，就宁夏平原的水利灌溉作过详尽的论述。他不是按朝代来叙述，而是依自然地理空间来划分引水渠道，包括宁夏平原整个灌溉面积。

---

[①] 陈明猷：《宁夏古代历史特点初探》，《宁夏社会科学》1991年第1期。
[②] 胡朴安：《中国风俗》（上编），九州出版社，2007，第258页。
[③] 黄震东：《宁夏省农田水利改进问题之我见》，《宁夏文史资料》第13辑，1984。

**黄河文明在宁夏**

一是宁卫区，即中卫、中宁二县，为青铜峡以南黄河冲积平原，直接引黄河水灌溉。这里有大小水渠23道之多，灌溉两县良田48.7万余亩，较大的干渠有七星、美利、新生及羚羊等渠。

二是河东区，包括当时的金积、灵武两县，为青铜峡以北黄河东岸之冲积平原，共有干渠三道：秦渠、汉渠和天水渠。秦、汉两渠在青铜峡开口，共灌溉良田319866亩；天水渠则利用汉渠退水及秦汉各支渠的余水，共灌溉黄河新淤滩地2.6万亩，计345866亩。

三是河西区，包括当时宁朔、永宁、贺兰、平罗及惠农五县地，为青铜峡以北黄河西岸之冲积平原。原有大干渠四道——唐徕渠、大清渠、汉延渠、惠农渠，另有小干渠七道，共灌溉良田1545.863亩。

按照自然地理划分灌区便于横向比较。从以上这些数据可以看出宁夏黄灌区20世纪40年代的基本状况，从三大块区域内渠道的分布可看出自秦始皇以后两千多年间农田开发灌溉的大致走向。作为水利专家，他还提出了整个黄灌区的改进意见，诸如改进灌溉制度、整理渠道、改良斗门节制用水、调整水政机构等，有些思路即使在今天仍有其现实意义。

宁夏平原引黄灌溉面积不断增大，灌溉能力不断提升的同时，引黄渠道也在不断变化。1936年，灌区由黄河直接开口引水的渠道有39条。1953年，又将河西的大清渠并入唐徕渠，昌润渠汇入惠农渠。[①] 古老的宁夏平原引黄灌溉名为"无坝引水"，青铜峡水利枢纽建成后，黄河水进入大坝枢纽，水位的提高变过去多口进水为一口进水，引水的方式发生了重大变化。到1981年整并为15条，如中卫灌区的太平、新北、旧北、复盛等原引水渠道皆并入美利渠，中宁县的新生、中济、丰乐、长永等渠并入跃进渠。这种引水形式的改变，改变了几千年来"无坝引水"的历史。

---

[①] 吴尚贤：《宁夏引黄灌溉水利述要》，宁夏政协文史和学习委员会、宁夏回族自治区水利厅编《黄河与宁夏水利》（上），宁夏人民出版社，2006，第5页。

中华人民共和国成立至20世纪70年代,宁夏平原引黄灌溉有了空前发展,以"裁弯取直"的方式,扩整了旧有的干、支、斗渠,改建增建了渠道上的建筑物,增加了输水能力。同时,新开了一些支渠,如1951年新开第一农场渠(秦渠的支干渠),1954年开第二农场渠(唐徕渠支干渠),1959年在新生渠基础上延长的主干渠——中宁跃进渠,还有1960年新开的青铜峡河西灌区最高的主干渠——西干渠,1964年开的美利渠的支渠——北干渠,1975年开的河东灌区最高的主干渠——东干渠,1977年开的七星渠的支渠——中宁高支渠等,扩大了自流灌区的范围。这些渠道的命名,都带着时代的烙印。至此,宁夏平原引黄灌溉阡陌纵横的渠道网络已基本形成,灌溉面积当在450万亩以上。[①]

## 第三节　农业文明传承与创新

宁夏平原农业文明开发较早。黄河文明在宁夏,支撑的根基就是宁夏平原黄河灌溉。在中国历史典籍里,有着或详或略、或繁或简的记载,包括黄河灌溉的开发历程和主持开发黄河灌溉的著名人物。宁夏平原黄河灌溉地方典籍记载,缘起于明代各种地方志书,包括碑刻资料。

### 一　典籍与碑记

(一)地方志书

明朝建立后,朱元璋为了巩固大明王朝统治,分封诸皇子到全国各地,庆王朱栴就封宁夏。这些分封各地的皇子,集地方军政大权于一身。明成祖朱棣即位后,削夺和限制诸王兄弟的权力。朱栴一生终老宁夏,潜心于地方历史文化研究,留下了现存最早的宁夏地方志书《宁夏志》。在这部志书里,对宁夏平原黄河灌溉的古灌区方位、长度、灌溉面积等都

---

[①] 吴尚贤:《宁夏引黄灌溉水利述要》,宁夏政协文史和学习委员会、宁夏回族自治区水利厅编《黄河与宁夏水利》(上),宁夏人民出版社,2006,第8页。

有清晰的记载。

唐徕渠，在黄河以西，自闸口至渠尾长四百里，灌溉面积四千七百一十八顷七十三亩，包括支渠。汉延渠，在黄河以西，自闸口至渠尾长二百五十里，灌溉面积四千八百七十六顷。铁渠、良田渠、满答剌渠、新渠、五道渠，皆唐徕、汉延二渠之支渠。秦家渠，在黄河以东，自闸口至渠尾长七十五里，灌田八百九十二顷三十五亩。汉伯渠，在黄河以东，自闸口至渠尾长九十五里，灌田七百二十九顷四十三亩。[①] 以现在的地理空间表述，以上各古渠道属于银川平原灌区。

蜘蛛渠，在黄河以西，自闸口至渠尾长五十里，灌溉面积一百八十四顷三十亩。石空渠，在黄河以西，自闸口至渠尾长三十四里，灌溉面积六十顷八十亩。白渠，在黄河以西，自闸口至渠尾长三十里，灌溉面积九十一顷六十亩。枣园渠，在黄河以西，自闸口至渠尾长三十五里，灌溉面积九十五顷六十里。中渠，在黄河以西，自闸口至渠尾长三十六里，灌溉面积一百二十六顷六十亩。以上五渠在应理州（今中卫市沙坡头区）。羚羊渠，在黄河以东，自闸口至渠尾长四十四里，灌溉面积三百八十五顷。七星渠，在黄河以东，自闸口至渠尾长二十二里，灌溉面积二百二十三顷八十亩。以上二渠在鸣沙州（今中宁县鸣沙镇）。以现在的地理空间表述，属于卫宁平原灌区。

明代正统三年（1438），朱栴病逝于宁夏镇城，葬于韦州（今同心县韦州镇）罗山脚下庆王陵。此时距明朝灭亡尚有两百年之久，宁夏平原屯垦面积应该还在增加。

2017年10月10日，在墨西哥城召开的世界灌排委员会执行大会上，宁夏引黄古灌区古代水利工程确认成功申报世界灌溉工程遗产并授牌，宁夏古灌区进入世界文化遗产保护项目。

（二）碑刻记载

碑者，所以表人之功德者也。宁夏古灌区的修筑，承载着古人智慧，

---

[①] （明）朱栴撰修、吴忠礼笺证《宁夏志笺证》，宁夏人民出版社，1996，第196~197页。

是黄河文明的见证。明清以来，宁夏地方志书记载了大量与黄河古渠灌溉密切相关的碑刻文字。碑不存在了，碑刻文字却得以传承下来，仍然鲜活。选取其中几例，以见宁夏平原农业灌溉文明的赓续与延伸。

一是明代庆王府长史张应台撰写的《王现湃记》[①]。湃者，益渠之辅也。王现湃，汉延渠之护卫者。黄河水泛滥时，河湃被冲毁，危及渠道。"无渠、无田、无民、无城，兹镇岂能一日而存？"筑湃护渠至为重要。嘉靖四十四年（1565），宁夏巡抚王崇古修筑王现湃成，军民感戴称颂。庆王闻之，传王府右长史张应台前来商议，提出修筑王现湃这件事"勒以石可乎"？张应台说："宜其碑。"遂刻石立碑。这是《王现湃记》传世的历史背景。

《王现湃记》记载了水湃修筑的过程。屯田司魏继武总理其事，四个月水湃筑成。在张应台的眼中，"夫培湃以辅渠，灌田以获稔，军民之食可足矣"。在庆王的眼中，"都台谨载诸玄石，以写众思，以垂永久云"[②]。将造福于民众的大事记载下来，一是承载着灌区军民的怀念，二是可以传之久远。此外，《王现湃记》同样记载着宁夏平原引黄灌溉过程中，渠道修筑与辅湃保护的密切关系，传承的是引黄灌溉渠道治理的独特经验。

二是明代庆王府长史孙汝汇撰写的《汉唐二坝记》[③]，这是明代宁夏水利事业的重要文献。汉延、唐徕二渠，是宁夏平原农业灌溉的主干渠道，自元代董文用、郭守敬"开导授民，其利远矣"。但历史久远，渠道淤塞，每年征发地方驻军疏浚，花费大量人力、物力和财力，不能解决根本问题，严重影响灌溉。明代隆庆六年（1572），宁夏佥事汪文辉上奏朝廷，要改变渠道修浚方式，以石材取代木材，得到了陕西三边总督戴才的支持。不久，汪文辉擢升离开宁夏，工程暂停下来。次年（万历元年，1573），罗凤翱巡抚宁夏，授命继任宁夏佥事解学礼赓续其事。工程实施

---

① 胡玉冰校注《万历朔方新志》卷四，中国社会科学出版社，2015，第265页。
② 胡玉冰校注《万历朔方新志》卷四，中国社会科学出版社，2015，第265页。
③ 胡玉冰校注《万历朔方新志》卷四，中国社会科学出版社，2015，第264页。

由地方驻军承担，所用石料"取诸金积山，甃砌惟坚"。汉延、唐徕二渠各筑进水闸一座、退水闸五座，对堰闸附近及两侧紧要之处，均用石块包砌。同时，还修筑了飞槽、暗洞、通身桥等各种辅助设施，"桥之上穿廊轩宇，豁然耸瞻。临流而溯源，诚塞北奇观矣"！[1] 此次汉延、唐徕二渠的修筑以石代木，包括修筑飞槽、暗洞等，是黄河农业灌溉渠道修筑的创举，不但对旧有堰闸进行了比较彻底的改造和整治，而且对后世渠道修浚影响较大。同时，汉延、唐徕二渠通过众多支渠，把黄河水引向四面八方，进一步扩大了灌溉面积。

三是清代通智《惠农渠碑记》。明代中期以后，黄河河道数次改道东移。到了清代，在新河道以西、老灌区以东形成河滩荒地。滩地南北长约200里，宽30里左右不等，即今自永宁县以北至石嘴山之间的地域。清初，朝廷与蒙古上层结为政治联姻，推行"满蒙一家"的政策，各民族和睦相处。居住在黄河以东的蒙古族牧民，被黄河以西河滩上广袤的草地所吸引。《惠农渠碑记》称这里为"查汉托护"（清代官员的奏折里称为插汉拖辉），蒙古语意为"天然好牧场"。清代宁夏平原，伴随着农业人口快速增长，人口与耕地的矛盾日渐突出，"查汉托护"的荒地逐渐被私人开垦耕种，农耕者与放牧者之间因土地而经常发生冲突。康熙五十二年（1713），宁夏总兵范时捷上奏康熙皇帝，提出宁（夏）蒙（古）以黄河为界的建议。康熙批准所奏，蒙古游牧者撤出查汉托护后，这里成了大片耕地。

雍正四年（1726）二月，甘肃巡抚石文焯奏称："宁夏东北五十里插汉拖辉地方，南北延袤百有余里，东西广四五十里或二三十里不等，东界黄河，西至西河，其地平衍，可以开垦。"[2] 三月，雍正皇帝的舅父隆科多上奏朝廷，称"贺兰山前插汉拖辉至石嘴子等处，宽阔一百里，旷野而平，其土肥润……易于引水"，"若修造渠坝及放水之闸，两岸可以耕种万顷地

---

[1] 胡玉冰校注《万历朔方新志》卷四，中国社会科学出版社，2015，第264页。
[2] 《清世宗实录》卷41，雍正四年二月乙亥条。

亩"。之后，朝廷将隆科多、石文焯上奏的文本和所绘地图一并交由时任大理寺卿的通智，命其会同川陕总督岳钟琪至查汉托护实地考察。二人实地考察后，于雍正四年五月上奏回复朝廷，"自插汉拖辉至石嘴子筑堤开渠，有地万顷，可以招民耕种"①。朝廷遂特派户部侍郎单畴协同通智来宁夏，拣选部、道、府、州、县相关官员，并调取武举官员协助，专门督修插汉拖辉灌渠。雍正四年七月开工修建，七年五月完工，开凿干渠2条，历时近三年，拨币银十六万两，"以为工匠车船、一切物料之用"，未累及百姓。工程告竣后，请旨定两条渠道的名字。得旨：大渠赐以嘉名惠农渠，六羊渠改名昌润渠。②惠农渠、昌润渠，为当时宁夏著名的水利工程，百姓称惠农渠为"皇渠"（俗称黄渠），以感谢皇恩。这是修建惠农渠的背景及过程，通智《惠农渠碑记》，详细记载了渠道修建的前后经历。

惠农渠在叶升堡（今青铜峡市叶盛乡）东南陶家嘴南黄河花家湾开口引水，北流至平罗县西河堡入黄河西河汊，长三百里。惠农渠工程包括以下内容：一是建进水闸一座，名为惠农闸；二是建退水闸三座，名为水护、恒通、万全；三是设置各种暗洞、水槽以上下交替通水；四是于正闸"覆造桥房"，为守者居，为行者憩；五是建龙王庙、立碑亭以记其工程，沿渠道修建有数十座桥梁，为行人方便；六是建支渠"百余道"四通八达；七是沿大渠修筑了长300余里护河堤，两岸栽植垂杨10万余株。

惠农渠系统工程的修建，使沿黄河北部平原的荒地具备了屯垦开发的条件。遂奏请朝廷"建县城二"，一在田州塔以南，名为新渠县；一在省嵬城以西，名为宝丰县。随着县制的设立，负责水利的通判、学校、驻军等亦随之设立并同步推进，"向之旷土，今为乐郊"。朝廷"又颁币银十五万两，以为招来户口恒产耕种之资"③，朝廷提供新渠、宝丰二县移民迁徙安置及开发的所有资费。

---

① 《清世宗实录》卷41，雍正四年二月乙亥条。
② 《清世宗实录》卷84，雍正七年闰七月癸未条。
③ 乾隆《宁夏府志》卷二十《艺文》，宁夏人民出版社，1992，第759~761页。

**黄河文明在宁夏**

《惠农渠碑记》记载了许多与惠农渠修建相关的辅助设施,除继承明代石材代替木材、进水闸口及其周围石块包砌以示坚固外,暗洞、水槽等利用皆为创新。正闸的"桥房",沿主渠道的桥梁,都方便于守护和行人往来。同时,民俗文化亦融入其中,如龙王庙的修建。300 余里防护大堤上栽种的 10 万余株杨树,不仅护佑着主渠道,而且体现了通智等人的生态理念。

清政府投巨资开通惠农渠,再新设置新渠、宝丰二县,大量迁徙移民开发,是一次大规模的有超前眼光的连环部署和行动,打造了一个灌溉新区。在宁夏平原移民史上,这是一个特殊的案例,也是空前绝后的一次。移民范围涉及陕甘两省,宁夏、宁朔、灵州、中卫等临近州县万余户移民被迁移到新垦区耕种。"凡陕西各属无业民户愿往者,计程途远近给予路费,每户按百亩以为世业",包括"借建房、牛具、籽种之资",① 移民政策极为优惠。惠农渠、昌润渠的开凿,对于宁夏平原黄河灌溉农业经济的发展起到了重要的推动作用。新渠、宝丰二县得以设立,直接作用于惠农渠的修建和移民开发。清代前期大规模移民屯垦和水利建设,便于宁夏平原农业进一步繁荣和发展。惠农渠的修建将农耕区持续向北推进,它不仅是清代前期宁夏平原农业开发的新灌区,而且在宁夏区域开发史上具有重要意义。同时,有利于增强宁夏北部军事管控和边境贸易的管理。新渠、宝丰二县存在的时间仅十余年,乾隆三年(1739)十一月发生大地震,城垣塌毁,人畜伤亡严重。大地震后,新渠、宝丰二县建制裁撤,但惠农渠至今造福于人民。

宁夏平原黄河灌溉,自古及今开凿修建的著名灌区,渠系贯通南北,灌排配套自成体系,规模宏大。作为稀有的自流灌溉模式,它创造和形成了独特的治水、管水、用水技术,沿用至今。清代人修撰的《平罗记略》里记载,清代渠工管理,按各农户种地多少出工、出草,包括木桩等摊派。种田一分,出一个劳力,挑浚水渠一个月;种半份田者出工挑十五

---

① 《清朝文献通考》卷三《田赋三》,商务印书馆发行影印本第一册,第 4876 页。

天。有挑一两天的零工，皆根据所种地亩多少计算，名曰"额夫"。纳草一份，计48束，每束草重16斤，名叫"坝草"。又纳柳桩15根，每根长3尺，名叫"沙桩"，材质选用红柳或白茨。这些物资用于"渠水冲处先筑土草一墩，外加柳、茨木桩"，名叫"马头"。每年冬水灌毕，用柴土堵塞河口，名叫"卷埽"。每年清明日，夫役赴工疏浚渠道，官员负责"分段督催"，以一月为期，名叫"春工"。至立夏日，打开闸口，名叫"开水"。开水后，上游各陡口闭塞，"逼水至梢"，水直流到下游，名叫"封"。[①] 这些传承在民间的灌溉管理模式，与地方管理相结合，形成了独特的民俗文化，凝聚着古人的智慧。这些为数众多的古灌渠，对宁夏经济社会发展、国家粮食安全、边疆稳定做出过重大贡献。

## 二 传承与创新

宁夏平原引黄灌溉历史悠久，影响深远，自秦汉移民开发以后为历代统治者所倚重。同时，由于中国历代疆域所决定，除元代、清代等朝代外，历代防御重点多在北方，宁夏又处在北方一个特殊的地理空间，既要防边，又要屯垦发展灌区农业。在两千多年引黄灌溉的过程中，除受战乱与畜牧的交替影响外，宁夏平原的屯田与水利一直在创新性地往前推进。一百年前，美国著名旅行家、英国皇家地理学会会员威廉·埃德加·盖洛在中国考察长城时，宁夏平原引黄灌区的富饶景象让他吃惊。他在《中国长城》一书里写道："黄河的开恩更使这块令人惊奇的土地变成一片绿洲。"[②] 在这里，"黄河"与"绿洲"紧密地融合在一起，塑造极具视角张力的"塞北江南"的景象。

追溯宁夏平原自秦汉至今两千多年的漫长岁月和风雨里程后，会发现黄河乳汁孕育了宁夏平原这块绿洲粮仓，承载着历代劳动人民的智慧和不懈奋

---

[①] 王亚勇校注《平罗记略 续增平罗记略》，宁夏人民出版社，2003，第110页。
[②] 〔美〕威廉·埃德加·盖洛：《中国长城》，沈弘、恽文捷译，山东画报出版社，2006，第128页。

斗。两千多年来，宁夏平原的屯田为驻守北方的历代军队提供了大量的后勤储备，为历代御边发挥了重要作用。除北方少数民族南下而有过中断外，宁夏两千多年来一直是国家的粮仓。"天下黄河富宁夏"的评价，"塞北江南"的美誉，就是这种历史过程的写照，也是黄河文明在宁夏最为突出的特征之一。宁夏引黄灌区的历史经历，也从一个侧面展示了农业文明与宁夏黄河文明的发展进程，为我们目前研究沿黄经济区的历史与文化提供了丰厚的资源。

宁夏历史悠久，宁夏平原开发较早，民族融合频繁，文化生成多元。从历史到现实，宁夏平原黄河灌区农业与目前正在实施和推进的沿黄经济区建设这一战略目标，有着直接的天然的关联，引黄灌溉仍然在发挥着历久弥新的作用，是实现沿黄经济区建设的基础性保证，这主要表现在以下几方面。

第一，黄河农业文明研究。黄河与宁夏平原血脉相融，滋润和生成了美丽富饶的宁夏平原。黄河穿越宁夏平原397公里，自西南向东北纵贯而过，成为宁夏平原一道靓丽的风景。早在两千多年前这里的先民们就凿渠引水，灌溉农田，秦渠、汉延渠、唐徕渠的渠名沿袭至今。

第二，宁夏沿黄河经济区战略布局在全国的功能与作用。一是沿黄经济区自身的建设，诸如产业带、城市带、内陆开放带和生态文明的先行区，二是宁夏与内蒙古、陕甘毗邻区域辐射作用，三是西北地区人与自然和谐发展的示范基地，四是西部大开发的重要战略支点，五是中国面向中亚、中东地区经贸合作与文化交流的中心。

第三，宁夏实施的大黄河移民工程。30多年来，宁夏的扶贫工程的一大政策措施就是异地移民。宁夏南部数十万人北移沿黄河带，宁夏平原沿黄河带大片的土地承载着大量的移民。移民同样在改变着宁夏南部的自然生态环境，造福于人类。

第四，黄河文明孕育的文化遗产。宁夏沿黄河带文化遗产丰富，如长城文化，岩画文化，石窟文化，丝绸之路文化，花儿、剪纸、口弦等非物质文化遗产，有的是国务院公布的重点文物保护单位，有的是国务院、文化部公布的国家级非物质文化遗产，极具地域文化特色。

第五，宁夏这块神奇而得天独厚的土地上，有高山、平原、台地、湿地、沙漠、丹霞地貌、高原，汇集了中国最主要的地貌特征，浓缩了中国地理精华，成为中国地理的"浓缩盆景"。

流金的九曲黄河，不仅给宁夏留下了千里沃野，还留下了丰富而独特的自然与人文景观。联合国粮农组织（FAO）提出"Globally Important Agricultural Heritage Systems"（GIAHS），中国科学院已将这种表述界定为"全球重要农业文化遗产"。2012年，我国启动了"中国重要农业文化遗产"评选工作。目前，宁夏进入"中国重要农业文化遗产"的有中宁枸杞、灵武长枣、盐池滩羊。[①]

宁夏平原黄灌区就属于这种"遗产"，极具特殊性。农业系统遗产的研究，属于以资源为基础的研究。对农业系统遗产的认识，必须与古代农业文明相关联。宁夏平原的农业文明属于"自然地理环境多样性、民族多样性、文化交流多样性"相融合而独具特殊意义的农业文明遗产区，"是农牧交错产生的交流对农业系统遗产的影响"。[②] 宁夏的历史背景和特殊的地理位置，决定了中国历史的推进过程对宁夏平原农业文明的影响。这部分内容的研究与保护，从更大范围看，也是沿黄河带文化建设的精细内容之一，再现的是其原真性，是农业系统文化遗产的"活态遗产"，也是旅游文化开发、文旅融合的新看点。黄河文明不仅孕育了农业文明，而且孕育和生成并遗留下大量的文化遗产（包括非物质文化遗产）。这些独特的地貌资源和文化遗产，将成为宁夏旅游文化产业化的另一种特殊资源，与黄河沿岸的著名文化景观一道，成为宁夏旅游文化深度开发的重要内涵。

著名汉学家费正清等在《东亚文明：传统与变革》一书写道："要控制黄河，使它提供必要的水利资源，成为中国专制政府的经济支柱。"[③]

---

[①] 闵庆文：《我国少数民族地区的重要农业文化遗产及其发掘与保护》，《原生态民族文化学刊》2020年第3期。

[②] 徐嵩龄：《中国农业系统遗产研究的四个问题》，《中国文物报》2010年7月16日。

[③] 〔美〕费正清、〔美〕赖肖尔、〔美〕克雷格：《东亚文明：传统与变革》，黎鸣、贾玉文、段勇、刘从德、保霁虹译，天津人民出版社，1992，第29页。

两千多年来，宁夏平原的引黄灌溉最大限度地利用了流经宁夏平原的黄河水。宁夏平原是一个特殊的地理空间，南北走向的贺兰山，是宁夏平原的保护神，阻挡了沙漠和西北寒流的侵袭。环宁夏平原三面皆沙漠，这块黄河绿洲是黄河滋润和孕育的产物。正是从这个意义上，没有黄河灌溉，就没有宁夏平原这块绿洲。没有这块天赐的塞上江南绿洲，目前正在实施的沿黄河经济城市带建设就没有依托。在系统梳理和研究宁夏平原黄河农业文明发展史的同时，将沿黄河城市带文化遗产与黄河农业文明结合起来，将黄河平原的移民开发与当下宁夏实施的大移民建设结合起来，将黄河农业文明与进入国家层面上的未来沿黄经济区建设结合起来，将沿黄河带的文化资源与宁夏文旅融合开发结合起来，这是宁夏沿黄经济区未来建设与发展的基本思路和总体要求。这就要构建现代产业带，建设特色精品城市带，构筑内陆开放带，建设生态文明先行区等。这一重大工程的实施，依托的是黄河与黄河农业文明的基础。

### 三 十大新天府

古人向以"天府之国"代称富庶繁盛之地。2008年评选的中国"十大新天府"，宁夏平原成功入选。宁夏平原是我国特大型古老灌区之一，开发历史悠久，属于"自流灌溉"。按照联合国粮农组织的定位，其自身就是重要的农业文化遗产。这里物产丰富，生态环境良好，人与自然和谐相处；这里山光水色相融合，丰饶美丽相映衬，是人群宜居常乐的地方。其富庶程度、四季气候和人文环境等都达到了新天府的标准和要求。

"天下黄河富宁夏"，这是古人对黄河农业文明的赞誉。水资源是经济社会发展的重要资源，将水资源与历史上的政治、经济、军事、文化和社会发展等综合起来考察和研究，极具现实意义。宁夏平原是西北地区农业灌溉的精华之地，贺兰山和黄河构成了宁夏平原的地理格局和生命脉络，提供了人类在这里繁衍生息所具备的自然生存条件；后人依赖黄河水利灌溉和宁夏平原肥沃的土地，奠定了宁夏中国粮仓的地位。两千年前，秦始皇派蒙恬屯军开发，是宁夏平原大规模开发的开始。唐代的宁夏平原，已经是美丽富饶的绿洲，"贺兰山下果园成，塞北江南旧有名"，唐代诗人韦蟾的著名诗句描绘了宁夏平原黄河灌区繁荣富庶的景象。宁夏平原农业文明的开发史，为宁夏当下实施移民工程提供了历史参照和理论借鉴；凭借得天独厚的自然条件，宁夏平原已为国家"十二五"重点建设的主体功能区。宁夏平原是全国12个商品粮基地之一，土地面积占整个宁夏土地面积的20%，但在20%的土地上创造了80%的经济效益；这里分布着宁夏的10个城市，聚集了宁夏57%的人口、80%的城镇、90%的城镇人口、80%以上的产业、90%以上GDP收入。[①] 2010年底，国务院印发的《全国主体功能区规划》，将宁夏沿黄经济区纳入国家层面的重点开发区域；2011年3月，又将宁夏沿黄经济区写入国家"十二五"规划纲要，沿黄经济区建设上升为国家发展战略。

两千多年来，宁夏平原农业文明的开发，沿黄河城镇的兴起，沿黄河城市群的布局，依托的是黄河与黄河农业灌溉所形成的独有的"塞北江南"的富庶空间；宁夏沿黄经济区建设，同样依托的是黄河与黄河农业文明的长期积淀。这一切，是宁夏平原进入新时期"十大新天府"特殊的地理环境和独特的资源条件所在。

---

[①] 赵磊：《宁夏农业正在创造奇迹》，《宁夏日报》2008年5月5日；庄电一：《黄河玉带育明珠》，《光明日报》2009年7月19日。

# 第四章　城市变迁与城市文化

所谓城市，应该是"城"与"市"的有机融合。从起源看，"城"的形成过程伴随着政治与军事，而"市"体现着其生活、商业与文化诸方面的性质。[①]"市"的繁荣，意味着社会的进步和商业文化的繁荣。关于城市的定义，外国学者的视角呈现出多元特点，学科不同，阐释和表述的内容也不完全一样。在地理学家的眼里，城市是像山岳一样的自地面升起的突出物；在历史学家看来，城市始终是一个政治单位；到了统计学家那里，则是通过居住区的范围，即人类生存的空间以及居民的人数来确定城市；经济学家一直把城市作为一个经济单位；社会学家认为，城市是当地那些共同的习俗、情感、传统的集合，这些东西是从当地的古代生活中实践产生出来的，并且具有某种典型文化的特征。[②] 这个多视角的界定涵盖了城市的多重文化意义。

无论怎样看，城市首先是一地域上的政治中心，它有坚固的城墙，是有一定驻军的军事重镇。其次，才是城市文化。边塞城市处于汉族与边疆少数民族接壤杂居地区，经济不一定很发达，城市规模也不是很大，但由于其政治和军事的特殊意义，仍然有着重要的地位。宁夏镇城、固原镇城，

---

① 沈福煦：《中国古代建筑文化史》，上海古籍出版社，2001，第81~82页。
② 〔美〕R.E.帕克等：《城市社会学》，宋俊岭等译，华夏出版社，1987，第163~170页，转引自陈宝良《飘摇的传统——明代城市生活长卷》，湖南出版社，1996，第9页。

即属于这类城市。① 宁夏镇城,坐落在宁夏平原上,外围空间很好,是"左黄河,右贺兰,山川形胜,鱼盐水利,在在有之"的地方,在明代宁夏地方官员的眼里就是塞外"小江南"。② 固原镇城,也是明代有名的城市。③ 我们这里说的城市,主要是指西夏以来大致有史料记载的宁夏镇城,也附带涉及历史上影响较大的固原镇城。

## 第一节　城市设置与变迁

### 一　黄河文明在宁夏

黄河是中华民族的根脉,是中华民族的摇篮,是炎黄子孙的母亲河。它承载着中华民族的悠久历史,孕育着浩瀚无比的民族文化。④ 黄河文化历史悠久,兼容并蓄,博采众长,"她是东方文明的象征。她造就了我们民族的精神:坚忍不拔,百折不回,勤劳刻苦,奋发前进。也涵养了我们民族的性格,这就是温柔敦厚,谦恭俭让,自强不息,厚德载物"。⑤ 2014年5月4日,习近平总书记在北京大学师生座谈会上的讲话中指出:"世界上没有两片完全相同的树叶。一个民族、一个国家,必须知道自己是谁,是从哪里来的,要到哪里去。"以黄河文明为核心的中国精神,在中国历史的进程中表现出了强大的生命力。

黄河进入宁夏境内,由西南向东北贯通。黄河冲积扇宁夏平原与自然天成的黄河自流灌溉如同孪生兄妹,孕育了宁夏平原的农业文明。经过秦汉以来的不断开发,宁夏平原形成了富庶的塞北江南景观,有了"天下黄河富宁夏"之美誉。黄河的最大特点是"善淤、善决、善徙",体现了它造福人类与

---

① 韩大成:《明代城市研究》,中华书局,2009,第81~89页。
② 嘉靖《宁夏新志》弘治十四年王珣序,宁夏人民出版社,1982,第3~4页。
③ 韩大成:《明代城市研究》,中华书局,2009,第98页。
④ 鲁枢元、陈先德主编《黄河史》,河南人民出版社,2001,"序二"。
⑤ 侯仁之主编《黄河文化》,华艺出版社,1994,第15页。

## 黄河文明在宁夏

泛滥成灾的两面性。据不完全统计，自西汉文帝至民国的两千余年间，黄河决口1590次，[①]但黄河在宁夏平原不存在决口，只是黄河改道时有冲塌城池的记录。黄河在漫长的岁月里哺育了一代又一代的黄河人，而黄河人同样在漫长的岁月中为黄河灌注了精气与灵魂，打上了时代的烙印。宁夏平原自古农业发达，物阜民丰，南北朝时期已有"塞北江南"之称，唐代诗人韦蟾笔下已有"塞北江南果园城，贺兰山下旧有名"的诗句来摹写宁夏平原的景致。

人类早期就与黄河结下不解之缘。随着历史的发展，黄河沿线出现了很多城市：安邑、阳翟、曲阜、朝歌、咸阳、长安、兰州、银川、洛阳、开封……这些历史名城是连缀在黄河沿线或黄河支流上的颗颗明珠。就都城而言，宁夏平原有早期赫连勃勃都城的遗址，还有立国近190年历史的西夏国都城。

在大文化方面，宁夏较为特殊且在全国层面上影响较大的历史文化现象有：第一，距今2万年前的水洞沟遗址，它是中国境内首次发现的旧石器时代遗存。1920年，比利时神父肖特在宁夏灵武境内水洞沟黄土状岩石断层中发现一具披毛犀的头骨和一件石英石石器。1922～1923年，法国古生物学家德日进和桑志华又在水洞沟进行第一次发掘，发现了5个旧石器地点。数年之后，他们共同发表了《中国的旧石器》的报告，"中国没有旧石器文化"的论断被否定。现在，"水洞沟文化"闻名中外。第二，贺兰山岩画。作为一种文化现象，岩画使我们看到了人类早期的生活场景和巫术思想，以及舞蹈的早期样式。第三，西夏都城同样体现了历史上在黄河流域的重要地位。宁夏平原开发较早，战国时期即设立县制。相传公元5世纪初，大夏国皇帝赫连勃勃就修建过海宝塔（赫宝塔），而且在黄河边上建过饮汗城，修建过丽子园。西夏近190年的建国史，奠定了银川城的历史地位。

---

[①] 鲁枢元、陈先德主编《黄河史》河南人民出版社，2001，第5页。

## 二　早期城市与黄河支流

城市的出现是文明的标志。城市既是各类人群生产、生活和劳动的特殊空间，也是物质文明的载体，是精神文明的象征。早期城邑的出现，"是与早期粮食富余，阶级出现，政权萌发，以及金属工具使用等分不开的"。[1] 我们这里说的城市，既包括大都城，也包括普通城邑。黄帝与蚩尤"涿鹿之战"后，"邑于涿鹿之阿"[2]，即修筑城邑，这是城市出现的最早记载。近百年来地下考古发掘陆续在证实司马迁笔下的记载是可信的。夏商周之后关于都城或者城邑修筑的记载不少，但它们有一个共同特点：都城大都依黄河及其支流而修建或迁徙。

据史书记载，商朝都城数次迁徙都不离黄河岸边，或者在黄河的重要支流上。周人从其先祖古公亶父到武王伐商，其都城的迁徙都在黄河的重要支流渭水流域。"八水绕长安"最能形象地说明水与都城或城市的密切关系。西周时期不但城池修筑多，而且对城邑的修筑已经有原则性、规范性限制和要求。《周礼·冬官考工记》记载："匠人营国，方九里，旁三门。国中九经九纬，经涂九轨，左祖右社，面朝后市。"[3] 对于王城、诸侯城和都邑都做了具体规定。春秋时期，《管子》提出"城郭不必中规矩"，战国时期迎来了城市发展的高潮。城市发展与社会变革共同促使城邑的大规模修筑。周代城址选择已经考虑定向、地势、水泊、水上交通等因素，同时也考虑防御异族入侵的问题。因此，国都的位置已逐渐向较大河水流域选择，这确定了后来都城或城市选址的标准。

河流与城市就像一对兄弟，谁也离不开谁。中国的大都城邑的修建是这样，国外大都邑的修建也是这样。古代的不说，仅当代的现状就足以说明。比如在亚洲，东京坐落在成田江畔，河内坐落在湄公河畔；在欧洲，

---

[1] 侯仁之主编《黄河文化》，华艺出版社，1994，第4页。
[2] 《史记》卷一《五帝本纪》，中华书局，1982，第6页。
[3] 吕友仁译注《周礼译注》，中州古籍出版社，2004，第619页。

圣彼得堡在伏尔加河岸，巴黎在塞纳河畔，伦敦在泰晤士河畔，等等。大河孕育了大都市，小河诞生了小城市。

## 第二节　沿黄城市带布局

宁夏地理格局，是一个东西窄南北长的带状。六盘山是关中西出北上的军事屏障，六盘山东侧的萧关与函谷关、武关、散关共同拱卫着关中安全。在宁夏北部平原，贺兰山肩负着双重使命，一方面挡住了大山外围黄沙的弥漫，护卫着宁夏平原这块绿洲；另一方面又起着防御草原游牧民族南下的作用。黄河的两条重要支流泾水与清水河，一南一北，将宁夏南北贯通联结起来，黄河穿宁夏平原而过。这种自然地理格局，有助于发挥宁夏地域特殊作用并提升其历史与文化的影响力。同时，丝绸之路穿越宁夏境内，成为农耕文明与中亚、西域草原游牧文明交融碰撞的通道。宁夏沿黄河带城市的兴起与布局，基本是在这个地理空间中逐渐形成的。

### 一　清水河与固原城

宁夏境内早期农耕文明的村落并不是随意修筑的，它们都有过精心选择，大多坐落在黄河支流的两河交汇处的台地上。这里是肥沃的三角洲地带，有着良好的地理环境，既利于开垦种植，又利于从事渔业采集；既靠近水源，又可躲避水患。这种黄土台地加河流的地理环境，是大自然的恩赐。[①] 清水河流域正是这种地理环境，宜于人群居住和文化发展。

古代城邑的修筑是有必需的条件的。秦朝在固原设置高平县之前，秦惠文王时期已在清水河、泾河流域设置过宁夏最早的县制乌氏县和朝那县，后来这两个县制被高平县所替代。高平县在很长时间内得以延续。

高平县的设立与高平城的修筑，凭借了三个特殊条件。一是清水河。汉代安定郡高平县，即现在宁夏固原市原州区。高平县城位于高平川水

---

① 侯仁之主编《黄河文化》，华艺出版社，1994，第87页。

（清水河）上游西岸。秦汉时期固原气候湿润，雨水充沛，清水河流量大；还有当时著名的高原湖泊朝那湫，水源充足。二是六盘山。大山与大山相连通的道路，有着无法替代的作用。六盘山地理位置非常重要，它管控着汉唐以来关中地区西出北上的交通要道，属于制约性道路。①《管子·乘马》记载："凡立国都，非于大山之下，必于广川之上。"三是可资耕种的良田。高平川（清水河）流域河道两岸开阔平坦，土地肥沃，宜农宜牧。

在这样一个地理空间设立县制，修筑城池，符合古代人城址选择的要求，高平县城选址就在清水河西岸平缓的台地上。公元前114年，为加强西北边备，汉武帝析置安定郡，治所即高平县城。高平城的早期修筑，是有确凿记载的宁夏南部的著名城池。它经历了北周、明代等朝代的大规模修筑，是历代宁夏南部政治、经济和文化中心，明代砖包城城墙遗存还在，已成为丝绸之路文化的著名古迹。

## 二 战国秦朝黄河东岸县制与河套开发

（一）朐衍县

黄河穿宁夏平原而过，宁夏北部早期县治的设立、城池的修筑皆在黄河东岸。战国时期秦国在黄河东岸腹地设立朐衍县，治所在今盐池县以北花马池镇，古城遗址已被国务院公布为全国重点文物保护单位。朐衍县是宁夏中北部地区最早设立的县治，秦朝时仍沿袭朐衍县建制，属北地郡所辖，地域空间较大。秦汉时期的朐衍县境内，生态环境好，是水草丰美、牛羊塞道的富庶地方。

（二）富平县

宁夏平原引黄灌溉未开发之前，县治的设立地点相对远离黄河，农业耕种较为原始。随着秦朝蒙恬开边，大量的移民进入宁夏平原并带来中原农耕先进技术，新的县治在宁夏平原沿黄河东岸设立。富平县设置于秦始

---

① 辛德勇：《长安城兴起与发展的交通基础——汉唐长安交通地理研究之四》，《中国历史地理论丛》1989年第2期。

**黄河文明在宁夏**

皇三十三年（前214），治所在今宁夏吴忠市利通区西南黄河东岸，位于利通区和灵武市之间，是宁夏平原设立的第一个县治，管辖黄河东岸宁夏平原的较大范围，隶属于北地郡。秦朝开发宁夏平原，当时着眼点主要在于军事目的。因此，除了设立富平县之外，还在宁夏平原南北分别设立了两个军事防御性障城，即浑怀障和神泉障。

秦始皇三十三年，蒙恬率大军从匈奴手里夺得河南地（即黄河两套及鄂尔多斯高原）之后，为了有效管理和保护这一地区，"特意在今宁夏境内的黄河东侧设置了44个县，以这些县城为要塞，组成一条防线"[①]。这个说法的细微处还需要斟酌。秦代大规模开发黄河"河套"，设立县治、修筑城堡、农业耕种同步进行，在所谓"新秦中"的大地上设立44县（一说34县）进行管理。这是一个笼统的说法，具体到宁夏平原，还没有史料明确记载有其他县治设立。秦朝短暂，或者当时的确设置过一些县治，但属昙花一现，秦朝统治就结束了。从设立于青铜峡峡口一带的神泉障、设立于平罗县北境的浑怀障看，应该还有相关县治的设立。如果"新秦中"大地上设置过44县，那么就说明当时黄河沿岸已有了早期城市群的建设，引黄灌溉应该有了实质性的推进。

（三）河套开发

河套，是一个很有历史内涵且影响深远的地理概念，至今仍在沿用。从某种意义上说，河套是历代移民开发的象征。河套的范围，通常认为包括宁夏平原和鄂尔多斯高原、黄土高原的部分地区，即宁夏、内蒙古、陕西三省区的一部分。依地貌看，黄河在这里形成了一个"U"字形马蹄状半回环，套内之地称为"河南地"。秦汉以前，主要是匈奴人在这里活动。秦统一之后，派蒙恬率大军将匈奴人逐出河套，"徙谪戍以充之"。秦末天下大乱，移民皆返回家乡，河套复为匈奴所有[②]，直到汉武帝反击匈奴，重新耕种开发河套。

---

① 周振鹤：《中国地方行政制度史》，上海人民出版社，2005，第300页。
② 《史记》卷一百一十《匈奴列传》，中华书局，1982，第2887~2889页。

河套的开发，首先是出于国家安全的考虑。西汉建都关中，河套则为京师屏障。元朔二年（前127），汉武帝派卫青"出云中以西至陇西，击胡之楼烦、白羊王于河南，遂取河南地"。大臣主父偃上疏武帝，"盛言朔方地肥饶，外阻河，蒙恬城之以逐匈奴，内省转输戍漕，广中国，灭胡之本也"。① 汉武帝接受了这一建议，从内地大规模迁徙移民充实这一地区。其中规模较大的有三次：元朔二年，"募民徙朔方十万口"；② 元狩二年（前121），"徙关东贫民处所夺匈奴河南、新秦中以实之"；③ 元狩四年（前119），"有司言关东贫民徙陇西、北地、西河、上郡、会稽凡七十二万五千口"。④ 汉武帝时根本没有向会稽迁民，《武帝纪》中的"会稽"二字显系衍文。⑤ 这一时期，主要是向西北地区移民。

开发河套的过程中，大量移民的迁徙解决了西汉面临的社会问题，缓解了社会矛盾。迁徙河套的移民基本为"关东贫民""山东灾民"，包括"天下奸猾吏民"⑥ 这类影响社会安定的人群。西汉较大规模的三次大的移民之后，匈奴民族远遁漠北，西汉实施有效的军事屯田，已形成强有力的军事防线。

汉武帝元鼎四年（前113），"汉度河自朔方以西至令居（甘肃永登县），往往通渠置田，官吏卒五六万人，稍蚕食，地接匈奴以北"。⑦ 这里的田官，即军垦农场；"度河"，是指今宁夏和内蒙古境内南北走向的这段黄河，其屯田区主要分布于黄河以西的宁夏平原和内蒙古后套平原西部。⑧ 元鼎六年（前111），汉武帝命"上郡、朔方、西河、河西开田官，

---

① 《汉书》卷六十四上《主父偃传》，中华书局，1987，第2803页。
② 《汉书》卷六《武帝纪》，中华书局，1987，第170页。
③ 《史记》卷一百一十《匈奴列传》，中华书局，1982，第2909页。
④ 《汉书》卷六《武帝纪》，中华书局，1987，第178页。
⑤ 葛剑雄：《西汉人口地理》，人民出版社，1986，第193~197页。
⑥ 《汉书》卷六《武帝纪》，中华书局，1987，第179页。
⑦ 《史记》一百一十《匈奴列传》，中华书局，1982，第2911页。
⑧ 刘磐修：《汉代河套地区的开发》，《中国经济史研究》2003年第1期。

斥塞卒六十万人戍田之"。① 这是两汉时期规模最大的一次屯田活动，河套内以移民耕垦为主。

西汉时期的移民安置，问题考虑得周全，没有后顾之忧。汉文帝时，晁错在"募民徙塞下"的奏疏中提出为移民建房屋、给土地、置医巫、供衣食及耕牛与籽种等。东汉实行以犯罪刑徒实边的制度，有不少人发配河套耕种。两汉政府都有相同的规定，移民一旦到达边郡，"旧制边人不得内移"②，不得再返回内地，成为永久性的耕种者。

汉代在边远垦区设置专门的机构和官吏，负责屯田开发和生产事宜。《后汉书·百官志》载："边郡置农都尉，主屯田殖谷。"西汉在北地郡所辖宁夏平原设有主持屯田殖谷的上河农都尉，其屯田城有上河城和南北两个典农城（分别位于今宁夏平原的永宁县、青铜峡市、银川市境内）。《汉书·冯奉世传》载，汉成帝阳朔年间（前24~前21），外戚冯参曾被"擢为上河农都尉"。河套地区杭锦旗的霍洛柴登古城中，曾出土"西河农令"和"中营司马"的官印。③ 农令为"田官"之长官。④ "营"应为田官下属单位，"司马"则为其长官。

东汉建立后，鉴于河套的重要战略地位，政府依然重视屯田，但与西汉相比已成弱势。尤其是羌人起事，波及河套，"郡县兵荒二十余年"，屯垦移民多回故乡。顺帝永建四年（129），接受尚书仆射虞诩建议，"乃复三郡（朔方、西河、上郡），使谒者郭璜督促使者，各归旧县，缮城郭，置候驿。既而激河浚渠为屯田，省内郡费岁一亿计"⑤，再度实施屯田。

两汉四百年间随着经济社会发展和各种军事实力的变化，经常有成批的匈奴人归附汉朝，政府以"属国"的特殊形式妥善安置。《史记·卫将军骠骑列传》载，元狩二年（前121），匈奴昆邪王率4万余众降汉，武

---

① 《史记》卷三十《平准书》，中华书局，1982，第1439页。
② 《后汉书》卷六十五《张奂传》，中华书局，1987，第2140页。
③ 盖山林、丁学芸：《内蒙古自治区文物考古工作的重大成果》，《文物》1977年第5期。
④ 孙言诚等：《中国屯垦史》上册，农业出版社，1990，第236页。
⑤ 《后汉书》卷八十七《西羌传》，中华书局，1987，第2893页。

帝"乃分徙降者边五郡故塞外，而皆在河南。因其故俗，为属国"。《汉书·地理志》记载了五属国的地理位置，在宁夏者为北地郡属国，治三水县（今宁夏同心县东）。

宁夏滨河平原，有许多支流和湖泊港汊，水资源极为丰富，利用极为方便。汉武帝时全国出现了兴修水利的高潮。《史记·河渠书》载："用事者争言水利，朔方、西河、河西、酒泉皆引河水及川谷水以灌田。"到了汉宣帝时，已是"边城晏闭，牛马布野。三世无犬吠之警，黎庶无干戈之役"。[①] 60多年的和平环境，赢得了河套平原经济的大发展。在宁夏平原，后世有名可查的光禄渠、七级渠、汉渠、尚书渠、御史渠、高渠等古渠，均被认为是汉代开凿。东汉顺帝永建四年，恢复朔方、西河、上郡三郡，遣返徙民，"既而激河浚渠为屯田"。"激河"即在灌渠取水口处的黄河中以石修筑迎水长堤，抬高渠口水位，引水入渠，实现自流灌溉。[②]

畜牧业的发展是河套经济发展的重要组成部分。汉武帝移民河套的初期既缺少耕畜，又担心养畜会被匈奴人抢掠，畜牧极为重要。元鼎五年（前112），汉武帝视察河套时发现防御措施没有跟上，影响了移民畜牧，遂处死不修亭徼的北地太守及其相关官员。同时，诏"令民得畜牧边县，官假马母，三岁而归，及息什一"。[③] 政府在河套发展畜牧业，也是发展耕畜的重要途径。"苑"，就是政府设立的国营牧场。《汉书·地理志》载，西汉在北地郡所辖灵州设有河奇苑、号非苑，为政府畜牧场地并提供大量马匹。

永平十六年（73），汉明帝遣窦固等四路出击，北匈奴遭到致命打击，此后窦宪再次率兵出击，北匈奴辗转西迁。随着匈奴问题的彻底解决，河套地区出现了和平安定的社会环境，直到汉顺帝永和五年（140）南匈奴反叛。这个较长时间的和平安定的社会环境，使河套地区经济开发出现了新的高潮。河套地区的牛耕这一时期处于全国的先进水平，畜牧业

---

[①] 《汉书》卷九十四《匈奴传》，中华书局，1987，第3832~3833页。
[②] 陈育宁、景永时：《论秦汉时期黄河河套流域的经济开发》，《宁夏社会科学》1989年第5期。
[③] 《史记》卷三十《平准书》，中华书局，1982，第1438页。

同样得以繁荣。①

对于河套地区的开发，西汉与东汉的开发主体是不一样的。西汉河套开发的主体是国家；东汉定都洛阳后，河套地区不再具有拱卫京师的战略地位，再加上东汉的国力始终没有达到汉武帝时期的那种程度，实际上，河套开发的主体已悄然由封建国家变为豪强地主。②认为东汉河套开发主体"由封建国家变为豪强地主"，这个观点有待商榷。实际上不仅是东汉，历代河套开发都是在国家层面上由政府主导的。

开发河套的措施，一是设置郡县，修筑城池；二是移民屯垦；三是军事屯田；四是安置匈奴（西汉一代，内徙河套的匈奴人总计10余万，他们不仅擅长畜牧，而且在汉人的影响下开始从事农业，成为开发河套的一支生力军）；五是兴修水利。

## 三　汉代宁夏平原城市

西汉时期，宁夏南北的县治设立与城池修筑变化较大。汉初经过文景之治数十年休养生息，国家实力大为增强。汉武帝派大军反击匈奴，重新收复秦始皇时期开发的"新秦中"大片土地后，开始移民屯田，宁夏平原引黄灌溉得到了空前开发。为了加强关中与京畿地区的防御以及与宁夏平原政权的有效联系，汉武帝元鼎三年（前114），在高平（今固原市原州区）设置安定郡。宁夏北部除原有的朐衍县、富平县之外，在宁夏平原新设立了眴卷县、灵武县、灵州县、廉县，新县治设立的密度陡然增大，但布局合理，而且这种格局持续的时间较长。

### （一）眴卷县

清水河北流与黄河贯通，将宁夏南北连接起来。设立于西汉时期的眴卷县，治所在今宁夏中宁县宁安镇境内，但不属于北地郡而属于安定郡管辖，是宁夏历史上唯一打破南北地理空间隶属关系的县治。

---

① 刘磐修：《汉代河套地区的开发》，《中国经济史研究》2003年第1期。
② 刘磐修：《汉代河套地区的开发》，《中国经济史研究》2003年第1期。

## 第四章　城市变迁与城市文化

### （二）灵武县

灵武县县治在典农城（今青铜峡市邵岗镇西），因贺兰山之灵武谷而得名。灵武谷，即贺兰山之灵武口。灵武县辖黄河西岸大片土地，是银川平原西岸南部最早设立的县治。

### （三）灵州县

灵州县设立于西汉惠帝四年（前191），县治设立在黄河东岸。灵州的得名，与黄河在银川平原主流与交流的流向所形成的神奇洲岛（南北长90余公里、东西宽约30公里）有关。北魏太延二年（436）置薄骨律镇，孝昌（525~527）中期改为灵州，"以州在河渚之中，随水上下，未尝陷落，故号灵州。"[①] 灵州，不因黄河水的潮涨潮落而湮没。

### （四）廉县

廉县城址在今宁夏贺兰县暖泉附近，管理银川平原黄河西岸北部的大片土地，是银川平原黄河西岸北部最早设立的县治。

由卫宁平原眴卷县的设立，到银川平原灵武县、灵州县、廉县的设立，县治布局已覆盖整个宁夏平原黄河灌区。西汉时期，边境相对安宁，移民屯垦取得了一定的成效。黄河引水灌溉使昔日人少地饶的宁夏北部呈现出"冠盖相望"的繁荣景象。多个县治在宁夏平原黄河沿岸的设立，说明西汉时期政府对宁夏平原的开发与地方政权建设同步进行。同时，也说明政府对宁夏平原引黄灌溉的有效管理。

东汉是在镇压农民起义、削平封建割据势力的基础上建立起来的封建政权，其在宁夏政权建制方面主要变化是将设立在马岭（今甘肃庆阳境）的北地郡移治于宁夏境内的富平县，使宁夏政权建制的层级进一步提升。东汉以后，西北地区的羌族势力不断壮大，几次与东汉政权较量。汉安帝永初五年（111）的羌族大起义，主战场在宁夏境内，安定、北地两郡太守及政府官吏不战而逃。北地郡太守因北地失守而被下狱，安定郡治内迁美阳（今陕西扶风县东），宁夏平原的农业水利事业一度停滞于

---

[①]　王仲荦：《北周地理志》卷1，中华书局，1980，第130页。

## 黄河文明在宁夏

战乱之中。

直到近20年后的汉顺帝永建四年（129），尚书仆射虞诩上书汉顺帝，认为北地、安定、上郡一带沃野千里，水草丰美，阻山带河，不可久弃，建议将内迁的安定、北地诸郡迁回原地。汉顺帝不但同意，而且于当年十月北上亲自巡视二郡。郡治的恢复，意味着地方政权建制的恢复，也意味着宁夏平原农业屯垦的恢复。这种相对安静的环境持续了十年。汉顺帝永和六年（141）十月，东羌、西羌联手再度发起羌族大起义，征西将军马贤父子战死，东汉政府再次将安定郡内迁至扶风（今陕西扶风县），北地郡内迁至左冯翊（今西安市北），宁夏平原引黄灌溉事业再次随之停罢。

魏晋南北朝的三百多年，是北方动荡、民族迁徙、政权迭起的年代，宁夏境内基本成为鲜卑、匈奴及羌族等少数民族的驻牧地，成为你方唱罢我登场的少数民族政权活动的舞台。宁夏平原肥沃的良田变成畜牧草场，县治政权亦随着战乱而罢弃。

### 四 隋唐县治与城市

隋朝的政治、军事体制基本沿袭北周。北方民族突厥屡屡南下犯边，隋朝在宁夏北部设立灵州总管，在宁夏南部设立原州总管。隋炀帝大业三年（607），改州为郡，旨在加强军事防御，并对长城进行修筑和有效利用。因此，隋朝基本能有效防御突厥犯边，农业生产与水利灌溉没有受到太大影响。宁夏平原有回乐（今宁夏灵武西南）、弘静、怀远、灵武、鸣沙、丰安六县，尽管县治的称谓有变化，但数量在增加，说明农业生产没有因沿边战乱而受到影响。隋朝末年的几次战乱，对宁夏平原农业生产带来一定影响：一是大业九年（613），灵武白榆妄[①]（灵武西南人）起义；一是大业十三年（617），鹰扬郎将梁师都联合北部突厥反隋。

---

[①] 《资治通鉴》记为白瑜娑，见《资治通鉴》卷182，中华书局，1996，第5668页。

## 第四章 城市变迁与城市文化

唐代社会安定，经济繁荣，文化发展，宁夏北部城市建设与发展伴随着北部边境的变化而变化。唐朝初年突厥不断犯边，宁夏北部县治设置与城市布局基本沿袭隋朝。政治中心灵武郡改为灵州总管府，管领宁夏平原回乐、弘静、怀远、灵武、鸣沙等县。突厥颉利可汗归降唐朝后，边境的相对安宁带来城市的发展与县治的变化，由回乐县析置回、环两州，同时于回乐县境内另设丰安县。神龙元年（705），改弘静县为安静县，再增设温池县，皆隶属于灵武郡（天宝元年改州为郡）。县制的不断增加，表明宁夏平原经济社会的繁荣和发展。

唐代灵州，是北方重要的大军区驻防地。朔方节度使一度管辖军事范围较大，包括单于都护府、夏州、盐州，还有定远、丰安两个军以及灵州以北的中西受降城。唐太宗灵武拜会北方草原各少数民族首领、唐肃宗灵武即位等重大事件，在体现灵州特殊时期的政治、军事地位的同时，也彰显着灵州中心城市的地位及其影响力。

唐代在整个北方地区修筑了不少城池，大多耸立在游牧民族南下的重要通道与黄河沿岸，如天德军城、三受降城等，皆属于边城。唐代灵州城地理位置十分重要，安史之乱后更是如此，"扼东牧之咽喉，控北门之管键"[①]。天宝元年（742），朔方节度使驻守灵州辖区的军队60余万人，战马14300匹。[②] 灵州所处的宁夏平原发达的灌溉农业，为驻军提供了较为充足的粮食。

安史之乱后，吐蕃与唐朝的战争前后数十年，灵州是重灾区，不断遭到吐蕃军队侵扰，人畜被掠，粮食被劫，灵州及边地人民生命财产受到严重破坏，宁夏平原的农业及水利设施也遭到了空前的破坏。修筑原州城，增筑盐州城，这是唐朝政府面对吐蕃军队长期军事进攻而采取的防御措施。

---

① （唐）陆贽：《翰苑集·令诸道募灵武镇守人诏》，上海古籍出版社，1993，第49页。
② 李鸿宾：《唐朝中央集权与民族关系——以北方区域为线索》，民族出版社，2003，第133页。

## 五 西夏都城兴庆府

宋代以后，城市从性质和特征来说变化很大。"宋以前多以城为主，以政治和军事为主；宋代以后好多城市转化为'城'与'市'并重，甚至以'市'为主，以经济和文化为主。"[1] 由于宁夏特殊的地理位置，在宋夏对峙期间，宁夏的城池仍处在战乱状态，仍以军事为主，如宁夏南部的镇戎军城，北部的西夏兴庆府、灵州。但宋代城市文化的总体精神对西夏时期城市建设与发展还是有影响的。

西夏立国于与宋朝的对峙时期，但它的发展与壮大时期却在唐代。安史之乱为党项人的发展提供了空间，唐代末年的黄巢大起义，为党项人提供了开拓西夏近二百年基业的历史机遇。经过唐末、五代至宋朝初年的发展，党项人在接受中原王朝羁縻统治的同时，不断地巩固和提升自己的实力，实际上已是"虽未称国而王其土久矣"的状态，实为割据的"藩镇"。夏州政权时期，他们就看准了宁夏平原黄河岸边的中心城市灵州。1002年，党项首领李继迁以夏州为中心向西发展，攻取灵州后，改灵州为西平府并定为都城。

1004年，李继迁在与吐蕃的交战中阵亡，其子李德明继承统御权，采取"依辽和宋"的策略，称臣于宋、辽，宋朝封其为西平王。之后，李德明积极向黄河西岸拓展。随着经济实力的提升和疆域的不断扩大，李德明开始谋划称帝建国。1020年将都城西平府（灵州）迁往黄河以西的怀远镇，改名为兴州（今宁夏银川市），正式建都。

兴州的建立，结束了宁夏北部唐代（包括宋代前期）以前政治中枢一直在黄河东岸灵州的历史，确立了此后宁夏政治中心的地理位置，这是李德明的巨大功绩。1038年，李德明的儿子李元昊继位，李德明已为他的正式建国奠定了基础。李元昊即位后，从政治、军事、文化等方面进行改制并加紧立国称帝的准备工作，其中重要的举措就是升兴州为兴庆府，

---

[1] 沈福煦：《中国古代建筑文化史》，上海古籍出版社，2001，第249页。

同时大兴土木，兴建都城。兴庆府的建筑规模和风格成为黄河流域的一种独特的建筑文化表现形式。

李元昊称帝后，仿照北宋的官制建立起自己的国家行政体系。在朝廷分立文武两班朝臣。朝廷机构设有中书省、枢密院、三司、御史台，分掌行政、军政、财政和监察，又设诸司，分掌各庶务等，有与宋朝相似的设置，包括官员的任命等。① 兴庆府虽然是党项人主持修建的都城，但城市布局与楼阁的形制还是充分吸纳和接受了中原传统汉文化的样式。

西夏地方行政建制为府、州、军、郡、县，就层次看基本采用州、县两级制，府、州同级，郡为蕃夷聚居地区的特别建置，类似于州。依《天盛改旧新定律令》所记载的地方建制名称看，共三府、二州、十七监军司、五军、二郡、九县三十五城寨。② 在宁夏平原有中兴府、鸣沙军、怀远县、保静县、灵武郡，大致仍沿袭唐代县制的格局，但外围有拓展，主要与军事防御有关。如监军司驻地，有些是单纯的监军司驻地，如天都山、韦州（也作威州）；有的与地方政权驻地相叠加，如灵州等。基层组织，大都具有军政合一的特点。实际上，西夏时期重要军事布防在贺兰山、灵州、兴庆府一带，护卫着都城。

西夏立国近二百年，非常重视农业。宁夏平原兴州、灵州和河西走廊皆著名农业灌溉区，尤其是宁夏平原引黄灌溉区，这里是汉唐以来形成的传统农业耕作区。西夏统治者鼓励开荒，扩大耕种面积，充分利用已有引黄灌渠，同时开挖新渠以发展黄河灌溉之利。在发展经济的同时，基本上保持、利用和传承了宁夏平原前代设置的县治和城市，保存和传承了民族文化中华传统文化。正是从这个意义上，一个高度封建化游牧民族政权也是有功绩的。

## 六　元代宁夏平原城市

蒙古汗国建立之后，成吉思汗先后对西夏发动过6次规模不等的军事

---

① 《宋史》卷四百八十五《夏国上》，中华书局，2004，第13993页。
② 王雄：《辽夏金元史徵·西夏卷》，内蒙古大学出版社，2007，第161页。

进攻，前后时间跨越20余年。1226年，成吉思汗率10万大军第六次大举进攻西夏，中卫、灵武等重要城市转眼都被战火吞噬，都城兴庆府孤城耸立。成吉思汗的"中兴屠城"，使西夏都城消失在战火中。西夏政权不存在了，宁夏平原上的老百姓大多都逃走，农田多已荒芜。战争，给宁夏平原带来十分严重的破坏。

历史地看，西夏都城兴庆府毕竟是具有近200年历史的帝都，宁夏平原毕竟是引黄灌溉的粮仓。忽必烈建立元朝之前，就对兴庆府非常关注，起初由中央政府中书省直接管理，之后又设立中兴行中书省管理地方事务。中统二年（1261）九月，"诏以粘合南合行中兴府中书省"，① 这是忽必烈第一次将行省设置在兴庆府，首先从政权设置级别上认可了行省的建制，此外还有府、县设置。

（一）中兴行省

至元元年（1264）八月，元朝正式设立"西夏中兴行中书省"，同时，朝廷还专门颁发了西夏中兴行中书省"条格"。② "西夏中兴行省开始进入半固定行省的行列"。③ 西夏行省是甘肃行省的创建之始，西夏行省设置在先，甘肃行省设置在后。中间一段时间，在中兴府与甘州两地反复变动过。原因之一，是元朝建立后忽必烈分封皇子忙哥剌为安西王，分别设立王府于西安和六盘山腹地开成，它直接影响着西夏行省与甘州行省的变化。原因之二，是由于元军东撤后甘州、肃州及其以西边境军事变化。④

至元三年（1266），"罢西夏行省，立宣慰司"，⑤ 隶属于中书省。至元五年（1268），"罢西夏宣慰司"，"立西夏惠民局"。⑥ 至元八年

---

① 《元史》卷四《世祖一》，中华书局，1987，第74页。
② 《元史》卷五《世祖二》，中华书局，1987，第98页。
③ 李治安：《元代行省制度》（上），中华书局，2011，第451页。
④ 李治安：《元代行省制度》（上），中华书局，2011，第454页。
⑤ 《元史》卷六《世祖三》，中华书局，1987，第110页。
⑥ 《元史》卷六《世祖三》，中华书局，1987，第119页。

(1271），元朝正式建立，再"立西夏中兴等路行尚书省"，① 再度设立行省。次年改"行尚书省"为"行中书省"。至元十年（1273），又罢"西夏行省"，实际上"为安西王相府所取代"，② 直到至元十八年（1281）。至元二十二年（1285），又"罢甘州行中书省，立宣慰司，隶宁夏行中书省"。③ 至元二十三年（1286），再"立甘州行中书省"。④

至元十八年至元贞元年期间，西夏中兴行省与甘州行省不但有合并移置的经历，还有各自分立的时期。《元史》记载，至元十九年（1282）四月，"诏给各处行省铺马圣旨……西夏行省、甘州行省，每省五道"⑤。这一时期西夏行省、甘州行省独立设置。

元贞元年（1295），"罢宁夏路行中书省，以其事并入甘肃行省"。⑥ 此后再没有移置，定名为甘肃行省。西夏行省（包括宁夏行省）与甘州行省（包括甘肃行省）在两地反复移置30多年，占元朝整个统治时间的三分之一多。

追溯西夏行省的变迁，主要是想从城市的角度来审视当时宁夏的地位与城市文化意义。"如果说起自然经济环境和前朝传统，中兴路地处黄河中上游最富庶的河套，又曾经是西夏都城和西北政治文化中心，与元大都交通联络比甘州路近一千里，这似乎是元世祖前期十三年间置行省于中兴路和后来五年甘州、西夏中兴二行省并立的缘由。"⑦ 道路便捷应该是原因之一，但应还有政治与经济原因。

（二）宁夏府路

行省以下的行政区划为路、府、州、县。至元二十五年（1288），元

---

① 《元史》卷七《世祖四》，中华书局，1987，第135页。
② 李治安：《元代行省制度》（上），中华书局，2011，第451页。
③ 《元史》卷十三《世祖十》，中华书局，1987，第275页。
④ 《元史》卷十四《世祖十一》，中华书局，1987，第287页。
⑤ 《元史》卷一百零一《兵志四》，中华书局，1987，第2586页。
⑥ 《元史》卷十八《成宗一》，中华书局，1987，第396页。
⑦ 李治安：《元代行省制度》（上），中华书局，2011，第454页。

朝"改中兴路为宁夏府路"。① 宁夏的名字就此诞生，而且有其深层寓意。宁夏，即安宁的西夏，元代统治者希望西夏故地从此安宁。元贞元年以前设立过"宁夏路行中书省"，这是以"宁夏"的名字设立省建制的开始。宁夏府路设立后，作为路一级行政建置直到元朝灭亡。地方政权层级高低，关系到城市建设的发展变化。

（三）州县设置

按照元代区划，宁夏府路下辖5州3县。5州为中兴州（宁夏府路治所银川）、灵州（宁夏灵武市境）、鸣沙州（宁夏中宁县境）、应理州（宁夏中卫市境）、定州（宁夏平罗县境）。元代宁夏地方政权建置比较特殊，由于曾是西夏帝都的原因，起初虽设行省建置，但府县设立较晚。至元十二年（1275）三月，"于中兴路置怀远、灵武二县，分处新民四千八百余户"。② 这是西夏灭亡至元朝建立后在宁夏平原设立的县治，明确"分处新民四千八百余户"，县制是随着人口的增加而设立的。此外，还有一个河渠县，《元史》里有明确记载，但设置时间与治所不详，在一些论著里也没有涉及"河渠县"这个名字。

元代宁夏是屯田重要地区，政府尤其重视修浚水利、发展农业。至元三年（1266），朝廷就派郭守敬巡视西夏河渠。紧接着"浚西夏中兴汉延、唐来等渠"③，"括西夏民田"④。因此，先后设有宣慰司、西夏中兴都转运司、宁夏等处新附军屯田万户府⑤、西夏中兴道按察司、西夏提刑按察司管民官，直到改中兴路为宁夏府路，宁夏立河渠提举司。这些管理机构丰富了宁夏府路、中兴行中书省的都市建筑格局。

总体上看，元朝统治时间近百年，经营宁夏平原是大有成效的。无论地方政权的设置级别，还是州、县的设置与布局，基本上奠定了未来宁夏

---

① 《元史》卷十五《世祖十二》，中华书局，1987，第309页。
② 《元史》卷八《世祖五》，中华书局，1987，第164页。
③ 《元史》卷六《世祖三》，中华书局，1987，第110页。
④ 《元史》卷六《世祖三》，中华书局，1987，第114页。
⑤ 《元史》卷一百《兵志三》，中华书局，1987，第2569页。

平原县级城市的格局。由《元史·地理志》人口数字看，中兴路有170862户599224口，近60万人，是当时全国府、州一级人口较多的地区之一，因此亦有相对规模的城市布局。

## 七　明代宁夏城市

明朝延续了270余年。这期间，退回北方草原的蒙古人或在河套，或在贺兰山以西驻牧，大多数年代都在北部边境徘徊，或者兵锋南下，或者四处劫掠。宁夏地处边境，成了防御蒙古铁骑南下的重要军镇。因此，明代初年曾设立宁夏府，数年之后府治罢撤，人口内迁，直到洪武九年（1376）设立宁夏卫。作为极边地带，明朝没有在宁夏设府、县建制，而是以军事性质的镇、卫、所掌控军事，管理民政。藩王府（韦州、宁夏镇城王府）与宁夏镇，是当时两大重要的建筑群。元代以前形成的县城并没有完全放弃，县治的地理格局还在，只是以卫、所的名分存在和利用着，这从清代初年由卫改县的过程即可看得出来。

（一）藩王与藩王府

藩王督边，是明朝初年边境防御的一大特点。明朝陕西行省、陕西都指挥使司，是西北地区最高行政与军事管理机构。但朱元璋还是担心军权旁落，尤其是"胡蓝之案"（丞相胡惟庸，大将蓝玉）后，他觉得只有朱家子孙才是维护大明统治最为可靠的人选，遂决定以藩王的身份分封皇子就藩各地。就封宁夏的是朱元璋第十六子朱㮵，封号庆王，目的是让他"理庆阳、宁夏、延安、绥德诸卫军事"。[①]

朱㮵于洪武二十四年（1391）四月受封庆王，但没有马上就藩封地，而是前往临清（今山东临清市）训练军士。洪武二十六年（1393）正月，诏庆王朱㮵"之国……庆王都宁夏……宁夏以粮饷未敷，命庆王且驻庆阳北古韦州城，以就延安、绥德、宁夏租赋"。[②] 韦州城（今宁夏同心县

---

[①]《明史》卷一百一十七《诸王二》，中华书局，1987，第3588页。
[②]《明太祖实录》卷224，台湾"中央研究院"历史语言研究所影印校勘本，1962。

韦州镇）成了庆王的第一个王府。万历《宁夏志》记载："洪武间庆靖王猎于此，见蠡山秀丽，遂官室居之。"韦州王府"洪武中起，后虽徙宁夏，宫殿尚存"①。这里明确记载韦州庆王府"洪武中起"，修建还是比较早的。朱㮵在韦州度过了九年时光，韦州王宫给庆王留下了美好的记忆。建文帝三年（1041），"徙国宁夏"，始有宁夏镇城的庆王府。

对于明代分封全国各地的亲王封国的机构设置与官员配置，朝廷有明确的规定。初封的亲王，有王相府而且官员配置级别很高，是朝廷的一个缩小版。不久，朝廷就取消了王相府的设置。庆王朱㮵分封时已不设王相府，高配置的官员也不再任命，但常规性的机构设置是齐全的，如承奉司、长史司、仪卫司、纪善所、典宝所、良医所、审理所、工正所、奉祠所、典仪所、广济库、丽春院等，这些机构实际上对应着朝廷的相关部院；每个设置机构都有朝廷颁发的"印信"，也规定了每个机构官员的职数，包括颁发给官员的"印信"，是国家政治在这个小王国里的体现，负责和运转着王府的一切。王府建筑，是皇家建筑在宁夏的体现。

（二）庆府宫殿

朱元璋在分封诸子的同时，不但制定了《祖训录》《训戒诸王》一类的文字，旨在对亲王加以约束与限制，而且对王府的建筑格局也有明确的规定：亲王宫城周围三里九百九步五分，东西一百五十丈二寸五分，南北一百九十丈二寸五分，②规模大而宏阔。对王府建筑格局及其具体布局，《明史》也有详尽记载："其制，中曰承运殿十一间，后为圜殿，次曰存心殿，各九间。承运殿两庑为左右二殿，自存心、承运周回两庑，至承运门为屋百三十八间。殿后为前、中、后三宫，各九间。宫门两厢等室九十九间。王城之外，周垣四门，堂库等室在其间，凡为宫殿室屋八百间有奇。"③

---

① 嘉靖《宁夏新志》卷三，宁夏人民出版社，1982，第214页。
② 朱勤美：《王国奠礼·亲王府志》卷二，北京图书馆古籍珍本丛刊第59册，北京书目文献出版社，1998。
③ 《明史》卷六十八《舆服四》，中华书局，1983，第1670页。

## 第四章　城市变迁与城市文化

以上亲王宫殿建筑格局的规定，是在洪武朝早期制定的。朱㮵受封庆王时，朝廷对亲王的府邸修建又有了新的规定，各方面规制都在缩小。庆王由韦州到宁夏镇，王府是在原宁夏卫公署的基础上修建的，没有另建王府。永乐十五年（1417），皇帝曾派太监杨升、工部主事刘谦与王恪、钦天监阴阳人陈俊卿等人组成一个建筑设计班子来宁夏，准备为庆王修造王府。庆王朱㮵"时予心欲内徙，是以不果造也"。他一直期待着王府内迁，因而王府修造一切从简，只筑外城垣，立城门曰"棂星门"。

万历《宁夏志》卷首宁夏"镇城图"，将包括王府在内的所有机构和文化建筑与设施都标注得很清楚。庆王府在城南，近乎与镇城南薰门相对，是宁夏镇城里占地面积最大的地方。王府萧墙高一丈三尺，周围三里。主要建筑物有棂星门、端礼门、承运门、承运殿、后殿、王宫、庆宗庙、书堂、迎薰阁，[①] 这是万历时期庆王府的格局。庆王的后裔们陆续受封爵位者，环庆王府修建了不少府邸。如寿阳王府，在庆王府以西；丰林王府，在庆王府以东；镇原王府，在庆王府东北；镇宁王府紧挨镇原王府。以上王府在城东。华阴王府、延川王府、蒙阴王府、巩昌王府、弘农王府在城西。庆靖王家族在宁夏二百余年，衍生了一个庞大的贵族阶层。万历《宁夏志》镇城图里，仅王府建筑物数量已占到整个镇城机构的六分之一强。

王府内外建筑物有明确记载者，一是王府迎接皇帝诏敕用的"皇华馆"，二是供朝廷官员来往住宿的"天使馆"，三是社稷坛、山川坛，四是旗纛庙、城隍庙，五是官庙等祠庙建筑，六是三清观、真武堂、承天寺、报恩寺等寺观建筑，七是丽景园等园林建筑。

由以上可以看出，王府内外建筑规模宏大，建筑级别高而华丽，显示了皇家建筑的气魄，是明代宁夏皇室建筑加都市园林的多元建筑格局，远远超越了西夏帝都、元代宁夏行省的级别与建筑样式。

（三）宁夏镇与镇城

宁夏镇镇城，是一个古老的城市。1020年，这里已成为西夏的都城，

---

[①]　万历《宁夏志》卷二，台湾学生书局，1969，第155~156页。

延续了近二百年。蒙元时期，这里是西夏行中书省的城池。明代，这里自然成为重要的军事重镇。

宁夏镇城是"合五路，共七卫三十八所"总控之中枢，实际上是省级建置，驻有总兵官、巡抚、督御史、副总兵官、按察使等朝廷命官，并有帅府等相应的军政机构。《嘉靖宁夏新志》载：镇城"周回一十八里，东西倍于南北，相传以为人形。元兵灭夏，攻废之，已而修设省治。元末贼寇侵扰，人不安居，哈尔把台参政以其难守，弃其西半，修筑东偏……正统间，以生齿繁众，复修其西弃之半"[1]。正统九年（1444）七月，刑科给事中侯臣由陕西还京，在陈疏沿途见闻时说："宁夏故城围十八里，今仅九里，城中人稠，宜仍其故址筑之。"十月，朝廷即"命拓展陕西宁夏城"[2]。明正统九年以后，宁夏镇城已恢复至周回十八里的空间。由万历《宁夏志》卷首镇城图看，明代宁夏镇城是一处规模宏大、机构设置齐全且层级较高的城池，王府与宁夏镇、巡等机构同治一城，有各种文化与宗教建筑。

（四）屯堡衍生的城镇

明代的宁夏，除了卫一级规模较大城池外，千户所一级军事建制同样修筑有较大的堡寨，已成为各地政治、经济、文化中心，为未来城镇的形成起到了前期铺垫的作用。明代宁夏平原屯田为宁夏沿黄河两岸留下了不少至今仍在沿用的地名。前面讲过，明代宁夏没有地方政权设置，是卫所军事建制。因此，明代宁夏平原屯田，根据其管理模式建立了基层屯田组织——屯堡，这是一种具有军事性质的防御城堡。

明朝宁夏平原的"屯堡"，后来一部分成了现在乡镇的名字，个别屯堡的名字或者演绎成了后来市县的名字，或者成了后来设立县治的地方。

（五）固原镇与固原城

固原城是明代有名的城市。之所以有名，一是因为明代陕西三边总督

---

[1] 嘉靖《宁夏新志》卷一，宁夏人民出版社，1982，第9页。
[2] 《明英宗实录》卷122，台湾"中央研究院"历史语言研究所影印校勘本，1962。

驻节固原，统一调度西北四镇（延绥、宁夏、甘州、固原）军队，总督府修建规模宏大，在边境防御过程中起过重要作用。二是因为固原城自身的影响力。固原城修筑始于汉代，历代都有过程度不同的修缮，明代已成为雄踞西北的重镇，"回字"形的外城砖石包砌，固若金汤，十分壮观。其特殊的结构形态——北一、西二、东三、南四的城门布局，在全国的古城中都是罕见的。三是因为盐引批验所设于固原城，商人云集，带来了城市商贸的繁盛。四是因为固原城所在地理空间赋予固原城的存在价值。固原城地处汉唐以后著名的萧关古道要隘，为古丝绸之路东段北道必经之地，中原农耕文化与西域中亚文化、草原游牧文化在这里交融碰撞，近40年考古出土的重大发现一再证实着这些。

明代前朝设有开成县，后撤县升固原州，隆德县隶固原州。地方州县设置之外，还有军事建制，如西安守御千户所、镇戎守御千户所、平虏守御千户所，都修筑有规模较大的城堡。

《嘉靖固原州志》记载和反映固原镇城的城市文化内容相对较少，但清朝《宣统固原州志》所载可聊补相关内容之不足。

明代固原陕西三边总督署毁于清朝同治兵燹，后由陕西提督雷正绾"请币重修"，"署前有赏门，为犒赏三军之所。有圜桥式，下通西海渠水，柳荫成围，有坊颜曰'节制四镇'"。明代固原州署，也毁于清同治战乱，后由知州廖溥明重修，"后厅吴学使大篆额，名曰'补春榭'"。[①]吴学使即吴大澂，为清末著名学者、金石学家，曾任陕西提学副使。此坊匾是其督学陕西时所题。此外，吴大澂留在固原的墨宝还有"三关口修路碑记"，为国家一级文物，原物现存固原博物馆。这一切，都厚重了固原城市文化。清代固原城商业区逐渐拓展到南城门外，店铺林立，过往商人络绎不绝。

---

① 宣统《固原州志》卷首图，陕西人民出版社，1992，第17页。

## 八 清代宁夏城市

清代初年王辅臣之乱平息，围剿噶尔丹的战争结束后，随之而来的是宁夏地方政权设置的大变化。

雍正二年（1724）七月，川陕总督年羹尧奏准裁撤宁夏卫，改置宁夏府，从此结束了宁夏自明代以后延续了三百余年军事卫所建制，设立地方府、州、县行政建制。宁夏镇所属，原宁夏左屯卫改置为宁夏县，原宁夏右屯卫改置为宁朔县，原宁夏中屯卫改置为中卫县，原平虏守御千户所改置为平罗县，裁灵州千户所另置灵州。宁夏府辖宁夏县、宁朔县、平罗县、中卫县和灵州，实际上是4县1州，基本沿袭了元代5州3县的大致格局。此后，随着人口的增多和社会生产力的发展，宁夏黄河沿岸县治不断增设。

雍正四年（1726），宁夏府在贺兰山以东的辽阔地带招民开垦土地，引水灌溉，荒芜的土地变成了良田。随之清政府在这里设立新渠县。雍正六年（1728），在新开发的土地上设立宝丰县（《乾隆甘肃通志》记载是雍正四年建县），豁免地赋，招募陕西、甘肃和宁夏本籍移民耕种。这一时期，宁夏平原已是6县1州地方政权建制，城市规模扩大。乾隆三年（1739）宁夏大地震，宝丰、新渠和宁夏三县是重灾区，尤其是宝丰、新渠二县灾情十分严重，"县治沉没"，"一片汪洋"。第二年，宝丰、新渠二县裁撤并入平罗县，这种格局直到清代后期。同治十一年（1872），回民暴动被清政府镇压之后，为加强对灵州回民聚居区的控制，清政府对宁夏府所属管辖区划做了调整。一是裁撤原宁夏水利同知改为宁灵同知，设置宁灵厅并进驻金积堡。二是因豫旺城距固原州过远不便治理，乃划固原州西北、海城县东北及宁灵厅西南部分地区另置平远县，仍隶属于固原州平凉府。这时，宁夏府领有灵州、宁夏县、宁朔县、平罗县、中卫县、宁灵厅，即1州4县1厅，在原来基础上增加新的县级建制。

花马池分州，也是清代在宁夏中北部地区设立的较为特殊的地方政权，驻花马池城（今宁夏盐池县城）。明代，由于花马池地理位置极为紧要，防堵着蒙古兵锋南下的主要通道，明代在这里设置层级较高的宁夏后卫，以示有效防御。清代初年，由于西北用兵，花马池的建制存在，而且驻有大量的军队。随着西北战争的逐渐平息，改置为灵州花马池分州，实际上也是县的建制。

## 九　民国建制变迁

民国建立后，相继撤销府、州、厅建制，或者裁府、州、厅并县，宁夏中北部县治设立与城市变化较大。一是宁夏设省，二是宁夏平原县治的增设与变化，三是宁夏设省后宁夏平原之外的变化。

### （一）宁夏设省

宁夏设省始于元代，但民国时期宁夏设省意义非同于元代。1929年1月1日，经国民政府同意宁夏省政府正式成立。宁夏省成立前，宁夏平原的县治已经有了变化。1912年灵州改为灵武县，宁灵厅改为金积县，花马池分州改为盐池县，清代划出去的平远县再划归宁夏，改为镇戎县。宁夏建省前或改置、或新添县治4个，隶属于宁夏道。宁夏建省后县治亦有大变化，总体的趋势是增设新县制。

### （二）县治变迁

中卫县与中宁县。1933年九月，原中卫县调整划分为中卫县与中宁县，宁安堡、鸣沙州、枣园堡、广武营等村镇划归中宁县，两县以黄河为界，黄河西为中卫县。

宁夏、宁朔、平罗3县与永宁县和惠农县。1941年春天，宁夏、宁朔、平罗3县作了重新调整，将原3县调整划分为5县，新增设永宁县和惠农县。调整划分的直接动因是原宁夏、宁朔（1932年，县治由银川新城迁往王铉堡，今永宁县望洪镇）、平罗3县土地耕种面积不断扩大，人口逐渐增多，达到了析置新县的程度。同年5月，因宁夏首县宁夏县与宁夏省雷同之故，将原宁夏县改名为贺兰县，县治由宁夏省城移至谢岗堡。

永宁县与陶乐县。1942年设立新的永宁县，由贺兰县与宁朔县两县析置，县治设于杨和堡。1929年先设陶乐设治局，1941年正式设立陶乐县，划归宁夏省管辖。

同心县。清末置平远县，1913年改为镇戎县，1928年改为豫旺县，1938年移县治于同心城，改名为同心县。

（三）宁夏建省后，宁夏之外县治的变化

一是磴口县，1926年冯玉祥设立，1929年国民政府正式认可。二是阿拉善旗、额济纳旗划归宁夏省管辖。磴口县、阿拉善旗、额济纳旗，实际上是特殊时期的设置与管理。

由民国时期宁夏平原县治的变化看，土地在不断开垦，资源在不断增多，人口在不断增加，县治设立也随之增加，宁夏平原沿黄河带的县治布局已基本形成。新中国成立以后，金积县撤销，划归青铜峡市，新增加青铜峡市、吴忠县（后设市，改县为利通区）。

## 第三节 中心城市与文化传承

宁夏历代政权建置变迁过程，前边已做了较为详尽的梳理，大致有四层关系：一是西夏帝都中兴府，二是元代设立的宁夏行省，三是宁夏府治，四是县级政权设置。如果按照传统政权设置的形式看，基本涵盖了全部政权建置关系。真正从城市结构与文化内涵看，固原和银川是两个承载的中枢。将固原城与银川城列为中心城市来考察，是因为这两座城市的活力及其承载的能力，"首先在于它的自然条件和地理位置，其次在于它的人文条件"。[①] 两千多年的经历证实了这些。

### 一 固原城

（一）高平与原州城

宁夏南部中心城市固原城，它的沿革前面已有简略叙述。现在看到的固原城修筑于汉代，传承了两千多年。"平原地带的城市，多为方方正正

---

[①] 沈福煦：《城市文化论纲》，上海锦绣文章出版社，2012，第174页。

的；地形复杂的城市（由于河流、山丘、树林等关系），则曲折多变。"[1]汉代高平城修筑于清水河西岸台地上，由于河床曲折，高平城临清水河西岸的东城墙与南城墙呈不规则走向，这成为固原城修筑的原型。

北魏时期，设置宁夏南北两大军镇——薄骨律镇和高平镇。不久，高平镇改为原州。宇文泰建立关陇统治集团的过程中，原州成为他的根据地。当他成为西魏的实际统治者之后，或者巡幸原州，或者登临长城，或者狩猎原州，没有忘却原州城。561年，宇文泰第四子宇文邕称帝建立北周，第三年就"行幸原州"。565年，北周"筑原州城"。北周筑原州城，不是对汉代高平城的修葺，而是在高平城外围修筑规模更大的新城。新城套旧城，成为"回字形城"。汉唐时期，原州城地当丝绸之路必经之要冲，唐代原州经济发达，文化繁荣，有须弥山大佛的开凿，有萧关县的设立，但安史之乱摧毁了原州城陴橹重镇。吐蕃民族内侵，原州政权内迁，原州城在战乱中成为废城，撂荒摒弃80余年。

宋代设镇戎军，原州成为宋夏对峙的前沿。史书记载在古原州筑城，但未记载城的形制和格局。《嘉靖固原州志》载：宋镇戎军城周围九里七分，壕堑二重，时人称为"中华襟带"[2]之地，是北通大漠、南接关中的重要军镇，明清时期仍显示着它巨大的军事意义。

（二）开城与安西王府

元朝建立之初，仍在利用古原州城。至元九年（1272），忽必烈"封皇子忙哥剌为安西王，赐京兆为封地，驻兵六盘山"。遂放弃古原州城，于州城南开远堡置城开府。深层原因，是由于成吉思汗避暑六盘山时已在开成建有行宫，"诏安西王益封秦王，别赐金印，其府在长安者为安西，在六盘者为开成，皆听为宫邸"。[3] 安西王府位高权重，管辖地域广阔，在统一南宋的过程中发挥过"小朝廷"的作用，行使高于"行省"一级

---

[1] 沈福煦：《城市文化论纲》，上海锦绣文章出版社，2012，第211页。
[2] 《武经总要》卷18，中华书局，1959。
[3] 《元史》卷一百零八《诸王表·秦王》，中华书局，1987，第2736页。

的权力，是元代政权在宁夏的特殊形式。开城替代了固原城，在历史上影响较大。

元代名"开成"，后人演绎为"开城"。元上都城建于1256年，是元代的两都之一，当时命名为"开平"。"开平"与"开成"，是有渊源关系的，也是一种地位的象征。1260年忽必烈在开平召开忽里勒台大会登上汗位。1263年，正式诏令开平府为上都。忽必烈封忙哥剌为安西王后，以王府开城为"上路"，与开平府"上都"也是有渊源关系的。

正由于安西王的特殊背景，安西王府的修建再现的是皇家建筑模式和格局。王城遗址，是元代大型宫殿建筑群遗址。2002年，考古工作者对安西王府遗址进行勘探，遗产面积方圆2平方公里[1]。考古清理界定，遗址面积超大，遗址类型多样，散见文物遗存丰富，是一个相对完整的王府建筑体系。按照考古表述，有窑址、城址、宫殿、御苑及普通居址和墓葬区等。王府遗址散布着砖、瓦、石质造型及各色琉璃装饰建筑构件。

元上都遗址分为城址与墓葬区两部分。城址由宫城、皇城、外城和关厢四大部分组成，四角有高大的角楼台基。与元上都一样，安西王府遗址也分为城址和墓葬区两部分，城内布局大致相同。王府城址由主城和瓮城两部分构成，较重要的防御设施除城墙东、南、西三个城门外，主城墙四周还配有角台，增加了城墙的雄阔感和防御功能。瓮城、南城门与城内宫殿建筑，处在一条中轴线上，体现的是王府建筑的格局。主城为夯土基址，在城内中心偏北处。台地周围暴露出大量黄、绿釉色的琉璃瓦片、琉璃瓦当、琉璃滴水等。城内共有5处夯土基址，其中规模最大的中央基址在城内南北中轴线上，这里就是安西王府宫殿遗址。周围到处散见有青灰色砖块，大量黄、绿、白釉板瓦和筒瓦残片，还有黄、绿釉龙纹瓦当和滴水残块和青石质台沿螭首及刻龙纹造型的青石构件等，这些色彩绚丽的琉璃饰件与雕刻精致的石刻建筑构件，反映了安西王府建筑的皇家气派。忽

---

[1] 宁夏文物考古研究所、固原市原州区文物管理所编著《开城安西王府遗址勘探报告》，科学出版社，2009，第7页。

## 第四章　城市变迁与城市文化

必烈修建的开平府城宫殿，也是建在台基上，"城内又建第二宫，距前宫约一箭之遥"，① 苑囿在城外。这种形制，与开城安西王府宫殿建筑大致是一样的。

王府的瓮城，是围绕在南城门外的小城，以护卫主城南门。"通常只有很重要的城，才在城门外加筑瓮城，增强防御力量。"② 通过考古勘探，瓮城东、南、西三面城墙的形制和轮廓尚存，占地面积约2318平方米。③ 瓮城门址位于瓮城南墙中部，大体处在瓮城的中轴线上。④

元代人姚燧笔下的安西王府《延釐寺碑》文的记载和深度描写，为后人了解安西王府建筑的规模和华丽程度提供了参照。

姚燧是元代著名学者。姚燧撰《延釐寺碑》文时，正在江西行省参知政事任上。延釐寺是安西王阿难答为纪念忽必烈和皇后，于元贞二年（1296）报请成宗皇帝准允动工修建的，是安西王府建筑的重要组成部分，经过八年时间始告竣工。姚燧为新落成的寺院题名并撰写文。碑文涵盖了延釐寺的建筑规模，描绘和抒写了延釐寺的堂皇宏大。姚燧曾为翰林学士承旨，为文撰章有西汉遗风，名噪一时。他在安西王府供过职，又是元代著名文人，碑文不长，但描写极尽姚燧之才华。"……土木之工，雕楹绘墉。朱尘绮疏，匹帝之宫。金茎一气，颉颃上下……"整个建筑格局凸显出皇家气息，再现的是当时最高的建筑工艺水平；镀金镏银的建筑样式，可与元大都北京的建筑相比。元大德十年（1306）八月，固原发生过一次震级强烈的地震，"开城地震，坏王宫及官民庐舍，压死故秦王妃也里完等五千余人"。地震伤亡的人数，足以让我们看到开城安西王府的建筑规模。

---

① 张星烺编注，朱杰勤校订《中西交通史料汇编》第二册，中华书局，2003，第1194页。
② 陈正祥：《中国文化地理》，生活·读书·新知三联书店，1983，第78页。
③ 宁夏文物考古研究所、固原市原州区文物管理所编著《开城安西王府遗址勘探报告》，科学出版社，2009，第112页。
④ 宁夏文物考古研究所、固原市原州区文物管理所编著：《开城安西王府遗址勘探报告》，科学出版社，2009，第118页。

**黄河文明在宁夏**

元代开成,既是安西王府所在地,又是开成路、府、州的官署衙门所在地。安西王忙哥剌受朝廷委派,代表皇帝统摄西北、西南的大片领地,安西王府与开成路一起构成了西北兼及西南地区的军事重镇和政治、经济与文化的中心。从城市的格局看,"宋代'城市革命'打破了唐代城市的坊市制度……出现了商业与居民区混杂交错的现象。在城市内部区划上出现了厢、坊、街、巷管理制度"[①]。这为元代城市格局的配制提供了新的参考模式。安西王府所在的开成路、府治所的城市建筑与坊市,建筑群已成规模,再加上路、府、县机构建筑等,城市与坊市应该已经形成。

(三)明清固原城

元代,固原的地方政权机构在开成。明代,随着北方蒙古兵锋的不断南下,固原政治中枢不仅从开成移回古原州城,而且成为著名的"九边"之一固原镇。更为重要的是陕西三边总督驻节固原,全力调控延绥、宁夏、甘肃、固原四镇兵力,负责西北地区的军事防务。因此,固原城的修筑成为不可回避的大事。

明代固原城的修筑,前后经历过数次。景泰元年(1450),"命修陕西平凉府固原州废城"[②]。之后,由于北元攻破开成县、满俊固原暴动两大事件,明朝政府在设立固原卫的同时,于成化五年(1469)增筑固原城。大规模修筑固原城,是弘治十五年(1502)陕西三边总督秦纮修筑的外关城,周围二十里[③]。万历三年(1575),陕西三边总督石茂华主持修筑固原砖包城,这是固原城的最后定型。《宣统固原州志》记载:内城周围九里三分,高三丈五尺,垛口一千零四十六座,炮台十八座;外城周围十三里七分,高三丈六尺,垛口一千五百七十三座,炮台三十一座;城门北一、西二、东三、南四,形态完整,样式壮观;城内公署设

---

① 韩光辉:《宋辽金元建制城市研究》,北京大学出版社,2011,第36页。
② 《明英宗实录》卷204,台湾"中央研究院"历史语言研究所影印校勘本,1962。
③ 嘉靖《固原州志》卷一,宁夏人民出版社,1985,第10页。

置齐全，尤其是陕西三边总制府处在整个城市中轴线靠北，为所有文武衙门建筑规模之第一。刘献廷《广阳杂记》载："明三边总督，驻扎固原，军门为天下第一，堂皇如王者。其照壁画麒麟一，凤凰三，虎九，以象征一总督，三巡抚，九总兵也。"[①] 可见陕西三边总督府地位的森严和建筑的华丽。《嘉靖固原州志》对固原州城的记载，偏重于军事与古迹文化，少于商业文化，但却留下了在西北地区有重要影响的固原古城。清代的固原，在维护修葺的同时，对城市相关文化也保留了不少。

固原古城，是一座集政治、军事、文化于一体的城池，至今还保留着城西北角明代古城墙的原貌。它的军事意义结束了，文化意义还在延伸。

## 二　宁夏镇城

（一）镇城的背景

宁夏平原上的中心城市，以唐代为界，前期在黄河东岸的灵州。宋初党项人李继迁将在灵州的西平府西移至黄河西岸怀远，宁夏平原中心城市随之西移，经历了西夏、元、明、清、民国，银川古城是在西夏都城、宁夏镇城基础上发展延续的产物，也是两千多年历史发展和推进的结晶。1947年，银川市正式成立。银川市成立虽然较晚，银川的得名却在清朝乾隆年间。乾隆十六年（1751）科考，宁夏籍考生路谈为第二甲进士[②]。嘉庆十八年（1813），路谈为银川书院写《银川书院碑记》，可见银川得名时间至迟在乾隆时期。

无论是早期的灵州城，还是后来的银川城，都是充满活力的地方。宁夏平原从地理空间上讲就是个奇特的地方，有天时、地利、人和的时空特点。六盘山、贺兰山南北纵贯，黄河从二山的中间穿黄土高原边缘而过，形成了宁夏平原富庶的盆地。唐代文人笔下的"塞北江南"，明代时"天下黄河富宁夏"的赞誉，从多个层面彰显着宁夏平原的富庶。从地理位

---

[①]（清）刘献廷撰，汪兆平、夏志和点校《广阳杂记》卷一，中华书局，1957，第35页。
[②] 中国第一历史档案馆藏金榜：乾隆十六年第二甲第二十九名。

**黄河文明在宁夏**

置上来说，这里是"背名山而面洪流，左河津而右重塞"，"左距丰胜，右带兰会"，"西据贺兰之雄，东据黄河之险"的地方。这里气候温和，土地肥沃，河渠交错，可谓得天独厚。这里物产丰饶，四周风光独特，域内人文荟萃，久盛不衰。这是宁夏平原的活力所在，更是历代古灵州和中兴府的活力所在。这里的"天府之地"能为"战时"或"平安"时的社会提供粮仓和强大的经济支持，历史上成为多个朝代北方的军事防御重镇。西夏政权之所以能在这里经营近二百年，很大程度上凭借的就是宁夏平原天时与地利相和的空间。

银川城的修建，始于西夏李德明时期修筑的兴州城，承载了西夏近二百年基业。之后历元、明、清数百年，城市变迁都在这个基础上修建、修缮和利用，再没有脱离开这个大空间。西夏末年，成吉思汗的"屠城"政策对兴州城毁坏严重。"元太祖灭夏，城遂空。"[1] 西夏时期政权的机构设置和官署皆仿宋朝，庞大的衙署需要相应的城市空间来支撑，作为都城的兴庆府，城池高大气魄，建筑物密集华丽，尤其是皇家建筑，从传世的西夏文物可得到佐证。

成吉思汗灭西夏并"屠城"之后的兴庆府，近乎沦为废城。在成吉思汗灭金的过程中，"焚毁屋庐，而城郭亦圻墟"[2]，燕京宫阙"雄丽为古今冠。至是为乱兵所焚，火月余不绝"[3]。兴庆府也是这样毁坏的。由于兴庆府的地理位置和近二百年的建都史，忽必烈执政后，在兴庆府设立了省一级的地方政权行中书省，前后还设立过宁夏宣慰司、宁夏路总管府等。省制的设立，意味着城市的再度兴盛。元代虽然是草原游牧民族掌控国家政权，但元代统治者在城市建设与文化理念上，沿袭的是传统礼制，遵循的是儒家文化。"元大都（今北京）反而显得更为古式。这也许是崇尚汉地文化，元代努力学习汉文化，所以其都城也按先秦的《周礼·冬

---

[1] 嘉靖《宁夏新志》卷一，宁夏人民出版社，1982，第8页。
[2] （宋）李心传：《建炎以来朝野杂记·乙集》卷20，《四库全书·史部》，中华书局，1985，第8页。
[3] 《大金国志》卷二十五《宣宗纪》，钦定四库全书影印本，第4页。

官考工记》中的都城规范来建造。"① 因此，元代宁夏行省中枢城市在西夏都城的基础上，呈现出新的亮点。

（二）明代宁夏镇城的形态与结构

《嘉靖宁夏新志》里，对宁夏镇城的格局和样式有详细记载：

周回一十八里，东西倍于南北，相传以为人形。元兵灭夏，攻废之，已而修设省治。

元末寇贼侵扰，人不安居。哈耳把台参政以其难守，弃其西半，修筑东偏，高三丈五尺。洪武初立卫，因之。正统间，以生齿繁众，复修筑其西弃之半，即今之所谓新城是也，并甃以砖石。故城四角皆刓削，以示不满意之意。修筑岁久，非其旧制，今但存其东北一角。城门六：东曰"清和"，上建清和楼；西曰"镇远"，上建镇远楼；南曰"南薰"，上建南薰楼；南薰之西曰"光化"，上建光化楼；北曰"德胜"，上建德胜楼；德胜之西曰"振武"，上建振武楼。楼皆壮丽，其在四角者，尤雄伟工绝。池阔十丈，水四时不竭，产鱼鲜菰蒲。②

《万历宁夏志》对宁夏镇城的记载，除与《嘉靖宁夏新志》记载相同者外，有些地方更为详尽：

……环城引水为池，城高三丈六尺，基宽两丈，池深两丈，阔十丈……重门各三，内城大楼六角楼四，壮丽雄伟，可容千人。悬楼八十有五，铺楼七十。外建月城，城咸有楼，南北有关，以至炮铳具列，闸板飞悬，火器神臂之属备，极其又巧。万历三年（1575），巡抚罗凤翔、佥事解学礼增缮凿旧易新，环甃坚同关楼，南曰昭阳太

---

① 沈福煦：《城市文化论纲》，上海锦绣文章出版社，2012，第24~25页。
② 嘉靖《宁夏新志》卷一，宁夏人民出版社，1982，第9页。

**黄河文明在宁夏**

平,北曰平虏。①

在《嘉靖宁夏新志》中,元代宁夏行省城池的格局有大致的记载,明代宁夏镇城的形态和格局也记载得清楚。虽然明初设立宁夏府治,洪武五年(1372)又废府徙民于内地,但作为省一级建置的宁夏镇又设立,城市的文脉得以延续。实际上,通过以上记载仍能隐约看到西夏都城的影子。

《弘治宁夏新志》成书于弘治十四年(1501),为都察院右副督御史王珣巡抚宁夏镇时倡导,宁夏镇人胡汝砺主笔完成。嘉靖十九年(1540),都察院右副督御史杨守礼巡抚宁夏期间翻阅前志,深感"志成不四十年,更易如是,久而人亡事讹,何以考证",便延请致仕郡人管律重修,便有了现在我们看到的这部《嘉靖宁夏新志》。万历五年(1577),总督三边军务石茂华主持修撰《万历宁夏志》,距《嘉靖宁夏新志》问世又过了近40年时间,宁夏镇城也发生了不小的变化。如果将《嘉靖宁夏新志》与《万历宁夏志》两部志书卷首的"宁夏镇城图"放在一起做比较,就会看得更清楚。其变化在于:

第一,宁夏镇城外在形态发生变化。《嘉靖宁夏新志》卷首镇城图显示,宁夏镇外围四角没有角楼;南门有南关,北门有北关,但只有关城没有关城城楼。《万历宁夏志》卷首镇城图显示,宁夏镇城四角修建了两层壮阔的楼阁;南北二关不但修建了关门楼,而且修建了城门楼;北关关楼一排修建了大小不等三处楼阁,镇城的气势大为提升。

第二,宁夏镇城内在形态也发生变化。《嘉靖宁夏新志》卷首镇城图显示,城内公署、王府、宗教建筑等相对稀疏。《万历宁夏志》卷首镇城图显示,庆王府的分支新王府建筑增多,如延川府、蒙阴府等;增加了新的公署机构,如经历司、河西道、游击府等;增加了与宁夏有关的名人祠,如忠烈祠、王公祠、杨公祠、黄公祠等;还增加了魁星楼这样与文化

---

① 万历《宁夏志》卷一,台湾学生书局,1969,第61页。

有关的建筑。同时，宁夏镇城外围还增加了一些宗教文化建筑，如土塔寺、观音寺等。

综上所述，明嘉靖年以后的宁夏镇城，在提升军事防御能力的同时，防御的载体——镇城自身也在不断地发展和完善，同时，城市的文化内涵也在不断地改变和提升，从《嘉靖宁夏新志》与《万历宁夏志》的比较，即可以看得出来。

（三）名刹与园林

明代宁夏镇城名刹与园林建筑多而且很有特点。宁静寺、报恩寺、承天寺、土塔寺、永祥寺、高台寺、黑宝塔、回纥礼拜寺等，是宁夏镇城的名刹和清真寺。丽景园、芳林宫、赏芳园、静得园、寓乐园、金波湖、宜秋楼、临湖亭、南塘、知止轩等，是宁夏镇城著名的园林湖泊。明代宁夏庆王府官员与士大夫举行宴饮的场所，除王府、公署、私宅外，不少接待活动是在园林中进行的，这是明代世风的一大变化。

宁夏镇城园林文化兴盛，有大量的诗文为证。如大学士金幼孜的《丽景园》《游观》，庆王朱栴的《芳林宫》《望春楼》，安塞王朱秩炅的《沧州》，宁夏巡抚杨守礼的《游寺》《春日登高台》，佥事孟霦的《泛舟》等，都与园林有关。

（四）市集商业

明代的宁夏镇城虽然是军镇，但商贸文化较为繁荣，江南的生活用品可运抵宁夏镇城。镇城东西长、南北窄，但城市的每一个空间都是方正的街坊。这些街坊中设有很多市集。

宁夏镇城的特点适宜于城市文化的发展。城市的坊里制度，是与乡村的乡里制度相对应的，二者均为基层管理组织。在称谓上"城中曰坊，近城曰厢，乡都曰里"。[1]古人对于城市、城郊与乡里的界定是很清晰的。"城市与地理特征保持一致……平原地带的城市，多为方方正正的"[2]。

---

[1] （明）陶珽：《说郛续》卷十三，顺治三年李际期宛委山堂刊本。
[2] 沈福煦：《城市文化论纲》，上海锦绣文章出版社，2012，第211页。

**黄河文明在宁夏**

《嘉靖宁夏新志·街坊市集》记载：凡生活用品如胡麻、糟糠、杂物之类，皆集中在熙春、泰和、咸宁、里仁、南薰、平善等六坊里；凡苏杭的杂货、鱼肉、瓜菜、五谷之类，皆集中在毓秀坊至新譙楼一带；凡布帛皆集中在感应坊；凡果品、颜料、纸笔、山货、鞋帽，皆集中在清和坊；凡猪、羊肉者，在修文、乐善、广和、备武、澄清、积善、众安、宁朔、永康、崇义、镇安、慕义、效忠、遵化、养贤、育材、肃清、镇靖、凝和等十九坊里都可随便购之；凡骡、马、猪、羊市，皆可在新城大街永春、迎薰、挹兰、靖虏坊里交易。①

明代宁夏镇城的坊市，实际上是传承了古代的设置格局。《周礼·地官·司市》载，"以陈肆辨物而平市"，即要卖的货物以类陈列，不许杂乱。"陈肆辨物者，物同使列于一区，则美恶易辨"，"所以防弊也"②。这种习俗一直影响到现在，超市同一类型的商品都相对集中在一个大区。由明代嘉靖年间宁夏镇城坊里集市贸易的基本情况看，这里虽然是军事防御重镇，但镇城的商业经济也体现得较为充分。宁夏镇城的街坊里，东南西北各地的货物都有，同类货物分布相对集中，坊市规范，集市繁荣。

"正德至万历年间，明代城市处于鼎盛时期。"③ 明代社会经济的发展，城市工商业的繁荣，使越来越多的人离开农村外出经商，宁夏正德至万历时期城市发展，也印证着这种观点。正德时期宁夏镇城坊市繁荣的状况前面已有交代，《万历宁夏志》里关于"坊市"的记载，基本沿袭了《嘉靖宁夏新志·街坊市集》的内容，但可以看出城市文化的整体发展已超过正德时期。《万历宁夏志》将体现城市文化的内容，也归在"坊市"里。最能代表当时宁夏镇城城市文化的牌匾，内容远远超出集市商贸，还包括王府、官衙公署等。如庆王府棂星门前的牌匾是"贤冠宗藩"，都察

---

① 嘉靖《宁夏新志》卷一，宁夏人民出版社，1982，第24页。
② 尚秉和：《历代社会风俗事物考》，中国书店，2001，第183页。
③ 陈宝良：《飘摇的传统——明代城市生活长卷》，湖南出版社，1996，第6页。

院门前是"仗钺笺边",奎文书院门前是"奎壁联辉风云际会",其他还有"父子登科""天官大夫""三镇元戎""忠烈"等。《嘉靖宁夏新志·街坊市集》里所涉及的坊,熙春、泰和等都有牌匾;宁夏镇城门也都有牌匾。"自养贤而下九十三坊"[1],这"九十三坊"都是明朝建立后慢慢发展起来的,不幸的是一部分毁于万历二十年(1592)哱拜兵变[2]。此外,《万历宁夏志》还记载了其他一些牌匾,如城隍庙门上的"护国安民"、关公庙门上的"威震华夏"、承天寺前的"大雄古刹"、岳王庙门前的"气壮河山"等。这些不同类型和内容的牌匾,是宁夏镇城都市文化的重要组成部分。

明代交通发达,宁夏陆路与黄河水运皆畅通。陆路主要干线有四条:第一条自京城至陕北过黄河,由黄甫川沿长城内侧直达宁夏镇,在宁夏镇境内依此是花马池、安定堡、兴武营、毛卜喇堡、清水营、红山堡、横城堡;第二条由西安、庆阳沿马莲河走环庆道,直达宁夏镇城,走盐池驿、石沟驿、大沙井驿一线;第三条自西安沿古丝绸之路直达固原镇,由固原镇前往宁夏镇,经过镇戎守御千户所、平房守御千户所、下马关一线;第四条线路,实际上还是古丝绸之路走向,由固原镇北出,经黑水苑、海喇都堡、西安州、干盐池、打喇池堡,或经往河西,或直抵兰州。洪武六年(1373)十二月,"又浚开封漕河,转漕粟于陕西",又由陕西"转饷宁夏、河州"[3],即走第二条线路。洪武五年(1372)宁夏撤府,屯田尚未形成规模,军队粮饷有一部分靠外运获取。当时内地生产的大量商品,如铁锅、绸缎等就是通过以上主要交通干线源源不断输往宁夏镇、固原镇的。整体上,先期漕运至西安后再陆运。远销宁夏镇的苏杭客货,就是漕运与陆运并举转运至宁夏镇的,宁夏镇城中新谯楼一带的苏杭杂货就是这

---

[1] 万历《宁夏志》卷一,台湾学生书局,1969,第72~76页。
[2] (清)张金城修,(清)杨浣雨纂,陈明猷点校《乾隆宁夏府志》,宁夏人民出版社,1992,第200页。
[3] 《明史》卷七十九《食货三》,中华书局,1987,第1915页。

样运进来的。①"自明代中叶以后，城市生活达到极盛"，城市中"四方财货并集……商贾云屯"②。明代正德、万历时期的宁夏镇城，商品的繁盛程度基本是这个水平。

明代城市正处于中世纪城市向近代城市的过渡阶段，体现着前所未有的新特点。"明代在边疆地区设立的卫所，固然是官方主动移民的行为，但随着卫所的开设，随之而来的是客商的涌入，并对当地生活、风俗带来很大的影响。"③ 对于宁夏来说，这种经历十分重要。在城市转型的过程中，长时间移居宁夏的大量屯军，不但带来了南方的先进生产力，而且引进了南方的大量商品，"五方之民杂居"的现实，改变着宁夏地域的民俗文化。从这个视角追溯明代宁夏镇城的都市文化，充满着改变未来宁夏地域文化的积极意义。

（五）哱拜兵变与宁夏镇城

明代宁夏镇城经历过两次大的人祸：一次是正德五年（1510），安化王朱寘鐇以清除大宦官刘瑾为名发动的军事叛乱，由于持续时间短，很快就被平息，对宁夏镇城影响不大；第二次是万历二十年（1592），哱拜、刘东旸之兵变对宁夏镇城的破坏。

哱拜兵变规模大，持续的时间长，对宁夏镇城的破坏极为严重。兵变后杀害军政高级官吏，纵火焚烧公署衙门，"焚兵备、粮储、理刑诸公署，收印符，释狱囚，卤略城中诸士庶不可胜数"。④ 哱拜、刘东旸占据宁夏镇城后，朝廷数次调换大将，调集各地多路兵马攻城，主战场在镇城南、北二关。官军攻城用了多种方式，或以"火箭烧城楼"，或挖掘地洞"以火炮火药燃城楼"，或以"火炮焚烧悬楼"，都不能取胜，最后"决水

---

① 韩大成：《明代城市研究》（修订本），中华书局，2009，第193页。
② 陈宝良：《飘摇的传统——明代城市生活长卷》，湖南出版社，1996，第2页。
③ 陈宝良：《飘摇的传统——明代城市生活长卷》，湖南出版社，1996，第10页。
④ 《宁夏镇哱拜、哱承恩列传》，（明）瞿九思《万历武功录》，《明代蒙古汉籍史料汇编》第4册，内蒙古大学出版社，2007，第7页。

以灌城","城外水深八九丈","九月十六日平定宁夏"①。前后持续了八个月有余的攻城战,给宁夏镇城带来了严重毁坏,有些建筑的破坏是毁灭性的。

哱拜、刘东旸叛军占据镇城之所以持续时间长,主要原因有两点:一是宁夏镇城修筑坚固,防御能力极强;二是宁夏镇城战略物资储备丰富,而且有当时最为先进的火器装备。

兵变与战乱结束后,朝廷在赏功的同时,已经考虑宁夏镇城修复的事。庆王府长史孙汝汇笔下记载:"万历二十年兵变灌城,间有浸圮,德胜、昭阳、划车诸楼皆毁。逾年,巡抚周镐,副使尹应元再修之,题北楼曰'命我',关楼曰'朝阳'。嗣后,巡抚杨时宁、黄嘉善、崔景荣相继修建,城楼渐复旧制,仍为巨镇伟观云。"②经历了较长时间的战乱之后,宁夏镇城虽然损毁严重,但由于宁夏镇在军事防御方面的重要地位,朝廷还是进行全面修缮。实际上,重修之后的宁夏镇城南北二关楼,比战乱前更为壮观,这从《万历宁夏志》卷首镇城图就可以看得出来。官军进攻镇城南关时,哱拜的守城者"缒下,夺梯牌,益乘风纵火,焚烧仇公祠、三清观"③,这些镇城外围的建筑战后都得到了修复。因此,从城市的空间审视,宁夏镇城虽然经历了战火的毁坏,但很快就得到了修复,为清代留下了一个相对完整的宁夏府城。

### 三 清代宁夏府城与满城

(一)清代宁夏府城

明末战乱对明代宁夏镇城还是有影响的,但清朝建立后注意对城池的修葺与保护。清顺治十三年(1656),巡抚黄图安对宁夏府城进行修缮。

---

① 《宁夏镇哱拜、哱承恩列传》,(明)瞿九思《万历武功录》,《明代蒙古汉籍史料汇编》第4册,内蒙古大学出版社,2007,第15~22页。
② 万历《宁夏新志》卷一,中国社会科学出版社,2015,第6页。
③ 《宁夏镇哱拜、哱承恩列传》,(明)瞿九思《万历武功录》,《明代蒙古汉籍史料汇编》第4册,内蒙古大学出版社,2007,第16页。

**黄河文明在宁夏**

康熙元年（1662），巡抚刘秉政又做过一次续修。乾隆三年（1738），宁夏发生大地震，"城尽毁"，乾隆五年重建。重建后的宁夏府城，基本是明代宁夏镇城的格局，依旧是六座城门：东清和门，西镇远门，东南名南薰门、西南名光化门、东北名德胜门、西北名振武门。六座城门的称谓都没有变，只是在南薰门、德胜门外各修筑了一座锤形关厢土城，城的空间向外延伸了许多，占地面积变大，外墙用砖砌，有垛口和女墙，设有关门。南薰门关厢土城关门名"朝阳"，关门内还有一道城门，开东南门，相当于瓮城里边的瓮城。德胜门外关厢土城关门明代称其为"平房"，清代改称"永安"。城内规划设计更为合理，诸如马道、水关、水沟、护城河等。乾隆五年五月动工，乾隆六年六月告竣。①

据《乾隆宁夏府志》卷首府城图看，重修的宁夏府城外围形态大致保持了明代宁夏镇城的格局，但城内的公署结构发生了较大变化：一是宁夏镇城多个王府建筑不存在了；二是武职高级帅府包括相关公署或者减少，或者不存在了；三是随着清代宁夏平原县治的增加，府城县衙增多；四是考院、银川书院出现在府城的显眼位置，文化内涵更为厚重。

（二）满城

清代宁夏府还有一大变化，即新添了"八旗"满城。

满洲八旗进驻宁夏最早在康熙年间。康熙十五年（1676）亲征噶尔丹期间，康熙在宁夏府城南门检阅宁夏的驻军中就有八旗军队。真正驻防宁夏是在雍正年间，原旧城就是在雍正元年（1723）修筑的。乾隆三年宁夏大地震，满营城遭毁，乾隆五年于宁夏府城西15里处再新修满城，就是现在银川的新城。新修筑的满城基本是正方形，周长七里过，也是砖包城。城门有四：东门名奉训，西门名严武，南门名永靖，北门名镇朔。四城门皆有城楼，四城门皆有瓮城，其他诸如角楼、马道、铺房、水沟、

---

① （清）张金城修，（清）杨浣雨纂，陈明猷点校《乾隆宁夏府志》，宁夏人民出版社，1992，第125页。

炮台等设施皆全备。满城修筑与完工时间,与宁夏府城同步。①

《乾隆宁夏府志》卷首满城图,对满城的城市形态描述得十分清晰。正东正西、正南正北的大街,将正蓝旗、镶蓝旗、镶黄旗、镶白旗、镶红旗、正红旗、正白旗、正黄旗,安置在不同的位置,包括各级衙署。满洲八旗在全国有24个驻防点,是清代特殊的军政体制。从城市建设的意义上看,这也是一处难得的景观。

(三)乾隆时期府城文化与集市

乾隆时期,宁夏府城各类宗教文化建筑比明代多,大部分都是明代就有的,有一些是清代新建的。山川社稷坛、风云雷雨坛、厉坛等,位于明代宁夏镇城内外;文晶阁、大佛寺等,是清代修建的。《乾隆宁夏府志·坛庙》记载,乾隆三年地震前宁夏府城内外各类宗教建筑如祠、寺,大部分建筑毁于地震。文昌阁、岳武穆庙、王公祠、三清观等都是地震后陆续新建,就连海宝塔也是乾隆四十三年(1778)各族各界捐资重建的。与民俗相关的宫、庵之类的建筑较多,如送子庵、崇寿庵、永乐庵、波罗庵、地藏庵、大悲庵、姑子庵等,说明清代以后民俗文化已很兴盛。山西商民会馆在宁夏府城的设立,标志着商业文化已有外地商人介入。②这些新祠、寺、庵、馆的出现,展示了乾隆时期宁夏城市文化的变迁与发展。

清代宁夏府城城市文化建筑,在明代基础上大大提升和丰富。城市中的牌楼及相关牌匾,都是城市文化的象征。清代人把这些称为"坊市",属于"坊表"一类。赵良栋是宁夏府人,也是清代前期著名的将领,他府前有御书"勇略将军"牌匾,南薰门大街也有御赐"谋勇兼优"匾,皆毁于乾隆三年地震。地震后重建的四牌楼,在大什字街:东曰"东来紫气",西曰"西土孔固",南曰"南薰解愠",北曰"北拱神京"。除了

---

① (清)张金城修,(清)杨浣雨纂,陈明猷点校《乾隆宁夏府志》,宁夏人民出版社,1992,第126页。
② (清)张金城修,(清)杨浣雨纂,陈明猷点校《乾隆宁夏府志》,宁夏人民出版社,1992,第181~188页。

牌楼文化外，较大的文化建筑门上都挂有相对应的牌匾，如文庙前的是"金声玉振"，关帝庙前的是"赤帝扬辉"。御赐的牌匾也不少，如赵宏灿坊的"雅镇海服"，赵宏燮坊的"风清畿甸"，马世龙坊的"总理六师"等。此外还有敕建的坊。

衙署的题匾气魄很大，指向皆有针对性。总兵署坊题为"绥靖银疆"，两边有题联，东为"斗枢上将""箕翼雄师"，西为"关陕金城""朔方重镇"；宁夏府衙署坊，东为"纲为五属"，西为"表率两河"；宁夏县署坊题为"醇俗不兴"。这些牌匾，把宁夏军事、府治、县衙等各机构的地位和作为都彰显出来了。①

清代人所称的"市集"，即现代人所称的"集市"，属于商业文化的范畴。明代形成的永春坊、平善坊等商业区，由于各种原因于清代"皆废"，清代人"市集"布局是在新府城的基础上逐渐形成的。宁夏府城四牌楼所在的大什字街，"通衢四达，百货杂陈，商贾云集"②，是主要商业街区。其他商品或日用品都有专营的街区或地方，如米粮市在四牌楼西大街，羊市在守城营署前，炭市在羊肉街口南，猪市在南关，东柴市在古楼街，西柴市在镇武门东，骡马市在新街口北，磋子市在会府西，青果市在会府南，番货市在四牌楼南，旧木头市在箱柜市西，新木头市在道署南，故衣市在羊肉街口，麻市在什字街东，箱柜市在管达街口西，麻生市在什字街东。③ 清代宁夏府城集市已经十分规范，形成了专门的经营区。这是都市文化的重要组成部分。城内的"大小商户三百二十五家，晋商居十之六，秦商居十之二"④，客籍商人主要来自山西和陕西。

再看宁夏府城的街巷，已经能明显感觉到都市的繁荣景象。自清和

---

① （清）张金城修、（清）杨浣雨纂、陈明猷点校《乾隆宁夏府志》，宁夏人民出版社，1992，第195~196页。
② （清）张金城修、（清）杨浣雨纂、陈明猷点校《乾隆宁夏府志》，宁夏人民出版社，1992，第201页。
③ （清）张金城修、（清）杨浣雨纂、陈明猷点校《乾隆宁夏府志》，宁夏人民出版社，1992，第201~202页。
④ 胡朴安：《中国风俗》（上编），九州出版社，2007，第257页。

门至南薰门、光化门至镇远门,府城的南半部分有各种名目的街巷67条;自清和门至德胜门、振武门至镇远门,有各种名目的街巷60条。①在中国北方,120多条街巷的府城都市,应该是格局广大、经济文化繁荣的城市了。

这120多条街巷的名字,有一部分是从明代传承下来的,如三皇庙街、马神庙街、礼拜寺巷、方妃祠巷、晏公庙湾、巩昌府巷等。礼拜寺在明代是很有名的清真寺建筑。方妃,是明庆宪王的王妃,明万历二十年哱拜兵变时死节,被朝廷立为"宗烈",缘此便有了方妃祠的名字。晏公庙是明代南方移民屯田宁夏时立的祠庙,对徙入宁夏的南方人影响较大。巩昌府,是明代庆王朱栴后裔袭封的王室。仅举的数例,都是明代有影响的人物或事件的继续传承。还有一部分街巷名是伴随着清代社会发展演绎和生成的。无论哪一种成因的街巷名字,都是这一时期宁夏府历史与文化的展现。

## 四 民国时期宁夏城市变迁

清末以后,尤其是同治朝以后,由于战乱等原因,宁夏原有城市建筑受到不同程度的破坏。民国伊始,朔方道取代宁夏府,银川古城不断得到修缮,银川城的宗教文化建筑相对保存较好,以山川社稷坛、风云雷雨坛、先农坛、文庙、崇圣祠、关帝庙、岳武穆庙、文昌神祠、城隍庙等为载体的传统民俗祭祀活动仍很兴盛;由宁夏平原农业灌溉衍生的民俗文化也得以保存并传承,如镇远门外的龙王庙。此外还有东魁阁、西魁阁、玉皇楼、财神楼、名宦祠等。展示城市经济的会馆,在银川城有两湖宾馆、陕西会馆、平阳会馆、太汾会馆、邠阳会馆、宁灵会馆等。

在中卫县、平罗县、灵武县、金积县、盐池县、镇戎县等宁夏诸县城中,大致相同的城市传统文化建筑如山川社稷坛、风云雷雨坛、先农坛、文庙、

---

① (清)张金城修、(清)杨浣雨纂、陈明猷点校《乾隆宁夏府志》,宁夏人民出版社,1992,第203~204页。

崇圣祠、关帝庙、岳武穆庙、文昌阁、城隍庙等都有，盐池县城还有山陕会馆。

民国时期，县级城市机构设置大变化有三。一是设置了警察局，有警官有巡兵。清朝光绪末年在省城已设有巡警，民国6年（1917）改称警察。二是邮政设施更为完善，传统的驿站传递被邮政取代，"驿站一律取消"，银川城设有邮政分局，各属市镇均分设"信柜并能汇银寄货，较驿站省便多矣"①。三是电政的发展。宁夏电政创始于清光绪十七年（1891），由陕西至固原，再由固原至宁夏安宁堡（中宁），这里设有报房；由安宁堡至宁夏府城银川，当时在银川城设有电政分局。这是宁夏南路支线。民国2年（1913），再向北路发展，直到宁夏以北磴口，这里设有报房；再往北直达包头、绥远②，宁夏成为南接陕西、北达包绥的重要电政路段。

民国时期银川城有集市17处：四牌楼、米粮市、骡马市、炭市、羊市、猪市、楂子市、东柴市、西柴市、青果市、番货市、旧木头市、新木头市、故衣市、麻市、箱柜市、麻生市。"宁夏郡城人烟辐射，商贾骈集，闤阓纷列，货物杂陈，夙称西陲一大都会。"这是《朔方道志》里对银川集市贸易的总体评价。各县城的集市数量多寡不一，基本都在3处以上，最多的中卫县和平罗县集市都有7处，其他县城大多为4处③，从中也可看到当时集市贸易的繁荣。地当交通孔道的灵武县之吴忠、中卫县之安宁堡、平罗县之石嘴山黄渚（渠）桥，都是当时有名的集市交易处。

## 第四节　黄河冲刷与城市迁徙

城市的形成或源起于道路交通，或源起于商贸往来，或源起于某一时

---

① 马福祥、陈必淮、马鸿宾修，王之臣纂，胡玉冰主编《民国朔方道志》卷五，上海古籍出版社，2018，第149页。
② 马福祥、陈必淮、马鸿宾修，王之臣纂，胡玉冰主编《民国朔方道志》卷五，上海古籍出版社，2018，第150页。
③ 马福祥、陈必淮、马鸿宾修，王之臣纂，胡玉冰主编《民国朔方道志》卷五，上海古籍出版社，2018，第153~156页。

期的特殊背景；城市的衰落甚至废弃，同样因为这些原因。宁夏平原黄河沿岸城市的布局，源于黄河而随着人类社会的发展不断形成；黄河沿岸的城市，也受黄河水患的影响。黄河东岸的灵州城，因黄河冲刷而数次迁徙，另筑新城。

## 一　灵州得名与黄河河曲

灵州的得名与黄河在宁夏平原的走向有关。早期黄河在宁夏平原流向与现在不一样，汉惠帝四年（前191）设置灵州县，并设有牧马机构河奇苑、号非苑①。汉代宁夏平原黄河有主流，也有支流，主流与支流中间有一块陆地。"水中可居者曰洲"，灵州县城与二苑就在黄河之洲上，"以州在河渚之中，随水上下，未尝陷没，故号灵州"。② 这是黄河主流与支流在宁夏平原的走向所形成的地貌特点，也是黄河改道后的走向，直到北魏时还是这个格局。郦道元《水经注》载："河水又北，薄骨律镇城在河渚上，赫连果城也。桑果余林，仍列洲上。"③ 北魏太延二年（436），"置薄骨律镇，城在河渚上"。孝昌时期（525～527），改为灵州，就因为黄河潮水涨落都不能淹没"河中之洲"的缘故。由汉惠帝四年到北魏太延年间（435～439），几百年过去了，黄河一直维持着汉代的地貌而没有改道。到了唐代，"灵州的附郭回乐县'枕黄河'，可见那时沙洲已与东岸并连，主流西移"。④ 黄河主流向西移动。北朝以后唐代以前，宁夏平原黄河改道摆动空间较大。

黄河宁夏平原段古人称为"河曲"，"黄河经灵州西为河曲。河千里一曲，自浇河至故眴卷县率东北流，至富平始曲而北流"。⑤ 河曲之地，可能就是黄河容易摇摆改道的重要原因之一。

---

① 《汉书》卷二十八下《地理志八下》，中华书局，1987，第1616页。
② （唐）李吉甫：《元和郡县图志》卷四《关内道四》，中华书局，2020，第91页。
③ （北魏）郦道元著，陈桥驿校注《水经注校证》，中华书局，2013，第70页。
④ 邹逸麟：《千古黄河》，中华书局香港有限公司，1990，第78页。
⑤ （清）顾祖禹：《读史方舆纪要》卷62，中华书局，2011，第2951页。

## 二 怀远县旧城

隋唐时期，宁夏平原有过洪水泛滥的记载，沿黄河城市遭到不同程度的冲刷，灵州怀远县旧城就是一例。怀远县旧城本名饮汗城，始筑于十六国赫连勃勃时期，还建有皇家果园。北魏灭赫连夏政权后，于孝昌中（525～527）在饮汗城建立怀远县，隶属于灵州。《元和郡县图志》载："本名饮汗城，赫连勃勃以此为丽子园。后魏给百姓，立为怀远县。其城仪凤二年（677）为河水汛损，三年（678）于故城西更筑新城。"[1] 这应该是怀远县城被黄河水冲刷的最早记载。

这里明确记载，677年黄河泛滥，怀远县城受损，第二年在旧城之西更筑怀远县新城。怀远县城因黄河水冲刷而西迁，这是表层原因。而深层原因，首先是因为唐代唐徕渠灌区的大规模开发，银川平原中部多湖沼、多盐碱的荒地变成了大片良田，其生产力水平超过了滨河的汉延渠灌区，唐徕渠灌区集中了更多的农业人口。其次是交通道路发生了变化。银川平原开发初期，平原边缘、黄河沿岸和山水交会之处常为交通要冲。唐徕渠灌区的大开发，使平原腹心位置逐渐变成了交通道路的核心。[2] 西迁后的怀远县城，成为后来西夏兴州、兴庆府的中枢，即银川老城的前身。

## 三 明代灵州城迁徙

明代灵州城有过数次迁徙。明代初年，由于青铜峡以北宁夏平原段黄河河道不断向东移徙和曲流侧蚀冲刷，灵州城数次向东北移徙另筑新城。洪武年间、永乐年间都有过水患，都有过筑城的经历。洪武十七年（1384），由于黄河发生特大洪水，河水向东"迫近"，灵州千户所城被河水冲毁，"移筑新城于旧城北七里"[3]。永乐中（1403～1424），灵州城再

---

[1] （唐）李吉甫：《元和郡县图志》卷四《关内道四》，中华书局，2020，第95页。
[2] 汪一鸣：《银川城及银川平原城镇群发育的地理基础》，《西夏研究》2010年第1期。
[3] （清）顾祖禹：《读史方舆纪要》卷62，中华书局，2011，第2949页。

第四章　城市变迁与城市文化

次遭遇黄河洪水的侵袭，居民不得安居，遂放弃洪武时期修筑的灵州城，依黄河东岸向东北转移，另择地点修筑新城（今灵武市老城区西侧偏南）。宣德年以后，"河道一再东徙"①。宣德三年（1428），新筑城"又为河水冲决，移筑于城东北五里。今所（灵州守御千户所）城周七里有奇，惟南北二门"。②清朝顺治初年，灵州再次"被河水冲啮"。此后，河水才逐渐向西移摆。中间虽然还有过反复，但近代以后开始形成现在河道的形势。③黄河泥沙随着河道的摇摆，淤积形成两岸肥沃的良田。

宣德二年（1427），黄河冲刷灵州城，宁夏总兵官陈懋向朝廷陈奏："灵州千户所城旧距黄河三里，今河水冲激，切近城下，恐致崩陷，难于守御。城东有地高爽宽平，请徙城于彼。"④这里提供了两条信息：一是永乐年修筑的灵州城距离黄河很近，仅三里地；二是宣德二年黄河水已"切近城下"，虽然没有完全冲毁城池，但已危在旦夕。朝廷官员视察后，认为确实需要迁徙，遂有宣德三年（1428）的筑城。天启年间（1621~1627），张九德任宁夏河东兵备道，治理黄河有功。他在《灵州河堤记》里记载："粤稽洪武甲子迄今，城凡三徙。"⑤可见明代灵州城因黄河水患，城池移徙过三次。

明代初年，黄河水量较大，对宁夏平原沿黄河城池或城堡冲洗破坏相对厉害。永乐时期修筑的灵州城，距黄河三里地。永乐元年至宣德二年（1403~1427）仅仅24年时间，相距黄河三里地的灵州城就被冲毁。此外，宣德八年（1433），宁夏总兵官都督史昭上奏朝廷："旧于宁夏黑山嘴立哨马营屯驻骑士，近为黄河垫没，欲于附近便宜之处别筑营守备。"⑥

---

① 邹逸麟：《千古黄河》，中华书局香港有限公司，1990，第78页。
② （清）顾祖禹：《读史方舆纪要》卷62，中华书局，2011，第2949页。
③ 邹逸麟：《千古黄河》，中华书局香港有限公司，1990，第78页。
④ 《明宣宗实录》卷33，台湾"中央研究院"历史语言研究所影印校勘本，1962。
⑤ （清）许容监修、李迪等撰，刘光华等点校《乾隆甘肃通志》，兰州大学出版社，2018，第1653页。
⑥ 《明宣宗实录》卷103，台湾"中央研究院"历史语言研究所影印校勘本，1962。

**黄河文明在宁夏**

庆王朱㮵《宁夏志》里记载的灵州城：

> 故城居大河南，今犹存其颓垣遗址，其西南角被河水冲激崩圮。洪武间筑城于北十余里。永乐间亦被河水冲圮，今之新城，宣德间陈宁阳、海太监奉旨，相度地形，卜沙山西、大河东，西去故城五里余，命平凉卫指挥钟瑄、左屯卫指挥王刚督工筑者。①

《嘉靖宁夏新志》卷三记载的灵州城：

> 国朝洪武三年，徙民于关内。十七年，以故城为河水崩陷，惟遗西南一角。于故城北七里筑城……宣德三年，城湮于河水，又去旧城东北五里筑之，景泰三年，增筑新城。弘治十三年，巡抚、督御史王珣奏置灵州，属陕西布政司。增筑南关，弘治十七年指挥保勋建。……嘉靖九年，总制尚书王琼奏改守备为参将分守中路。城并南关，周回七里八分，高三丈，池深一丈，阔五丈。城门三：南曰弘化，北曰定朔，西曰临河。上皆有楼。②

庆王朱㮵看到的"颓垣遗址"，就是"古城居大河南"的古灵州城，即薄骨律城。城本在（黄）河之洲，后因河水改道，而隔河东。河南应为河东③。

明代人笔下关于黄河泛滥冲毁滨河城池的记载，有差异之处。《宁夏志》《嘉靖宁夏新志》灵州城变迁的记载，内容有不完全相同处。

第一，朱㮵看到的故城遗址，是"西南角被河水冲激崩圮"，而《嘉靖宁夏新志》记载正好相反，崩陷的故城是"惟遗西南一角"。

第二，《宁夏志》记载洪武年间筑城于北十余里，永乐年间亦被河水

---

① （明）朱㮵编著，吴忠礼笺证《宁夏志·城属》，宁夏人民出版社，1996，第82页。
② 《嘉靖宁夏新志》卷三，宁夏人民出版社，1982，第181页。
③ （明）朱㮵编著，吴忠礼笺证《宁夏志》，宁夏人民出版社，1996，第90～91页。

冲圮，宣德年间再筑新城。《嘉靖宁夏新志》没有记载永乐年间被河水冲城的事，而且认为是"宣德三年，城湮于河水"，城是宣德三年冲毁的，概念和时间都有错位。"永乐年间亦被河水冲圮"，"圮"的本意是毁坏、倒塌，永乐年间河水冲损故城的事，庆王朱㮵是时代的经历者，记载应该是准确的。

第三，宣德年间所筑之城，方位和距离是相同的。《宁夏志》记载，"西去故城五里余"，《嘉靖宁夏新志》记载，"又去旧城东北五里筑之"。距离相同，两志从不同的方向表述。

第四，《嘉靖宁夏新志·灵州守御千户所》记载，宣德年以后灵州城的变迁，一是"景泰三年（1452），增筑新城"。说明景泰年间灵武还筑过新城，但没有说筑城的原因。二是弘治十三年（1500），设置灵州地方政权后，"增筑南关"，应该是增筑"景泰新城"之南关。三是嘉靖九年（1514），"城并南关，周回共七里八分，高三丈，池深一丈，阔五丈。城门三：南曰弘化，北曰定朔，西曰临河。上皆有楼。"这是明代嘉靖时期最完整的灵州城的记载。但"城并南关"，似乎又有过一次筑城的经历。

综上所述，明代灵州城，由于黄河多次冲刷，先后数次迁徙并别筑新城。后期灵州城修筑原因，以上地方志书记载简略，已看不出源于何种背景。

追溯宁夏平原黄河与黄河沿岸城市（城堡）的变迁，主要是一种历史借鉴，对于当今城市建设有启示也有警示。在宁夏沿黄河城市规划与建设的过程中，要树立长远的安全避险意识，全面评估环境，着眼于远景，选取合理的建筑方式与地理方位。

## 四 沿黄河城市群建设的地理环境

按照城市生成和发育的一般规律，城市的起源可概括为三种情况：一是空间防御的需要，二是集市与商贸兴起的需要，三是宗教文化形成的需要。宁夏平原沿黄城市之所以能兴起，实际上这三种原因都被有。无论哪一种原因，城市的基础都是土地肥沃、充裕富庶的黄河灌溉农业。从自然地理意义上看，宁夏平原西北有贺兰山之固，东南黄河穿流而过，为城市

### 黄河文明在宁夏

选址提供了难得的条件。实际上，宁夏平原的这些特殊条件，古人早就发现并加以充分利用。秦汉时期，在宁夏平原上就兴建了7座城池，既有县城，如富平县、灵州县、廉县、灵武县，也有军事防御性的、农业开发性的城池，如浑怀障、上河城、北典农城等，基本是后来历代县制增设的大致范围。有人说"城市的魅力是历史铸造出来的"，那么，城市的基础就是由特殊的地理环境奠定的。

宁夏平原特殊的空间，决定了其区域地位与城市位置。贺兰山与黄河造就的宁夏平原，既是繁荣富庶的天下粮仓，又是北方草原民族南下的要道，因此成为历代防御的军事重镇。这是城市建设的地理环境之一。

发达的交通道路穿越宁夏平原，控扼着贺兰山重要沟谷通道，包括黄河渡口；穿越贺兰山东西的丝绸之路长安—灵州道，西出北上与西域、草原道相连；黄河漕运也是交通运输的重要组成部分。交通枢纽的优势是城市建设的地理环境之二。

"沃野千里，谷稼殷塞""塞北江南""天下黄河富宁夏"这些赞誉，是历代人们对宁夏平原富庶景象的形象概括。即使像元代人脱脱这样的草原蒙古人，也对宁夏平原农业文明有过准确的概括："故灌溉之利，岁无旱涝之虞。"[①] 宁夏平原是旱涝保收的地方，是西北地区最富饶的绿洲之一。农业发达，供给充足，是城市建设的地理环境之三。

以上所列三条，彰显了宁夏沿黄河带城市建设得天独厚的地理条件。当然，宁夏平原湖泊相连、湿地连片，也是重要的生态资源。

在经历两千多年的发展后，宁夏平原城市有序遍布沿黄河带，成为沿黄河城市群发展的核心，成为国家层面上核心发展城市群之一。未来，以宁夏沿黄河城市群为中枢，将辐射陕、甘、蒙毗邻地区十余万平方公里，近千万人口的地理空间。如果从地缘政治学角度审视，银川处于全国陆地腹心部位和新欧亚大陆桥国内东中部与西部地带的结合部，

---

① 《宋史》卷四百八十六《西夏下》，中华书局，1985，第14028页。

是国家战略西移的桥头堡。[1] 沿黄河城市群的地理优势和自身的潜能正是如此。

## 五 城市发展变迁启示

城市，是人类文明进步的产物。城市，随着历史的发展在变动着。由于地理环境与特殊的时空，宁夏城市发展过程中，变动的原因首先是军事，其次才是文化。"城的内涵是政治和军事的，市的内涵是居住和商业的。"[2] 当然，不能把二者截然分开，它们总是在相互融合中共同推动城市发展。

每个城市都有自身的特点和文化积淀。按照政治及行政管理意义来分类，可分为都城、地区性封建统治的中心城市、一般的府州县城市[3]，这种分法是符合宁夏沿黄河城市群的实际状况的。以此划分，宁夏三种城市类型皆有，从区域地方历史文化来说，具备特殊性。

宁夏城市能具备三种城市形态，和它的地域环境有密切关系。六盘山、贺兰山与黄河奠定了宁夏大的地理格局，丝绸之路穿境而过，草原文化、西域中亚文化在这里碰撞交会，四季鲜明的气候，山水相拥的环境，为城市的凝聚力和文化的繁荣提供了丰富多元的内涵。前边考察宁夏城市的纵向发展，已经清晰显示了整个城市演进的脉络，如果作城市文化的横向研究，"它的价值在于城市的地域性"[4]，同样有其特殊性。

考察宁夏平原自秦至民国期间县治的设立与废弃的过程，主要是考察三个方面的问题：一是县治的设置推动着城市形成和发展；二是县治的不断增多显示着宁夏平原农业文明的高度发展；三是通过对古代宁夏平原县治的考察，为沿黄经济区城市群建设提供历史参照和理论借鉴。

---

[1] 汪一鸣：《银川城及银川平原城镇群发育的地理基础》，《西夏研究》2010年第1期。
[2] 沈福煦：《城市文化论纲》，上海锦绣文章出版社，2012，第15页。
[3] 沈福煦：《城市文化论纲》，上海锦绣文章出版社，2012，第26页。
[4] 沈福煦：《城市文化论纲》，上海锦绣文章出版社，2012，第27页。

**黄河文明在宁夏**

（一）县治的设置推动着城市形成和发展

县，是基层政区一级地方权力机构；县城，是县级政府及相关机构所在的城镇。只有县级以上的权力机构，才能与"城市"的概念搭界。城市的形成，才能与地方历史文化相融。

我国历代县治，一部分随着历史发展消失了，大部分得以传承下来，宁夏县治的设置历史就是这样。地域空间的变化，是县治变化的根本原因。有县的建制，就有公署衙门设置和城市的形成，文化（包括商业文化）也伴随在其中。县治似乎无法形成更大规模或意义上的文化，却能推进中心城市的形成和发展。

没有足够的县治，也无法形成中心城市。从文化意义上说，有一个相对独立的地域和地域上所生成的文化，才能支撑和推进中心城市发展和文化繁荣。两千多年来，宁夏南北形成了两个地域中心——固原和银川，但宁夏平原的空间更大，条件更有利于城市的衍生和发展，更有利于城市经济文化的延伸和辐射。

（二）县治的不断增多显示着宁夏平原农业文明的高度发展

宁夏北部最早的县治是设置于战国时的朐衍县，属于战国时期秦国所辖，地当黄河东岸的腹地。秦朝就已经向黄河岸边靠近，有了富平县的设置。此后政治性移民、军事性移民开始支撑宁夏平原的开发。汉代以后到民国时期的两千年间，宁夏平原的县治不断增加，除西夏立国近二百年外，地方政权设置级别不断提升。历代统治者非常重视黄河水利灌溉，耕地面积不断增大，灌溉技术不断提高，奠定了宁夏平原富庶的天府之国的根基。历代县治的不断增加，支撑的根脉就是宁夏平原黄河灌溉与高度发达的农业文明。

（三）各类移民开发的历史借鉴

历史上宁夏平原的移民主要有四种形式：一是政治性移民，二是军事性移民，三是经济性移民，四是贬谪性移民。对于宁夏平原来说，早期主要政治性与军事性相融的移民，《史记·匈奴列传》载，秦始皇令北击匈奴，"因河为塞，筑四十四县，城临河，徙谪戍以充之"。所谓"谪戍"，就是让贬谪之人去戍守王朝通过武力获取的土地，同时进行开垦活动，以巩固对这些地域的控制。①

经济性移民（或商业性移民）历史上比较多，宁夏以明代最具代表性。"徙窄就宽"是汉代的移民思想，但对后世影响较大。迁徙的原则就是从地狭处徙往地宽处，以此解决土地不敷分配的问题。宁夏正在实施的沿黄经济区建设，目的之一就是解决宁夏南部山区移民到宁夏平原安置的问题。"徙窄就宽"的移民思想对我们现在实施沿黄经济区的移民开发仍有着借鉴意义。

---

① 路甬祥总主编《中国古代科学技术史纲·地学卷》，辽宁教育出版社，1998，第242页。

# 第五章　城市群建设与经济动能

传统意义上城市的形成与城市群的布局，与交通和地理位置密切关联，与长期形成的商贸集散地有关。尤其重要的是，当前我国城镇空间分布与资源环境承载能力不匹配，东部一些城镇密集地区资源环境约束力加剧，而中西部资源环境承载能力较强，城镇化潜力将会得到极大的挖掘和提升。随着国家西部大开发战略的新一轮实施，随着国家向西开放步伐的加大，地缘与政治意义上新的城市与城市群布局，已在国家层面上得到了高度重视。2013年6月，在十二届全国人大常委会第三次会议上，国家发改委主任徐绍史作了《国务院关于城镇化建设工作情况的报告》。在《报告》中，城市群的相关发展战略已经被列为城镇化健康发展的重点之一。同时，对未来城市群的发展和布局也有了新的规划。京津冀、长江三角洲、珠江三角洲、粤港澳大湾区城市群等将向世界级城市群发展。另外，依据《全国主体功能区规划》，再打造哈长、呼包鄂榆、太原、宁夏沿黄、江淮、北部湾、黔中、滇中、兰西、乌昌石等10个区域性城市群，宁夏沿黄城市群列入其中，未来将得到全方位的发展和提升。

党的十九大报告提出："以城市群为主体构建大中小城市和小城镇协调发展的城镇格局"。城市群的建设与发展，是未来经济社会和文化发展的趋势。城市群通过拓展和调整区域空间，优化城市化推进方式，推动科技创新和战略性新兴产业发展，进而形成区域融合发展的新格局。[1] 城市

---

[1] 陈宪：《城市群：区域协调发展的中国方案》，《文汇报》2017年12月8日。

群建设是国家战略，宁夏沿黄城市群推进与发展，对宁夏经济社会文化的深层推进和发展意义重大。

## 第一节 沿黄城市群社会经济

宁夏沿黄河带布局的城市，为中卫市、吴忠市、银川市、石嘴山市。固原市远离黄河，但黄河的重要支流清水河却将固原也连接了起来。汉代昫卷县，治所在今宁夏中宁县古城乡境内，它是汉代安定郡（固原）所辖最北端的一个县治。从自然地理与历史记载看，固原也是宁夏黄河农业文明的一部分。新设立的吴忠市红寺堡区，因移民而开发，因黄河水浇灌而成为绿洲。宁东能源化工基地的创立，是宁夏区党委、政府的重大战略决策，十余年间快速发展，已成为黄河东岸新兴的工业经济区。黄河以东的红寺堡区、宁东能源化工基地，都是宁夏黄河沿岸经济区的重要组成部分。黄河两岸沿黄地区，聚集了宁夏60%的人口，创造着宁夏90%的经济效益，是宁夏创新要素最为富集的区域，被纳入国家发展战略区域创新布局。这里，仅截取2014~2018年沿黄城市带经济社会文化发展相关数据，简略梳理和叙述宁夏五市经济社会文化概况和发展走向。

### 一 银川市

银川市，是宁夏回族自治区的首府所在地，位于黄河中上游宁夏平原北部，西倚贺兰山与内蒙古阿拉善左旗为邻，东与平罗县和内蒙古鄂尔多斯市相邻，南接吴忠市利通区和青铜峡市，是发展中的区域性中心城市。辖3区（兴庆区、金凤区、西夏区）2县（永宁县、贺兰县）1市（灵武市），24个街道办事处，20个镇，6个乡，247个居民委员会，283个村民委员会。银川市是全区政治、经济、文化、科研、交通和金融商业中心，是以发展轻纺工业为主，机械、化工、建材工业协调发展的综合性工业城市。

银川是历史悠久的塞上古城，西夏王朝的都城，是国家历史文化名城，素有"塞上江南、鱼米之乡"的美誉，城区西有著名的国家级风景区西夏王陵。在《宁夏空间发展战略规划》中，提出以大银川都市区为中心，以石嘴山、固原、中卫为副中心，构建强大的区域空间组织核心，增强辐射带动能力，提升自治区的区域功能和国际化水平。[①] 通道建设取得了较大发展，2011 年 8 月，银川国际空港物流中心（航空口岸）投入运营，结束了宁夏没有空港物流园的历史。2011 年 6 月，国务院发布《全国主体功能区规划》，明确将宁夏沿黄经济区列入全国 18 个重点开发区域之中，功能定位是全国重要的能源化工、新材料基地，清真食品及穆斯林用品和特色农产品加工基地，区域商贸物流中心。2011 年 7 月 6 日，自治区人民政府向国务院呈报了《关于申请建立银川综合保税区的请示》。2012 年 9 月 10 日，获得国务院批准。12 月，银川综合保税区正式封关运营。银川阅海湾中央商务区已完成基础设施建设，有些项目已建成投入运营，银川滨河新区建设构架已经拉开，以"三区一基地"为主体的内陆开放型经济核心区已经形成。

2014 年，全市常住总人口 212.89 万人，比上年增长 2.2%。城镇人口 160.62 万人，乡村人口 52.27 万人。银川市是一个多民族聚居地区，其中，汉族人口为 159.51 万人，回族人口 53.38 万人，其他民族有满族、蒙古族等。2014 年，全市实现地区生产总值 1395.67 亿元，按可比价格计算，同比增长 9.5%。分产业看，第一产业实现增加值 56.66 亿元，同比增长 5.3%；第二产业实现增加值 760.27 亿元，增长 11.6%；第三产业实现增加值 578.74 亿元，增长 7.2%。按常住人口计算，人均地区生产总值 66277 元。[②]

2016 年，银川市常住人口 219.11 万人。其中城镇人口 165.86 万人，农村人口 53.25 万人。全市实现地区生产总值 1617.28 亿元，其中第一产

---

[①] 李卫东：《宁夏空间发展战略规划研究》，张进海主编《2014 宁夏经济蓝皮书》，宁夏人民出版社，2014。
[②] 银川市统计局：《银川市 2014 年国民经济和社会发展统计公报》，银川市人民政府，2015 年 4 月 15 日。

业实现增加值58.61亿元，比上年增长4.3%；第二产业实现增加值825.46亿元，比上年增长6.6%；第三产业实现增加值733.21亿元，比上年增长10.3%。按常住人口计算，人均地区生产总值74269元。[1] 这一年，银川市入选国家"两化"融合贯标企业13家，共享集团入选国家首批28个"双创示范基地"企业，西北轴承轨道交通轴承列入国家2016年工业强基工程示范应用重点方向名录，同时取得铁路轴承CRCC（中铁检验认证中心）试用认证资质。纺织生产业形成原料、加工、成衣以及保税全产业链格局；新能源企业、风电和光电等形成产业配套，具备制造能力；中联重科环卫车辆组装，神马小飞机制造，通用飞机制造，石墨烯、碳纳米管生产等项目，填补了多个领域的空白。[2]

2017年，银川市在全区发展格局中找准定位，抢抓发展新机遇，加快转变发展方式，持续优化经济结构，经济快速健康发展。前三季度实现地区生产总值1273.29亿元，同比增长8.0%，分别高于全区、全国0.2个百分点和1.1个百分点。预计全年城镇、农村居民人均可支配收入分别达到32950元和13060元，分别增长8.1%和8.5%。[3]

2018年，银川市充分发挥银川都市圈和沿黄科技创新改革试验区核心地位和关键作用，抢抓发展机遇，大力实施创新驱动战略，持续优化产业结构。前三季度实现地区生产总值1416.67亿元，同比增长7.2%，其中第三产业增加值649.55元，支撑全市经济平稳发展，预计全年地区生产总值同比增长7.5%左右。[4]

银川城市综合竞争力跻身全国百强，荣获全国文明城市、国家节水型城市、国家卫生城市、国家园林城市、国家环保模范城市、中国人居环境范例奖、首批十大"中国旅游休闲示范城市"、全国休闲农业和乡村旅游

---

[1] 银川年鉴编辑部编《银川年鉴（2016）》，宁夏人民出版社，2017，第31~32页。
[2] 银川年鉴编辑部编《银川年鉴（2016）》，宁夏人民出版社，2017，第133~134页。
[3] 宁夏社会科学院编《宁夏经济发展报告（2017）》，宁夏人民出版社，2018，第351~355页。
[4] 宁夏社会科学院编《宁夏经济发展报告（2018）》，宁夏人民出版社，2019，第305页。

示范城市、全球首批"国际湿地城市"等殊荣,为黄河灌溉"中国十大新天府"的中枢之地。

国家批准宁夏承办的中阿博览会、建设内陆开放型经济试验区,使宁夏更好地融入国家对外开放的发展进程和大格局中。两年一届的"中国—阿拉伯国家博览会"在银川举办了三届,习近平总书记都发来贺信。银川是宁夏开放创新的前沿平台,是宁夏走向世界的窗口。

## 二 石嘴山市

石嘴山市位于宁夏北部,东、北、西三面与内蒙古毗邻,南与银川市接壤。辖2区(大武口区、惠农区)1县(平罗县),11个镇,9个乡,16个街道办事处,191个行政村,117个居民委员会。地域面积5310平方公里,人口72.55万人(2012年),城镇人口占70%,是一个典型的移民城市。石嘴山市是一座新兴工业城市,号称"塞上煤城",曾以生产无烟煤而闻名中外,是国家重要的煤炭工业城市、宁夏能源重化工和原材料工业基地。石嘴山市是宁夏回族自治区唯一获得"国家森林城市"称号的地级市。

黄河在石嘴山出境,这里是宁夏平原黄河灌溉北端地区。依《宁夏空间发展战略规划》布局,石嘴山市是副中心城市构建,体现的是"山水园林,重工基地"的城市特色。这里与内蒙古阿拉善左旗、乌海市相连接,形成大地域圈中心城市,已形成以传统商贸、现代物流、特色旅游为主导的服务业体系。2010年,惠农陆路口岸正式封关运行,铁(路)水(路)联运直达天津港,是西北重要的陆路口岸。现有一个国家级经济技术开发区石嘴山经济技术开发区,三个省级工业园区,已成为国家重要的承接东部产业转移示范区,形成以现代制造和新材料产业基地、电石化工、特色冶金、新型煤化工、新能源、生物医学等新兴产业为主的工业格局。[①]

2014年,全市实现地区生产总值467.17亿元,增长6.7%。其中第

---

① 《石嘴山年鉴》编辑委员会编纂《石嘴山年鉴(2010)》,宁夏人民出版社,2011,第23页。

一产业增加值24.94亿元,增长5.3%;第二产业增加值304.28亿元,增长9.1%;第三产业增加值137.95亿元,增长1.4%。全年实现农林牧渔业总产值46.84亿元,比上年增长5.7%。全市实现工业增加值256.67亿元,比上年增长8.3%,其中规模以上工业企业增加值增长7.5%。全年接待国内游客269.27万人次,比上年增长6.5%;实现旅游收入14.72亿元,比上年增长11.2%。石嘴山是工业城市,实现进出口总额4.56亿美元,比上年下降4.4%。其中,出口额3.13亿美元,下降9.4%;进口1.43亿美元,增长9.0%。[1]

2017年,石嘴山市大力推进招商引资,统筹稳增长、调结构、惠民生,全市经济社会发展稳中提质,实现地区生产总值580亿元,同比增长7%,城乡居民人均可支配收入分别达到28050元、12840元,同比增长8%和8.5%。[2]

2018年,石嘴山市"加快新旧动能转换,打造资源型城市转型示范区"。新材料、装备制造、新能源产业特色优势进一步壮大,产值持续增加,全年地区生产总值增长8.5%,规模以上工业生产增加值12.5%。实施工业开发区转型升级、"两化融合"三年计划行动,14家企业被列为国家级"两化融合"贯标试点。经济开发区循环化改造试点通过国家终期验收,高新区获批国家增量配电业务改革试点,平罗工业园区获批全国绿色制造园区。现代服务业加快发展,陆港现代物流集聚区被评为自治区级现代服务业集聚区,富海物流被国家确定为多式联运试点企业,快递业务量和效益不断提升。[3]

## 三 吴忠市

吴忠市地处宁夏平原腹地,是宁夏沿黄河城市带核心区域,引黄灌溉

---

[1] 石嘴山市统计局:《石嘴山市2014年国民经济和社会发展公报》,《石嘴山日报》2015年5月17日。
[2] 宁夏社会科学院编《宁夏经济发展报告(2017)》,宁夏人民出版社,2018,第361页。
[3] 宁夏社会科学院编《宁夏经济发展报告(2018)》,宁夏人民出版社,2019,第316页。

的精华地段。吴忠市辖利通区、青铜峡市、盐池县、同心县和红寺堡区5县（市、区），44个乡镇，2个街道办事处，66个社区居委会和504个行政村。吴忠市濒临黄河，历史悠久，是黄河农业灌溉的重要组成部分。红寺堡区、盐池县、同心县，在地理空间上属于宁夏中部干旱带地区，但一部分耕地得到了黄河水的滋润，尤其是红寺堡区。吴忠市地理空间广阔，东南与内蒙古鄂尔多斯市、陕西榆林市、甘肃庆阳市毗邻，西南与固原、中卫市相连，北与银川市永宁县、灵武市接壤。

吴忠市水电资源丰富，是宁夏重要的能源基地。境内罗山，是宁夏三大天然林区之一。2012年，全市常住人口130万，其中回族66万，占总人口50.8%。2012年，吴忠市实现地区生产总值312.05亿元，按可比价计算，比上年增长13.7%。其中，第一产业增加值47.33亿元，年增长5.9%；第二产业增加值171.27亿元，年增长18.6%；第三产业增加值93.45亿元，年增长8.8%。第一产业增加值占吴忠市生产总值的比重为15.2%，第二产业增加值占比重为54.9%，第三产业增加值占比重为29.9%[1]。

吴忠市已形成以能源、电力、仪器仪表、专用设备、新材料、造纸、乳制品、葡萄酒、绿色农产品加工、皮毛绒、建材等产业为主的工业体系，成为宁夏重要的工业基地。2012年，吴忠市工业增加值111.8亿元，比上年增长13.0%，占吴忠市生产总值的35.8%。规模以上工业增加值101.3亿元，比上年增长13.2%。其中，大中型工业企业增加值68.5亿元，增长14.2%；国有控股工业企业增加值45.8亿元，增长21.2%。规模以上工业实现利税总额为11.8亿元，比上年下降22.6%。产品销售率98.4%，比上年增加4.4个百分点。

2014年，全市常住人口135.3万人，其中城镇人口59.1万人，城镇化率43.7%。全市完成地区生产总值383.43亿元，其中第一产业增加值

---

[1] 吴忠市统计局：《吴忠市2012年国民经济和社会发展统计公报》，《吴忠日报》2013年4月7日。

53.93亿元,增长6%;第二产业增加值218.71亿元,增长10.5%;第三产业增加值110.8亿元,增长2.4%。城镇居民人均可支配收入19853元,农村居民人均可支配收入8422元。这一年,政府确立以装备制造、能源化工、新材料、新能源为支柱产业,着力再造工业发展新优势。全市共有工业企业1615家,其中规模以上企业320家(中央及区属企业12家)。[1]

2015年,全市常住人口137.32万人,城镇人口63万,城镇化率45.87%。全年实现地区生产总值403.9亿元,增长7.5%;规模以上工业实现增加值152.2亿元,增长8.2%。城镇居民人均可支配收入21552.9元,农村常住居民人均可支配收入9150.4元,分别增长8.6%和8.4%。[2] 2017年,全市加大出台和落实各项惠民政策,促进城乡居民收入稳步提高。全年城镇居民人均可支配收入25210元,增长8%;农村居民人均可支配收入10880元,增长12.2%。[3]

2018年,吴忠市着力践行新发展理念和高质量发展要求,以供给侧结构性改革为主线,实施"工业强市"战略,全市经济发展稳中有进。前三季度实现地区生产总值400.8亿元,同比增长6.2%。其中,第一产业增加值41.1亿元,增长3.9%;第二产业增加值247.8亿元,增长6.6%;第三产业增加值112亿元,增长6.2%。农业经济稳步发展,肉牛、肉羊、黄花菜为特色优势产业。"吴忠亚麻籽油"取得全国首个亚麻籽油地理标志产品认证,而且进入全国10强企业;塞外香、君星坊分别进入全国大米加工50强企业,经济效益持续提升。[4]

## 四 固原市

沿黄城市群建设以沿黄河带城市为都市圈,固原市没有列在沿黄

---

[1] 《吴忠年鉴(2015)》,宁夏人民出版社,2016,第30~32页。
[2] 《吴忠年鉴(2016)》,宁夏人民出版社,2017,第41~43页。
[3] 宁夏社会科学院编《宁夏经济发展报告(2016)》,宁夏人民出版社,2018,第373页。
[4] 宁夏社会科学院编《宁夏经济发展报告(2018)》,宁夏人民出版社,2019,第326~327页。

城市群带之内。早在汉代固原设立安定郡之时，当时名为朐卷县的中卫市就隶属于安定郡所辖。此外，黄河一级支流清水河水系通道，将固原与中卫紧密地联系在一起。按照《宁夏空间发展战略规划》，固原是宁夏南部区域中心城市。基于历史与现实的关系，将固原市的发展现状简要介绍一下，便于对宁夏地理环境及经济社会发展有一个全方位了解。

固原市位于宁夏南部，是宁夏南大门和区域中心城市，政治、经济、文化中心和交通枢纽。固原地处六盘山北麓、清水河畔，正当西安、兰州、银川三个省会城市所构成的三角地带中心。固原历史悠久，文化积淀丰厚，汉唐以来就是长安以北的军事重镇。固原市也是陕甘宁革命老区振兴规划中心城市，中国四大马铃薯种植基地之一，中国北方特色苗木基地，西北特色农产品集散中心，丝绸之路经济带产品基地示范区。同时，也是著名的红色旅游城市，长征十大潜力城市之一。2015年，固原市荣获"全国十佳生态休闲旅游城市"称号。依《宁夏空间发展战略规划》布局，固原是副中心城市构建。在做强西吉、彭阳、隆德、泾源四县城的同时，要加快三营小城镇建设，构建以原州区为核心的六盘山城镇群，突出"红色固原，绿色六盘，避暑胜地"的城市特色，建设特色农产品生产加工贸易基地，推进包括中药材加工、马铃薯种植、冷凉蔬菜、苗木栽培等特色农业及轻工业发展。

2014年，全市户籍人口153.33万人，其中农业人口124.16万人。回族人口71.74万人，占总人口的46.8%。全年完成地区生产总值200.12亿元，增长9.3%，其中第一产业增加值46.45亿元，增长5.6%；第二产业增加值55.65亿元，增长16.8%；第三产业增加值98.02亿元，增长6.8%。全市粮食播种面积358.18万亩。完成工业增加值29.87亿元，其中规模以上工业增加值16.6亿元，增长12.3%；规模以下工业增加值13.27亿元，增长16.6%。规模以上轻工业完成增加值5.83亿元，增长31.3%；重工业完成增加值10.77亿元，增长4.8%。按经济类型划分，国有工业完成增加值6.38亿元，增长0.2%；股份制工业完成增加值

10.22亿元，增长23.1%①。

固原市工业经济发展较快，规模以上企业48家。金昱盐化工一期100万吨真空制盐项目建成调试，呈祥风力塔筒制造等项目建成投产；隆德县人造花工艺公司创汇1042万美元，带动就业1000多人。重点农产品马铃薯淀粉、工业发电等发展较快，经济效益不断提升。宁夏全域旅游不断推进固原旅游业发展，荣登"2014旅游业最美中国榜"，并获得"最美中国·文化旅游民俗（民族）风情目的地城市"称号②，旅游发展前景十分广阔。2017年，固原市以求实精神科学定位，谋划固原经济社会发展，全年实现生产总值270亿元，同比增长8%左右。全市城乡居民收入呈现稳步增长态势，预计全年城镇居民人均可支配收入24700元，同比增长8%；农村居民人均可支配收入8500元。③

2018年，固原市经济运行保持相对平稳的态势，实现地区生产总值290亿元，其中第一产业实现增加值53亿元，同比增长4%；第二产业实现增加值81亿元，同比增长9.5%；第三产业实现增加值156亿元，同比增长6%。④工业经济增长较快，主要表现在化学原料和化学制品等方面。总体上看，城乡居民收入稳步提高，脱贫销号，打好生态环境保卫战，仍是固原要继续做好的大文章。

## 五 中卫市

中卫市位于宁夏回族自治区中西部，"东接大河，西接沙山"，是黄河前套之首，也是宁夏沿黄河经济区黄河带上游，辖沙坡头区、中宁县和海原县，20个镇，20个乡，459个村民委员会，32个居民委员会。东邻

---

① 固原市统计局：《固原市2014年国民经济和社会发展统计公报》，《固原日报》2015年9月2日。
② 固原市地方志编纂委员会办公室编《2015固原年鉴》，中国时代经济出版社，2015，第1页。
③ 宁夏社会科学院编《宁夏经济发展报告（2017）》，宁夏人民出版社，2018，第379~383页。
④ 宁夏社会科学院编《宁夏经济发展报告（2018）》，宁夏人民出版社，2019，第335页。

**黄河文明在宁夏**

吴忠市青铜峡，南与固原市原州区、西吉县及甘肃省靖远县相连，西与甘肃省景泰县接壤，北与内蒙古自治区阿拉善左旗毗邻。2014年，全市常住人口114.16万人，其中城镇人口44.61万人，人口密度为每平方公里66人，城镇化率为39.07%。2015年，实现地区生产总值296.86亿元，增长5.4%。① 2016年末，中卫市总人口121.4187万人（户籍人口），完成地区生产总值339.01亿元，比上年增长6.8%。其中，第一产业实现增加值52.47亿元，比上年增长4.4%；第二产业实现增加值149.15亿元，比上年增长4.9%；第三产业实现增加值137.39亿元，比上年增长10%。人均生产总值达29620元。规模以上工业增加值96.8亿元，比上年增长4.5%；城镇、农村常住居民人均可支配收入分别达到23277元和8626元，比上年增长7.7%和7.8%。②

中卫地形地貌复杂多样，南部地貌多属黄土丘陵沟壑，北部为低山与沙漠。黄河灌溉的绿洲，称为卫宁平原。这里得黄河灌溉之利，土地肥沃，物产丰饶，素有"鱼米之乡"的美誉。这里也是"世界枸杞之都""中国硒砂瓜之乡"。中卫历史悠久，文化厚重，资源丰富，钟灵毓秀。境内风景名胜、文物古迹众多，既有闻名遐迩的大麦地岩画，也有远近闻名的中卫高庙，还有世界垄断性旅游资源、国家首批5A级景区沙坡头。依《宁夏空间发展战略规划》布局，中卫是副中心城市，是丝绸之路经济带上重要的现代物流中心、国家能源战略储备基地、电子信息产业基地、生态旅游城市。

中卫是古丝绸之路东段北线的重要驿站。随着交通大发展，中卫铁路编组站已成为重要的枢纽，联动着东西南北方。中卫正在打造全域旅游城市、国际云端城市、特色产业城市、物流枢纽城市、生态宜居城市。

---

① 中卫市地方志办公室编《中卫年鉴（2015）》，阳光出版社，2017，第93页。
② 中卫市地方志办公室编《中卫年鉴（2016）》，阳光出版社，2018，第63页。

## 第二节　城市群建设与区域经济

### 一　城市与城市群

城市的起源，中外学者有多种说法，其中之一为"贸易需求"说。比利时学者亨利·皮雷纳认为，城市的兴起源于外在刺激——长途贸易。长途贸易需要系统地管理物品的正规交换，反过来又促进了社会组织机构的集中发展。不断增加的职业分工和经济竞争也促进了越来越快的城市发展。[1] 这种阐释城市起源的说法有一定道理，尤其是对于中世纪以后的城市。当然，城市的起源有多重因素，但总是与贸易需求关联密切。从城市发展史看，城市的建立源于人类的两个基本需求：安全保障与经济交往。[2]

通常，我们理解的城市是单体形态，城市群自然是由多个城市组成的。城镇化、城市、城市群的演进发展，经历了一个很长的过程。2008年，世界城市居民才超过农村人口。2011年，中国的城市人口首次超过农村，城乡格局发生了根本变化，城市中国的新格局初步形成。[3] 有了这个城市人口变化的格局与基础，中国城市群的发展自然是水到渠成的事。"城市群"的概念，早在20世纪60年代初就由学者戈特曼在他著名的《都市群：美国城市的东北部海岸》一书里提出，这是一种新的城市形态类型，它是相对于单体城市而言的。从国家层面上提出"城市群"这一发展战略，始于"十一五"规划。"十二五"规划进一步提出将逐步建设形成辐射作用大的城市群，促进大中小城市和小城镇协调发展，构建"两横三纵"的空间网络体系。同时提出"在东部地区逐步打造更具国际

---

[1] 〔比〕亨利·皮雷纳：《中世纪的城市：经济和社会史评论》，陈国樑译，商务印书馆，2006。
[2] 刘春成、侯汉坡：《城市的崛起——城市系统学与中国城市化》，中央文献出版社，2012，第99页。
[3] 刘士林：《从大都市到城市群：中国城市化的困惑与选择》，《江海学刊》2012年第5期。

竞争力的城市群，在中西部有条件的地区培育壮大城市群"，要"科学规划城市群内各城市功能定位和产业布局"①。城市群的建设，是国家城市化发展战略的重大改变，它改写了城市化的模式和历史，是未来我国城市化的主要形态和发展模式，在中国具有里程碑意义。

何谓城市群？"城市群具有巨大的空间、人口和经济实力，但它本身却不是几个或更多城市在数量上的相加，而是以现代交通和通讯为基础，使原本相互对立的单体城市在经济、社会、文化上发展成为具有明显层级分工体系的城市共同体。"其本质与核心，是"一种具有显明层级体系和协调功能的城市共同体……具有合理层级分工体系和功能互补"的潜力。②

研究世界城市的学者对全球大都市进行分类和排名，认为世界城市格局是由四个圈层构成的：一是第一等级的核心城市，二是第一等级外围的主要城市，三是第二等级的核心城市，四是第二等级的外围城市。③ 这种观点同样对城市群的建设有启示作用。城市群不是独立的，它不是"同质竞争"、互挖墙脚的关系，城市群的中心城市不是一个独立的存在，而是城市群区域一体化和协调发展的模式和关系，要体现各自的互补功能，发挥各自的优势。以城市群的方式推动城市化，是既符合城市化发展阶段，又具有中国特色的战略性举措。从大中小城市和小城镇协调发展的格局看，既拓展了大城市的发展空间，又为中小城市和小城镇发展带来了发展的机遇。在宁夏沿黄河城市群建设与发展中，作为城市群中心城市的银川，要充分体现城市群与周边城市在交通、经济、社会和文化发展的一体化功能，提升层级化水平，最大限度地发挥引领、辐射、集散功能。

---

① 方创琳：《中国城市群形成发育的政策影响过程与实施效果评价》，《地理科学》2012年第3期。
② 刘士林：《从大都市到城市群：中国城市化的困惑与选择》，《江海学刊》2012年第5期。
③ 刘士林：《从大都市到城市群：中国城市化的困惑与选择》，《江海学刊》2012年第5期。

## 二　沿黄城市群

（一）城市群圈

1999年9月，党的十五届四中全会提出西部大开发战略。21世纪始，我国的城市发展在理念上有了很大的转变，中国的城市发展逐渐进入区域圈、城市群发展的时代。2007年中共十七大报告里已经重点强调"以增强综合承载能力为重点，以特大城市为依托，形成辐射作用大的城市群，培育新的经济增长极"。城市群发展规划的陆续出台，反映了政府决策的悄然变化。在发展走向上，"大城市并不是一个孤立的系统，小城镇是对大城市的有效补充。大城市的发展需要周边地区的支撑和协调，而大城市作为区域的一个关键节点，更是与周边中小城市、小城镇乃至农村地区存在密切的联系"。[①] 走以大城市或特大城市为核心带动周边中小城市、小城镇发展的道路，才是中国城市化的合理选择。《2010中国城市群发展报告》中说，中国正形成23个城市群。宁夏沿黄河城市群，是正在建设中的23个城市群之一。

当一个城市的容量达到饱和的时候，城市的资源、人口就开始外溢，此时城市的扩散效益得以显现。2018年，银川常住人口225.06万人[②]，银川老城区人口基本饱和，未来园区、产业区发展规划都在黄河以东。银川滨河新区开发就是这种扩散效益的延伸，是对城市外部的整合，是城市进一步产生和形成区域优化的实际举措。"城市群的出现就是区域优化的主要结果。"[③] 城市化的后期就是城市群阶段，发达国家已进入城市群时期。城市与城市群是单个与多个的关系。城市的形成，是多个因素诸如人、企业、机构、设施、服务和管理等主体在空间上聚集。多个城市的聚集就

---

[①] 张利痒、缪向华：《韩国、日本经验对我国社会主义新农村建设的启示》，《生产力研究》2006年第2期。
[②] 银川市人民政府网，www.yinchuan.gov.cn。
[③] 刘春成、侯汉坡：《城市的崛起——城市系统学与中国城市化》，中央文献出版社，2012，第41页。

形成了城市群。"在城市系统中，城市主体之间通过物质流、能量流、信息流和资金流等产生关联，城市发展的活力与这些'要素流'的质量与强弱相撞相关。"[1] 这实际上是城市群之间的关联。在城市群系统中，各个城市都有其地域性：自然资源、经济要素、区位空间、人文传承等都有其各自优势和相对特点，"优势互补的分工、合作和协调发展成为区域城市关系的主流"。[2] 这种城市群的聚合发展，正是城市群发展的优势所在。

我国"十二五"规划纲要明确指出："遵循城市发展客观规律，以大城市为依托，以中小城市为重点，逐步形成辐射作用大的城市群，促进大中小城市和小城镇协调发展。"这是未来城市群建设的总体思路。滨河新区建设，是宁夏沿黄河城市群的重要组成部分，城市系统的构成——城市规划，一定要智慧性设计，要充分考虑长远发展需求：土地、人口、资源、产业、基础设施、公共服务、文化、环境等。同时，根据历史经验，还要考虑到黄河自然灾害的问题。充分借鉴发达国家城市化成熟期的经验和教训以及自身的历史经验与教训，就能避免"大城市病"。

（二）沿黄城市群

宁夏地处西北，属于内陆地区。改革开放40多年来，宁夏经济社会文化取得了长足的发展，但宁夏沿黄城市格局没有发生大的变化，除陶乐县2004年撤并，惠农县、固原县、吴忠县因设市而撤县设区外，基本是原来的框架。从国家层面上看，改革开放以来中国区域经济增长格局经历了三次重大变化：第一阶段（1978～1990）以珠江三角洲为龙头的华南地区崛起，第二阶段（1991～2002）以长江三角洲为代表的华东地区逐渐成为龙头，第三阶段（2003年至今）以能源原材料大省为代表的中西部地区增速逐渐加快。目前，中西部地区相比东部地区，在土地、劳动力成本上具有明显的优势，传统产业由沿海地区向内陆地区转移的趋势已经

---

[1] 刘春成、侯汉坡：《城市的崛起——城市系统学与中国城市化》，中央文献出版社，2012，第118页。

[2] 刘春成、侯汉坡：《城市的崛起——城市系统学与中国城市化》，中央文献出版社，2012，第128页。

形成，中西部地区经济增长的速度加快。① 西部大开发，即源于这种背景；地处西部内陆地区的宁夏，面临着这种新的机遇。

2010年底出台的《全国主体功能区规划》，将中西部地区的相关区域列为若干个国家层面的重点开发区域。其特点是：这些区域有一定的经济基础，资源环境承载能力较强，发展潜力较大，集聚人口和经济条件较好，是未来工业化和城镇化发展的重点地区。从整体上看，中国区域经济开始向城市群经济转变。宁夏沿黄城市群进入国家发展战略层面，是多种发展因素与机遇的结晶。

宁夏区政府之前提出的"同城化建设""沿黄经济带"战略，实际上还是从人文地理的意义上，充分利用黄河穿越宁夏平原的绝对优势，挖掘黄河农业文明的传统资源，从移民文化的意义上推进城镇化，发展黄河经济。进入国家层面的宁夏沿黄城市群建设更为直观，承载的使命更为重大。

宁夏回族自治区党委、政府对宁夏沿黄经济区建设政策的制定与推进一以贯之。2013年，宁夏第十一次党代会上提出推进沿黄经济区建设，发挥银川中心城市龙头作用，完善石嘴山、吴忠、中卫沿黄河骨干城市功能，努力形成西部重要的城市群；继续推进固原区域中心城市和宁南大县城建设。2017年，宁夏第十二次党代会上提出的推进沿黄经济区建设思路更为清晰，指出沿黄城市群是宁夏推进新型工业化、新型城镇化和农业现代化的核心地带，要顺应以城市群为主体形态推进城市化大趋势，大力推进银川都市圈建设。尤其明确指出，要推进宁夏东北部老工业城市和资源型城市产业转型升级示范区建设。发展城市群有多重效应，一是在更大范围集聚和辐射科技创新和新兴产业资源，有助于营造更加优化的产业创新生态；二是延伸产业链，提高价值链的增加值；三是通过整合多个城市发展规划，放松行政区划和行政管理的束缚，使各种要素的流动和配置更为合理。宁夏沿黄经济区城市群建设的推进，要充分考虑自身的功能和特点，按照城市群建设的高标准推进，民生福祉即在其中。

---

① 宣晓伟：《中国未来的区域增长格局研究》，《区域经济评论》2013年第4期。

## 三　城市群生成与活力

宁夏平原沿黄河带县级城市群的生成与演变过程，西夏行省、宁夏府城、南部原州的演变过程，前文均已有叙述。这些延续了两千多年的城市，有其特殊的生存环境，有其生辉的城市活力。总起来看，首先在于其独有的自然条件和地理位置。黄河穿宁夏平原而过，滋润着这块富庶的塞上江南的肥沃土地；贺兰山遮蔽了周围的漫漫黄沙，护卫着这块肥沃土地；气候温和，地势平坦，自流灌溉，渠道纵横，农业文明历久不衰。"贺兰山下果园成，塞北江南旧有名"，早在千年前唐代诗人韦蟾的笔下，就尽情地描述过宁夏平原的富庶景象。连接关中与宁夏平原的千年重镇固原，不仅地理位置重要，文化积淀亦深厚丰富。

其次，是丰富的人文资源。宁夏历史悠久，人文资源积淀丰厚，有2万年前水洞沟旧石器时代文化遗存，有岩画文化、石窟文化、长城文化等，有多个民族、多种文化资源或见于文献记载，或留存于后世，包括历代名人留下的描写宁夏的诗文；有建都近190年的西夏辉煌历史与文化遗产，有丝绸之路留下来的东西文化遗存，文化氛围浓厚。

再次，是宁夏平原自身的巨大活力。自古及今，宁夏平原有过3个让世人羡慕的名字：唐代以前的"塞北江南"，明代的"天下黄河富宁夏"，近年的"宁夏平原十大新天府"冠名。这些全国意义上的里程碑式的冠名，更加彰显了当代意义上宁夏平原黄河农业文明巨大的活力所在。

最后，黄河连通草原丝绸之路的影响力。宁夏地处丝绸之路东段北道，无论对于绿洲丝绸之路还是草原丝绸之路，宁夏的地理位置都极为重要。草原丝绸之路为沿黄河城市群提供了更为广阔的文化空间。

有了以上这些特殊的条件和积淀，沿黄河带的城市就有了生存的活力，延续的活力，发展的活力，尤其是银川。如果仔细对应，天时、地利、人和在宁夏平原都得到了充分展示，虽然战乱与自然灾害伴随于整个历史进程中，但无法取代的地利环境所滋生的力量在不断地修补着一次次的战乱与自然灾害带来的损伤，不断地为沿黄河城市提供着生生不息的活力。西夏政权之所以能延续190年，建立了规模巨大的都城；元代之所以在西夏都城的基础上设立省级政权，"宁夏"的名字之所以能沿用至今……都因为这座城市的活力。

当下意义上的城市群，与古已设定的城市布局是不完全一样的。作为一种概念的城市群，是从地理学的意义上衍生出来的，类似于大都市带、都市圈，它不是一个而是多个"城市聚集"。它有其科学的界定：城市群是指在特定的地域范围内具有相当数量的不同性质、类型和功能的规模城市，依托一定的自然环境条件，以一个或两个超大或特大城市作为地区经济核心，借助于现代化的交通工具和综合运输网的通达性，以及高度发达的信息网络，发生与发展着城市个体之间的内在联系，共同构成一个相对完整的城市集合体。[①] 城市群定位很清楚，城市群的核心作用就是通过城市群的核心经济区来发挥的，核心经济区是统领相关联城市"带"或城市"圈"的关键所在。沿黄城市群的核心城市银川，将统领和发挥这个城市群的功能和辐射作用。

## 四 城市群与区域经济增长

城市化是社会经济发展的必然结果，也是社会发展的巨大推动力。城市群能使资源在更大范围内实现优化配置，让地理位置、经济实力及结构不同的城市承担不同功能，实现城市间的分工合作，获得比单个城市更大的分工收益和规模效益。因此，城市群越来越成为区域经济增长的重要源泉和有效途径。沿黄河带县域布局、城市格局奠定了宁夏沿黄城市群的基础；宁夏平原绿洲农业灌区水土条件好，农业开发历史悠久，耕作精细，是全国农业集约化程度和生产技术水平较高的地区，为银川城市群建设与发展提供了基础性保障，宁夏沿黄城市群将会在这个多元基础上推进。宁夏沿黄河带区域有一定的经济基础，资源环境承载能力较强，发展潜力大，集聚人口和经济的条件较好，以57%的人口、43%的土地聚集了

---

① 张学良：《中国区域经济转变与城市群经济发展》，《学术月刊》2013年第7期。

80%以上的产业,创造了90%以上的地区生产总值和财政收入。因此,以城市群作为空间竞争单元可能更为合理。[1]

2010年底出台了《全国主体功能区规划》,有学者按照此"规划"及2011年《城市统计年鉴》获取了如下数据:宁夏沿黄城市群划定面积4.07万平方公里,人口510万,GDP 1482亿元。[2] 这是未来宁夏沿黄城市群的地理空间、人口密度和经济总量的计算,单就人口看,远远超过现在57%的数字,经济数据大为提升。

宁夏沿黄城市群存在与周边陕北、内蒙古乌海经济区的融入问题。"新型城镇化要走出一条以城市群为带动的多元城镇化道路。增强城市群的聚焦与辐射效应,进一步发挥跨行政区的城市群在新型城镇化过程中的带动示范作用。从'行政区经济'向'城市群经济'过渡,是城镇化进入较高阶段的必然产物。"[3] 这是宁夏沿黄城市群建设过程中必须认真思考的问题。传统意义上所谓的区域,实际上涵盖着行政区域、自然区域和经济区域三种类型,但都是以行政区域来统属自然区域和经济区域。由于行政管辖与经济隶属的一致性,"中心城市的经济能量对边界与外围地区的辐射相对较弱,且随着地理距离的增加,辐射力显递减趋势……城市群经济则是按经济区划分的结果,是经济区域的表现形式,且又与自然区域高度一致,城市群经济将是中国区域经济竞争与合作的主要载体"。[4] 宁夏沿黄城市群与陕北、内蒙古乌海等经济区关系极为密切,它们在自然地理意义上直接关联,后者是宁夏沿黄城市群经济圈的重要加盟者。这就要淡化行政区划经济,而转向城市群经济。"21世纪的国际竞争的基本单位不是国家,也不是企业,而是城市群。"[5] 城市群的建立和发展,

---

[1] 张学良:《中国区域经济转变与城市群经济发展》,《学术月刊》2013年第7期。
[2] 张学良:《中国区域经济转变与城市群经济发展》,《学术月刊》2013年第7期。
[3] 宋林飞:《新型城镇化方向:农业人口身份转变》,《中国社会科学报》2013年11月29日。
[4] 张学良:《中国区域经济转变与城市群经济发展》,《学术月刊》2013年第7期。
[5] 张学良:《中国区域经济转变与城市群经济发展》,《学术月刊》2013年第7期。

在承载中国城市化的过程中，还承载着多层次、开发性区域发展战略的实施。

## 五 沿黄城市群建设目标

在发达国家工业化的进程中，区域空间格局演变的最突出特点，就是人口、要素和经济活动不断向部分地区集中。[①] 这是国外的经验，也是中国改革开放的趋势。中国的区域经济向城市群经济转变，在空间上，经济活动将聚集成"群"或者"带"，大部分人类的生产与生活聚集在"城市群"里。城市群是城市化的空间主体，也是实现中国区域总体发展战略的重要载体。[②] 在宁夏的未来，人口随着生产要素的流动而流动，随着生产活动和财富的集中而集中，城市化的空间在很大程度上由沿黄城市群来承载。宁夏的生态移民战略，与未来沿黄城市群的发展是一体的。

按照《全国主体功能区规划》及相关研究数据，宁夏沿黄城市群的设定面积是 4.7 万平方公里，占全区面积的 2/3 强，容纳人口 510 万，GDP 近 150 亿。[③] 这个空间对于城市群建设来说，应该是三个圈层：以银川为城市群核心区，为第一圈层；沿黄城市带为第二个圈层，包括已成型的红寺堡区、滨河新区等，在空间上体现的是"同城化"城市群特征；辐射外围甘肃东部、陕西北部、内蒙古西南部，这是第三圈层。应该将固原市的地域空间也纳入其中。从交通环境看，随着未来多元交通能力的提升，高铁路网、高速公路网、航空网将使这三个圈层的城市与核心区之间基本在 1~3 小时交通圈之内。在深层，体现的是区域中心城市的竞争力。"城市的竞争力主要是指一个城市在竞争和发展过程中，与其他城市相比所具有的吸引力、转化资源，争夺、占领市场，更好更快地创造财富以及为居民提供福利的能力。"[④] 区域中心城市竞争力，关乎着城市群的未来；

---

[①] 宣晓伟：《中国未来的区域增长格局研究》，《区域经济评论》2013 年第 4 期。
[②] 张学良：《中国区域经济转变与城市群经济发展》，《学术月刊》2013 年第 7 期。
[③] 张学良：《中国区域经济转变与城市群经济发展》，《学术月刊》2013 年第 7 期。
[④] 倪鹏飞等：《城市崛起：开辟中国新未来》，《光明日报》2012 年 11 月 23 日。

## 黄河文明在宁夏

城市群的竞争力关乎着国家层面上的竞争力及其变化。"以银川为核心的宁夏北部引黄灌区正在成为一个区域中心，辐射内蒙古、陕西和甘肃毗邻地区。"[①] 随着银川区域中心城市作用的不断增强，宁夏沿黄城市群将辐射到这些周边地区和城市。

同城化是一个新概念，它是伴随着城市化与区域经济一体化的推进而提出来的。实际上，它是城市空间的一种整合。所谓"同城化"，是指在区域经济一体化的背景下，区域内城市之间基于"优势互补，资源共享，互利共赢"的共同目标，在空间上打破地域的或行政的界限，以"同城"的标准在同质环境中形成的相互依存、相互作用、协调发展的新型城市群组合。区域一体化是区域同城化的必要前提，区域中心城市核心地位的提升是区域同城化的必然要求，周边城市主动接轨中心城市是实现区域同城化的必由之路。[②]

宁夏沿黄城市群建设，首先是区域核心城市的整体经济实力一定要提升，其对周边区域的辐射作用一定要增强。"核心城市与周边城市基于市场的经济关联度，决定着城市和产业的'金字塔'模式空间体系的建立"[③]。换句话说，对周边城市的有效经济扩散，取决于区域中心城市的辐射作用。其次，核心城市与其他城市之间的协调发展，要回避基础设施重复建设，以及产业结构趋同、区域生态环境治理失调等问题。最后，在梳理区域内自然与人文资源的基础上，要进行文化景观空间的重构。拓展文化空间，是城市群空间重构的重要内容，即区域城市文化、文化遗产保护、城市多元文化的融合、城市文化创新与实践、跨地区文化交流与城市文化变迁以及生态文化建设等，都是未来城市群文化建设

---

[①] 李培林、王晓毅主编《生态移民与发展转型——宁夏移民与扶贫研究》，社会科学文献出版社，2013，第7页。

[②] 曾群华等：《后世博时代长三角区域联动效应的同城化研究》，《科学发展》2012年第6期。

[③] 刘乃全、东童童：《我国城市群的协调发展：问题及政策选择》，《中州学刊》2013年第7期。

与发展的理念。银川滨河新区的建设与周边文化景观与生态环境的改善，就是这种文化战略的体现，旨在复兴人居文化，提升环境品质，丰富人与大自然的空间。

## 第三节　城市化与城市群建设

### 一　新型城市化道路

城市化（城镇化）过程，无论发达国家还是其他第三世界国家都已走过或正在走。传统城镇化道路，是工业革命和工业化驱动的发展模式。我们正在探索一种"新型城镇化"的道路，即将新型城镇化与新型工业化、信息化和农业现代化密切结合，同步发展。其特点在于：一是实现人口、资源、环境的协调发展，根据自然资源承载力和环境制约确定城镇的边界、空间布局与规模；二是合理布局空间结构，发展一个大的城市与多个中心的紧凑型模式；三是努力促进社会公平。① 这些思路是在中外城镇化已有经验的基础上提出的，一定程度上比较务实。新型城镇化过程中"智慧城市"建设是一个新的城市发展理念，即利用信息智能技术，使城市的基础设施和公共服务更智能化和便捷化，并实现城市功能系统与硬件设施及城市居民的协同联动和无缝对接，从而对城市管理、城市商务、城市生活和城市环境保护等做出智能响应，满足城市居民的各项需求。② 在宁夏沿黄城市群的建设中，这些做法和理念都是有参考价值的。

### 二　城市文化与社会生态链

城市化的进程不可避免地对城市文化和生态造成一定的冲击。城市群

---

① 胡必亮、叶雨晴：《积极探索新型城镇化道路》，《中国社会科学报》2013年5月24日。
② 李霁：《新型城镇化的重要抓手——国外智慧城市的有益启示》，《光明日报》2014年4月13日。

的建设,同样存在着这个难以回避的问题。单个城市城市化的过程中,在已有城市模式的基础上要注意城市化不能"化掉"文化遗产,如老房子。同时,要保持较多的绿地面积,提升这个城市宽容的文化氛围。城市群新区建设,大生态环境建设尤其重要,包括相关文化遗产的保护。"城市文化作为城市精神和创造力的历史凝聚与积淀,具有施加广泛影响的功能……如社会民众的文化意识、生活环境的文化内涵等。"[①] 城市文化与城市精神,城市文化生态与文化特色,有利于构建城市和谐文化,有利于提升城市的多元竞争力,有利于提高城市的吸引力,对于城市未来发展至关重要。

(一)要凸显城市品质

2012年初,国家统计局公布2011年末居住在城镇的人口为6.91亿,首次突破50%,达到51.27%,这在城镇化进程中是一个里程碑。城市化的核心是人的城市化。建设绿色、低碳城市是城市建设的目标。城市化过程要有一个平衡的人口分布,形成结构优化的经济体系和消费方式。20年后人口更多,高楼更多,轨道交通也会快速发展,绿色低碳、生态环境保护、清洁能源等可持续发展的要素极为重要,尤其是新城区的规划,要把产业的发展与城市基础设施建设紧密结合在一起,体现一种人与自然和谐发展的环境模式。"应该以节能环保、资源集约、生态宜居、城乡统筹和和谐发展为基本特征的城镇化……在传统文化的基础上创新,既中国又现代,我们的创新是建筑与所在地区自然和环境要融为一体。"[②] 这是城镇化过程中提升城市品质的理念。

文化,让城市更美好。城市文化表达的是一种精神,是一种认同,是一种民族团结根基。"城市精神是一个民族跨时代的文化传承,也是民族文化在特定地域的创造性实现。作为一个鲜明的价值体系,城市精神是历

---

[①] 单霁翔:《关于城市文化建设与文化遗产保护的思考》,《中国文化报》2012年5月10日。
[②] 何镜堂:《新型城镇化 中国建筑怎么做?》,《光明日报》2013年12月16日。

史性的，也是现实的，而文化的传承与实践正是其根本所在。"① 建筑形态最能体现城市文化的根脉，表达城市的个性。具体表现在对城市的定位和对建筑的定位，这就要以文化的眼光来审视未来城市建设。宁夏城市群新区建设应该充分考虑文化与城市的关系，并体现在城市布局与建设上。在深层，期待更能凸显城市品质，培育城市精神，增强城市活力，提升城市文明。

宁夏区党委、政府提出"把宁夏作为一个大城市来规划建设"，这是宁夏城市布局与建设的空间发展战略，包括城市功能等。实际上，这个战略空间包含着三个层面：一是宁夏沿黄河城市群建设，二是宁夏作为一个大城市来规划建设，三是宁夏外围城市辐射圈的延伸。多级发展宁夏城市空间的理念较为务实。同时，可以尽力挖掘各市、县（区）的地域特色，明白靠什么来支持、带动，充分利用自身资源。城市空间布局与建设必须有定位，突出地域文化特点。

城市文化（或都市文化），是未来城市发展的高级精神形态，也是人们认识城市的本质所在。要认真研究城市文化，要提升城市文化的审美品位，将城市文化建设与城市人群心理、情感与审美有机地融合在一起，在体现城市人群高雅文化精神的同时，为外来者提供一个全新的视角空间。城镇化的核心是人的城镇化，要赋予城市以文化内涵。

（二）社会生态链与城市空间

"社会生态链"（social ecological chain），是指"在特定的社会经济生活中，人们以各种需求进行交往而组成的动态、多元、暂时或长久的社会经济链状结构"②。社会生态链对研究城市空间特征及多样性策略具有十分重要的意义。"某个城市的社会阶层的分类越多，那么这个城市的吸引力就越大，吸引前来定居的人就更多。这是因为，多元的社会阶层让不同

---

① 王德胜：《城市精神：民族文化的传承与实践》，《光明日报》2012年1月18日。
② 杨贵庆：《"社会生态链"与城市空间多样性的规划策略》，《同济大学学报》（社会科学版）2013年第4期。

的人可以找到自己的位置，找到适合自己生存的方式和发展的机会。"①这实际上是城市化过程中社会生态链潜在的作用。所以，"城市空间（主要指建筑外部、建筑之间的公共空间）以多样化的形态承载了多元化的社会群体及其社会活动，从而使得社会人群活动有属于他们的空间场所，并实现不同人群之间的交往"。②这样，城市的社会属性和社会价值就会得到最大限度的体现。

社会生态链的理念与提法，在城市化过程中具有积极的现实作用和价值意义。在城市化过程中，尤其是新区规划与建设的过程中一定要注重多样性城市空间的布局与塑造。在体现和实施城市空间和社会价值的同时，要注重城市文化遗产的保留与保护，凡是承载着这个城市历史文化信息的文化遗产，都是这个城市形态多样性与丰富性的长期积累，是城市记忆的重要组成部分。此外，大城市建筑与"小尺度"的城市理念，也是要尽可能体现出来的。在城市设计者的眼中，"小尺度"是一个专门概念。"小尺度"也体现着一种公共空间，不希望高楼大厦、巨型商业广场和马路挤对了"小尺度"的存在，如邻里公园、小广场、绿地和街角空地等，这样就"赋予了这个城市一张人性化的脸"。主张"文化，使城市更美好"，不能只是一个响亮的口号，文化正是解决问题的前提所在。宁夏沿黄河城市群的建设，尤其是滨河新区的建设，"社会生态链"的理念应该介入其中。

（三）城市意境与生态环境

1992年，钱学森在给顾孟潮的信中，明确提出可以用"山水城市"的理念来解决中国现代化城市建设中的环境困境。③"山水城市"的关键，是"让园林包围建筑，而不是建筑群中有几块绿地"。"山水城市"是建

---

① 杨贵庆：《"社会生态链"与城市空间多样性的规划策略》，《同济大学学报》（社会科学版）2013年第4期。
② 杨贵庆：《"社会生态链"与城市空间多样性的规划策略》，《同济大学学报》（社会科学版）2013年第4期。
③ 顾孟潮：《钱学森与山水城市和建设科学》，《科学中国人》2001年第2期。

立于传统美学观之下，面对现代人大量聚居于城市中的一种理想的解决问题的方案。实际上，这种理念是将传统人文精神——山水审美文化与现代化城市建设很好地结合在一起，让城市彰显出一种环境美学的意境。"以山水为体，以文化为魂"①，园林城市的生态性、自然性和艺术性就会自然融注在其中，诗意城市的个性就会表现出来。"目的是改善居民生活质量，适应未来环境保护需求和能源对城市建设的挑战，既能满足居民对改善住房条件的要求，又能保证对现有资源与景色的保护。"② 这是法国人打造生态城市品牌的理念。

随着城市化进程的不断加快、人群的不断集中，自然环境不断被蔓延的城市吞噬。于是，生态逐渐失衡，环境不断污染。生态城市（eco-city）的概念，联合国教科文组织早在20世纪70年代就提出来了，现在，中国的城市化也遇到了这个问题。党的十八大强调"大力推进生态文明建设"，目的之一就是建设现代生态城市。这就要节约资源，实现可持续发展。在加强生态城市规划和建设的同时，要注重自然生态系统和整体环境的有效保护，从管理者到民众都要有广泛的参与意识并且体现在每个环节上。生态城市建设不能一蹴而就，它是一个系统工程，包含着多重内容，它更多地体现在人群的生态意识与文化素质上。

### 三 宜居城市与文化记忆

宜居城市的概念有其发展过程。1898年，英国城市规划师霍华德首先提出了"田园城市"的理念，试图解决快速城市化所带来的交通拥堵、环境恶化以及农民大量涌入大城市的城市病。进入20世纪，随着工业化进程加快，城市环境问题越来越受到关注。1976年，联合国在温哥华召开了首次人类住区大会，正式提出"人类聚住"的概念。1996年，联合国第二次人居大会提出城市应当是适宜居住的人类居住地的理念。何为宜

---

① 陈望衡：《环境美学》，武汉大学出版社，2007，第409页。
② 梁晓华：《法国打造"生态城市"品牌》，《光明日报》2013年12月14日。

居城市，有多种说法，但"社会生态链"式的城市布局应该是宜居城市的基本要求。中国城市科学研究会公布的《宜居城市科学评价标准》，内容包括社会文明度、经济富裕度、环境优美度、资源承载度、生活便宜度、公共安全度六个方面，涉及安全指数、医疗服务、文化与环境、教育、基础设施等方面。在城市建设过程中必须坚持几个原则：社会公平、个人尊严保障、公共设施的无差别共享、和谐的城市氛围、公共参与和管理授权。[1] 随着城市化进程的加快和经济的迅速发展，宁夏沿黄城市群"宜居城市"成为人们关注的话题。理想的宜居城市应该是一个生态和人文环境优良的城市：生态环境包括住宅设计在体现科学要求的同时更加人性化，有绿树红花，有碧水蓝天；人文环境是指社会治安好，人群和谐，文化气息浓，绿地和广场为大家提供了舒心的活动场所，真正有家园的感觉。"中国的城市建设要确立'家园'的概念，将建立宜居、利居、乐居的城市作为最高的指导思想。"[2] "三居"思想再现了宜居城市直观而简约的主题。著名规划设计专家俞孔坚教授认为，"宜居城市"应该具备两大条件：一是自然条件，即城市有新鲜的空气、洁净的水、安全的空间、充足的生活设施；二是人文条件，城市人性化，平民化，人情味、文化味浓，有归属感，居民觉得自己是城市的主人，城市就是自己的家。

2014年，《国家新型城镇化规划（2014～2020年）》出台。《规划》提出"注重人文城市建设意义深远"。"新型城镇化，'新'在更加宜居宜业，更加富有远见，更加懂得文化传承。"这样，才能涵养城市文化，改变千城一面；才能留住乡土记忆，让乡愁找到归路；才能科学推进规划，保存城市的文化记忆。[3] 现在，城镇化过程的设计理念的确发生了质的变化。2014年，国务院发布《关于推进文化创意和设计服务与相关产业融

---

[1] 赖阳、黄爱光等：《世界城市宜居商业研究》，中国经济出版社，2012，第2～9页。
[2] 陈望衡：《确立"美学"主导原则——中国城市现代化道路反思之二》，《郑州大学学报》（哲学社会科学版）2010年第2期。
[3] 冯蕾、李慧：《新型城镇化：让文化记忆延续》，《光明日报》2014年3月17日。

合发展的若干意见》，提出"因地制宜融入文化元素"。新农村建设的过程中，传统民俗建筑的样式和风格被"千村一面"的建筑取代了，看不出地域文化的影子。无论乡村，还是城市，道理都是一样的。建筑离不开土地，而不同地域的土地有着不同的自然和人文特征，建筑设计理念应挖掘和表达本土特色，而表现本土文化和自然特色的城乡建筑是根本解决"千城一面"的基本路径。[①] 地域文化是城市建筑与发展的根脉。一座宜居的城市，必须在最大程度上让各种人群的需要得到满足，进而能够得到"适性"发展。

## 第四节 黄河湿地与城市生态环境

宁夏湿地，是黄河文化的伴生物。水是生命之源，湿地是地球之"肾"。在大力倡导生态文明的今天，湿地与生态文明已得到各个层面的重视。近百年以来，我国北方的大部分地区逐渐变得干旱，特别是近30年来随着气候与生态的变迁，好多有水的地方成了缺水区，湿地数量逐渐减少，湿地生态系统面临着严重的威胁。2006年，国务院《全国湿地保护工程实施规划》启动以来，宁夏湿地自然保护区建设和管理有效推进，湿地得到有效保护，尤其是将湿地作为一个完整的生态系统来对待，显示了湿地保护刻不容缓的强烈意识。2010年，住房和城乡建设部与国家质检总局联合发布《城市园林绿化评价标准》，将城市湿地资源保护工作作为国家园林城市、国家生态园林城市评审的重要考核内容，为中国城市提升"湿地文明"素质创设了机制，非常有利于提高城市湿地的生态功能。党的十八大报告不仅把"生态文明"的内容独立成篇，而且指出要把生态文明建设放在突出的地位，融入经济建设、政治建设、文化建设、社会建设各方面和全过程，实现中华民族永续发展。湿地与美丽并行，"湿地文明"将伴随着这个时代写出新篇章。

---

[①] 崔愷：《迎接建筑文化创新的新时代》，《光明日报》2014年3月16日。

黄河文明在宁夏

## 一 宁夏湿地

（一）何谓湿地

1971年2月，《国际湿地公约》在伊朗的一个小镇拉姆萨尔签署。1992年，中国加入《国际湿地公约》，湿地的保护逐渐引起了国人的重视。《国际湿地公约》全称为《关于特别是作为水禽栖息地的国际重要湿地公约》，它对湿地的定义：天然或人工的、永久性或暂时性的沼泽地、泥炭地和水域，蓄有静止或流动、淡水或咸水水体的地方，包括低潮时水深浅于6米的海水区为湿地。按照这个定义，沼泽、泥炭地、湿草甸、湖泊、河流、滞蓄洪区、河口三角洲、滩涂、水库、池塘、水稻田以及低潮时水深浅于6米的海域地带，皆属于湿地范畴。对于湿地的界定，还有一种通俗的说法：湿地是清波荡漾的河流、烟波浩瀚的湖泊、金黄无垠的稻田、野生动物聚集的沼泽地，以及退潮时水深不超过6米的海水区。如果以此界定来看湿地，宁夏的湿地面积大得很，是特殊资源，尤其是宁夏平原数百万亩稻田。在这里，集中叙述宁夏的湿地湖泊。

国际上通常把湿地与森林和海洋并称为三大生态系统。湿地是极其重要和不可替代的生态系统，具有保持水源、净化水质、抵御洪水、调节径流、控制污染、调节气候、美化环境等许多重要功能和特殊作用。它既是陆地上的天然蓄水库，也是众多野生动植物尤其是珍稀水禽繁殖和越冬的地方。湿地与人类生存息息相关，是人类的宝贵资源，被称为"生命的摇篮"、"地球之肾"和"鸟类的乐园"。

宁夏的湿地主要集中在黄河平原地带。由于各种原因，近数十年来湿地在不断萎缩，但这些不规则水域相连的湖泊一直演绎到现在，成为宁夏平原上的一大景观。银川的得名，有一种说法就是因连片的水域所展示的自然景观而来的。《明英宗实录》记载，明代宁夏平原较大的草湖（湖泊）近350处之多。[①] 明代《嘉靖宁夏新志》，清代《乾隆宁夏府志》里

---

[①] 《明英宗实录》卷38，台湾"中央研究院"历史语言研究所影印校勘本，1962。

大量记载着宁夏平原各个湖泊的名字,如月湖、观音湖、三塔湖、金波湖、沙湖、七十二连湖等。明清时期在宁夏为官的文化人,包括明代庆王朱栴等宗室人物,在宁夏修建了不少园林式景观建筑,不少天然湖泊被开发利用,再现的是江南景色和风光。这些湿地湖泊为宁夏平原带来的自然文化遗产,是宁夏生态文明的宝贵财富。

(二)湿地现状

湿地的存在,对于维护宁夏生态平衡、改善生态状况、促进人与自然和谐共处,都将起到重要作用。据相关资料表明,目前宁夏湿地面积仍有25.6万公顷,面积在1公顷以上的湿地400余处;仅黄河段两侧现有近1000处大小不等的湖泊湿地;银川市湿地面积达47000多公顷,其中湖泊湿地面积2万多公顷。近年在城市化的过程中,充分利用黄河在宁夏平原形成的自然生态资源,实施退田还湖、退耕还湖等工程,保留和扩大北塔湖水域面积,恢复鸣翠湖,连通关湖、化雁湖、陈家湖、小西湖、大西湖(阅海)等环银川城市而出现的大型湖泊,"塞上湖城"的景观得以再现,碧水波光,潋滟生辉,成了银川平原的一大自然景观,吸引着游人们去观览。鸣翠湖已列为国家城市湿地公园。其实,在还湖工程的过程中,有阻力,有不解,有质疑,有不同看法,但政府还是顶住压力坚持走过来了,而且凝聚了宁夏各市县做"水文章"的共识。[①]

湿地按照类型可分为海洋沿岸咸水湿地、淡水和咸水混合湿地、河流湿地、湖泊湿地(水域面积通常超过8万平方米,水深在2米左右)、沼泽湿地(与湖泊和水库没有联系的孤立的内陆湿地,主要包括湿草甸和沼泽)。2002年以来,宁夏先后有6处湿地项目获得国家批准,地方筹资6亿多元恢复了460多公顷湖泊水面,湿地自然保护区占全区湿地总面积近45%。

截至2009年,我国已有37块湿地加入《国际重要湿地名录》。宁夏

---

① 郝林海:《〈湖泊湿地水资源平衡及水生态综合管理研究〉序》,《宁夏日报》2012年3月21日。

的湿地如果细分,有河流湿地、湖泊湿地、高原湿地、河滩湿地等。湿地公园,是中国国家湿地保护体系的重要组成部分。中国现有两种类型的湿地公园,即国家湿地公园和城市湿地公园。国家湿地公园由国家林业局批准设立,城市湿地公园由住房和城乡建设部批准设立。宁夏湿地适宜于走湿地公园之路,在保护和合理利用之间找到平稳点,"水在城中,城在水中,人水交映,变化无穷",划定生态保护、生态恢复、历史遗存几个保护区,精华部分实行相对封闭保护。同时,要重视历史文化保护与民俗文化延续,尤其是黄河农业文明背景下的农耕文化、乡土田园文化以及相关的历史文化遗迹。

《苏州市湿地保护条例》突出了对湖泊、河流、滩涂等自然湿地的重点保护,还将永久性水稻田等具有特殊保护价值的人工湿地纳入了保护范围。[①] 这里把水稻田界定为"人工湿地",为我们认定宁夏湿地提供了参照。如果把水稻田纳入湿地保护范畴,宁夏平原黄河灌区就成为面积特别大的湿地,这是我们必须重视的特殊湿地资源。

(三)湖泊湿地变迁

明清地方志书里记载有宁夏各种称谓的湖泊。以特殊的地理环境形成的高原湖泊湿地主要在宁夏南部,固原自古以来影响较大且现在仍有水源者,一是秦汉时期非常著名的朝那湫,它属于自然形成的高原湖泊,这里是关中以西著名的祭祀地,秦始皇、汉武帝在这里有过祭祀活动,司马迁《史记》里明确记载,现在仍有大片水域。二是固原城西南的西海子。三是六盘山西侧的北联池(隆德县境)。四是西吉县苏堡乡的震湖。1306年,在固原发生过一次震级强烈的地震,明代记载最为有名的东海子(实际上是朝那湫的组成部分)水源阻断,东海子逐渐变成了枯海,但西海子水源仍在。1920年海原大地震,又形成了一个新的湖泊——震湖。现在,它们仍是黄土高原上重要的湖泊湿地。

河滩湿地以清水河沿线为主,主要是在河流的大转弯处形成的面积大

---

① 苏雁:《首部湿地保护地方性法规在苏州出台》,《光明日报》2012年2月2日。

小不等的河滩湿地。在北方，湿地常常与鸟类联系在一起。河滩湿地是鸟类重要的繁殖地、越冬地、迁徙线路的驿站。清水河流域的湿地景观，夏天芦苇翠绿，秋天金黄一片，深秋时节常有大雁栖息。这是40年前的景观，现在河水干涸，成为季节河，雁群也不再光顾，"衡阳雁去无留意"。由于近20年退耕还林还草、封山禁牧、生态移民，植被恢复，雨水增多，清水河生态也在修复和变化。

20世纪70年代尤其是90年代以后，由于城市发展步伐的加快、自然生态的变迁和人为的原因，明清以来人们青睐过的自然景观湖泊消失了不少，一部分湖泊由于气候变迁而干涸，一部分湖泊却遭到了人为的破坏。在全国，像宁夏平原沿黄河带如此之多的天然湖泊是不多见的。1600年前赫连勃勃在黄河边上修建饮汗城，利用天然湖泊修建园林建筑，是银川平原早期湖泊开发利用的典型例子。从1997年2月2日起，每年的这一天成为"世界湿地日"。有了这个世界性保护湿地的大背景，我国的湿地保护逐渐得到重视。在宁夏奔小康的过程中，政府提出要美化亮化银川城市，提出"湖在城中、城在湖中"的人居环境大思路，将历史与现实有机地衔接起来，重新打造银川历史文化名城的水系，这是人与自然和谐发展的历史使命。而今，环城的水域串通相连，典农河、阅海湾、七十二连湖等水系贯通，湖泊与蓝天共映衬。

湿地的作用，主要体现在三个方面。一是生态效应，为水生动物、水生植物提供了优良的生存空间，在维持生物多样性方面作用巨大，许多珍稀特有的物种，都依赖于湿地而生存和繁衍。我国40多种国家一级保护鸟类中，约有二分之一生活在湿地。同时，湿地还是重要的遗传基因库，对维持野生物种种群的存续和改良皆具有重要意义。二是调蓄洪水作用。在控制洪水、蓄水、调节河川径流、补给地下水和维持区域水量平衡方面发挥着重要作用。湿地的蒸发也会对附近区域产生降雨，具有调节区域气候的作用。三是降解污杂物。工农业生产和人类其他活动中，会有农药、工业污杂物、有毒物质等进入湿地。湿地的生物和化学过程能使这些污杂物被降解和转化。[1] 湿地为"地球之肾"的说法，即源于这种特殊的功能。湿地保护的重要意义，"不仅仅是保护鸟类本身，而是对于全球生物多样性也有重要意义，对于发挥湿地的 17 种生态环境功能有十分重要的作用"。[2] 正是从这些意义上说，湿地的生态价值和社会价值要比其直接的经济价值高得多。

## 二 湿地资源与城市生态环境

湿地不但是丰富的资源，还有巨大的环境调节功能，是人类社会发展、文明进步的物质和环境基础之一，是人与自然和谐发展的天然乐园。宁夏沿黄河带的湖泊，同样是未来宁夏人与自然和谐发展的生态空间，大家要去珍惜它、爱护它。它是宁夏生态文化的重要组成部分。

2010 年，第四届历史文化名城博览会召开。世界历史文化名城的市长、市长代表们汇聚南京，讨论城市文化问题。主张在城市突出多元文化的同时，每个城市都要有独特的风韵，不能脱离自己的特色而"千城一面"。自然界因为生物多样性而美丽，人类也因为文化多样化而丰富。环绕历史文化名城银川的湖泊水域，体现的就是这个城市的自然风韵，水成为保护多元文化生态的另一种模式。浙江杭州市西部的西溪，是一块发现于东晋时期的湿地，被列为我国第一家国家湿地公园，被《中国国家地理》杂志评为"中国最美的地方"，水在做天然独秀的文章。银川平原湿地，如果从赫连勃勃时代利用湿地算起已有 1600 年的历史，同样历史悠久，湿地文化里融会着厚重的历史文化信息。

水与城市有着多层的亲缘关系。前几年银川市政府提倡"宜居城市"，但随着城市化进程的加快，对于城市居住功能的定位有了新的更高的要求，表现在三个层次上：宜居、利居、乐居。"宜居"是最基础的层

---

[1] 王乃仙：《保护湿地就是保护人类》，《光明日报》2013 年 2 月 12 日。
[2] 付鑫鑫、叶志明：《申遗成功可喜可贺，保护之路任重道远》，《文汇报》2019 年 7 月 6 日。

面，仅是关乎人的生存；最高层次应该是"乐居"，主要是从环境层面上说的。"乐居"是有条件的：首先是自然环境与人文景观的美，其次是所居城市历史文化底蕴，再次是城市个性特色显明。① 宁夏平原黄河灌区成就了沿黄城市群的富庶景象，沿黄河湖泊点缀在城市内外；银川是西夏建都近190年的地方，留下了大量的文化遗产。近年随着"水文章"影响力的不断提升，城市的个性在不断体现出来，历史文化、黄河文化的文化内涵不断彰显出来。同时，城市里"家"的感觉不断得到回归。因此，银川应该是"乐居"的城市。

生态原则、自然性原则、生活性原则、艺术性原则，是学者提出的花园城市建设的四原则。② 湿地，从另一个层面支撑着以上原则的存在。同时，要以生态视野来审视城市的自然性原则与属性，处理好城市自身生态系统的平衡，即两大生态系统——自然生态与人文生态。宁夏平原湿地，在很大程度上体现着自然性原则，人工的作用是在自然性原则的前提下体现的，典农河水系即属于此类，但做得天衣无缝，人为的痕迹很少能看得出来。自然性原则体现出来了，原始性也就附着在其中。银川平原的湿地尤其是湖泊，既要把它看作生态景观，也可把它视为数千年来宁夏历史文化发展过程的见证者，在它的身上承载着远去的历史故事和人物情结。在文人的笔下，它曾是被描写和赞美的对象，自然景观与历史文化相叠加而感动着后人。和谐社会要和谐文化来支撑，人与自然和谐是亘古未变的规律，先哲的生态智慧告诉我们：人类要以平等意识尊重自然万物的存在与个性，要与自然和谐相处，营造和谐共生的生态文明社会。

城市因水而美丽。对于任何一座城市来说，水都是活力，是财富，是灵气，是城市的命脉。宁夏沿黄河带近年"水文章"为城市带来了灵气，碧波荡漾的湖水就像美人顾盼的眼神，呈现着城市的风采。从1600年前赫连勃勃的丽子园，到现在的多处湖泊贯通，湖水不仅创造了美好的城市

---

① 陈望衡：《城市——我们的家》，《光明日报》2008年12月11日。
② 陈望衡：《城市——我们的家》，《光明日报》2008年12月11日。

环境，还创造了特定的文化。无论是俊秀平静的鸣翠湖，还是静静地穿城而过的典农河，都构成了城市服务的空间，都为城市带来了灵气和吸引力。同时，也给城市人群以休闲、舒适、开阔和浪漫，无时无刻不在吸纳着风吹车荡的尘埃，把所有污垢脏尘尽可能沉入湖底，给人以洁净的清波和清新的空气。

黄河农业文明在宁夏平原延续了数千年，是宁夏生命之根，文化之源。环银川城市生成的大小湖泊，是银川之魂。银川城离黄河十余公里，城市与黄河中间有多个湖泊相连，沿黄河边上滨河大道南北贯通，将中卫、吴忠、银川、石嘴山南北连在一起。近年来，这些城市都在尽力挖掘和利用沿黄河带湖泊水系，或者利用沿黄河带的有利地形和充足的水资源，生成人工湖泊，一湖一景，湖景相异，湖光水色簇拥着沿黄河带的每一座城市，尤其是银川平原周围，湖水相连，生态水网已具规模。黄河、湖泊与自然景观、人文景观融在一起，"水文章"提升着宁夏沿黄河城市带的文化内涵，保护与开发同步进行，延续着城市的"文脉"。

### 三　湿地资源与旅游开发

宁夏平原是早期屯戍开发的地方，也是黄河孕育的"七十二连湖"水系所在。湖泊，是宁夏平原的一大自然景观。朱栴《宁夏志》里记载有字罗台湖、观音湖、高台寺湖、三塔湖、清水湖、东湖等，这些都是当时宁夏镇城周围浸润着文化内涵的湖泊。明代人陈德武的《月湖夕照》"百顷平湖月样圆，光涵倒影欲黄昏"，清代人王三杰的《连湖渔歌》"澄波渺渺平湖里，一曲渔歌隔烟水"，都是写宁夏平原湖泊湿地的佳句。"良田晚照""月湖夕照""连湖渔歌"等都曾是宁夏明清时期的八景之一。《乾隆宁夏府志》记载，仅宁朔县就有大小湖泊36个。现在看得到的不但有较大面积的鸣翠湖湿地，也有历史留下来的人文景观，如黄河岸边的横城古堡、长城遗迹、水洞沟文明、藏兵洞、兵沟汉墓等。将鸣翠湖湿地与这些人文景观结合起来，能极大地提升这里旅游资源的影响力。

湿地具有自然观光、旅游、娱乐等方面的功能。习近平总书记考察杭州西溪国家湿地公园时指出："湿地贵在原生态,原生态是旅游的资本。"① 宁夏许多重要的风景区都分布在湿地区域,为原生态湿地,如沙湖融江南奇秀与北国壮美为一体,吸引着南来北往的游人,旅游与疗养皆在其中。湿地还是一座城市的眼睛,是与城市公共服务体系和城市建筑相融的一种特殊空间,能产生一种魅人的审美效果。将湿地与周围的文化景观连在一起,构筑自然与文化意义上的景观,体现的是现代社会的多元价值。

鸣翠湖是银川平原上靠近黄河的较大湿地湖泊,与黄河相依,集生态保护、旅游观光、休闲娱乐为一体,与黄河带上的人文景观衔接起来,就成为一个自然与人文相融的旅游景区。黄河边上的横城,是黄河古老的渡口,军事战争、商贸物流、文化名人、帝王达官……都在这里留下了故事。而今,游人如果登上黄河东岸的横城古城向东西不同方位眺望,就会感受到横城以东浩渺无垠的黄沙景观,黄河以西一望无垠的绿色沃野。追溯历史,一千多年前赫连勃勃在黄河边上修筑饮汗城、修建丽子园的历史清晰如在眼前;三百年前康熙皇帝驻跸横城、渡过黄河的情景并没有随着历史而淡去。而今虽然城池苍老,沧桑的背后流淌的依然是远去的历史和文化。兵沟汉墓群是目前宁夏发现的最集中、数量最大的汉代墓葬群,具有较高的参观旅游价值。这些景点要以黄河为纽带串联起来,它们的特点是生态景观加人文景观,构成的是一个旅游景区,而且是一个地理单元意义上的旅游景区,极具文化价值和经济价值。

"湖泊休闲"现在被越来越多的人关注,逐渐成为一种全新的旅游业态。何谓"湖泊休闲"?即以湖泊旅游资源为依托,以休闲为目的,以湖泊旅游设施为条件,以特定的湖泊文化历史景观和服务项目为内容,离开居住地而到异地逗留一定时期的与湖泊相关的旅游、娱乐、观光和休息的过程。由于环境、地貌、基础设施等因素,"休闲湖泊"分为五个层级:

---

① 《习近平在浙江考察时强调 统筹推进疫情防控和经济社会发展工作 奋力实现今年经济社会发展目标任务》,《光明日报》2020年4月2日。

钻石级、白金级、黄金级、翡翠级、白玉级。"休闲湖泊"提供了湖泊开发新思路。宁夏湖泊开发尚待做大量的工作，如何科学有序地推进，还需要做很多功课。一是要加大湖泊生态保护的力度和全民参与的积极性，二是必须从根本上改善湖泊生态与环境状况，促进人与湖泊的和谐相处。

### 四 生态文明建设之根基

"生态优先"，是习近平总书记新时代治理黄河的国家战略，要保护与治理同步推进。随着脱贫攻坚、乡村振兴的推进，乡村生态建设必须跟进。同时，也为宁夏沿黄河城市带生态系统建设提出了更高的要求，城市要与黄河共生，相融共济。宁夏因黄河而生，因黄河而富，保护母亲河安全与生态是宁夏人的使命、义务和责任，要站在中华民族伟大复兴这个高度来审视黄河保护与生态建设。宁夏平原的湿地，是黄河文明留给我们的一笔巨大的财富，是宁夏生态文明建设得天独厚的基础性资源。湿地保护，已纳入国家"十二五"规划纲要。

将生态文明建设纳入落实科学发展观的总体要求之中，预示着中国的生态文明建设将跨入一个新的时代。同时，将"大力推进生态文明建设"作为治国的一个重要组成部分，提出推进生态文明建设"必须树立尊重自然、顺应自然、保护自然的生态文明理念"，把生态文明建设放在与经济建设、政治建设和文化建设等同的突出地位，旨在努力建设"美丽中国""美好家园"。

黄河孕育了"塞北江南"的宁夏平原，亦滋生了众多湖泊水域湿地。这些湿地湖泊为宁夏平原带来的自然文化遗产，是宁夏生态文明建设的宝贵财富。湿地的存在，对于维护宁夏生态平衡、改善生态状况、促进人与自然和谐共处、保护生态环境的永续发展，都将起到重要作用。湿地，是建设美好家园的基础。宁夏的湿地主要在黄河平原，仅黄河段两侧就有近千处大小不等的湖泊湿地。实施退田还湖、退耕还湖等工程以来，石嘴山、平罗、银川、吴忠、青铜峡、中卫等沿黄河区域多有湖泊出现，尤其以鸣翠湖、阅海湖、星海湖、典农河等大型湖泊湿地最为闻名，提升了城市的品位。人与自然和谐相处，湿地与城市相融，人与城宜居，生态环境大为改观。

老子《道德经》中说："人法地，地法天，天法道，道法自然。"人、地、天三者是在相互制约中发展的，这就是"天人合一"的思想理念，也是古代先民生态观的基础。党的十八大提出的自然生态系统和环境的保护，一是要实施生态原则，把城市生活与居住生态融在一起，达到自然生态与城市生态的平衡。二是要支持自然性原则，即要尊重湖泊与湿地的原有地形和自然状态，使得城市不但有魅力，而且是人"乐居"的地方。从长远看，要"给自然留下更多修复空间，给农业留下更多良田，给子孙后代留下天蓝、地绿、水净的美好家园"。[1] 这就是要提升生活空间的宜居适度，要坚持以"保护优先、自然恢复"为主的方针，要实施重大生态修复工程，要扩大森林、湖泊和湿地面积，才能给子孙后代留下"美好家园"。

1992年，中国加入《国际湿地公约》。2012年，是我国加入《国际湿地公约》20周年，又恰逢党的十八大把生态文明建设摆在未来国家发展战略的突出位置。实现中华民族的永续发展，生态文明建设成为重中之重。生态文明建设是一场深刻的革命，也是一项系统的工程。我们要把生态文明建设提到时代的高度来认识，把生态文明建设当作人类社会发展过程中的一次伟大的革命性转折来看待。

生态文明建设，现在仅仅是开始，要走的路还很长，任务还非常艰巨。宁夏生态文明建设有基础，黄河文明滋润着这块神奇的土地。宁夏人也试图回报黄河母亲，近年做了不少疏浚与修复工作。在建设生态文明过程中必须做到：一是要转变思想观念，不要以牺牲生态和环境为代价，追求经济效益的快速发展；不要把政绩观、发展观转嫁到生态文明建设过程中。二是要转变经济方式，即从工业文明的方式向生态文明建设转变，按

---

[1] 胡锦涛：《坚定不移沿着中国特色社会主义道路前进 为全面建成小康社会而奋斗——在中国共产党第十八次全国代表大会上的报告》，人民出版社，2012，第39页。

**黄河文明在宁夏**

照"五位一体"的原则往前推进,坚持社会、环境、资源、民生的统筹兼顾和协调发展。三是有计划地偿还生态欠账。据有关资料显示,中国人的生态赤字严重,生态欠账太多,与世界其他一些国家相比平均高出近一倍。人与自然和谐相处,推进生态文明建设,就要有计划地偿还生态欠账以逐渐修复生态。森林是城市的"肺",湿地是城市的"肾"。湿地的存在,对于维护宁夏尤其是沿黄河城市带的生态平衡、改善生态状况、促进人与自然和谐共处,有着特殊的功能,起着重要的作用。在管理上,湿地尤其是湿地公园不能以商业运营为目的,仅作为生态旅游资源,提供服务设施,要使其成为跨越地域的湿地文化名片。

截至2014年,宁夏已建立湿地类自然保护区4处,国家湿地公园12处,自治区级湿地公园8处。其中,国家林业局将7处公园纳入国家湿地保护工程范围。国家级自然保护区已达8处:贺兰山国家级自然保护区、沙坡头国家级自然保护区、罗山国家级自然保护区、灵武白芨滩国家级自然保护区、六盘山国家级自然保护区、哈巴湖国家级自然保护区、云雾山草地类国家级自然保护区、火石寨丹霞地貌国家级自然保护区。[①] 湿地面积不断得到保护和恢复,鸟类品种快速增加,这些都是远离城市的自然景观和重要的旅游观赏地。

宁夏平原湖泊水系的贯通,尤其是典农河南北贯通,形成一条绵延且独特的生态水系景观带。以典农河为主轴东西布局的众多湖泊,如阅海湖、西湖、宝湖、海子湖、涨塔湖、鹤泉源等如同众星相拥,再加上千年流淌的唐徕渠、汉延等古灌溉渠道的水系,不同类型的水域为宁夏平原大面积的湿地提供了多姿多彩的存在形式。从水文化的意义上看,它是独特的,是唯一的,充满特殊的生命力。2018年10月25日,在迪拜举行的国际湿地公约第十三届缔约方大会上,银川市获得全球首批"国际湿地城市"荣誉称号。[②] 此项殊荣,由联合国国际湿地公约组织评估认证,它

---

[①] 吴宏林:《宁夏国家级自然保护区已达八个》,《宁夏日报》2014年1月3日。
[②] 王建宏:《"七十二连湖"环抱中的诗意银川》,《光明日报》2018年10月26日。

代表着银川平原湿地生态保护与恢复的巨大成就。黄河的润泽，留下了宁夏平原的湖沼湿地，大面积的湖泊湿地提升了宁夏平原沿黄城市群尤其是银川城市的世界影响力。

陈启文先生《命脉：中国水利调查》一书，讲的是一个个关于中国江河湖泊的故事，寄托的是作者复杂的"乡愁"。它引导着人们朝着故乡回望，承载着游子的精神寄托，让"居民望得见山，看得见水，记得住乡愁"。宁夏平原的湖泊湿地、自然保护区，就是宁夏人承载"乡愁"的时空，有了它们，才能最终找到自己的归宿。无论对于游人还是本土人，都是一种心灵的倾听。

# 第六章　黄河带文化遗产与旅游

黄河不仅滋养了千年绿洲农业文明，而且孕育了丰富神奇的黄河文明。无论农业文明还是黄河文明，都与特定的地理环境有着千丝万缕的联系。追溯宁夏黄河文明，泾水与清水河是重要的水系源头，宁夏平原移民开发与黄河灌溉是黄河文明根脉，黄河沿岸的文化积淀丰厚。宁夏平原与蒙古高原的边缘鄂尔多斯台地相接，延伸的地域空间更大。黄河文明在宁夏的书写历史，就是在这样一个地理格局中起源、传承和发展的。

## 第一节　黄河文明积淀

宁夏地理地貌样式丰富，基本上汇聚了全国地貌特征，承载了丰富的文化信息。高山大河相间，黄土高原与平原映衬。在这个广阔的地域，黄河及其支脉孕育了丰富而灿烂的文化；丝绸之路穿越全境，中西文化交融，衍生积淀了丰富的文化遗存。

### 一　文化古迹类型

（一）水洞沟

银川市黄河东岸的横城，自古就是一处重要的渡口。明代修筑的防御蒙古兵锋南下的长城，就紧靠着横城的外围。东西走向的长城内侧就是一条重要的交通线，康熙亲征噶尔丹时，在山西保德渡过黄河，沿长城内侧大道由东往西，在横城渡过黄河直达宁夏府城。由横城往东南方向亦有大道相通，第一个驿站，就是位于灵武市临河镇横山堡村西边沟岸的水洞沟。

水洞沟文化遗存属于旧石器时代晚期遗址，其中的石叶文化类型最具代表性。旧石器时代晚期，古人类对其生存环境的选择，已由之前的森林草原阶地和黄土台地环境向森林区盆地和河流阶地扩展。宁夏水洞沟旧石器时代晚期遗址，就是当时人类生存环境的最佳选择。

最早发现这处记载着远古人类文明史的人，是20世纪20年代初的比利时传教士P.肖特。他在水洞沟东边的黄土状岩石断崖中，发现一具披毛犀的头骨和一件很好的石英岩石器。这个发现证明了数万年前宁夏平原气候温暖湿润，有犀牛类动物生存过；同时，也证明了早期人类曾在此活动。有了这个惊人的发现，才有了1923年法国古生物学家桑志华、德日进在水洞沟的第一次发掘。1928年，他们共同发表了名为《中国的旧石器》的考古报告。他们认为，水洞沟遗址中至少有三分之一的石制品可以同欧洲、西非、北非的石制品"相提并论"，其中的尖状品、刮削品、钻头等，"令人吃惊的是同相当古老的奥瑞纳文化的形状接近"。奥瑞纳文化，是欧洲旧石器时代晚期的文化类型，年代距今在3.4万至2.9万年之间。其石器主要由石叶制成，刮削器、尖状器为其代表，装饰类主要有穿孔兽牙和贝壳之类。有了这些研究论述，水洞沟作为旧石器文化重要遗址，已经为世界考古学界所关注。"中国没有旧石器文化"的论断终于成了历史。

2万年前移居水洞沟的先民，接着跨过黄河进入银川平原。银川平原西侧高耸的贺兰山，森林茂密，水资源丰富，为早期水洞沟移民提供了全新的生存空间。这里自然环境为他们提供了狩猎和果实采摘的方便，贺兰山东麓的沟谷和坡地上的山石，留下了描绘早期游牧民族生活经历的岩画。

（二）商周文化在宁夏

20世纪80年代初，在固原市固原县（今原州区）中河乡孙家庄发现

**黄河文明在宁夏**

西周时期的墓葬车马坑，出土的重要文物有兽面纹车轴饰、鼎、簋、戈、戟、车轴、銮铃、马镳等230余件，此外，还有陶器、玉器、穿孔贝壳等。这些文物的出土，其文化意义超越了自身的价值，说明西周统治势力早已进入固原，西周文化也越过了六盘山。大原，是西周时期北边的门户，西周军队曾到大原一带征讨周边少数民族。西周墓葬车马坑的出土，说明西周时期大原已经出现村落和城镇。2017年全国考古十大新发现之一的彭阳县姚河塬商周遗址，进一步证实不仅仅是西周与固原有关系，而且已经有"西周封国"出现在固原境内。

姚河塬商周遗址位于宁夏固原市彭阳县新集乡。2017年6月，经国家文物局批准开展抢救性发掘。经钻探发现了壕沟、墙体、道路、储水池、水渠、铸铜作坊区、制陶作坊区等遗迹。墓葬区位于遗址东北部，面积约5万平方米，勘探发现墓葬60余座。截至目前，已发掘墓葬18座，其中甲字形大墓2座，竖穴土坑中型墓葬5座，小型墓葬4座；马坑6座，车马坑1座。陪葬马尸骨完整，陪葬马车轮廓清晰。另发现祭祀坑1座，灰坑8座，出土青铜器、玉器、骨器等文物3000余件。甲骨文在姚河塬商周遗址的出土，是商周考古的重大发现之一，提升了姚河塬商周墓葬群的影响力。姚河塬遗址应属于西周某一封国的都邑遗址，证明西周王朝对于西部疆域的管理采用的也是"分封诸侯，藩屏王室"模式，为了解西周国家的政治格局、周王朝与西北边陲地区的关系提供了珍贵的新资料。[①]

商周时期，祭祀与战争是国家最重要的大事。祭祀对象除了上天、山川、河流之外，主要是先祖。甲骨文是商周王室的一手史料，记载了极为丰富的商周时期社会历史信息，成为后人了解和研究商周文明极具价值的史料。姚河塬商周墓地出土的甲骨文，记载了这里的"都邑"性质与"封国"地位。

---

[①] 李韵：《2017年度全国十大考古新发现揭晓》，《光明日报》2018年4月11日。

### （三）贺兰山岩画

贺兰山脉南北绵延250余公里，岩画开凿在山体东麓诸山口的山壁和山前的岩石上。从地域分布看，石嘴山、平罗、贺兰、永宁、青铜峡、中卫等县市境内都有遗存。岩画内容丰富：家畜有马、牛、羊、狗、驼、驴等，野生动物有狼、虎、豹、鸟类等，住所有塔、穹庐、帐房等，自然物有太阳、星星、月亮、流水、树木等，人物有戴尖角帽的人、骑马与骑骆驼的人、舞人、跪拜人、各类人面谱，还有手印、脚印等，生活物品有车辆、弓箭等。此外，还有大型出游图，人物众多，写实性极强，场面宏大。总体上看，这些岩画一是反映原始先民征服自然的活动和行为；二是反映动物与人首图像，尤其是人面像，大量表现的是宗教文化的内容；三是反映对天体和大山等自然界的崇拜；四是反映日常生活和生产活动过程。神话传说也在贺兰山岩画中得到充分反映。神话又与巫术密切相关，如太阳神崇拜、羊崇拜、鸥鸟崇拜、人面像崇拜等。

贺兰山岩画是自远古开始生存在这一地区的各个历史时期游牧民族艺术家创造的，岩画点相对比较集中，风格注重写实，细节突出，线条高度简化、符号化和原形化，介于艺术与非艺术之间，是当时人们社会生活状况的真实写照，是后人研究游牧民族社会和文化生活的活化石。在文字出现以前，岩画是一种重要的记事方式；先民们情感的表达与思想的交流都是通过岩画的形式传递给后人的。正是从这些意义上，贺兰山岩画为中国乃至世界提供了人类早期活动的丰富历史文化信息，具有重要的历史意义和研究价值。

与宋、辽、金对峙时期的西夏政权，延续了近190年。西夏统治者与贺兰山有不解之缘，西夏统治中心兴庆府，选址就在黄河西岸与贺兰山之间的宁夏平原上；西夏统治上层的文化与宗教活动场所主要在贺兰山一带，避暑的宫殿建筑、祭祀的塔林、诵经的佛堂、印刷经卷的场所、讲经说法的殿堂等在贺兰山有大规模修建。西夏统治者的陵墓在贺兰山下，高耸着金字塔似的封土堆，大量的文化遗存仍在向后人们诉说着曾经的历史。西夏时期，可能是贺兰山岩画刻凿的末期。

**黄河文明在宁夏**

贺兰山岩画的开凿者，是早期游牧于河套地区的人群，水洞沟早期的游牧民族，应该是贺兰山岩画的开创者之一。此后的鬼方、猃狁、匈奴、突厥等游牧民族，都是贺兰山岩画的创造者。他们描绘和记载了那个遥远年代的社会经历和生活实践，是生活实践的艺术化结晶。创作岩画的人，一是掌握文化知识的巫师，二是一些能工巧匠式的画师。

贺兰山岩画所反映的社会生活是一幅漫长的历史画卷。其开凿年代，有的是石器时代，有些是青铜文化时代，有的是铁器时代，最晚可能止于西夏时期，应以新石器时代为多，因为岩画中数量最多的是野生动物形象。贺兰山曾是水草丰美、遍布森林植被的世界，是古代北方游牧民族如匈奴、鲜卑、突厥、党项、蒙古等生息繁衍的地方。贺兰山岩画是游牧民族生存的历史记忆，再现了远古时期贺兰山地区游牧民族的生存经历和人类早期习俗生活、原始观念、审美情趣。

（四）朝那湫渊

朝那湫，位于固原古城东南，是黄土高原上的著名湖泊，是一处神秘而影响过秦汉国家祭祀的地方。明代人笔下的湫渊，其方位在哪里有不同说法。明人赵时春写过《朝那庙碑》，说到祀神的背景："朝那，秦肇县，惠文王使张仪阴谋伐楚，献文于湫神，曰：'敢昭于巫咸大神，以底楚王熊相之多罪……'但湫神之为'巫咸'，岂商之贤相欤？或《列子》之所欤？抑自为一人？莫可征矣，而神之为巫咸则可据也。"相传湫神为朝那县令巫咸。赵时春把湫渊说在甘肃华亭县境，"但朝那地界故广，而湫则所在有之，唯华亭县西北五十里湫头山，山最高，池渊泓莫测，旱涝无所增损，且北麓为泾之源，南趾为汭之源，神灵所栖，莫宜于斯"[①]。

顾祖禹《读史方舆纪要》里记载朝那湫有二：一在旧县（开成县）东十五里，一在旧县（开成县）东北三十里。具出山间。二水相合，方四十里，水停不流，冬夏不增减，两岸不生草木，《封禅书》"湫渊祠朝那"，即此。《水经注》载："湫水西北流出长城与次水会，径魏行宫古殿

---

[①] 杜志强整理《赵时春文集校笺》，天津古籍出版社，2012，第483页。

西，又东注若水。"若水亦苦水。《通志》"今湫水一在州（固原州）东南四十里，一在州（固原州）西南四十里"。当地人称其为东海和西海。

清代《宣统固原州志》首卷图说："西海春波，西海之峡，古朝那湫也。顾氏（祖禹）指为秦王投文诅楚处，距城西北四十余里，近大湾店。群峰环抱，形如掌立，中有石隙，浸滴成潭。围阔数亩，激湍清冽，有二旋洞，土人谓为东西龙口。水入洞由地中行，复出峡上流。依崖为渠，曲折入西城，东汇注于河。……晴波映建龙王祠……制额曰'霖雨苍生'。"[1]《宣统固原州志》载："东海子，在州东南四十里，流入清水河。或云为东朝那。顾氏指为固原有东、西两湫，当属斯境。"[2] 西海春波，为清代固原八景之一。为何此时只有西朝那湫，而没有东朝那湫，这与元朝大德十年（1036）八月大地震时地壳运动封闭水源有关。

（五）石窟艺术

石窟艺术在宁夏，是丝绸之路的结晶。秦汉以后，穿越宁夏西去北上的通道已经畅通。魏晋南北朝时期，丝绸之路畅通繁荣，西域与中亚文化沿丝绸之路东进的过程中，在宁夏留下大量的文化遗存。

1. 须弥山石窟

须弥山石窟，位于固原市原州区西北 50 余公里处。这里喀斯特地貌明显，悬崖峭壁凸起，山峰两半分立，状如石门。隋代称为石门，唐代称为石门关，宋代称石门堡，是古丝绸之路必经之关隘，也是唐诗中所咏的"八月萧关道"穿行的地方。固原雄踞关中西北，因其战略地位十分险要，有"长安咽喉"之称。北魏、西魏、北周在这里都曾开凿佛教石窟。须弥山石窟开凿于须弥山东麓，现存大小洞窟 130 多个，集佛教、道教、藏传佛教雕塑于一山。北魏至隋唐时期，沿着丝路长途跋涉来中国的西域和中亚各国的僧侣、操各种语言的商人、外交使节皆穿行于此，佛教文化随政治、经济的发展而快速发展。

---

[1] 宣统《固原州志》首卷图，陕西人民出版社，1992，第 18 页。
[2] 宣统《固原州志》卷二《地舆志》，陕西人民出版社，1992，第 66 页。

须弥山石窟保存着魏晋南北朝至唐代的石窟造像。其开凿年代初始于后秦、北魏时期，兴盛于北周和唐代。须弥山石窟在佛教艺术东进西出的传播过程中发挥过重要作用，其造像模式及艺术成就，可与山西云冈石窟、河南龙门石窟相媲美。

须弥，原本是佛教典籍中神圣的称谓。须弥山的名字，同样蕴藏着一种宗教文化的神秘感。须弥山石窟，是我国十大石窟之一，代表性的佛造像是武则天时期开凿的高达20.6米的露天释迦牟尼坐佛。造像比云冈第19窟大佛高7米，也比龙门奉先寺卢舍那大佛高。须弥山石窟的开凿者具大视野、大手笔，将整座山头作为佛造像取材，造像思路与乐山大佛相近。造像一只耳朵有两人高，一只眼睛有一人长。须弥山是黄土地上凸起的丹霞地貌，其石质为红砂岩构成，虽然不甚精细，但雕刻的刀法及其圆润的程度同样给人以泥塑般质感。须弥山大佛造像的神态与龙门奉先寺卢舍那大佛极为相似，其共同的特点是有女性的温柔，体现了唐代的审美观和美学思想。大佛造像石窟前原建有保护性木结构阁楼，后世在这个基础上还重修过三重式阁楼，故有大佛楼之称，毁于1920年的海原大地震。

须弥山石窟造像艺术，随着时代的发展与审美时尚的变化而显示其文化差异。北魏佛造像的造型与衣着穿戴，折射的是孝文帝改革背景下张扬汉文化的需求，也是南朝汉式"秀骨清相"艺术风格在北朝的吸纳，这种审美时尚在须弥山石窟佛造像艺术中得到充分反映。北周时期是须弥山石窟造像的发展期，石窟开凿数量多，洞窟开凿空间大，佛像造型气势宏伟，神态栩栩如生，雕刻艺术精湛，在须弥山石造像中占有重要地位。唐代，是开放的国度，也是各种文化艺术大发展的时期，更是须弥山石窟开凿最为繁盛的时期，凿窟数量多，雕凿艺术达到了空前的水平。须弥山大佛造像，不但是唐代须弥山石窟佛教造像的代表，也是须弥山石窟佛造像的集大成者。

须弥山石造像艺术为中外学者所推崇。石窟艺术的影响力，主要表现在以下三个方面。

其一，石窟艺术雕造手法的影响。中国传统的石窟艺术造像，主要有雕塑和开凿两种表现形式。从最初的泥塑彩绘过渡到石雕开凿，有一个适应和发展变化的过程，即由泥塑像到彩塑、雕凿共存，再到石质雕刻。新疆克孜尔石窟为泥塑，敦煌莫高窟为泥塑彩绘，炳灵寺大多为彩塑，或者石胎泥塑，麦积山石窟仍以石胎泥塑为主。如果以地域划分，以上这些石窟群都在绿洲丝绸之路沿线偏南靠西。须弥山石窟造像为石刻手法，当佛教造像艺术继续东传时，须弥山石窟佛造像雕凿艺术手法对东传的佛教造像艺术造成必然之影响。

其二，佛教文化东传日本及其影响。胡振华先生于20世纪80年代多次考察过须弥山，也借考察日本的机会把须弥山宗教文化推介给日本。日本人认为日本的佛教最早是由须弥山东传，经过朝鲜半岛进入日本岛根县的。[1] 传说虽然与史料记载有差异，但它却反映了一种遥远的文化信息。实际上，日本信仰佛教者愿意到须弥山寻根也是事实。日本冲绳发现的玻璃容器与固原李贤墓出土的玻璃容器形状相似[2]，也是一种文化印证。

其三，元代或明初藏传佛教对须弥山石窟的影响。藏传佛教文化传入须弥山石窟，与唐代"安史之乱"后吐蕃占据固原80余年有关，西夏宗教文化对须弥山石窟也有影响，但直接影响是在元代或明代初年。蒙元时期，由于成吉思汗、忽必烈、安西王忙哥剌等人与固原的特殊关系，他们的宗教信仰对须弥山石窟佛教艺术产生过直接影响。忽必烈与八思巴在六盘山的会面，对藏传佛教文化在固原的传播起到了直接的推动作用。忽必烈与夫人察必接受八思巴"灌顶"的宗教仪式，是特殊时期的宗教活动。这种宗教活动，从当下看是地域上的，从更大范围上看是国家层面上的，它对六盘山地区的藏传佛教文化的影响深远。

元朝建立后，忽必烈封皇子忙哥剌为安西王。由于藏传佛教上升为国

---

[1] 胡振华：《宁夏旅游事业大有可为》，《宁夏日报》1991年11月21日。
[2] 〔日〕西谷正、侯灿、孙允华：《丝绸之路的考古学》，《新疆师范大学学报》（哲学社会科学版）1992年第2期。

家宗教，分封各地的亲王在宗教信仰上都有相应的要求，安西王忙哥剌即皈依藏传佛教。由于忽必烈实行帝师制的宗教文化政策，由于忙哥剌的特殊身份，六盘山下的王府成了传播藏传佛教之地。须弥山石窟藏传佛教文化遗存，主要体现在46窟、48窟的藏传佛教造像上。第48窟彩绘造像风格，明显受藏传佛教造像风格的直接影响，彩绘造像十分清晰。第46窟石造像，是在原北周造像基础上改造的佛造像，完全是藏传佛教的造像样式。

须弥山藏传佛教造像对明代须弥山宗教活动的影响，主要表现在须弥山圆光寺，它是元代须弥山藏传佛教文化兴盛的见证。清代《宣统固原州志》首卷图记载："元时敕建圆光寺，梵宇丛聚。"明正统十年（1445），皇帝赐予须弥山《大藏经》，并有敕命之宝碑记载了这一盛事的全过程。

2. 石空寺石窟

石空寺，坐落在宁夏中宁县余丁乡境内的石空山（又名双龙山）上，这里正处在丝绸之路通道上。登上石空寺楼阁，但见黄河如带穿卫宁平原而过，山水与田畴阡陌相连，地理位置和自然条件都为古人在这里开窟造像提供了方便条件。

石空寺石窟依山而建，其石窟开凿形制与甘肃敦煌莫高窟有类似之处，开凿年代大约在唐代以前。石空寺有东、西两院，石窟造像在东院，西院是礼佛的地方。石窟"重楼依山，楼下启洞门而入"，石窟前也建有阁楼，以示对石窟的保护。

20世纪80年代初，清理洞窟时出土了近百尊彩塑佛造像，应该是明代的遗物。这些佛造像或泥塑或刻凿，保存完好。从造像内容看，体现的是唐代开放的文化背景，有道教造像，有佛教造像，有藏传佛教造像（红教、黄教皆有），还有各种造型的世俗弟子造像。从各类造像的人物造型、服饰和肤色看，既有中国式佛教、道教、藏传佛教人物造像，也有中亚人物造像，还有非洲人物造像、阿拉伯人物造像。所有的人物造像都非常逼真，神态活灵活现，即使小沙弥造像也十分传神。世俗人的神情面貌暗合于造像的时代特点，唐代的审美时尚和世俗化在各尊佛造像的身上得到了充分体现。

石空寺石窟出土的各类宗教人物造像，在全国的石窟寺院中都极为罕见，甚至是唯一的。戴着道冠站立的道人，披着袈裟盘腿而坐的佛祖，头戴松赞干布样式的小尖顶帽子的藏传佛教人物等，其造像艺术与宗教文化的魅力都让后人叹服。不同宗教人物的不同面相与宗教服饰在这里融会，折射的是唐代丝绸之路文化带来的宗教文化的兴盛，也揭示了唐代丝绸之路文化在宁夏的积淀和繁荣。

（六）长城修筑

长城，是中国古代最为雄伟壮观的人工建筑奇迹，是规模庞大的军事防御工程，也是中华民族文明历史的见证和重要标志。宁夏地理位置特殊，军事防御意义重大，春秋战国时就在宁夏境内修筑长城。此后，凡历代统治者修筑长城，宁夏境内必修。长城的修筑充分利用了各地地形地貌，如山川、河流、湖泊、草场等，总体修筑原则是"因地制宜，据险制塞"。

1. 战国秦长城

战国秦长城在固原境内。修筑年代在战国秦昭襄王（前306～前251）时期，是秦昭襄王灭义渠戎国之后在秦国北方修筑的，是宁夏境内最早的长城，也是中国古代最早修筑的长城之一。它起始于甘肃临洮，穿越宁夏西吉县、原州区、彭阳县，再进入甘肃镇原县，在宁夏境内约180公里。

战国秦长城绕固原古城以北而过，扼守着北方游牧民族南下进入关中的清水河谷通道。汉文帝十四年，匈奴14万铁骑就是由这里穿过长城南下，兵锋直抵关中，驻守萧关的北地郡武官孙印战死，朝野震惊，影响很大。战国秦长城的修筑，目的是"筑长城以拒胡"，表明秦昭襄王时长城修筑和防御重点在固原清水河谷一带。战国秦长城标志着中国古代宗族国家向地域国家转变过程中，各军事强国建立的保卫其新建地域的军事屏障。战国秦长城的修筑，有军事扩张与军事防御的双重目的，与此后历代修筑长城的目的不完全一样。

现在，固原战国秦长城走向尚且清晰，由于多个朝代的修复利用，有些地段依旧雄浑壮观。2001年，被国务院公布为第五批全国重点文物保护单位。

2. 秦长城

秦长城，宁夏南北都有修筑。有些是对战国秦长城的整合，有些是新修的长城。秦始皇修筑的固原秦长城，是在战国秦长城基础上修筑的，成为秦始皇万里长城西段的基础。西汉时期、北宋与西夏对峙时期、明朝时期，对秦长城都有过修缮和利用。

秦始皇修筑的秦长城，实际上是燕、赵、秦三国长城的连通与延伸。他一方面对战国时期各国相互设防的长城明令废弃，一方面又对燕、赵、秦三国北部的长城加强修筑，以提高其防御能力。秦始皇三十二年（前215），秦朝大将蒙恬率30万大军北征匈奴，逼居住在河套地区的匈奴人北迁。第二年，秦朝的军队继续推进至黄河北岸，攻占阴山、贺兰山脉，匈奴远遁。蒙恬沿边修筑长城，其大致走向是"自榆中并河以东属之阴山，以为四十四县，城河上为塞"。[1] 宁夏境内修筑的长城是秦长城的西段，在中卫境内，沿贺兰山蜿蜒北行，直达内蒙古阴山。

秦朝万里长城修筑后，为有效防御和打击北方游牧民族的扰边，保证长城沿线戍防的物资供给，从中原迁徙大量的人口来这里屯田，历史上称为"移民实边"。秦长城的修筑，与屯田戍边是一体的。

3. 汉长城

汉朝初年国力较弱，北方边境经常面临着来自匈奴民族的军事侵扰。为了加强防御，汉朝除了修缮和扩筑秦长城外，还向河西走廊以西延伸修筑了长城、烽燧和亭障。汉朝成为中国历史上修筑长城最长的朝代。

汉武帝执政后，"文景之治"奠定的相对丰裕的物质基础，为其反击匈奴提供了条件。公元前133年开始，汉朝先后对匈奴发动了三次规模较

---

[1] 《史记》卷六《秦始皇本纪》，中华书局，1982，第253页。

大的战争。在反击匈奴取得胜利的同时，并没有放弃长城的修筑。"筑朔方，复缮故秦时蒙恬所为塞，因河而为固"①。在阴山以北修筑了另一条长城"武帝外长城"，在河西走廊也修筑了"河西长城"。这些长城的修缮与修筑，基本解除了匈奴对汉朝的军事威胁。在宁夏境内主要是修缮利用秦时的长城，充分利用了黄河的天然防御屏障。

在修筑长城与戍边的同时，西汉时期宁夏平原农业得到了大规模发展，为汉武帝在阴山修筑长城提供了物资援助。东汉时期，仅在西汉长城的基础上加强了长城亭燧、障塞等信息传递工程的修筑。整个秦汉四百年，是中国历史上修筑长城相对密集的时期。

4. 隋长城

东汉末年至隋朝统一，中间经历了三百六十余年战乱和分裂割据。隋朝建立后，防御突厥、契丹、吐谷浑等游牧民族对长城以南农业区的侵扰和破坏，仍是面临的重大问题，可依靠的防御形式主要还是长城。隋朝曾多次修筑长城，但主要是对旧长城的加固和修缮。② 隋代在宁夏修筑的长城，主要在黄河以东地区，包括黄河沿岸修筑的防御性城堡。

《隋书·崔仲方传》记载，隋文帝开皇五年（585）发兵数万人，修筑黄河东岸至绥州一线长城。第二年，又在黄河以东的险要地段修筑了数十座城堡，长城与城堡相结合以防御突厥入侵。隋朝加大黄河东岸长城与城堡的修筑，与长城境内的盐池有密切关系。秦汉以后黄河东岸盐池是北方游牧民族入侵的要地，也是中原统治者必须牢牢抓在手上的一张牌，其军事意义和经济价值皆十分重要。

5. 明长城

元朝灭亡后，退踞草原的北元仍有较为强大的军事实力。明朝建国二百七十余年，防御北方草原蒙古民族的南侵，始终是明朝军事防御的首要任务。与历代一样，修筑长城依然是防御蒙古铁骑南下的主要措施。明代

---

① 《史记》卷一百一十《匈奴列传》，中华书局，1982，第2906页。
② 罗哲文、刘文渊：《世界奇迹——长城》，文物出版社，1992，第32页。

是修筑长城规模最大、历时最久的朝代，也是最后修筑完善万里长城的朝代。

明代人称长城为"边墙"。洪武二十七年（1394）以后，明朝在修筑长城的同时，开始在沿边设置卫所，在东起鸭绿江、西抵嘉峪关一万二千七百余里的边防线上，先后设置了九大军镇，其中有宁夏镇和固原镇（陕西镇）。顾祖禹《读史方舆纪要》里记载，宁夏镇为"关中之屏障，河陇之咽喉"。黄河以东灵武、盐池，是蒙古兵锋南下的要道。陕西三边总督驻节固原镇，总统延绥、宁夏、甘州、固原四镇，总摄西北军事防务。明代宁夏修筑的长城，其规模是空前的。按地理方位，有黄河以东的东长城、贺兰山与黄河之间的北长城、西长城之分，即宁夏镇东、西、北三面皆筑有长城。

（1）东长城

东长城位于黄河以东盐池县境内。明正统以后，在花马池增设守御千户所，正德元年（1506）改为宁夏后卫，旨在提升和加强其防御能力。这里先后筑有三道长城：一是成化十年（1474），巡抚都御史徐廷章等人修筑的长380余里的"河东墙"，这是宁夏镇最早修筑的黄河以东的长城；二是正德元年，三边总督杨一清"修筑徐廷章所筑外边墙"，俗称"二道边"；三是嘉靖十年（1531），三边总督王琼修筑的"深沟高垒"长城，向南移动十余里，称为"头道边"。由长城修筑的南移，可以看出明代中后期长城修筑呈内徙之势。

另外，嘉靖十五年（1536），三边总督刘天和又在黄河东岸"修筑长堤一道，顺河直抵横城大边墙"。河东墙的西头即黄河岸边横城。刘天和筑的长堤，沿黄河东岸直抵横城与"大边墙"相接，即与河东长城相接，主要是利用黄河与河边长堤来堵截蒙古兵锋由黄河东岸进入宁夏镇之路，以增强长城的防御作用。

（2）北长城

北长城西靠贺兰山，东邻黄河，是宁夏镇最北边防御屏障，军事地理位置险要。北长城有两道，即旧北长城和北关门长城。旧北长城修筑于弘治年间（1488~1505），由贺兰山红果儿沟向东延伸，直达黄河西岸，长30余里。旧北长城的位置，正是明朝初年宁夏镇城北部镇远关所在，是明代宁夏镇最北面的边关。嘉靖十年（1531），三边总督王琼于旧北长城内另修筑长城一道，名为北关门长墙。这道长城起筑于大武口，终止于黄河西岸。

（3）西长城

宁夏镇西长城与甘肃靖远县界接壤，向东进入宁夏中卫景庄乡南长滩，之后沿黄河与贺兰山而行，长达400余里，弘治年间修筑。嘉靖时期（1522~1566）再修筑青铜峡大坝至贺兰山三关口一线长城，这一段有80余里，称西关门墙。总体上，称为西长城。明代嘉靖以后，宁夏镇除对先前修筑的长城进行修缮外，还陆续增筑了抵达贺兰山红果儿沟的长城。

西长城沿线，有著名的四大关口——胜金关、赤木关、打硙口和镇远关，而以赤木关、打硙口最为紧要。这些关口是宁夏镇西线防御的要塞，被人们称为"城防四险"。随着时间的推移，打硙口被废弃。这是明代北方长城修筑与防御的特点，即随着军事防御形势的变化，长城防线一直向内迁徙。

（4）三关口长城要隘

三关口长城的前身为赤木关。明代嘉靖年间为了提升这里的军事防御能力，在原赤木关口之外依据地形先后修筑了三道防御长墙，每道长墙上都有防御的关口，层层关隘雄立，有"一夫当关，万夫莫开"的险峻之势，便有了"三关口"之称谓。三关口周围山脉蜿蜒曲折，地形奇险峻峭，是宜于设关的地方。这里自古是内蒙古阿拉善兵锋进入宁夏平原的重要通道。明朝中期以后，蒙古鞑靼和瓦剌部经常从这里进入贺兰山。《嘉靖宁夏新志》载，嘉靖十五年，陕西三边总督刘天和经过考察，向朝廷上疏要求划拨专项经费修筑三关口长城，具体由都指挥吕中良负责。三关口长城修筑完成后，由一名游击将军统领千名军人驻守。

历史上，曾有很多战事发生在三关口。西夏时期，三关口称克夷门，是西夏京畿之地在贺兰山的重要防御区，西夏右厢朝顺军司治所就设在这里，驻守有数万军队。成吉思汗第三次攻打西夏时，三关口成为其首先要攻破的关隘。

（5）固原镇旧边长城

固原镇地处延绥、宁夏、甘肃诸镇腹里，为陕西三边总督驻节之地。固原镇修筑长城，是在弘治十四年（1501）设镇之后，时秦纮出任陕西三边总制。

饶阳（今陕西定边县境）至徐冰水（今宁夏红寺堡区境），徐冰水至靖远花儿岔的长城，是固原镇辖境内修筑的一条长城。据《九边图考》记载，弘治十五年（1502），秦纮总制三边，"自饶阳界起西至徐冰水三百里，自徐冰水起西至靖虏花儿岔止，长六百里"。[①] 这是一条跨越宁夏中部、连接甘肃靖远与陕西饶阳的900里长城防线，也可以看作黄河东岸一线长城防御的第二道防线。

正德元年，杨一清总督陕西三边时，奏请朝廷同意他的修边建议，但宦官刘瑾从中作梗，固原镇长城修筑计划只完成其中的一小部分，剩余的大部分由后任陕西三边总督王琼主持完成。这是对秦纮时期修筑的固原旧边长城的修缮，起筑于甘肃环县响石沟，西至甘肃靖远花儿岔，长六百余里。嘉靖九年（1530），由固原署都佥事刘文统兵修筑。[②] 可见，明代弘治以后，尤其是嘉靖时期，固原镇旧长城有过较大规模的修筑。

（6）花马池防御长城

花马池长城在三边总督王琼任上修筑，位于宁夏花马池与延绥镇定边营相接的地方。每年二、八月抽调劳力修缮一次，费用由固原州库供给。[③]

---

[①] （明）程道生：《九边图考·固原》，民国8年石印本，第50页。
[②] 嘉靖《固原州志》卷二《奏议》，宁夏人民出版社，1985，第125页。
[③] 嘉靖《固原州志》卷二《奏议》，宁夏人民出版社，1985，第124页。

## 第六章　黄河带文化遗产与旅游

### （7）徐冰水至鸣沙州长城

徐冰水（今宁夏红寺堡区境内）至鸣沙州（今宁夏中宁县鸣沙镇）长城，又称徐冰水新边。嘉靖十六年（1537），刘天和总制陕西三边军务时，由固原镇总兵官任杰负责修筑。长城位置在红寺堡区东南，"起徐冰水至鸣沙州河岸二百二十里，总兵任杰议于此地修筑新边一道，迁红寺堡于边内，撤旧墩军士，使守新边"。[①] 这条长城的遗迹至今仍清晰可见。

中国历史上，由战国时期修筑长城开始到明代修筑长城结束，中间经历了漫长的时期，在长城的修筑中蕴藏着丰富而复杂的历史和文化内涵。历代人们审视长城的角度不同，对长城价值判断也不同，褒贬自在其中。长城的修筑，缘起于军事防御，但深层同样饱含着文化的融合与经济的繁荣，这是不争的事实。

2006年8月至2008年6月，国家测绘局和国家文物局对全国的长城进行详尽的调查之后，做出了权威性公布：明长城总长度为8851.8千米，宁夏境内明长城837.6千米[②]，约占明代全国长城长度的十分之一，可见宁夏长城文化资源之丰富。

## 二　帝王足迹

在宁夏历史上，多个朝代的封建帝王都亲临并巡视过这里广袤的大地。秦朝建立之后的第二年，秦始皇就巡视固原，开多代帝王巡视宁夏之先。此后，汉武帝、唐太宗、唐肃宗、忽必烈、康熙等都到过宁夏。多代帝王视察宁夏，军事与政治目的不完全相同，但宁夏特殊的军事地理位置，宁夏平原黄河灌溉与农业文明，却是他们视野中相同的坐标。西夏在银川古都有过190年的建国史，同样有过10代封建政权的延续。

### （一）秦始皇过固原

秦始皇公元前221年建立秦朝，成为中国历史上第一位封建皇帝。秦

---

[①] （清）顾祖禹：《读史方舆纪要》，中华书局，2011，第2803页。
[②] 李艳：《明代长城数据解读》，《中国文物报》2009年4月22日专刊。

朝实行郡县制，制度和文化建设归于一体，车同轨，书同文，统一货币和度量衡。秦朝建立后，宁夏属于北地郡。

公元前220年，秦始皇下令以都城咸阳为中心修筑驰道，进入六盘山腹地的驰道开通。秦始皇第一次出巡西北边地，沿驰道抵达固原。司马迁在他的《史记》里记载了这次出巡的经历。秦始皇在固原，除了军事巡视以外，还祭祀古朝那湫渊。

秦朝北地郡的最高军事武官驻防固原境内的萧关（青石嘴至瓦亭关一线），当时还没有安定郡的建制。萧关，是关中西出北上的军事要隘；六盘山，是关中西面的天然屏障，是华山以西著名的山脉。六盘山下的朝那湫，是黄土高原上著名的湖泊，广袤的水域再现了一种远古的神奇。秦朝列入祭祀的名山和名川，在华山以西有名山七处，名川四处。七处名山之一就是六盘山（岳山），四处名川之一就是朝那湫。六盘山与朝那湫，是秦汉时期国家法定的重要祭祀地。

（二）汉武帝巡边

汉武帝刘彻，是开疆拓土的一代帝王，在西汉文景之治基础上，将西汉社会经济文化推向盛世。

西汉文景之治时期，社会经济发展较快。汉武帝时期国力相对强盛。关于宁夏，他做了两件大事：一是在南部固原设立了安定郡，二是开通回中道。西汉元鼎三年（前114）析置安定郡，将之前隶属于北地郡与陇西郡的一部分地方划出来，设立新的州郡级地方政权建制。安定郡辖21县，郡治高平县（今宁夏固原市原州区）。这是宁夏历史上第一个州郡级政权建制。此后的20余年里，汉武帝先后6次巡边视察到过宁夏。

安定郡建立的第三年，汉武帝第一次出巡西北，登崆峒山，出萧关，驻跸安定郡，考察固原一带的军事防务。之后，数万骑出高平（固原）城，沿清水河谷通道北行，在已屯军开垦的"新秦中"狩猎示威。

安定郡设置后，随之设置河西走廊4郡（武威、张掖、酒泉、敦煌），以加强军事防御。同时也为丝绸之路的畅通，于公元前104年开通回中道。汉武帝离开长安，沿新开辟的回中道来到高平，再北上到宁夏北部，渡黄河由山西回到长安。之后，汉武帝分别于太初元年（前104）八月、太始四年（前93）十二月、征和三年（前90）正月来宁夏巡视。

汉武帝数次巡视宁夏，登六盘山，祭祀朝那湫。司马迁多次随汉武帝出巡，在他笔下记录了汉武帝的行踪。《史记·封禅书》里写到"湫渊祠朝那"，盛赞这个"方圆四十里，停不流，冬夏不增减，不生草木"的神奇之处。

安定郡成为关中北出塞外的军事重镇与政治中枢。宁夏平原进行了大规模的军屯与开发，不但是西汉军事屯田的重要地区之一，而且为防御匈奴南下提供了后勤保障。汉武帝多次巡幸宁夏，还留下了著名的文学作品汉铙歌十八曲之一《上之回》。

（三）刘秀征隗嚣

刘秀是东汉王朝的建立者。刘秀即皇帝位时，天下还没有统一。西北有隗嚣，西南有公孙述，北方有卢芳。隗嚣割据秦州（今甘肃天水），以六盘山为屏障，以高平城（固原）作为东进的军事防御基地。高平战略地位重要，是"西遮陇道"的地方。公元32年，为扫平西部割据势力，刘秀亲征隗嚣，抵达六盘山以东的战略要地高平城。

隗嚣是成纪（今甘肃天水）人，在王莽末年农民大起义中称王割据，公元23年已勒兵10万，基本控制了西北地区。刘秀称帝后，隗嚣持观望态度，表面上臣服于刘秀，也数次出兵配合刘秀的军事行动。光武帝虽然表示满意，但没有以殊礼肯定他的功绩。他们在骨子里都各有想法，刘秀要扫除割据而一统天下，隗嚣也在做着皇帝梦。

西南（成都）的割据势力公孙述为陕西茂陵人，王莽时为蜀郡太守。东汉末年各地豪杰并起，公孙述乘机网络各路诸侯，自立蜀王，建都于成都，兵强马壮，控制着成都平原肥沃富饶的大片土地。隗嚣最终没有臣服于刘秀，而是遣使臣称臣于公孙述。公元31年，公孙述立隗嚣为朔宁王，并派兵增援隗嚣。光武帝刘秀就是在这个背景下亲征隗嚣的。

瓦亭关，地处六盘山东麓，有铁瓦亭之称。这里驻守着隗嚣的大将牛邯，但他不战而降于刘秀。牛邯归降影响很大，一是彻底动摇了隗嚣将士的军心，隗嚣大将中有 13 人、16 县地盘、十余万人归顺于刘秀。① 二是瓦亭要塞敞开，成了汉军攻取高平城的畅通大道。

固原城，当时称为高平第一城，由隗嚣大将高峻拥重兵防守。高平城"西遮陇道"②，军事位置极为重要，刘秀要攻取陇右，必先夺取高平。马援上疏刘秀的"离嚣之党"取得成功，高平城不战而下，刘秀拜高峻为通路将军，封关内侯。虽然中间还有过反复，但高峻归降的确为刘秀大军的西进做出了重大贡献。同时，河西五郡（武威、张掖、酒泉、敦煌、金城）统帅共推窦融执掌河西五军之事。窦融倾向于统一，率大军会于高平，为统一西北、平定西南公孙述做出了重大贡献。

公元 32 年四月，刘秀车驾进抵安定高平城（固原）后，河西大将军窦融率步骑数万、辎重五千余辆"与大军会于高平第一"城③。刘秀大会群臣，"置酒高会"，宣告百僚，攻取隗嚣已取得重大胜利。高平城大会师之后，汉军以迅雷不及掩耳之势攻败隗嚣，西北一统。八月，光武帝东还洛阳。

次年春天，隗嚣"恚愤而死"；十一月，公孙述战败，西蜀平。光武帝亲征高平，成为他统一全国的里程碑。

（四）唐太宗在灵州

唐太宗李世民是中国封建社会的英明帝王之一。在他执政的 23 年中，开创了后世景仰的"贞观之治"。在北方各民族关系的处理方面唐太宗武力威慑与怀柔兼施，旨在加强内地与边疆少数民族的友好关系，开创了多民族和睦相处的新局面。唐太宗灵州之行，反映了中原王朝与北方游牧民族友好和谐的时代背景。

唐朝建国后，在与薛举割据政权交锋的过程中，李世民以秦王的身份转战陇东一带，对六盘山东西的军事地理环境已有一定程度的了

---

① 《后汉书》卷三十《隗嚣公孙述列传》，中华书局，1987，第 529 页。
② 《资治通鉴》卷 42，中华书局，1996，第 1365 页。
③ 《后汉书》卷二十三《窦融列传》，中华书局，1987，第 806 页。

解。《新唐书·太宗本纪》记载,贞观二十年(646)八月,唐太宗前往灵州(今宁夏灵武市)会见北方各少数民族首领时途经原州(固原),曾往六盘山以西的西瓦亭(今宁夏西吉县将台堡一带)视察政府的牧马基地。

唐太宗执政后,采取多种措施经营与北方少数民族的关系,尤其重视对归降的东突厥民族的安置。东突厥灭亡后,回纥与薛延陀两部称雄漠北。贞观二十年,回纥数部进攻薛延陀,唐朝发兵与之配合。之后,唐朝遣使诏谕回纥九姓铁勒诸部。回纥、拔野古、同罗、仆骨、多滥葛、思结、阿跌、契苾、跌结、浑、斛薛等铁勒11姓"百余万户"内属,并遣使向唐朝纳贡。九月,唐太宗到灵州,铁勒各部派到灵州的使者达数千人。《旧唐书·太宗本纪》记载,北方少数民族首领及相关人员"相继而至灵州者数千人,来贡方物,因请置吏,咸请至尊为可汗"。少数民族首领共尊唐太宗为"天可汗",太宗以大唐盛世主宰者的身份宣告国家兴旺、民族团结,遂有五言题诗勒碑刻石以记其事。

贞观二十年十二月,回纥铁勒12部首领前往唐朝京城长安觐见,以示对唐太宗灵州会晤的回访。第二年铁勒众酋长奏称,"臣等既为唐民,往来天至尊所……请于回纥以南、突厥以北开一道,谓之参天可汗道,置六十八驿,各有马及酒肉以供过使","上皆许之"①,唐太宗接受了各少数民族酋长的提议,开通了"参天可汗道",往来于这条道上的还有西亚、中亚等各国的商人和使节等,增进了东西文化的交流。

(五)唐肃宗灵武即位

天宝十五载(756),安禄山叛军攻陷潼关,太子李亨随唐玄宗仓皇西逃,在马嵬驿(陕西兴平境)与其父分手,北上灵州即皇帝位,即唐肃宗。

唐肃宗自立为太子后,其势力范围就在河南、陇右和朔方,这是李亨特殊时期前往朔方节度使所在地灵州的原因。安史之乱引发的马嵬之变,

---

① 《资治通鉴》卷198,中华书局,1996,第6245页。

成为李亨北上灵州之契机。李亨率将士二千余人由马嵬北上,沿古丝绸之路北行进入平凉郡治所原州(固原)都督府。在原州期间,由政府监牧及民间私人提供马匹"得数万匹,官军益振"①,从军用物资等方面提供了很大的支持。七月十二日,李亨即皇帝位于灵州,改元至德。当日即奏事于远在成都的唐玄宗,尊唐玄宗为上皇天帝。同日,在灵州城南门楼向天下宣告诏制,提升灵州为灵州大都督府,内外文武官员赐爵晋级,任命一批军事与地方高级官吏。唐军重整旗鼓,平定安禄山之乱,就是从灵州开始的。

平叛调动的军队,主要以朔方节度使郭子仪、范阳节度使李光弼等人的军队为中坚。八月,诏以郭子仪为兵部尚书、灵州大都督府长史,李光弼为户部尚书,兼太原尹、北京留守等职。回纥、安西、大食等国和边地少数民族相继遣使到灵州,一方面请求和亲,一方面提出愿意出兵帮助唐朝平定叛军。各路大军所向披靡,很快攻下彭原(甘肃宁县境),在榆林河北大败叛军。十月,唐肃宗行宫移驻彭原,向关中靠近。

至德二载(757)正月,安庆绪弑其父安禄山。二月,肃宗进入凤翔郡(今陕西凤翔),谋划收复两京事宜。关中吏民闻声奔走相告,纷纷杀安禄山伪任官吏以响应唐军。此时,郭子仪、李光弼等大军数路获胜。四月,以皇子广平王李俶为天下兵马大元帅,郭子仪为司空,兼天下兵马副元帅,统辖诸节度使,以朔方、安西、回纥、南蛮、大食援兵进讨安庆绪。长安香积寺北沣水(陕西西安市西渭水支流)一战,叛军大败,唐军收复西京长安,即日告捷于远在成都的太上皇。同时,唐肃宗遣裴冕进入长安,启告郊庙社稷。十月,东京收复,唐肃宗遣太子太师韦见素迎上皇天帝唐玄宗于蜀都。

唐肃宗收复西部后,往来于灵州、彭原与凤翔之间,一面调动和指挥大军平乱,一面处理天下要事。返回京城前,肃宗经彭原回到灵州,告别了他特殊时期即皇位地方。十月,唐肃宗回到长安。

---

① 《旧唐书》卷十《肃宗本纪》,中华书局,1986,第241页。

灵州这方厚土，承载了一段特殊的历史，挽救了大唐的厄运。唐肃宗回长安后，在丹凤楼接见高级官吏时说过一番意味深长的话，"……灵武聚一旅之众，至凤翔合百万之师"①。灵州是平定安史之乱之大本营，郭子仪和他的朔方军是坚强后盾。唐肃宗没有忘记灵州，也铭记着随他征战的大将郭子仪和朔方健儿。

（六）忽必烈与六盘山

元世祖忽必烈是成吉思汗之子拖雷的第四子，蒙哥汗的弟弟。蒙哥继承汗位后，命他主管"漠南汉地军国庶事"，即管理中原汉地军民的事务。经过十余年的经营，忽必烈周围已形成一个幕僚集团，号称"金莲川（今河北省沽源县境）幕府"，集中了多方面的人才，如姚枢、许衡、廉希宪、刘秉忠等。金莲川幕府成为当时忽必烈掌控漠南地区军政大权的中枢。

1252年夏，蒙哥汗命忽必烈率大军远征大理国（今云南）。这是忽必烈掌控中原汉地军政大权后，第一次承担重大军事行动。这年九月，忽必烈南下，金莲川幕府的幕僚随行。1253年春天渡过黄河，四月驻跸六盘山行宫。这期间许多地方官员前来觐见，忽必烈处理了一些军政方面的重大事务。

1253年七月，忽必烈"受京兆封地"，六盘山行宫实际上成为避暑议事、指挥南方军事的要地。七月之后，大军在六盘山祭旗出师。1254年初进攻大理，数日城破，大理皇帝段兴智逃走陪都善阐（今云南昆明市）。忽必烈听从姚枢、刘秉忠等人的劝告，下"止杀令"，老百姓没有受到伤害。忽必烈留大将兀良哈台继续经略大理各地，自己率大军班师北归。返回后，忽必烈再次驻跸六盘山行宫。

忽必烈出兵大理前，迎请藏传佛教高僧八思巴在六盘山行宫议事。从大理返回后，忽必烈与八思巴再次相会于六盘山行宫。忽必烈和她的妃子察必接受八思巴萨迦派的喜金刚灌顶宗教仪式，是在六盘山行宫举行的。

---

① 《旧唐书》卷十《肃宗本纪》，中华书局，1986，第248页。

忽必烈召见八思巴，原本是为了商讨进兵大理的诸多军事问题，但最终从单纯利用藏传佛教转变到崇拜藏传佛教。

1235年，南宋与蒙元的战争全面爆发。1279年南宋覆亡，宋元之战延续近半个世纪，它是蒙古攻入中原以后所遇到的费时最长、耗力最大、最为棘手的一场战争。1259年重庆钓鱼城之战，是其中影响巨大的一场战事。钓鱼城，坐落在今天重庆市合川区。这年七月，元宪宗蒙哥在钓鱼山前线阵亡，汗位空缺，忽必烈与其弟阿里不哥之间发生了汗位之争。六盘山地区是双方争夺的重要地区。当时六盘山地区的驻军情况较为复杂，有的支持忽必烈，有的支持阿里不哥，但阿里不哥在六盘山地区的军事实力较强。忽必烈采纳谋士廉希宪的建议，一面加强对六盘山地区的兵力控制，一面对阿里不哥展开政治与军事攻势。

阿里不哥一方屯戍六盘山的军队主要是浑都海的二万铁骑（一说四万），同时还有驻军京兆的刘太平、霍鲁海部，他们联合起来试图以六盘山为大本营，控制陕西和四川。在忽必烈一方，由于商挺、廉希宪、赵良弼诸人的密谋周旋，浑都海放弃六盘山北归，削弱了阿里不哥在六盘山的军事实力。1260年五、六月间，忽必烈加紧备战，"自将讨阿里不哥"。浑都海北归，阿里不哥派阿兰答儿自和林（今蒙古国杭爱省）率兵南下，与浑都海在甘州（今甘肃张掖）相会。不久，双方在甘州以东山丹附近的耀碑谷激战，阿兰答儿和浑都海被杀，忽必烈的军队大获全胜。

围绕六盘山的战争结束后，忽必烈在与阿里不哥进行军事较量的同时，加快定都与建国的步伐。1260年三月，忽必烈在开平（今内蒙古正蓝旗东闪电河北岸）即皇帝位，1271年正式建立元朝。

忽必烈即位之初，就委派郭守敬、董文用等人前来宁夏，兴修水利，开浚疏通宁夏平原汉延、唐徕、秦家等渠，"因旧谋新，更立闸堰"。数以几十万计的各族移民，共同开发着宁夏平原沃土良田。

（七）康熙与宁夏

康熙是清朝入关后第二代皇帝，在位61年。康熙亲政以后的前36年做过四件大事：一是平定三藩之乱，二是收复台湾，三是抗击北方沙俄入侵，四是歼灭蒙古噶尔丹的分裂势力。歼灭噶尔丹的战役与宁夏有关，遂有康熙的宁夏之行。

噶尔丹是在西藏长大的活佛。他回到伊犁河流域之后，掌握了准噶尔部的统治权，1678年统一了整个大漠以西厄鲁特蒙古四部（和硕特、准噶尔、土尔扈特、杜尔伯特），控制了天山南北地区。之后，公然向康熙皇帝提出"圣上君南方，我长北方"的分裂要求。此时，正是沙皇俄国疯狂向外扩张的时期，噶尔丹分裂割据的野心与举动，正好为妄图侵略中国西北边疆的沙皇俄国所利用。噶尔丹以为有俄国人撑腰，扬言要借俄罗斯鸟枪兵6万与清政府较量，与康熙皇帝平分天下。

面对噶尔丹的分裂倾向，康熙起初仍采取怀柔政策，但噶尔丹已经箭在弦上，康熙只得亲征噶尔丹。1690年乌兰布通之战，是清政府平定噶尔丹叛乱的第一战役，取得了重创噶尔丹的胜利。1696年昭莫多（今蒙古国乌兰巴托东南）之战，是继乌兰布通之战后又一大战役，噶尔丹残部人数已不过千。康熙见奏报，仍以仁慈为怀，既没有命大军穷追，又同意其入朝谢罪，而且许以优厚的条件。噶尔丹拒绝入朝，错过了归正的良机。

由于噶尔丹负隅顽抗，便有了康熙的第三次亲征。康熙三十六年（1697）二月第三次亲征噶尔丹，指挥中枢在宁夏。《清实录》对康熙出京至宁夏的线路和行踪、皇子和随行文武大臣都有详细记载。大军在山西保德渡过黄河，沿长城内侧西进。为减少扰民，皇帝只准许宁夏总兵官王化行轻车简从前往候迎。在宁夏兴武营（今盐池县高沙窝），康熙围猎助兴。黄河边上的横城，是宁夏平原著名的驿站和码头。康熙皇帝在横城驻跸并渡过黄河，还在这里祭祀河神。

进抵宁夏府城后，康熙首先派员清查宁夏官兵在随征噶尔丹战役中的阵亡者，抚恤与祭奠同步进行，尤其是对宁夏籍名将赵良栋的致祭。同时，派员祭祀贺兰山。康熙在宁夏府城北门外检阅驻宁夏以及调集宁夏的各路马队和步兵的操演，还有皇子及善射的侍卫大臣的武功表演，目的在于鼓舞出征将士的士气。康熙离开宁夏前，诏川陕总督吴赫、西安副都统阿兰台、宁夏总兵官王化行等人入见，要求他们忠于职守，不要扰民。在康熙征剿噶尔丹的过程中，他真正看到和感悟到了西北淳朴的民风、尚武的遗风。

1697年闰三月十三日，噶尔丹众叛亲离，在"进退无地，不知所为计"①的处境中服毒自杀。次日，康熙即离开宁夏，不少人集聚在行宫前叩拜，恳求皇帝再留数日以慰群情。康熙在宁夏驻跸18天，国之大事在身，康熙未能多留，遂沿黄河乘船北上，前往北塔（内蒙古包头）后弃舟登陆。

康熙皇帝选择宁夏作为剿灭噶尔丹的驻跸之地和指挥中枢，很大程度上是由于宁夏所处的重要战略地位，当然也因为宁夏平原黄河灌区的粮仓支撑。康熙回到北京后，怀念宁夏的葡萄、面食和二毛皮，这些故事都反映在西征途中他写给宫中太监的17份书信中。②宁夏平原的富庶景象也给康熙留下了深刻的印象。"历尽边山再渡河，沙平岸阔水无波。荡荡南去劳疏筑，唯此分渠利赖多。"这是康熙对宁夏平原景致的描述和盛赞。

在宁夏期间，康熙写下了赞美宁夏塞上江南和贺兰山的诗，如《望贺兰山》《自宁夏出塞抵湖滩河溯作》等，写了贺兰山的壮观雄奇、黄河景象与黄河沿岸生态，为宁夏黄河文明留下了一笔财富。

## 三　南北两座古城

古代筑城必须与水结缘。无论大城市还是小城镇，无论中国的城还是外国的城，包括都城，在筑城选址方面都有共同的理念。宁夏的古城，以固原城、灵州城、银川城最具历史文化内涵。固原城，缘清水河而修筑，灵州城、银川城，布局于黄河东西两岸。这里仅从遗址文化意义方面介绍固原古城和银川古城。

---

① （清）魏源：《圣武记·康熙亲征准噶尔记》，世界书局，1936，第82页。
② 《康熙皇帝的十七封信》，《文汇读书周报》2001年12月29日。

### 第六章　黄河带文化遗产与旅游

（一）固原古城

"中国城市的城址大多数位于河流沿岸，绝不是偶然现象，而是中国城市城址选择普遍规律……只有河流沿岸地理条件最优越，城址多选择在河流沿岸就成为不言而喻的事情。"① 固原古城址的选择，体现了这种思想和理念。固原古城，位于六盘山腹地东侧清水河上游西岸台地上，地理环境优越，西南为六盘山屏障，北有贺兰山屏障与黄河天险。高平川（清水河）汇入黄河，将南北连为一体。清水河向北沿岸地形开阔平坦，宜于农牧业发展，有着重要的军事意义。以"县"的建制来看，固原"城"出现之前，是战国时秦国的乌氏县。西汉高平（固原）县，已有城池修筑。高平城修筑有三个条件：一是高平川水，承载着萧关道；二是六盘山，控扼陇山北段成为军事屏障；三是泾水、清水河两岸开阔平坦的土地，有可资耕种的良田。

古代的城市建设，军事防御能力是确定城址的重要因素。而防御条件一般体现为自然地形对交通的制约作用。高平城的修筑和后来的发展出于军事目的。萧关，是中国历史上著名的雄关，"东函谷，南武关，西散关，北萧关"，四关拱卫着汉唐政治中枢关中。萧关是古代关中西出北上塞外的必经关隘，驻守着大量的军队。自秦至西汉文景之治以前，固原隶属于北地郡，而主持北地郡军事的最高武官——北地都尉即驻节萧关。汉武帝时期在固原设置安定郡，管辖21县，自南向北直达黄河沿岸，朐卷县（宁夏中卫市中宁县境）隶属于安定郡，郡治高平城。高平城的修筑成为固原城的第一个里程碑。

考古与地下出土文物的不断获得，使后人看到了汉代高平城的建筑与规模。建筑材料有卷云纹与青龙、白虎、朱雀、玄武四神瓦当，有绳纹瓦当、铺地花纹方砖。大型陶水管道的发现，说明汉代高平城已具备较为完备的城市供水和排水系统。这些都表明汉代高平城的规模、格局和城市建

---

① 马正林：《中国城市历史地理》，山东教育出版社，1998，第303页；马正林：《中国城市的选址与河流》，《陕西师范大学学报》（哲学社会科学版），1999年第4期。

设的整体状况。

《后汉书》里记载的"高平第一城",是"西遮陇道"[①]的军事重镇。建武八年(23)四月,光武帝刘秀亲征隗嚣,在"高平第一城"大会群臣。东汉文学家班彪北游考察安定郡,他的《北征赋》铺陈了高平城的规模、坚固的程度,彰显了高平城的军事、政治和文化意义。北周时期,由于西魏的实际统治者、北周太上皇宇文泰以及他的儿子、北周皇帝宇文邕与原州的特殊关系,遂有天和四年(569)再"筑原州城"[②]记载。这是一次大规模的修筑,是在高平城(旧城)外围拓展修筑的新城,奠定了固原城内外城的格局,是固原城筑城史上的又一个重要时期。

唐朝建立后,固原城仍为平凉郡治所。安史之乱后,平凉郡再改为原州。吐蕃陷原州达80余年,固原城被冷落废弃。宋代,由于宋夏战争,固原城所在的镇戎军成为军事对峙的前沿。元代,由于成吉思汗曾避暑六盘山,忽必烈建立元朝后,将政治中心南迁至固原城南20公里处的开城。忽必烈分封皇子忙哥剌为安西王,开城(今固原市原州区开城镇)修建有规模宏大的安西王府和王相府。1306年的开城大地震中,王宫及官民庐舍皆遭到毁灭性破坏。元代近百年历史,放弃且冷落了固原古城。

明代对固原来说是一个特殊的时期。面对退回草原的蒙古兵锋的不断南侵,明朝政府不但在固原设立固原镇,而且设置调度和指挥整个西北军事的中枢机构陕西三边总督府。同时,还设有地方政权建制固原州。

明朝初年,固原仍沿袭元朝开成、广安二州建制。洪武二年(1369)废州,设开成县属平凉府,固原城设有巡检司。景泰初年边患加剧,景泰二年(1451)修筑故原州城,讳"故"改为"固","固原"之名由此而来。城池的修筑与军事防卫的加强同时推进。成化十年(1474),设总制府于固原,统调甘肃、延绥、宁夏、固原(陕西)诸镇兵马。弘治十四年(1501),升固原卫为固原镇,成为北方"九边"重镇之一。弘治十五

---

[①] 《资治通鉴》卷42,中华书局,1969,第1365页。
[②] 《周书》卷五《武帝纪》,中华书局,1987,第76页。

年起，三边总督成为定制。明代景泰、成化年间都修筑过固原城，并在旧城门上建有楼铺，弘治年间的筑城规模较大，由三边总督秦纮主持修筑。在格局上，成化年间修筑的城为内城，秦纮修筑的城为外城，"回"字形固原城格局与型制已奠定，外城四门，有堞楼，又有壕堑。

砖石包裹城墙，是明代筑城的特色。这种最能体现固原城险峻与宏伟的建筑样式，是在明朝万历时期石茂华出任陕西固原三边总督任上时修筑的。他是在前任总督秦纮已经修筑的土筑城垣的基础上，"始甃以砖，高三丈六尺，周凡十三里七分，遂称雄镇"①。石茂华的奏折里记载，固原砖包城"计周围并敌台瓮城长一十三里七分，共二千四百六十六丈，高三丈，女墙高六尺"。② 清代《宣统固原州志》记载详尽。内城：周围九里三分，高三丈五尺，垛口一千零四十六座，炮台十八座。外城：周围十三里七分，高三丈六尺，垛口一千五百七十三座，炮台三十一座。壕深、阔各二丈。东城门三道，万历时建。有名者二，曰安边，曰保宁。南城门四道，万历时建。有名者一，曰威远。北城门一道，万历时建，曰靖朔。同治兵乱后封闭。③ 这是固原城发展二千多年后的最后定型。由明末《固原州舆图》看，东、南、西三城门皆取城墙之中正，唯北城门为偏门，设在城墙东北角。

明代，是固原城修筑的巅峰时期，也是固原古城修筑史上最后一个里程碑。

清代的固原城，基本是在明代固原城基础上的修缮。清代前期，固原承袭明制，既有统揽西北军事的高层指挥中枢陕甘总督驻节，也有州一级地方政权建制。清代前期西北尚有战事，陕甘总督仍驻节固原，节制陕、甘两省驻军。这期间还兼辖过四川，称川陕总督。西北战事结束后，又称陕甘总督，直到顺治朝后期陕甘总督府迁往陕西汉中，驻节西安的陕西提

---

① 万历《固原州志》上卷《建置志》，宁夏人民出版社，1985，第139页。
② （明）石茂华：《毅庵总督陕西奏议》，国家图书馆出版社，2018，第137页。
③ 宣统《固原州志》卷二《地舆志》，陕西人民出版社，1992，第63页。

督又移驻固原，改称陕西固原提督，直到清朝末年。清代二百多年，固原军事机构设置一直较高。康熙三年以后，陕甘分省，固原州隶属于甘肃省，但陕西提督一直驻节固原。

嘉庆十六年（1811），时任陕甘总督那彦成"请旨"重修固原城，用工"赈贷兼施"。"十六年闰三月兴工，次年秋工竣。计役募役夫近万人，用帑五万余金，民乐受雇而勤于役。向之倾者整，圮者新，垣墉屹然，完固如初。"① 这是清代对固原城的一次大规模的精心修缮与保护。

1920年的海原大地震中，固原城损毁严重，但却得到及时修葺。《民国固原县志》里，对民国时期的固原城有过评论："壁坚垒崇，遂称雄镇，陇右名城无出其右者。"② 直到20世纪60年代以前，古城雄姿犹存。最悲哀的一幕莫过于1971年，时任兰州军区司令员皮定均一声令下，城墙的砖石全部进入地道，成了修建防空洞的材料，固原城的雄姿消失了，固原城消失了。现在古城西北角留下的一部分城墙，因被看守所占用而有幸保留了下来，成为固原古城墙的见证。人们到这里看城墙遗存，就能感受到百年前固原古城的雄姿。固原古城是最能体现固原历史文化厚重而悠久的遗存，也是人们能看得见、摸得着的历史文化遗产的活化石。2007年12月兰州会议正式宣布丝绸之路联合申报中国段6省区48处备选遗产名单，固原古城进入预备名单之列。

（二）银川古城

银川古城有过城址变迁。赫连勃勃在黄河西岸修建饮汗城，北魏时向这里移民增户，设置怀远县，这是银川历史文化名城的开创期。北周建德三年（574），移民2万户，再设置怀远郡。唐仪凤二年（677），黄河洪水冲刷城池，第二年在故城以西另筑新城，即银川古城前身。以唐代仪凤年间修筑银川城看，银川城也有一千多年的历史。

---

① （清）那彦成：《重修固原州城碑记》，宣统《固原州志》卷八《艺文志》，陕西人民出版社，1992，第402~403页。
② 叶超编纂《民国固原县志》（上），宁夏人民出版社，1992，第315页。

## 第六章 黄河带文化遗产与旅游

西夏崛起并立国，使银川城池建设进入一个新的时期。天禧四年（1020），西夏政权的开国者李德明，将都城由西平府（灵州）迁往怀远镇，并改怀远镇为兴州（今宁夏银川市），始正式建都。兴州的建立，奠定了此后其宁夏政治中枢的地位。李元昊即位后，从政治、军事、文化诸方面进行改制并加紧进行称帝的准备，其中的重大建设工程之一就是提升兴州为兴庆府，大兴土木，兴建都城。1038年10月，李元昊正式即皇帝位，国号大夏。

明代庆王朱栴的《宁夏志》记载："旧城未知筑自何代，周回十八里，东西长倍于南北，相传以为人形。元末寇侵扰，人不安居，哈耳把台参政以其难守，弃其半筑其东偏，今之城是也。周回九里余，之门有四：东曰清和，南曰南熏，西曰镇远，北曰德胜。"[1]《宁夏志》记载的是明正统三年以前宁夏镇城"九里余"的空间格局。《嘉靖宁夏新志》记载正统年间，由于"生齿繁众，修复筑其西弃之半"[2]。《明英宗实录》卷118记载：宁夏旧城的恢复利用是在正统九年。朱栴过世于正统三年（1438），故他的《宁夏志》里记载的只能是正统三年宁夏镇城的格局。

周回18里的"人字形"宁夏镇城修筑于何时？朱栴《宁夏志》说"旧城未知筑自何代"。《嘉靖宁夏新志》记载："元兵灭夏，攻废之，已而修设省治。"[3]元朝攻灭西夏时实行"屠城"政策，但很快又在西夏都城设省级建制，故有"修设省治"的记载。《乾隆宁夏府志》载："宁夏府城，宋兴州城故址，景德间赵德明所筑。"[4]周回十八里的宁夏镇城，应该是西夏时期所修筑。理由有二：一是唐代宁夏北部的政治中心在灵州，黄河西岸仅有县的建制，县的建制不会修筑规模如此宏大的城池；二是蒙元时期在西夏都城设省一级建制的同时，修缮并利用西夏旧城。

---

[1] （明）朱栴撰修，吴忠礼笺证《宁夏志笺证》，宁夏人民出版社，1996，第36页。
[2] 嘉靖《宁夏新志》卷一，宁夏人民出版社，1982，第9页。
[3] 嘉靖《宁夏新志》卷一，宁夏人民出版社，1982，第9页。
[4] 乾隆《宁夏府志》卷五《城池》，宁夏人民出版社，1992，第124页。

**黄河文明在宁夏**

明代《嘉靖宁夏新志》里记载的宁夏镇城，完全修复和利用了周长18里的西夏、元时旧城，同时有三大变化。一是"甃以砖石"，成为砖包城。二是城墙增高至三丈五尺。三是城门由原4个增加至6个：东曰清和，上建清和楼；西曰镇远，上建镇远楼；南曰南熏，上建南熏楼；南熏之西曰光化，上建光化楼；北曰德胜，上建德胜楼；德胜之西曰振武，上建振武楼。"楼皆壮丽，其在四角者，尤雄伟工绝"。护城壕沟"池阔十丈，水四时不竭，产鱼鲜菰蒲"。① 明代宁夏镇城（银川城）的规模与格局已形成。"大楼六角楼四，壮丽雄伟。悬楼八十有五，铺楼七十……炮铳具列，闸板飞悬，火器神臂之属，制备极工巧。"② 不仅记载了明代宁夏镇城的雄伟，而且展示了宁夏镇城的军事设施。

此后，宁夏镇城的建筑在细微处仍有变化，主要是在某些地方增加了防御功能。据《万历宁夏志》③ 宁夏镇城图看，至少在万历初年已经发生变化。变化之一，在德胜门外修筑了类似于月城的城墙设施，但不是半圆形而是方形，名曰"北关"。北关城墙上修建有三处楼阁。变化之二，在南熏门外的南关城墙上也修建了一座楼阁。南、北关门，是万历三年巡抚罗凤翔增修。④

万历二十年（1592），宁夏镇城发生了一次规模较大的兵变。宁夏镇致仕副总兵哱拜（蒙古族）与镇兵刘东旸等杀害宁夏巡抚党馨、兵备副使石继芳，占据宁夏镇城后，联合蒙古袄儿都司诸部为援，准备割据宁夏，试图效仿西夏李元昊建都宁夏的历史，史称"哱拜之乱"。

哱拜在宁夏镇城纵火焚烧兵备、粮储、理刑等公署，控制了整个宁夏镇城。朝廷调兵遣将，一时无法剿灭。有人提出"能擒拜及承恩者，封伯爵也，世袭，银五千两"。宁夏镇南北二关城楼成了哱拜发号施令的地方。在镇城北关高楼上，哱拜设坐要各界人士前来朝拜，擅用皇帝的敕印

---

① 嘉靖《宁夏新志》卷一，宁夏人民出版社，1982，第9页。
② 柳玉宏校注《乾隆银川小志·城池》，中国社会科学出版社，2015，第20页。
③ 万历《宁夏志》，台湾学生书局，1969，第29~30页。
④ 乾隆《宁夏府志》卷五《城池》，宁夏人民出版社，1992，第125页。

和朝廷发给宁夏镇的旗牌，"军民以次进谒跪起"[①]。在镇城南关，哱拜之子哱承恩坐镇城楼上指挥。明朝调集各路大军围剿哱拜叛军的过程中，南北二关楼也成为攻击的主要目标。明军先后"凿地道攻城"，以"火箭烧城楼"，以"火炮火药燃城楼"，仍不能攻下城池。皇帝震怒，械前任总督魏学曾赴京，改任叶梦熊为总督加紧围剿。最终，还是"决水以灌城"。"水浸北关，城崩"，明军攻开南关，南城亦被焚毁[②]，损失惨重。

哱拜之乱，对宁夏镇城是一场浩劫。同时，也说明宁夏镇城的坚固。镇城里的建筑不少被焚毁，城墙和南北关楼都被焚烧，毁坏的程度十分严重。哱拜兵乱平息后，巡抚杨时宁、黄嘉善、崔景荣先后重修[③]，城楼恢复旧制，北楼题曰"命我楼"，宁夏镇仍为巨镇。

《乾隆宁夏府志》记载，由于地震等自然灾害，清代银川古城变化较大。顺治十三年（1656），巡抚黄图安有过修缮。康熙元年（1662），巡抚刘秉政继续做过修缮，城池基本是明代的格局。乾隆三年（1738），宁夏大地震中"城尽毁"，直到乾隆五年（1740）"发币重建"。乾隆五年五月兴工，乾隆六年六月告竣，花费币银"三十一万四千五百二十九两"[④]。汪绎辰于乾隆二十年（1755）修《银川小志》记，花"内币九十五万三千两，另筑城垣……由宁夏道阿炳安监督"[⑤]。两个数字相差悬殊。《银川小志》卷首有汪绎辰撰写说明："乾隆甲戌（1754），宁夏太守赵公竹堂延余课子讲解之暇，删摘旧志，旁搜他帙，文人野老之传闻，残碣断碑之记载"，始成此志。

乾隆五年修筑银川城，到乾隆二十年汪绎辰撰写《银川小志》，时隔十余年时间，作者是经历者，修筑银川城所花费用应该是清楚的。《乾隆府志》修成于乾隆四十五年（1780），晚《银川小志》约30年时间。因

---

[①] （明）瞿九思：《万历武功录》，《明代蒙古汉籍史料汇编》第4辑，内蒙古大学出版社，2007，第8页。
[②] （明）瞿九思：《万历武功录》，《明代蒙古汉籍史料汇编》第4辑，内蒙古大学出版社，2007，第19~22页。
[③] 乾隆《宁夏府志》卷五《城池》，宁夏人民出版社，1992，第125页。
[④] 乾隆《宁夏府志》卷五《城池》，宁夏人民出版社，1992，第125页。
[⑤] 乾隆《银川小志·城池》，中国社会科学出版社，2015，第20页。

此，从编撰时间看，《银川小志》"九十五万三千两"的数字似乎可信。

重建后的银川古城，"周围长二千七百五十四丈，东西径四里五分，南北径三里一分，高二丈四尺。址厚二丈五尺"。看得出，这次重建基本是在古城墙的基础上修筑的，但也有变化：与原周长18里比略有缩小，与原城墙三丈五尺高比，城墙低了许多。城门依旧是六座，城门的名字也继续保留，但六座城门都修筑了瓮城，瓮城上都建有城楼。城墙"砖石包砌"。配套设施比旧城更为精细，如炮台、水沟、水关、城河、马道等，南北二关门外围修筑了"关厢土城"，周围长度在1300至1800米之间，外墙砖包，有垛口和女墙。南北设关门，南曰朝阳，北曰平虏，后改为"永安"[①]。由"平虏"改为"永安"，反映了我国北方各民族已和谐相处，社会环境安定进步。

乾隆五年（1740）修筑的银川城，就它的形制、用材和配套设施看，可能是其最为辉煌的时期之一，而且持续了百余年。清朝同治年间以后，社会动乱频繁，给城市建设也带来影响。据《朔方道志》记载，同治二年（1863）十月，匪乱攻陷银川城并自西北振武门进入，此后封闭振武门。清宣统时期，西门外"城砖坍圮三十余丈"，宣统三年（1911），"匪乱城陷，焚毁南熏门城楼，北门城楼年久亦圮"。民国2年（1913），宁夏道尹陈必淮、护理总兵马忠孝"筹款修补"。直到民国6年（1917），宁夏护军使马福祥"捐廉自修北城门楼，旋又与宁夏道尹陈必淮各捐廉集款"。同时，还命宁夏县知事余鼎铭"监修南门城楼、钟鼓楼、财神楼"[②]，尽力做了一些修缮，银川古城的格局基本保存了下来。

## 四 物质文化遗产

（一）西夏王陵

西夏王陵，是全国重点文物保护单位，位于银川市西夏区境内，地处

---

[①] 乾隆《宁夏府志》卷五《城池》，宁夏人民出版社，1992，第125页。
[②] 马福祥、陈必淮、马鸿宾修，王之臣纂，胡玉冰校注《朔方道志》卷四，中国社会科学出版社，2018，第10页。

贺兰山东麓中段，东西宽约 4.5 公里，南北长 10 公里左右，总面积 50 多平方公里。自 20 世纪 70 年代以来，考古工作者先后 5 次对西夏王陵进行考古发掘，确定陵区内现存帝陵 9 座，清理各处碑亭 10 座，陪葬墓 250 余座。[1] 陵区北端有一处大型建筑遗址，还有数处窑址。西夏王陵是中国西北地区辉煌过的西夏国的象征。依西夏王陵的自然分布格局，自南而北纵向排列，可分为四个区域：一区有帝陵 2 座，即 1、2 号陵，陪葬墓十余座；二区有帝陵 2 座，即 3、4 号陵，陪葬墓 20 余座；三区有帝陵 2 座，即 5、6 号陵，陪葬墓百余座；四区有帝陵 3 座，即 7、8、9 号陵，陪葬墓数十座。陪葬墓地多集中于帝陵左右或前面，成群成组分布，规模较大。西夏王陵西依贺兰山东麓，地势高平；东临银川平原，视野开阔，向阳而不受山洪的冲刷，是王陵选取的风水宝地。

西夏王陵已历经千年，由于自然灾害的侵蚀和战乱与人为的破坏，地面建筑早已荡然无存。陵园虽成为废墟，但陵地的基本格局仍在，高大的封土丘还耸立着，气势依旧壮观。陵地封土堆为夯土，外面包以砖石，现在外层均已坍塌，仅存圆形夯土堆。陵园在单体建筑模式上，都由角台、鹊台、碑亭、月城、陵城、门阙、献殿、陵台等 8 种 20 余座建筑组成，占地面积通常在 8 万～15 万平方米。陵园基本结构略呈"凸"字形，由月城与陵城连接而成，前面是东西对称的碑亭、鹊台；角台位于最外围，献殿、标示墓道的鱼脊梁和陵台位于一条南北轴线上，位置居于陵城中轴线西侧。陵台系一座塔式建筑，八角形，上下分为五级、七级或九级，外部并有出檐及砖瓦结构。这是西夏王陵最具特色的建筑样式，每座陵园都有自己的建筑特点。

西夏文化深受中原唐宋文化的影响，包括丧葬形式，但也保留了本民族的一些传统葬俗。帝陵的墓室为多室土洞式，陪葬墓由一定的墓园建筑组成。建筑的数量与规模不尽相同，内容最复杂的包括碑亭、月城、门楼、照壁、墓冢等部分。规模最大的陵墓占地面积约 2 万平方米，规模最

---

[1] 许成、董宏征：《宁夏历史文物》，宁夏人民出版社，2006，第 34 页。

**黄河文明在宁夏**

小的只有一座墓冢。陪葬墓的墓冢形制多样，有夯土冢、积石冢、土丘冢。夯土冢又分山丘形、圆锥形及上部分为二级或三级、酷似蘑菇状等多种形制，墓冢高度16米至数米不等。陪葬墓的分布多呈群组式，显示出较强的规律性，并且出现了一域双墓、一域三墓（同一座墓园内埋葬两座或三座墓）的特殊葬式。陪葬墓墓室均为单室土洞式，随葬铜牛、石马和石雕动物（羊、狗）。西夏王陵出土文物以建筑材料为大宗，石质材料有螭首、望柱、兽头、柱础、石座、碑刻、石像生等，陶质材料有砖、瓦、滴水、瓦当、脊兽、鸱吻，其中绿色琉璃器占相当比例。随葬品多残破不堪，以陪葬墓出土的铜牛、石马、石狗等最具特色。陵区内最重要的出土文物，是7号陵出土的写有西夏文的"大白上国、护城圣德、至懿皇帝、寿陵志文"等残碑碑额。

2000年9月，中国社会科学院考古所、宁夏考古所和西夏王陵区管理处3家联合，对3号陵进行考古发掘，清理面积3.2万平方米，出土了一批珍贵文物。文物考古工作者经过艰苦细致的田野清理发现，整座陵园建筑形制是以塔为中心进行布局的。陵园所有地面建筑形制基本清晰地呈现在世人面前，终于掀开了西夏陵的神秘面纱。这样大规模对帝陵地面建筑遗迹进行全面发掘，在国内尚属首次。

2001年，国务院公布西夏王陵为全国重点文物保护单位。2006年，包括贺兰山岩画在内的"贺兰山—西夏王陵风景名胜区"被国家建设部公布为首批"中国国家自然与文化双遗产预备名录"。西夏王陵现为国家级风景名胜区，是著名的旅游景区。

（二）宗教建筑遗产

塔，又称"西域浮屠"，原本是佛教建筑物，多为五层七级，也有高至十三级尖顶状。初为藏佛骨（舍利子）的地方，后世也藏经卷于其中，俗称宝塔。此后演绎出来的塔林、塔庙等，都与佛教文化有关。宁夏境内能看到的最早的塔，当属十六国时期赫连勃勃修建的黑宝塔。西夏时期留下来的塔较多，如承天寺塔、拜寺口双塔、一百零八塔等。这些古塔建筑风格在细微处各有特点，有的塔基底层高，有简单的叠涩出檐，砌砖用黄泥作浆等，这些都是唐代古塔的特点。藏传佛教的影响表现在不同的塔身上，平面方形的拜寺沟方塔，受唐代建筑艺术风格的影响；八角密檐式塔，受到辽金时期北方建塔风格的影响。这些不同造型风格的塔，大都修建在黄河沿岸的城市或离城市不远的山林。

1. 承天寺塔

承天寺塔坐落在银川城老城区，后世称为"西塔"，是从塔所在的老城区的方位冠名的，塔自身的宗教文化意义在后人的视野里淡出。承天寺塔修建于西夏时期，是西夏皇家寺院的重要建筑物之一。具体建造时间是西夏天祐垂圣元年（1050），这是宁夏现存古塔中最高的一座砖塔。《夏国皇太后新建承天寺瘗佛顶骨舍利塔》记载，西夏开国皇帝李元昊死后，"承天顾命，册制临轩"的皇太后没藏氏，为保佑年满周岁"幼登宸极"的毅宗李谅祚大位长治久安，遂于1050年修建了这座承天寺塔。

承天寺塔的修建，还有一段政治背景。1048年正月，在外戚与宫廷的政治斗争中，太子宁令哥刺杀其父李元昊。元昊死前遗嘱从弟委哥宁令继承帝位，大臣们大都主张遵从元昊的遗命，但外戚没藏讹庞以委哥宁令非元昊之子为由坚决反对。最终外戚得胜，年仅周岁的谅祚即位，他的母亲没藏氏被尊为宣穆惠文皇太后，没藏讹庞成为国相，没藏氏左右了朝政。五年之后承天寺竣工，没藏氏将宋朝所赐的《大藏经》贮厝寺中，赐额为"承天"，同时延请回鹘高僧到此说经。"好佛"的皇太后没藏氏，抱着小皇帝成了来这里听经的常客。

承天寺塔是一座八角十一层楼阁式砖塔，高64.5米，塔体建在方形台基上。塔门面东，可通过券道进入塔室，塔室各层为木板楼层结构，有木梯盘旋而上。塔身一、二两层各面设有券门窗式壁龛，三、五、七、九各层设有南北券门明窗，四、六、八、十层设有东西向多门式明窗，每层之间的塔檐上下挑出三层棱牙砖，十一层设有四明四暗形圆窗。塔身造型挺拔，古朴简洁，是宁夏古塔中唯一一座有建造年代记载的古塔。

元代，此塔曾遭战火兵燹与地震等自然灾害的破坏。明代初年寺院建筑已不存在，只有"一塔仅存"。洪武后期，就藩宁夏的庆王朱㮵重修了寺院，增建了殿宇。承天寺以"梵刹钟声"闻名于宁夏镇城，成为明代宁夏八景之一。清乾隆三年十一月二十四日（1739年1月3日）宁夏大地震，塔与寺等建筑物全部震毁。现在看到的承天寺塔，为清嘉庆二十五年（1820）重修，保留了原西夏佛塔的基本形制，但塔的顶部有了一些细微变化，绿色的桃形塔顶与通常佛塔顶的相轮、宝珠不同，与广州伊斯兰教的圣怀寺塔顶建筑样式相仿，可能与明代以后的伊斯兰文化影响有关。[1]

2. 拜寺口双塔

贺兰山呈南北走向，贺兰山数十条重要的沟谷皆为东西向通道。拜寺沟依山傍水，属贺兰山东麓沟谷之一。拜寺口双塔，位于贺兰县金山乡境内的拜寺口沟谷北侧的台地上。20世纪80年代初，考古工作者已做过考察，认为是西夏时期的建筑物。[2]

拜寺口双塔的造型为正八边形、高13级密檐式砖塔，两座塔东西对峙，相距近百米。东塔13层39米，西塔14层，西塔多一层级，可能与贺兰山走势有关。东西双塔的外形相似。双塔转角处布有力士一尊，挺腹昂头，造型生动，塔顶刹座由仰莲组成。东塔每层檐下八面镶有两个砖雕的兽面，增加了塔形外在的灵动和神奇。西塔每层檐下正中设有一龛，内塑佛像，神态各异。佛龛两侧有砖雕兽面，却是拟人化的表情，造型精美，彰显出一种艺术魅力。两塔不远处的西北坡地上，数十座喇嘛塔塔基座遗址清晰可见，与双塔一同见证了拜寺口曾是西夏时期重要的宗教活动场所。1986年，维修翻建时，出土过一批珍贵文物，有佛画、元代纸币等。

明代庆王朱栴之子、安塞王朱秩炅，一生埋头于典籍，倾心于历史与文化，曾游历贺兰山拜寺口，面对还能看得见、感悟得出的西夏人留在

---

[1] 牛达生：《西夏遗迹》，文物出版社，2007，第197页。
[2] 牛达生：《宁夏贺兰山拜寺口西夏古塔》，《考古与文物》1986年第1期；牛达生：《再论宁夏贺兰山拜寺口古塔为西夏原建》，《考古与文物》1987年第1期。

贺兰山的佛教文化遗迹，十分感慨地写下了七言律诗《拜寺口》[①]：

  风前临眺豁吟眸，万马奔骧势转悠。
  戈甲气销山色在，绮罗人去辇痕留。
  文殊有殿存遗址，拜寺无僧话旧游。
  紫色正怜同罨画，可堪回首暮云愁。

西夏辉煌的历史文化与眼前凄凉荒芜的景致，勾起了这位王爷的无限伤感。在朱秩炅的眼里，金戈铁马的嘶鸣远去了，皇室贵胄烟消云散，日夜诵经的僧人早已故去，但双塔还在，文殊大殿的遗址还在，西夏的文化遗存还在。1988年，拜寺口双塔被公布为第三批全国重点文物保护单位。

3. 拜寺口方塔

西夏时期，贺兰山是重要的宗教活动场所。西夏统治者沿贺兰山修建了不少寺庙，且境内塔寺林立，明代贺兰山还有西夏颓寺百余所。拜寺口双塔，是宁夏现存唯一的密檐式双塔。除双塔外，距沟口约5公里处的方塔，同样是西夏极具代表性的宗教建筑。1990年11月，方塔被盗墓者毁坏，塔内发现了大量的佛经与佛画、中心柱汉文题记等，其中西夏文佛经《吉祥遍至口和本续》，为藏传佛教密宗经典中最早的印本，是世界上现存最早的木活字印本。该佛经的发现，将我国木活字印刷术使用时间提前了一百多年，历史文化意义十分巨大。同时，也为中韩两国关于木活字起源问题之争提供了无可争辩的实物依据。

拜寺口方塔，是一座平面方形、高13层密檐式砖塔，也是西夏佛塔中有明确纪年的塔，建于惠宗大安二年（1075）。拜寺口方塔与拜寺口双塔一起，充分显示了西夏佛教文化繁荣的时代意义。研究表明，这里曾是西夏国的佛祖院，供奉释迦牟尼和多宝如来。据塔内佛龛发现的西夏文字和周围采集到的宋代钱币推断，方塔始建于西夏。其风格多体现唐塔的特

---

① 嘉靖《宁夏新志》卷一《宁夏总镇》，宁夏人民出版社，1982，第17页。

点,而且塔的中心柱上有汉文题记。因此,方塔受中原建筑文化尤其是佛塔建筑艺术之影响较大。

4. 一百零八塔

宁夏平原东南有一座牛首山。青铜峡,就是黄河穿越牛首山的著名峡谷。这里,是黄河流经宁夏平原的最后一道天然屏障。一百零八塔修建在青铜峡黄河出口处陡峭的山坡上。青铜峡突兀而起,崖壁如刀削斧劈一般,崖石青里泛黄,如同青铜铸就。相传远古时期洪水泛滥,大禹治水西往积石路过这里劈开了一条峡谷,黄河水才得以穿青铜峡而过。青铜峡又名峡口,得名应在明代以前。《水经注》里"谓之上河峡",《大明一统志》记载:"峡口山一名青铜峡。"黄河青铜峡段,是古代黄河水运的重要通道,尤其是在元代得到大规模开发和利用。20世纪30年代,著名记者范长江由银川往兰州坐船经过青铜峡时,留下过一帧青铜峡建大坝前的珍贵照片。

一百零八塔的修建与宗教有关。《大明一统志》里记载:"峡口山,在卫城西南一百四十里,两山相夹,黄河经其中,一名青铜峡,上有古塔一百八座。"[1] 顾祖禹《读史方舆纪要》记载,青铜峡是"两山相夹,黄河经其中,《水经注》谓之上河峡……上有古塔一百零八座"[2]。这里只记塔数,并未涉及塔名。《嘉靖宁夏新志》称其为"一百八塔寺,在硖口内,以塔数名"[3]。说明明代中期有了"塔寺"的名字,除塔外还有寺的建筑,塔寺体现的是寺院的完整布局,而后人看到的建筑物只有塔。明代人已明确记载"以塔数名",说明一百零八塔的名字已约定俗成。

一百零八塔建筑样式属喇嘛塔式实心塔,所有塔体外表均涂有白灰。在整体布局上,以台阶的形式依山势而建,自上而下。佛塔背山面河,按照1、3、3、5、5、7、9、11、13、15、17、19的奇数布局排列

---

[1] (明)李贤等:《大明一统志》卷37,台湾台联国风出版社影印本,1976,第643页。
[2] (明)顾祖禹:《读史方舆纪要》卷62,中华书局,2011,第2945页。
[3] 嘉靖《宁夏新志》卷二,宁夏人民出版社,1982,第156页。

成12层，形成一个总体为等腰三角形的大型塔群。塔群最高层是一座建筑形制较大的独立塔体，高3.5米，塔基为八字形须弥座，顶部为宝珠式。第二层以下均为单层八角形须弥座，形体较小，高度均在2.5米左右。一百零八塔的建造形制，大致可分为四种样式：覆钵体、八角鼓腹尖锥形、葫芦形、宝瓶形。从塔的外形看，与北京元代妙应舍利塔造型极为相似。

20世纪60年代初，青铜峡水电站建设之初，在塔群下的河滩发掘过两座小墓，出土过较为珍贵的西夏绢本千佛图。1987年、1988年，考古工作者对一百零八塔进行彻底清理，出土有砖雕佛像、西夏文佛经残页、小泥塔和绢本千佛图等，均为西夏文物。[①] 出土文物证实，一百零八塔为西夏时期宗教建筑遗存。元代再次修复利用，融入了元代的宗教文化色彩。

青铜峡一百零八塔建筑样式在全国是独一无二的。一百零八的数字与宗教有关，也与节气有关。各地佛教寺院撞钟的节奏和韵律不一样，但敲击一百零八下却是定数。通常寺院建筑都有钟楼与鼓楼，佛教认为人在世有一百零八种烦恼，敲击寺钟一百零八响，便可消除人生的忧愁与苦闷。一百零八的数字与一年中的大小节气相同，体现的是儒家思想与佛教思想在宗教与自然界的融会贯通。

5. 海宝塔

海宝塔坐落在银川老城区北郊，是银川历史文化名城的象征，是全国16座名塔之一，也是第一批全国重点文物保护单位。相传海宝塔为公元5世纪初大夏国皇帝赫连勃勃所建，故称为赫宝塔、黑宝塔。明代隆庆年间（1567~1572），山西泽州人孟霦在宁夏巡抚任上游海宝塔后，写过一首《游赫宝塔》诗，明《嘉靖宁夏新志》里收录了这首诗。清代康熙年间重修之后，才改名为"海宝塔"。

史书记载，赫连勃勃在固原建立大夏政权之后，再移筑都城于陕北靖

---

① 牛达生：《西夏遗迹》，文物出版社，2007，第213页。

边县北的统万城，曾经辉煌一时。他先后修筑过12个较为重要的城池，黄河西岸的饮汗城是他修筑的重要城池之一。十六国时期，佛教已经开始兴盛。赫宝塔的修建，是赫连勃勃佛教信仰在建筑物上面的体现。

现在我们看到的海宝塔，建在一个方形的高台基上，塔耸立在台基中央。海宝塔为11层楼阁式方形砖塔，通高40多米，塔顶为攒尖式穹隆顶造型，琉璃瓦贴面，形状如同火焰。塔身中空，可以盘旋登高，四周开有窗户，造型风格别致。清代，海宝塔是宁夏著名的佛教寺院，曾被列为朔方八景之一。每逢七月十五日庙会，僧人诵经，居士拜佛，各地善男信女进香许愿。会事期间有地方戏助兴，买卖人更是吆喝着生意，一派人头攒动的景象。20世纪60年代，中华人民共和国副主席董必武来宁夏视察工作时，兴致勃勃地登上宝塔，俯视四野，即兴赋诗：

> 银川郊外赫连塔，高势孤危欲出云。
> 直以方形风格异，只缘木色火砖分。
> 登临百级莫嫌陡，俯视三区极可欣。
> 四野农民皆组社，庆丰收亦乐清芬。

民间关于赫连勃勃的传说可能对董老有影响，他在诗句里写了"赫连塔"，将塔与赫连勃勃联系起来。半个世纪过去了，董老当年看到的银川郊外的景色早已旧貌换新颜，海宝塔依旧，虽然它的周围被林立的高楼所环绕，但它仍在述说着曾经的历史。传承下来的不仅仅是海宝塔，更为重要的还有因海宝塔而传承下来的民间宗教文化。

海宝塔的一个重要宗教节日，是盂兰盆会节。盂兰盆会源起于南朝梁武帝时期。538年梁武帝在同泰寺设盂兰盆斋，依佛法行施、行孝、行食，设斋供佛及僧，求其灭罪增福，这种消灾祈福的做法在民间广为流传。在民间文化中，七月十五日是各方诸圣成道吉日，是诸佛喜欢的日子，同时，也是施舍和教化众生的日子。作为一种宗教文化现象，盂兰盆节在日本影响很大，是日本的清明节，也是日本民间最大的传统节日。原本是追祭先祖、祈祷冥福的日子，现在变成了家庭团圆的节日。[①]

随着改革开放与经济社会的快速发展，海宝塔每年农历七月十五日的盂兰盆会节不但依然盛行，而且规模不断增大，已成为海宝塔寺的重大宗教活动。前来参加海宝塔寺宗教活动者人山人海，连续数日的商业活动及各种文化活动伴随着庙会的全过程，传承着海宝塔的宗教文化习俗。

（二）古建筑文化遗存

1. 董府与董府建筑

董府，位于黄河东岸吴忠市利通区金积镇。这处规模宏大的建筑群，是清末武卫后军统领、著名甘军将领董福祥的府邸，已列为全国重点文物保护单位。

董福祥（1839～1908），清代甘肃固原人。一生经历曲折复杂，清代同治年间聚众拉起队伍反清，随后又投降清军并参与镇压西北回民暴动。1867年，随左宗棠进兵新疆，参与北疆、南疆的多次战役并获得战功。新疆收复后，驻防新疆16年，在维护边疆安全的同时，参与新疆建设与发展，先后任阿克苏镇总兵、喀什噶尔提督，有功于新疆，有功于国家。1894年，中日甲午战争爆发后，受清政府调遣，率甘军精锐驻防北京，次年任甘肃提督。1897年再度调防北京。1898年戊戌变法期间，支持慈禧太后发动戊戌政变。之后，甘军编入清政府直属部队序列，名为"武卫后军"，董福祥出任武卫后军统领，加封太子少保。1900年义和团运动期间，率部抗击八国联军入侵。北京失陷后，节制军队随扈"两宫"前往西安。清政府与八国联军议和的过程中，被指控为"祸首"，清政府被迫将其革职。1902年退居金积堡。第二年，开始着手修建府邸。董府建成后，环董府周围还建有各种名目的庄园，有一条董营街，还有董福祥的数千卫队等，这里实际上形成了一个较大的镇子，后人习惯于称这里为"董营村"。[②] 1908年2月，董福祥病逝于董府。

---

[①] 〔日〕茂吕美耶：《盂兰盆节：日本的"清明节"》，《中国文化报》2010年4月2日。
[②] 薛正昌：《董福祥传》，甘肃人民出版社，1994，第333～334页。

董府建筑，分为内寨与外寨两部分，类似于传统的内城与外城。外寨即城郭与护城河早已荡然无存，内寨城墙完好，城门及城门上的飞檐城楼颇具沧桑感，寨内的整体建筑群基本保持原样。董府的建筑样式是中国传统的四合院建筑群，屋脊为卷棚顶，多见于北方民居和园林建筑。在外形上看属于民居建筑，体现的是温和圆柔之感，但在整个布局与结构方面，体现的是"三宫六院"式的形制，极尽富丽华贵。

影壁，也称为照壁。按照董府整体建筑布局，进内寨东大门，迎面即为高大的照壁，磨砖对缝，雕刻工艺十分精细，是一幅"百鸟朝凤图"，砖雕图案被毁，照壁保存完好。与影壁相连进入庭院的大门楼，门楼为悬山式飞檐，平座斗拱，绘有五彩云纹。大门分为前、后两道，第二道门的正门平时是关闭的，只有朝廷或地方大员出入时才开，平时出入走左右侧门。进入二门正面又是一处照壁，基本保存完好。

董府建筑布局仿宫廷"三宫六院"样式。进第二道门，有回廊将各个院落相连通，以中院为中轴线左右对称布局，即南院、中院、北院，每一院又分为前后两院，形成双四合院。分则单独成体，合则有过道、走廊、过间相连通，成为一个整体。中院，是董府建筑的中枢，为硬山式重檐两层楼阁，楼顶覆盖琉璃瓦。上下两层56间房子，由一木制楼梯连通，气魄宏伟，建造工艺极为精致。

中院以"倒座"楼阁建筑隔为前后两院，后院是董府建筑的精华，门窗全是木雕，砖雕也比前院的精细。在这个四合院里，窗下的砖雕不少都是高浮雕，图案取自南北各地，雕刻的人物故事如西域人牵怪兽、武松打虎、英雄驯狮等，栩栩如生，造型十分逼真。

董府建筑艺术，除了它特殊的"三宫六院"式的布局、卷棚顶的外在建筑样式外，主要体现在石雕艺术、木雕艺术方面。董府建筑物上面，但凡有需要石雕图案出现的地方，都有各种造型的图案出现，门墩的样式和各种图案，柱础石上的各种图案等，雕刻都非常精细，富于变化，秀气典雅，其装饰艺术体现得浑然天成。石雕、砖雕与木雕三种雕刻工艺相结合，大大地增强了雕刻艺术造型的观赏功能。

传统木雕艺术表现形式有线雕、透雕、混雕等。董府建筑的装饰工艺主要是砖雕和石雕，木雕虽不多但非常精美，造型活灵活现。木雕工艺主要体现在：一是大门楼的垂柱，二是中院的后院门窗，三是二层楼阁的栏杆。木雕装饰艺术古朴典雅，具有富丽华贵的格调。

在董府建筑艺术中，无论是砖石雕刻，还是木雕工艺，它们都是董府建筑艺术的重要组成部分，各类雕刻图案本身就蕴藏着深刻的传统文化内涵。首先，是传统文化的体现。龙凤、麒麟等祥瑞神兽，牛、马、羊等家畜，竹、菊、梅等植物，都充满和谐吉祥的寓意，都是附着在董府建筑物上的主要装饰图案。其次，是宗教文化的体现。道教文化，是董府建筑装饰图案的内容之一，"太极图"多处出现。道教文化是一种山林归隐文化，与主人当时的处境和心态相吻合。

百年前建成的董府，就是一处规模宏大的建筑艺术的精品。百年后，沧桑岁月刻在了这片厚重的建筑群上，是西北地区保留下来的为数不多的明清建筑风格的文化遗产。尤其是木雕、石刻、砖雕等，其工艺独具一格，成就很高，是古代建筑艺术遗产的一部分。[①] 2006年，董府被列入国家重点文物保护单位后，得到国家文物局的大力支持和关心，拨巨款重新修复和保护。现在，重新修复后的董府已向游人开放。

2. 同心清真大寺

同心清真大寺，是中国传统建筑风格与伊斯兰文化装饰艺术相结合的高台式建筑群。同心清真大寺位于同心县城西南的台地上，它是明朝初年由藏传佛教寺院改建而成，是我国现存较为古老的清真大寺之一，也是明朝回族形成过程的历史文化见证。从外形看，建筑样式古老，建筑风格呈阁楼式。大殿由三部分构成，第一部分是抱厦，单檐卷棚歇山顶，面阔5间，进深1间。抱厦两侧青砖砌成八字形影壁墙，上面刻有十分精致的砖雕传统文化图案，如代表中国传统文化的文房四宝、荷花翠竹、梅花牡丹、葡萄石榴等，刀法极具功力，是我国传统砖雕艺术之精品。抱厦的后

---

① 罗哲文主编《中国城市建筑》，上海古籍出版社，1994，第13页。

檐柱是大殿的前檐柱，柱子之间有花纹精美的隔扇。大殿分前殿和后殿两部分，前殿面阔5间，进深3间，后殿空间与前殿一样，西面墙是礼拜墙。大殿前后殿的建筑风格都是单檐歇山式，两坡之间相连以利排泄雨水。大殿的整体建筑样式属不等宽纵深建筑，中间宽，前后窄，墙面凹进凸出，屋顶翼角造型也随之变化，显得曲折错落。

《同心县志》记载，同心清真大寺曾有过三次修缮和扩建。第一次是明朝万历年间（1573～1620），第二次是清朝乾隆五十年（1791），第三次是清朝光绪三十三年（1907）。从先后三次修缮，可见它的悠久历史传承；传统建筑风格和砖雕图案传统文化的精细程度，体现着中国传统文化建筑艺术与伊斯兰建筑文化的多元融会。1936年，红军西征在同心大会师，豫海县回民自治政府成立，同心清真大寺是见证者。现在，凡去那里的游览观光者，仍能看到礼拜大殿前悬挂的"豫海县苏维埃回民自治政府成立会址"的牌匾。

从建筑艺术的角度看，同心清真大寺是在传统建筑艺术的基础上吸纳伊斯兰建筑文化建成的，是伊斯兰文化中国化过程中在建筑艺术风格方面的体现，尤其是将传统木结构建筑和伊斯兰文化建筑元素木刻、砖雕等装饰艺术完美地结合在一起。清真寺大门前的那块高大的照壁，是清真寺建筑群的重要组成部分，从多个层面体现了伊斯兰建筑砖雕艺术之精湛处。照壁高6米，宽9米，青砖磨缝的砖雕工艺，仿木结构，十分逼真。照壁正面中心刻有一幅"月藏松柏"的精美砖雕图案，一轮明月半隐于松柏之间，以自然山水相映衬，再现的是中国传统文化的审美意境。"月藏松柏"图外围是两圈透雕图案，里圈是相同的图案，外圈是兰草、梅花、葫芦、宝剑之类，还有道教图案。照壁顶部为牌楼造型样式，人字梁两头龙纹装饰，砖雕斗拱，双层出檐，从左到右有8个垂拱，也是上下两层图案，砖雕工艺非常精致。照壁左右两边雕一副隶书对联：万物遍生沾主泽，群迷普渡显圣恩。照壁重修于清光绪三十三年，照壁图案和对联的雕刻皆出自河州（今甘肃临夏）工匠马忠良之手。照壁的修建样式与整个清真大寺的建筑风格是一体的，总体上显示的是传统文化特色。

清真大寺的主体建筑礼拜殿、宣礼殿（邦克楼）等建筑全部建在高达 10 米的大台基上。通高 22 米的邦克楼，为二层四面坡亭式建筑，坐落在大殿南侧，是清真寺最高也是重要的建筑物之一。此楼原为三层，1878 年一场巨大的龙卷风将顶层包括装饰件刮掉，又遭 1920 年海原大地震的破坏，之后遂改建为两层阁楼。邦克楼主体为砖木结构，属塔柱式建筑，19 级木梯可盘旋上至阁顶，楼顶造型为四角攒尖式。

清真大寺伊斯兰文化建筑艺术风格与中国传统建筑文化相结合主要体现在以下几个方面。

首先，它采用了汉族建筑的院落式布局原则，组合成封闭的院落形式。同时，也讲究建筑布局的轴线与对称关系，突出主殿——礼拜殿，以显示整个建筑的主从关系。

其次，充分借鉴和运用中国传统建筑样式里的建筑元素，如牌楼、影壁、砖雕门楼等，尤其是将伊斯兰文化的特色建筑——邦克楼建成传统的阁楼样式。

最后，砖雕与木刻工艺得到了充分运用，内容尽量选用中国传统文化里有代表性的元素。大殿南北八字墙上的图案除前面叙述者以外，还有花瓶、如意、香炉、茶壶、《三国演义》、《东周列国志》等，还有西洋式钟表、佛教"卍"字，高足香炉两边的耳朵和腹部有龙的造型……可见，清真寺建筑艺术中充分融合并体现了中国传统建筑元素和传统文化，是中国传统建筑文化与伊斯兰建筑文化精品的集中体现。

同心清真大寺之外，永宁纳家户清真寺修建于明代，也是体现中国传统文化与伊斯兰建筑文化的典范。

## 五　非物质文化遗产

宁夏历史悠久，文化积淀丰厚，非物质文化口传心授，是黄河文明在宁夏的重要表现形式。21 世纪以来，进入国家级、自治区级非物质文化遗产名录者，门类多，数量大，各级各类传承人数不断增加。在传承的同时，各门类技艺或艺术都不断吸纳新内容、新工艺、新技法，视野开阔，注重创新，冲破了传统的思维模式，呈现的是"活态"传承的鲜活的生命力。

（一）六盘山花儿

花儿，是西北地区独有的民歌形式，与传统意义上的民歌关系密切。花儿是从泥土里长出来的"活着的诗经"。宁夏花儿是西北花儿的重要组成部分，有其流变的渊源和表现形态，有其传承的表现类型，有其独特的艺术表现形式，它是历史的集体记忆。六盘山花儿与河州花儿、河湟花儿关系密切，陕北信天游等地域民歌对六盘山花儿亦有一定的影响。

2006年，花儿进入第一批国家级非物质文化遗产名录，冠名为"山花儿"。进入世界"人类非物质文化遗产代表作名录"后，称为"六盘山花儿"。无论山花儿，还是六盘山花儿，都流行于宁夏六盘山一带。山花儿基本以单套短歌的形式即兴填词演唱，继承古代陇山徒歌四声、五声徵调特征，吸收信天游、爬山调、洮岷花儿等多种文化形式。演唱的形式有自唱和对唱式，是抒情式短歌，有时歌名依所唱内容而定，内容非常丰富。传承下来的花儿段子，大都以情歌为主。改革开放以后，老百姓勤劳致富，农家人生活都变好了，花儿的演唱内容随之有了创新，很多唱词都是感恩政府、歌颂新时代的内容，如歌颂家乡的变化和乡亲们的幸福生活。马生林、张明星等人都是国家级非物质文化遗产代表性传承人。

花儿属于民歌的范畴，是山歌的一种。古往今来，一些脚户哥、筏子客、擀毡匠，唱着故乡特有山歌——花儿走四方，花儿弥漫在西北广袤的大地上。他们赶着驮运的骡队，一年四季穿行在古丝绸之路上，踏遍了西部的山水。他们经历的艰辛，早已沉淀在或悲怆幽怨、或粗犷宏厚、或亲情至深的花儿世界里。因此，花儿是多民族的歌，具有多民族文化交流与情感交融的特殊价值。

花儿演唱时，不用任何乐器伴奏，把手往耳后一搭，张嘴就唱。这"一搭""一唱"，就诠释了何谓"徒歌"。"花儿本是心中歌，一日不漫不得活。"大多在山野劳动时歌唱，歌调爽朗质朴，节奏自由。内容主要反映劳动和爱情等生活。在漫长的历史中，宁夏回汉各族人民群众在生产和生活实践中创造了丰富多彩、具有民族特点和乡土气息的文化，花儿就是其中最重要的表现形式之一。

2006年，宁夏的"回族山花儿"与甘肃的"洮岷花儿"、青海的"河湟花儿"一并进入了国务院、文化部公布的首批国家级非物质文化遗产名录。2008年，经国务院批准，国家级非物质文化遗产"花儿"，被正式列入我国申报联合国教科文组织"人类非物质文化遗产代表作名录"备选项目。2009年，联合国教科文组织公布的"人类非物质文化遗产代表作名录"共22项，花儿进入其中。同时，对花儿流派做了新的界定：根据音乐特点、歌词格律和流传地区的不同，花儿分为"河湟花儿"、"洮岷花儿"和"六盘山花儿"3个大类，具有多民族文化交流与情感交融的特殊价值。这样，六盘山花儿不但成为花儿的三大流派之一，而且进入世界"人类非物质文化遗产代表作名录"，为未来六盘山花儿的深入研究打开了更为广阔的空间。

（二）杨氏泥塑艺术

宁夏隆德县雕塑，有深厚的地域历史文化内涵。雕塑包括泥塑与雕刻两部分内容。

杨氏家族主要传承泥塑艺术，但雕刻也独具特色。雕塑是隆德县非物质文化的独特表现形式，也是隆德县非物质文化得以传承的唯一艺术门类。杨氏家族的泥塑艺术传承了数代人。第四代传人杨栖鹤老先生年近九旬，他是杨氏家族泥塑艺术承传的关键一代，即使在"文化大革命"时期，他仍以雕塑革命样板戏人物的形式来延续杨氏家族的泥塑艺术。20世纪50年代，他雕刻的一组三件工艺品《木香炉》，20世纪80年代初入选全国首届民间工艺美术名人作品展并获大奖。改革开放之初，他就创新性地开始了自己的泥塑事业，作品多次获奖。他的泥塑工艺品漂洋过海，走进美国、日本等国家。2008年，隆德县"杨氏家庭泥塑"成功进入第二批国家级非物质文化遗产名录推荐项目名单扩展项目。2009年，杨栖鹤老人成为传统美术类泥塑（杨氏家庭泥塑）全国第三批非物质文化遗产项目代表性传承人。2018年，杨佳年成为第五批国家级非物质文化遗产代表性项目代表性传承人，成为杨氏家族泥塑第五代传承人。

在杨老先生的旗帜下，杨氏家族成立了杨氏彩塑义物艺术有限公司，定位为传统宗教彩塑设计和施工、仿古壁画绘制、旅游纪念品研发、工艺礼品制作、民间艺术人才培训等。2011年底，"杨氏彩塑"传承基地成立，人才培训与传承有了培训的平台，产品研发有了畅销的市场，杨氏家族泥塑逐渐融入全国雕塑大文化圈。

2012年，杨氏泥塑艺术第四代传人杨栖鹤荣获"中华非物质文化遗产传承薪传奖"；2014年，第二批国家级非物质文化遗产生产性保护示范基地评选揭晓，作为传统美术项目的杨氏家庭泥塑进入国家级非物质文化遗产生产性保护示范基地序列。

（三）剪纸艺术

宁夏山川是剪纸艺术传承的重要地区。剪纸分剪纸与刻纸两大技艺类型，前者用剪刀徒手剪制，多为一式数份；后者用刻刀镂刻，一式多幅。剪纸艺术是一种乡土艺术，根在民间。一把剪刀或几种刻刀，一叠不用精心挑选的纸，就可以剪或刻出精神与生活过程中的需求和理念，就可以寄托劳动人民的美好情怀、追求幸福的美好愿望。同时，也美化了自己的生活环境。从承传形式看，或者母子相传，或者师徒相授，绵延不断，彰显的是一种厚重的乡土气息和民俗文化根脉。从剪纸的内容看，与喜庆节日、婚丧嫁娶、生产生活密切相关，剪刀下的图案造型与剪者的心境、情绪有着密切关系。剪纸艺术品或装饰于门窗壁舍，或点缀于喜庆之物上，或贴在彩楼纸扎之中，锦上添花，别有艺术情趣。此外，刺绣枕头、鞋帽、衣服等底样图案，都需要有剪纸的底样稿。剪纸艺术品美化着生活的诸多方面，是乡村民间生活空间艺术化的重要表现形式。

剪纸广泛应用于日常生活和祭祀信仰、人生礼仪等民俗活动中。从剪纸文化风格看，每一种造型都有约定俗成的寓意，造型夸张变形，生动传神，极富想象力，与南方的精细秀丽相比，宁夏剪纸多了粗犷与豪放。现在，宁夏剪纸吸纳了南方剪纸艺术技巧，内容更为宽泛。

文化的传承，总是要受地域的影响。宁夏历史悠久，文化蕴藏深厚，历史上的贺兰山岩画、须弥山石窟，长期饲养马牛羊等家畜家禽的经历，对剪纸艺术的发展都有着直接的影响。有创新的剪纸艺术家，将现代审美内涵与传统剪纸艺术精髓有机结合起来，创作出既有传统剪纸语言，又有强烈时代气息和地域文化特色的剪纸作品。宁夏剪纸在全国已有影响，涌现了一批有一定影响力的剪纸艺术家。

（四）刺绣艺术

刺绣，是汉族和少数民族民间传统手工艺，流行于全国各地，为我国历代妇女女红之一。其法以针引彩线，刺绣图画于织物之上，故称刺绣。

刺绣艺术相传始自上古唐虞之世。根据古墓出土的帛画和刺绣等实物，可推知刺绣工艺在中国已有数千年的历史。从周代至魏晋，绣物已普及于朝野上下。通常释意，画者为绘，刺者为绣。《史记·货殖列传》载："刺绣文不如倚市门。"汉代时，刺绣工艺已达到很高水平。唐宋时，刺绣技术进一步提升，凡花卉、翎毛、山水、人物均可成绣品。杜甫《小至》诗云"刺绣五纹添弱线，吹葭六琯动浮灰"，以诗文描述刺绣。元代刺绣工艺稍衰，明清再复兴，刺绣开始用于家庭绣品，如烟袋、香包、枕套、台布、靠垫、鞋帽、衣裙、边饰等生活用品，以及屏风、壁挂等陈设品。之后还用于庙宇中的神佛绣像、菩萨龙帐、宝盖、长幡、莲座以及桌围和戏装等。

我国的名刺绣有苏州的苏绣、湖南的湘绣、广东的广绣、四川的蜀绣。各少数民族刺绣都有自己的工艺特点和地方文化特色。宁夏刺绣艺术绵延长久，主要体现的是地方传统文化内容。

回族刺绣兴起并发展于清代。回族刺绣细腻质朴，富于民族气息。六盘山地区回族妇女传统刺绣图案都是传统文化里的吉祥寓意，诸如石榴、牡丹、花瓶等，做工精细，颜色鲜艳。可分为生活用品，如荷包、针扎、枕顶、钱包等；服饰用品，如号帽、盖头、耳套、肚兜、鞋垫等；装饰类用品，如画屏、门帘、苫布等；婚礼装束类用品，如婚礼绣服、胸花、挂饰、提饰、绣花鞋等。衣服制作也体现刺绣特点，构图善于表现疏密变化，以突出整体感，看上去粗犷质朴，富于民族特色和乡土气息。工艺上主要采用平绣的方式，在一些特殊的地方用锁绣工艺，如绣件的边缘和醒目地方的花边装饰等。

回族刺绣图案和装饰，也受到汉族文化的影响，一些代表着传统吉祥文化的符号，在回族刺绣中得到充分体现和传承。

汉族刺绣，原本是传统民间民俗文化重要组成部分。刺绣是汉族妇女必备的传统工艺。现在乡村刺绣的传承空间已经很小，传承留给了专门的刺绣"工匠"。乡村振兴计划、脱贫攻坚战略的推进，使得乡村刺绣技艺再度兴起。刺绣艺术传承人基地，为乡村妇女接触刺绣艺术提供了场所。

赵桂琴是汉族刺绣传承者的典型，2008年已进入自治区级非物质文化遗产项目传承人。她有刺绣家传的背景，到她这一代，在传统刺绣针法的基础上更注意继承和创新。她将苏绣的一些技法吸纳融入她的刺绣工艺中，文化的融合会生出新的亮点，尤其是技艺性的南北融合。对题材也创新拓展，打破传统的较为单调的以花鸟为主要图案的观念，将历史故事与人物造型借鉴过来，再以刺绣的形式表现出来，如《牛郎织女》《金陵十二钗》《西游记》等。从深层看，她受剪纸艺术的影响。剪纸与刺绣二者有相通的地方，都能反映重大历史题材。在取材上，赵桂琴还注意体现地域文化特点，即通过刺绣艺术来反映和宣传宁夏地域文化，如《枸杞红了》。无论哪一种文化传承，如果忽视了地域文化，就缺少生命力，就失去了文化之根。

现在，赵桂琴的刺绣艺术已赢得了外地客商的青睐，刺绣为其提供了更为广阔的发展平台。她创办公司，规模化经营；创立传承基地，带动更多的人整体性、活态性传承，可持续推进刺绣事业的发展。

## 六 黄河文明新景观

2007年10月，宁夏党委、政府提出"建设沿黄城市带，打造黄河金岸"的战略构想，在建设沿黄经济带的同时，全力打造黄河文化。黄河流经宁夏平原，孕育和影响了数千年的黄河农业文明。宁夏因黄河而存在，依黄河而发展，靠黄河而获得"塞北江南"的美誉。追溯历史，宁夏的文明史是一部与黄河相伴相依、水乳交融的历史。远去的历史，在为宁夏平原留下富庶的农业文明的同时，也留下了丰厚的黄河文化。当代宁夏黄河文化创新工程也得到了重视，如同"盛世修志"一样，在沿黄河带修建、打造和展示黄河文明的新地标——中华黄河坛、黄河楼、黄河书院、黄河博物馆等与黄河文明相关的文化建筑，已成为宁夏沿黄河城市带创新性文化象征，也是沿黄城市带新的文化景观资源。

（一）中华黄河坛

中华黄河坛，位于宁夏青铜峡市金沙湾。这里地貌奇特，黄河坛背靠贺兰山，左为金沙湾山脉，右依青铜峡峡口。河水与山脉相济，在这里转了一个类似于太极图的造型。中华黄河坛布局于黄河西岸金沙湾的台地上，长999米，宽200米，建筑面积6.5万平方米，是建筑规模很大的黄河文化建筑群。建筑所用材料，全部是青铜与优质石材，再经过精工打制而成。展示的100余件大型青铜艺术品，皆为独具特色的黄河文明符号，承载着中国传统文化的精华。

黄河坛以青铜材质铸造黄河文明的载体，用艺术形式和文字展示，叙述黄河农业文明的历史。长72米、高7.2米的大型浮雕青铜照壁，位于黄河坛广场。照壁正面的文字是黄河文明五千年的发展史，背面是黄河农业文明五千年历史的书写。照壁用青铜浮雕艺术形式展示了历代重大历史事件、重要历史人物以及中华文明的传承，用图示的形式展示了中华文明的历史进程。照壁背面将五千年中华文明史的精华浓缩为近2万字的篇幅，以黄河之水、黄河之史、黄河之子、黄河之坛四部分内容高度概括。

大型青铜牌楼耸立在黄河坛正门，高15.8米，跨度45米，十门九柱。它既是中国历史上第一座十门九柱的牌楼，也是目前最大的青铜材质的牌楼，彰显了黄河文明的厚重与博大。黄河鼎、黄河钟、黄河鼓，成为黄河文明丰富内涵的另一种展示形式。黄河钟与黄河鼓分布在黄河坛的左右，黄河鼎与黄河钟、黄河鼓造型，皆为华夏第一。此外，青铜地动仪、浑天仪、司南车等，都是中华黄河坛的重要青铜艺术品。

石雕艺术是与青铜艺术相辉映的另一种艺术表现形式，主要展示黄河

**黄河文明在宁夏**

农业文明的话题。农耕大道布有 18 面石鼓，分别记录了远古时期至中华人民共和国成立的历代农业政策，包括改革开放以后农村家庭联产承包责任制的相关政策。二十四节气石柱和六十甲子座像象征了中国传统农业文明的根脉。18 面竹简，记载了历代文脉传承。碑林大道，两旁有青龟驮碑，碑上的文字记载着历代歌咏黄河文明的诗篇。文华大道上车轮承载着 18 本石书，记载着重大文学创作名录，象征中国历史与文化如车轮般滚滚向前，永不停息。

中华黄河坛，通过青铜和石质造型艺术布局，集中展现了农耕文化、儒家文化和黄河文明的渊源及表现与传承，贯穿着五千年黄河文明的主线，从不同视角诠释着黄河文明的根脉。在传承历史文化的同时，融入了新时代 56 个民族的文化元素。同时，有重点地突出了宁夏地方历史文化特色。感恩母亲河，是黄河坛造型布局的基本理念，是中国人回望溯源的精神家园。感悟和阅读中华黄河坛，如同翻阅五千年文明史，如同游走于黄河文明的历史时空之中。"中华黄河坛就是一种精神的固化。它虽然是宁夏人民建造的，却能代表沿黄九省区对黄河的感念，它是宁夏经济腾飞、沿黄河经济区发展的标志性建筑，也是一个民族感念母亲河的精神图腾。"[①]

中华黄河坛将黄河文明用艺术的时空之线连缀起来，展示了一幅宏大而壮丽的历史画卷。中华黄河坛已成为黄河宁夏段的著名文化景区，是中国传统文化集大成的景观，也必将成为宁夏沿黄城市带文旅融合、吸引游人的文化景区之一。

（二）黄河楼

黄河楼，是依黄河而修建的大型楼阁式建筑。黄河穿青铜峡进入银川平原，黄河楼就耸立在黄河西岸。主楼高 108 米，塔楼式仿古建筑，由地下、城台、楼阁三部分组成。河水环绕黄河楼而过。黄河楼和它占地面积超大的台基处在黄河水中央，有石桥将大地与黄河楼台基连在一起。八柱

---

① 王立群：《黄河文明生生不息》，《宁夏日报》2011 年 5 月 9 日。

七间的多层牌楼，上书"大哉黄河"，是黄河楼整体建筑北面的第一道景观。穿过牌楼，即进入黄河楼的主体建筑群。

黄河楼主体为九层建筑，七明两暗，看得见的楼阁是七层，暗两层依托在两层台基上。七明寓意七级浮屠，九层寓意九九归一。台基占地面积很大，黄河楼就建在两层台基之上，总建筑面积22000平方米。第一层台基外围，左右建有十二生肖青铜站像，有传统文化里暗喻镇河之用的青铜牛的造型。台基内以方城的形式布局，四角建有阙楼。四面有门，分别以左青龙、右白虎、前朱雀、后玄武命名。登上第二个台基，就是黄河楼主体建筑。楼体总高近百米，登临楼阁可观黄河之水，感受大河平缓涌动之景象；可览宁夏平原塞北江南之富庶，见宁夏沿黄河城市群之勃勃生机。

黄河楼承载着黄河文化。黄河楼建筑位置独特，楼阁建筑造型新颖，规模宏大，今天的积淀，就是明天的文化遗产。黄河楼将成为宁夏平原沿黄河城市带的著名景观，也将成为黄河金岸旅游文化带上的独特资源。

## 第二节　黄河文化旅游

旅游作为一种产业，在20世纪90年代被称为"朝阳产业"，现在我国的旅游业已经发展成为支柱产业。随着时间的推移，当下意义上的旅游产业被人们看作一个综合性的"绿色朝阳产业"。旅游产业不仅是简单的旅游观光，而是展示、交流和传播不同文化的特殊体验形式，旨在实现文化价值，提升文化影响力。改革开放以来，我国的旅游业从小到大，由弱到强，不断向前推进，旅游产业已经覆盖所有行业的不同层面和不同年龄的人群。旅游业不仅带动经济发展，而且涉及就业问题。从未来发展看，我国旅游产业的现状与日益增长的旅游需求还有差距，建设旅游强国的目标还存在着挑战，文旅融合发展是大趋势。近年来，宁夏的旅游产业发展较快，通过各种形式、不同层次的旅游推介会、高端媒体宣传，让全国人了解宁夏，走进宁夏。同时，推进文化走出去战略，全面展示宁夏旅游资源，让世界更多地了解宁夏，让宁夏更好地走向世界，以拓展全新的旅游空间。

乡村游，是未来旅游业的重要组成部分。乡村振兴与乡村旅游、走好"长征路"红色文化游亦同步推进。2018年，《中共中央国务院关于实施乡村振兴战略的意见》明确提出，要实施休闲农业和乡村旅游精品工程。为深入贯彻落实乡村振兴战略规划，推动乡村旅游提质增效，促进乡村旅游可持续发展，加快形成农业农村发展新动能，文化和旅游部、国家发展和改革委等17个部门于2018年12月印发了《关于促进乡村旅游可持续发展的指导意见》①，提出要按照产业兴旺、生态宜居、乡风文明、治理有效、生活富裕的总体部署，要求乡村旅游在产业、生态、乡风、治理、生活方面有更多的作为，紧紧围绕统筹推进"五位一体"总体布局和协调推进"四个全面"的战略布局，实现百姓富、生态美的有机统一。乡村旅游已经成为国内旅游的重要组成部分，不少村落通过乡村旅游实现了脱贫致富。文旅融合，成为城乡发展的新动能。宁夏是全域旅游省区，旅游业的全域推进至关重要。对此，宁夏第十二次党代会报告亦有新的要求，要加快全域旅游示范区建设，把旅游业融入经济社会发展全局，推进旅游向全景全业全时全民的全域旅游转变。

## 一　旅游与旅游文化

### （一）旅游与审美

旅游的本意是旅行游览，与审美观察和领会欣赏是一体的。人对于自然的审美关系产生于人类的实践活动，古人已有"望秋云神飞扬，临春风思浩荡"的审美感悟。旅游，是人类社会生活当中的一项重要内容，它是属于人且能体现人的自由本质的一种美好而愉悦的活动。作为一种社会精神追求，作为一种走向大自然这一审美时尚，旅游自然是一种高雅的文化审美活动。旅游者作为旅行活动的审美主体，面对的是大自然这一审

---

① 《推动乡村旅游提质增效　助力我国乡村全面振兴——关于促进乡村旅游可持续发展的指导意见解读》，《中国文化报》2018年12月11日。

## 第六章　黄河带文化遗产与旅游

美对象。每个时代的人们都把旅游视为人生一大快事而心向往之。两千年前的庄子，就在他的《知北游》中说过："山林欤，皋壤欤，使人欣欣然而乐焉。"自古以来，中国人就将欣赏良辰美景、赏心悦目之事看作陶冶心境的特殊体验。所以，旅游过程的审美活动，可使审美主体产生一种从对大自然物质体察的强烈欲望到摆脱一切世俗杂念的羁绊，审美追求和审美享受得到长久的体验和感悟。

观赏心理与愉悦精神的升华，是审美对象（自然的、人文的）自然美与艺术美相融而作用于游人。六盘山云海、须弥山石窟、贺兰山岩画、沙湖风光、董府建筑……以及丝绸之路东段宁夏境内的文化遗存等，呈现在游人面前的是一幅幅或壮观或秀美，或雄浑或恬淡，或险峻或玲珑剔透的艺术画面。这一切无不令游人赏心悦目、心旷神怡，会激起游人的无限遐想与神思，引起游人情感上的愉悦。荀子在其《王制》中说："天之所覆，地之所载，莫不尽其美，致其用。"他把山川万物视为美的所在，所谓"天地有大美而不言"。宁夏历史悠久，文化资源丰富，而且独具特色，亦在天覆地载的大千世界之内，宁夏大地上的自然与人文景观同样吸引着国内外的游人。

旅游与审美，主要从审美主体（人）与审美客体（景观）的层面上说的。通常来说，人对外界事物的感觉主要有五种：视觉、听觉、触觉、味觉和嗅觉。钱钟书先生在他的《旧文四篇》里对人的各种感觉做过阐释："在日常经验中，视觉、听觉、触觉、味觉和嗅觉往往可以彼此打通或交通，眼、耳、鼻、舌、目、身各个官能的领域可以不分界限。颜色似乎会有温度，声音似乎会有形象，冷暖似乎会有重量，气味似乎会有锋芒。"[①] 旅游者的旅行审美活动，是一种多层面感性与理性相统一的审美过程，也是一种全方位交会融合式的情感享受。

首先，是视觉美。荀子认为，"夫人之情，目欲綦色，耳欲綦声"。他是说人的本质不仅好色、好声，而且还"綦色""綦声"，即喜欢最悦

---

① 钱钟书：《七缀集》（修订本），上海古籍出版社，1985，第65页。

目的颜色和最悦耳的声音。大自然的旖旎风光是五彩缤纷、包罗万象的，让游人应接不暇，有形象美、色彩美与线条美，也有动态美与静态美，会产生不同形式的美感所带来的审美意蕴。清明时节踏青，端午时节竞龙舟，蓬莱观海市，泰山观日出，六盘山观云海，贺兰山俯瞰宁夏平原，在景观大道上远眺黄河与宁夏平原的默契等，这些令游人陶醉的传统文化活动和大自然风光，会在旅行者的视野中幻化成云蒸霞蔚、花鸟知春、草木赋秋、高山起舞、大海歌唱的奇妙世界，旅行者会被眼前五光十色的景观吸引和感动，并从中感受到大自然的无穷魅力。

其次，是听觉美。当游人徜徉于水天相接的海滨时，除感受到大海的湛蓝、旷远和深邃、卷起千堆雪的景致外，诉诸听觉的便是大海富有节奏的海浪拍岸声；那一波未平、一波又起的循环往复之巨浪，会使你感受到历史进程中的相似之处。登上五岳独尊的泰山，既可感受古人眼中"一览众山小"的深邃视野，也可欣赏倏忽来去的云海；阵阵清风送来四起的松涛声，让游人奋进；"飞流直下三千尺"的瀑布轰然鸣响，与山间淙淙小溪相映，更使游人回味难忘。这一切，使游人充满希冀并去继续攀登和领悟人生旅程的高峰。

当今世界旅行风靡，旅游业占国民经济的比重持续上升。在生活质量日益提升的背景下，人们如愿登临山清水秀的一方净土，重新回到大自然的怀抱，寻觅人类童年的美梦，在回归自然的过程中获取让人神往的听觉感受。

再次，是自由美。作为社会实践主体的人，常常处在繁忙的工作环境与复杂的人际关系交织而成的千丝万缕的网络之中，一旦离开喧闹的城市投身于大自然的怀抱，放开所有感官，全方位吸纳大自然之精华，便能获得自由所带来的特殊愉悦与精神满足。美好的自然景致可以使游人忘记是非得失，抛开苦恼哀伤，不为各种欲望俗念所羁绊，融入大自然之中，身体上自由放松，精神上自在潇洒，达到自由自在状态。此时，已经超越了欣赏主体获得的一般心理情感上的平衡和生理机制上的调节，在更为广阔自由的意义上体悟和感受大自然的灵性，从而获得精神境界的升华。在获得精神享受的同时，也将获得一种超越时空与功利的个体自由，游人与山水灵性相通而形成默契，达到物我两忘的境界，这便是传统"天人合一"的审美命题在游人身上的高度体现。正如朱自清先生说过的，此时"什么都可以想，什么都可以不想"，是游人真正获得精神上的享受与自由审美的一种表现。

最后，是比德美。所谓"比德"，就是以山水的自然特性来比喻人的美好德行，将名山大川作为游人美德的一种象征。比德美，是以精神境界来体现人的社会价值的，它是中国人传统的审美情趣之一，游人能够从自然物象中体悟到人的某些品德美。孔子就以水的源远流长比喻君子的道德文章，以松柏傲霜挺立比喻君子坚强不屈的精神。董仲舒也认为山脉具有"似夫仁人志士"的品德特征。大自然为游人提供了全新的审美对象和多姿多彩的生态世界，而且与人们社会生活的联系越来越密切，具有了多方面的象征意义。所以，旅游风靡世界，人们乐于游山玩水，把旅游作为一种特殊的美来享受。"仁者乐山，智者乐水"，就是这种比德境界与审美情趣的直接体现。

自然美的存在虽然离不开它的自然属性，但它同人类社会生活的种种联系以及它与社会生活的某些相似的特征，决定了它可以作为生活美的特殊形式表现出来。车尔尼雪夫斯基在他的《生活与美学》一书里说："自然界的美的事物，只有作为人的一种暗示才有美的意义。"自然美与游人的感悟结合才能有价值，才能让游人从中体悟到一种深层的存在，即要人们从自然事物对生活的比附、象征、暗示来观赏自然美，理解自然美，享用自然美。

从接受美学的意义上说，以上几种旅游过程中审美形态的出现不是单一的。在这个过程中要获得多种体验与审美感受，还需要旅游者具备一定的阅历和多方面的知识积淀，诸如人的生活态度、价值取向、社会阅历、文化素养、审美情趣等。这些方面决定着游人对审美客体多层面的感知。

（二）旅游与文化

文化，是指人类社会历史发展过程中所创造的物质财富和精神财富的总和。我们这里说的文化,很大程度上是指历史留下的文化遗产。旅游是与这类文化遗产结缘的。经过多年的旅游实践,旅游文化已经被社会各个阶层所接受,已成为约定俗成的文化概念。随着社会的空前发展,人们的经济能力大为提升,旅游已成为人们生活中不可或缺的重要组成部分。旅游是一种娱乐与审美叠加的特殊体验,相当一部分人把旅游当成一种娱乐健身的审美活动,并在旅游过程中追求人文的或自然的享受,开阔视野,增长知识,净化心灵,陶冶情操,审美情趣与鉴赏能力不断提高。

山水有真趣,但要游人自己去体验,去感悟。如果游人没有真正去跋山涉水,大自然的灵性就与你擦肩而过。先哲们早已说过,游览山水如同阅历人生。这不是低层次意义上的感悟,而是从人生哲学的高度揭示了旅游文化的特殊功能。人生像游山,要自己亲自爬山,才能领悟到其中的妙处,才能被感染并提升志趣,也才能体悟山水灵魂的神秘所在。磨炼意志,升华人格,陶冶情操,才能体现旅行的价值和意义。

我国的旅游业发展很快,主要还是得力于传承下来的厚重的文化积淀。有一种说法:"没有文化的旅游,是低层次的旅游。"旅游业的快速发展不断印证了这种理念。旅游的终极目的,是在欣赏人文景观和亲近大自然的过程中,使游人的审美鉴赏力和道德修养得到提升。"把文化与旅游结合起来,才是高水平的旅游。"艺术大师刘海粟曾十上黄山,足迹遍布崇山峻岭,尽情地感受和领略黄山的自然风光。他认为人是需要有精神寄托的,而他十上黄山就是向大自然寻求精神寄托。眼界与胸怀,是大自然给的;激情与气势,也源自大自然。总之,面对人文遗产和奇山秀水,不同的人群会产生不同的触动,有不完全一样的理解。通过游山赏水,自觉地追求自然山水之美;通过观赏承载着厚重历史的文化遗产,应该生发出一种积极向上的思想境界,形成一种特殊的自豪感和一种精神标杆。这就是旅游文化的作用,也是最可贵的精神体验。

(三)旅游资源互补

"一方山水养一方文化",这是基本共识。南北气候不同,地理环境不一样,自然山水与人文环境都有差异。宁夏地处西北内陆,历史上这里一直是中原与边地接壤的地方，中原农耕文化、西域中亚文化、草原游牧文化或通过丝绸之路，或通过战争的形式在这里交融碰撞，文化多元而丰富。从地域文化的层面审视，宁夏属于黄河文明的范畴，六盘山、贺兰山南北拱卫，黄河穿宁夏平原而过，泾水与清水河将关中与塞北相连。宁夏地域文化丰富，文化特色独特，与东部旅游文化资源相比有互补性，对于远道而来的游人更具有吸引力。

首先，是文化资源的互补。由于宁夏地理位置的特殊性，历史文化丰富，文化资源多样。黄河文化、西夏文化、民俗文化、红色文化等都体现着独有的地域特色，为游人提供了全新的旅游资源。

其次，西部世界的特殊景观。宁夏虽然地理面积不是很大，但地理地貌的景观差异却为游人提供了全新的视觉观感。从地貌看，全国不同地方特殊的地貌景观在宁夏都有体现：黄土高原与黄土窑洞、丹霞地貌、高山河谷、平原绿洲、沙漠台地、湖泊湿地……从文化遗存看，远自水洞沟遗址、贺兰山岩画、历代长城、丝绸之路文化、西夏文化遗迹，近到红军长征与西征留下的红色文化，都体现着文化资源的唯一性，为游人提供了丰富的观赏资源。

再次，丝绸之路文化遗产。宁夏是古丝绸之路东段北道必经之地，随着时代的变迁，从南到北逐渐形成了一个网状格局。宁夏历代的不少重大历史事件和重要历史人物都与境内丝路有关，留下的文化资源十分丰富，而且很有特点。近年中国与中亚国家联合申报丝绸之路世界文化遗产，在预备名单中宁夏有4处（固原古城、须弥山石窟、隋唐墓地、安西王府遗址）进入备选，丝路文化已具有世界意义，为游人提供了更大时空上的文化享受。

最后，饮食与物产。这里所说的饮食与物产，主要是指饮食风味与地方特产。地域不同，植物百草相异；地域不同，饮食风味不完全一样。宁夏滩羊肉，肉质细嫩，味道鲜美，手抓羊肉、羊肉泡馍、碗蒸羊肉，是宁夏羊肉的几种特殊吃法；饸饹面、燕面糅糅、荞面摊饼、油锅盔、酿皮等食品食用简单而品味深长；扁豆芽、枸杞苗做成的小菜，同样让游人赞不绝口；近年推出的传统暖锅和十大碗等都很吸引游人。购物是旅游的重要环节，宁夏的枸杞、二毛皮、贺兰石、葡萄酒等地方特产，都是自用或馈赠亲友的上好佳品。

以上摘其要而叙述，可见宁夏的确是能激发旅游者兴趣的地方。东西文化资源的互补，实质上是文化视野上的互补。正是从这些意义上，在新的西部大开发的背景下，在国家实施和推进丝绸之路经济带倡议的今天，西部旅游发展必须进一步研究东西部旅游资源差异及优势互补的问题，尤其是宁夏向西开放过程中，与阿拉伯国家经贸往来过程中文化的对接问题。从宏观上看，这是吸引更多国内外游人来宁夏、来西部旅游观光的关键。

清末著名学者、政治家梁启超曾为北京西山八大处公园抱柱题了一副对联："斯文在天地，至乐寄山林。"愿游人们观览宁夏山水，获取至情至乐；领略宁夏多元文化，感悟今昔西部巨变。

## 二　地貌浓缩盆景

宁夏地貌复杂，海拔南高北低，山地迭起，盆地错落。境内有高耸的六盘山、贺兰山，有雄厚的黄土高原、荒漠化的鄂尔多斯台地，又有"天下黄河富宁夏"的宁夏平原。北部西、北、东三面分别为腾格里沙漠、巴丹吉林沙漠和毛乌素沙漠，平均海拔1000米以上。从自然地理与景观层面上看，包含了类型多样的地貌特征，地理格局呈多元状，高山、平原、黄土高原、台地、湿地、沙漠、丹霞地貌等皆备，汇集了我国南北主要的地貌特点，是中国地理的"微缩盆景"；再加上宁夏平原的"塞北江南"景观，宁夏的人文景观更为丰富，自然景观更加秀美。自然景观里，同样蕴藏着历史文化。

山脉以六盘山与贺兰山为代表，是影响中外的名山；宁夏平原，是黄河农业文明的象征；黄土高原，是传统农业文明孕育的地方；湿地，是黄河改道及河水长期积淀而逐渐形成的，是宁夏平原的一种特殊生态景观；沙漠，因水而鲜活，以沙坡头与沙湖为代表；丹霞地貌，以须弥山与火石寨最有影响力。从旅游开发的角度看，这些都是难得的旅游资源。

1. 六盘山

六盘山，古代称为陇山。它北起宁夏海原县的西华山，一直向南延伸到甘肃和陕西境内，跨越宁夏、甘肃、陕西三省区，绵延近千里，主峰六盘山在宁夏固原市境内，海拔2942米。山体主要由白垩纪页岩、砂岩构成，与火石寨、须弥山石窟都属于丹霞地貌特征。山势巍峨险峻，山路盘旋曲折，林海莽莽苍苍。老龙潭的江南秀色，六盘山峰巅的林海云雾，景象颇为壮观。六盘山除了自身的险峻与云蒸霞蔚、钟灵毓秀的景色之外，还承载着数千年间积淀的厚重文化。

六盘山钟灵毓秀，景色宜人，历史在它身上积淀了丰厚的文化遗存。"国之大事，在祀与戎。"六盘山最早接触的就是祭祀文化。秦始皇建立秦朝的第二年出巡西北边地，登上六盘山，祭祀朝那湫，开历代帝王祭祀朝那湫之先河。汉武帝拓疆辟地，6次出巡西北边地到固原，登临六盘山以观览和眺望其壮丽景色，而且崇拜山岳，祭祀朝那湫。

1227年，成吉思汗在攻灭西夏的前夜驻跸六盘山，并在此谋划攻金灭宋的战略决策，从而奠定了六盘山在蒙元统一南宋过程中的军事和战略地位。忽必烈时期，六盘山成为忽必烈获取皇权的发迹地。忽必烈登上皇帝宝座后，分封他的儿子忙哥剌为安西王，在西安和固原建立王府，行使皇权，指挥统一南宋的战争。元朝建立后，交通发达，疆域辽阔，横跨欧亚的丝绸之路东段六盘山道开通，大体是今天的西（安）兰（州）公路的原型。明清以后，六盘山古道已成为西去北上的主要通道，清代同治年间陕甘总督左宗棠进军新疆，命魏先焘督军修建和拓宽三关口至六盘山道，加筑车道数十里。这条古道近现代不少著名人物都走过，如林则徐、谭嗣同、王洛宾等，最著名的是20世纪30年代毛泽东率中央红军长征翻越六盘山的历史壮举。六盘山，是红军长征翻越的数十座高山险峰中的最后一座，毛泽东写下了豪情万丈的《清平乐·六盘山》。

2. 贺兰山

贺兰山是宁夏北部著名的山脉，南北绵延250余公里，最高峰3556

## 黄河文明在宁夏

米,耸立在宁夏平原西侧,雄浑壮观。贺兰山西坡与内蒙古阿拉善高原相接,长期受风沙的填埋,较为平缓。东坡沟涧纵横,陡峭奇险,有大小数十条东西走向的涧道与阿拉善高原相通。眺望贺兰山,它犹如一扇深灰色的屏风,将宁夏平原绿洲与贺兰山以西的沙漠隔开。贺兰山在军事防御方面,被古人称为"朔方之屏障,沙漠之咽喉",长城沿山而修筑。在自然地理意义上,贺兰山是季风气候的分界线,它不但阻隔和减弱了来自西北方向的寒流,而且将腾格里沙漠的黄沙抵挡在大山外围。从黄河农业文明的角度看,贺兰山有恩于宁夏平原。没有贺兰山卫士般的挺立,将流沙有效抵挡在山的外围,就没有宁夏平原的农业文明,贺兰山成为宁夏平原黄河灌溉得以千年不衰的天然屏障。黄河、宁夏平原与贺兰山是三位一体的,大自然的神奇造化,成就了宁夏平原黄河农业文明。

贺兰山同样孕育了丰厚的历史文化。

宁夏的历史,是一部移民史,也是一部多民族融合史。宁夏的自然地理格局,为多民族繁衍、生存和发展以及融合提供了广阔的历史舞台。折射这种时代背景的就是贺兰山岩画。历史早期的贺兰山地区,气候湿润,水草丰美,遍野森林,是适宜于游牧民族繁衍生息的地方。开凿在贺兰山东麓沿线崖壁上、石头上的岩画,就是在这里生存过的远古民族的生活记忆,传递的是人类早期的生活习俗、原始观念和审美情趣。

建国近190年的西夏,与贺兰山有着不解之缘。西夏统治上层的各种文化包括宗教活动场所主要是在贺兰山,避暑的宫殿建筑、祭祀的塔林、诵经与讲经说法的殿堂、印刷经卷的场所等,基本都在贺兰山成规模地修建。不但"生"的一部分在贺兰山,"死"的安息之陵地也选在贺兰山下。贺兰山的林木,为西夏都城宫殿和各类皇室建筑提供了近便的资源。西夏都城在银川,黄河与贺兰山都是西夏京畿地区防御的天然屏障。

明代,为了加强对草原蒙古铁骑不断南下的防范,明朝政府在北方沿边继续修筑长城以示防御。贺兰山背后就是蒙古民族活动的天地,贺兰山南北的各个隘口随时都会成为蒙古兵锋进入宁夏平原的通道,贺兰山沿线也修筑了长城,尤其是在一些主要通道,如三关口一带就修筑了三道长城以加强防御。现在，这些长城遗迹还在，已经成了国家级文化遗产。

3. 黄土高原

以黄河为母体，宁夏的地理格局基本是两大块：黄土高原区与宁夏平原黄灌区。宁夏南部固原，地处黄土高原边缘。突兀峻峭的六盘山孕育了泾水和清水河，也孕育了宁夏境内的早期文化。黄河中上游的黄土谷地，是中华文明的发祥地之一。黄土高原上巨大的高原湖泊朝那湫，是高原湖泊的代表，也是先秦汉唐宗教文化生成的渊薮。清水河，沿固原故城而过，向北汇入黄河，是郦道元笔下描述过的重要的黄河支流之一。就是这条清水河，它将宁夏南北紧紧地连接起来；就是这条清水河，它为远古人类的栖息、生存和繁衍提供了黄土台地与河流交汇的优良环境；就是这条清水河，生成了萧关古道，成为历代中原王朝军队北上、草原游牧民族战骑南下的通道；就是这条清水河，承载着古丝绸之路的走向，也承载着中西文化之舟的东来西往。

4. 宁夏平原

黄河进入宁夏境穿越两道峡谷，一是黑山峡，一是青铜峡。由于受鄂尔多斯台地的阻挡，黄河出青铜峡后转折北上，形成了宁夏平原与河套平原的南北地理框架，黄河孕育了宁夏平原农业文明。无论是"塞上江南"，还是"天下黄河富宁夏"，都是历史上对宁夏黄河文明的盛赞和美誉。

秦始皇派蒙恬驻军开发河套，是宁夏平原大规模耕垦的开始。汉武帝集重兵反击匈奴，宁夏平原开始大规模移民与屯垦，是其后勤保障和主要依赖的地区之一。唐代的宁夏平原，已是美丽富饶的绿洲，是镶嵌在贺兰山与毛乌素沙漠之间的一颗翡翠，沿丝绸之路而过的胡商、文人和各国使节等都为此激动和赞慕。一千多年前的唐代诗人韦蟾就目睹和感受了宁夏平原的富庶和塞北江南的景象，留下了"贺兰山下果园成，塞北江南旧有名"的诗句。20世纪初，美国著名旅行家、英国皇家地理学会会员威廉·埃德加·盖洛来中国考察长城时，宁夏平原水乡景色和富饶的黄灌区农业文明同样使他惊奇，他在《中国长城》一书里留下了这样的记录：

"黄河的开恩更使这块令人惊奇的土地变成一片绿洲。"[①] 正是这片神奇的绿洲，生成、演绎和承载着宁夏的历史和文化。

5. 鄂尔多斯台地

宁夏版图上的台地，是指鄂尔多斯台地东南边沿，泛指内蒙古高原的西南部。鄂尔多斯为蒙古语，意为有很多宫帐的地方，是明代成吉思汗陵寝迁移到这里的缘故。从地理环境看，鄂尔多斯台地属于内蒙古高原。宁夏平原向东突出的灵（武）、盐（池）台地，是鄂尔多斯高原西南边缘的一部分。黄河出青铜峡后转折北上，就是因为受到鄂尔多斯台地的阻挡。这里的台地高出宁夏平原百余米，多是固定和半固定沙丘，是另一种地貌景观。

明代以前，这里是蒙古民族南下的主要通道，也是历代统治者驻军屯田的地域，台地的荒漠化程度加重与沙丘的增多，与历代屯田有直接关系。著名的旧石器晚期水洞沟遗址，就在台地边沿，黄河东岸台地上的长城、古堡烽燧到处可见。追溯宁夏的生态变迁史，鄂尔多斯台地真可谓几度桑田、几度牧场，是一部游牧民族与农耕民族争夺生存空间的历史。千百年来农业与游牧两种经营方式在这里频繁更替，人为的过度樵砍、放牧、开垦及战争的破坏，加剧了鄂尔多斯台地生态的恶化。近20多年来，政府投入大量人力和物力进行生态治理和恢复，荒漠化治理成效显著。

6. 湖泊湿地

黄河滋润了宁夏平原农业文明，也生成了宁夏平原的大小湖泊。这些湖泊水域，被冠名为"湿地"。湖泊的生成原因，一是由于历史早期贺兰山断层陷落，形成远古银川湖泊；二是黄河改道后形成的湖泊；三是地貌自身天然形成的湖泊。十六国时期夏王赫连勃勃在宁夏平原腹地建立行宫时期已经利用了平原上的湖泊景观。西夏时期，著名的高台寺，就与湖泊相伴随，也是在利用天然湖泊所具有的灵性为寺院增添宁静邈远的氛围。

湿地，是天然或人工的、永久性或暂时性的沼泽地、泥炭地和水域，

---

[①]〔美〕威廉·埃德加·盖洛：《中国长城》，沈弘、恽文捷译，山东画报出版社，2006，第128页。

蓄有静止或流动、淡水或咸水水体的地方。湿地在国际上有专门的管理组织，也有湿地管理公约。1992年中国加入湿地公约，湿地的保护引起了国人的重视。宁夏的湿地集中在黄河平原，近数十年来湿地面积或水域在不断萎缩，但这些不规则水域相连的湖泊，依旧是银川平原上的一大景观。湖泊湿地为自然遗产，是宁夏自然生态环境的宝贵财富。湿地既是一种景观，也是一座城市的眼睛，是与城市公共服务体系和城市建筑相融的另一种特殊景观空间。

湿地的存在，对于维护银川的生态平衡、改善生态状况、促进人与自然的和谐共处，都有重要的作用。宁夏湿地面积20余万公顷，大小不等的湖泊湿地近1000处。近年银川市政府实施退田还湖、退耕还湖等工程，鸣翠湖、阅海湖、星海湖和西湖等环银川城市的大型湖泊，碧水波光，潋滟生辉，成了银川的一大自然景观，吸引着游人们去观览。银川平原的湿地尤其是湖泊，既是生态景观，也是数千年来宁夏历史文化发展过程的见证者，在它的身上承载着远去的历史故事和人物情结。

明朝朱元璋的儿子朱㮵受封宁夏后，就借着宁夏镇城、庆王府环湖的地貌，修建了不少园林建筑，诸如丽景园、金波湖、南塘等，充分利用了湿地的自然条件。

明代《嘉靖宁夏新志》"山川"条里写到的湖泊有7处，清代《乾隆宁夏府志》在"山川"条下有近40处湖泊湿地。湖泊与湿地的不断发现与命名，说明当时人们所处的社会环境相对平稳安定，生活水平在逐步提高，有了观赏湖水自然景观的审美意识和闲情逸致。这些出现在前人笔下的宁夏平原的湖泊湿地，大多已伴随着岁月的逝去而湮没，但湖泊湿地的地名却沿袭了下来，传承的是曾经的历史信息。2018年10月，银川获得全球首批"国际湿地城市"荣誉称号。

湿地资源，已成为重要的旅游资源。明清时期，文人笔下与湖泊湿地相关的诗文，描写和诠释赞誉的是宁夏平原的八景。稻田的灌溉水域，也是湿地的一种。世界灌溉工程遗产，是世界上最大的灌溉排水非政府组织——国际灌溉排水委员会评选并授予的荣誉称号。宁夏平原自流灌溉有数千年的悠久历史，是我国重要的古灌区之一，是我国古代无坝引水的代表性工程，2017年进入世界灌溉工程遗产名录。这些进入世界层面的文化遗产，是独特的旅游资源，也是提升宁夏旅游影响力全新的旅游资源。

7. 奇妙沙漠

沙漠，是北方的一种特殊景观。宁夏北部东、西、北三面皆为沙漠环绕，东面是鄂尔多斯台地东南边缘的毛乌素沙漠，北面是巴丹吉林沙漠，西面是腾格里沙漠。沙漠与黄河、贺兰山相伴相依。黄河穿越沙坡头，在沙山中环绕而行；黄沙依偎着贺兰山，也听命于贺兰山，不能越雷池一步。这种沙与水、沙与山的地理格局历千年而不变。

宁夏沙漠景观，一是中卫沙坡头，它是腾格里沙漠东南边缘在宁夏的最大沙漠区。这里也是古代丝绸之路进入河西走廊的一条通道。沙坡头现在已发展成为著名的沙漠旅游区，黄河与沙山的景色让游人叹奇。一是地处平罗县境内的沙湖景区。如果说沙坡头景区是天然造化，那么沙湖景区则是大自然造化与人工相融的产物。在这里，大漠风光与江南秀色融合得天衣无缝，相互映衬，是一种人文意义上的天然景观。

沙坡头与沙湖，是宁夏沙漠文化的典范，可以说宁夏独有，世界无二。它们的特点都是沙与水的融合，水与绿色相谐，沙、水、芦苇有机融在一起，充分体现了沙漠文化独有的内涵。黄河水滋润着沙湖，波光山色的沙湖水如同天然造就，其灵秀与奇特之美是由黄沙、湖水与芦苇和谐相处构成的空间，充分显示了它"地奇"与"物奇"的特殊性。游人在体验沙漠文化的同时，还领略了世界治沙史上的奇迹。

宁夏是荒漠化最为严重的省区之一，但无论荒漠化治理，还是沙化治理，沙坡头都是一个典型。沙坡头所在的沙山，明代就有人关注，文人还不时登临赋诗。20世纪50年代修建包兰铁路后，为了保证铁路畅通，这里的治沙上升到战略层面，开始了人类历史上空前的防风固沙、营造林网的会战，"麦草网格治沙法"创造了奇迹，治服了流动的沙丘，营造出了一片又一片的绿洲。经过大半个世纪的防沙治沙，各类适宜沙漠中生存的植物在金黄色的沙海中泛起了绿色的波涛。1984年，国务院将沙坡头列为"中国第一个沙漠自然生态保护区"。1994年沙坡头获得了联合国"全球500佳环境奖"的殊荣，已成为世界治沙史上的丰碑。而今，成林的桃梨、上架的葡萄等飘香的瓜果，与沙漠和黄河融为一体，这里成为独具魅力的国家5A级旅游景区。

2013年，中央电视台与国家林业局共同举办的"美丽中国——湿地行"中国最具魅力十大湿地评选揭晓，沙湖成功入选"全国十大魅力湿地"。现在，沙波头与沙湖，都是吸引大量国内外游人的著名沙漠文化的旅游景区。

8. 丹霞地貌

丹霞地貌在西北的黄土地上出现，本身就是一种奇观。它是由巨厚的红砂岩、砾岩构成，经过地壳的抬升运动和长时间流水的侵蚀及风化剥落、崩塌后退等外力作用之后，形成的或丹崖峭壁、或石峰林立的地貌特征。宁夏的丹霞地貌，主要集中在南部，西吉县火石寨、原州区须弥山石窟等最为典型。丹霞地貌在南方司空见惯，在北方尤其是在黄土高原上看这种生态景观，自然就视为奇特。

在宗教文化传播的过程中，黄土地上的山石大多被充分利用。丝绸之路东段北道沿线的山石，大都有佛教文化东传过程中留下的石窟，如天水的麦积山、庆阳南石窟、庆阳北石窟、泾川石窟造像等。火石寨石窟，主要是北魏、唐代开窟造像活动的遗物。须弥山石窟，是中国的十大石窟之一，在国内外有一定的影响力。无论是火石寨，还是须弥山，都是凭借黄土地上的丹霞地貌开凿的洞窟，雕造了精美的佛教造像。明代早期，蒙古人的后裔"土达"满俊凭借石城（火石寨酷似城池的地貌）暴动，明朝政府调集大军围剿大半年才平息。这次暴动影响较大，提升了固原地方军政设置之层级。

宁夏丹霞地貌，承载着厚重的历史和文化。这里开凿的不少佛教造像洞窟，再现的是北魏、唐朝以来在这里开窟造像的大规模宗教活动。火石寨景区已获准成为国家地质公园、国家森林公园、国家级自然保护区，成为宁夏南部独具特色的休闲度假旅游区。

### 三 文化资源独特

**（一）丝绸之路文化**

《中国旅游业发展"十一五"规划纲要》就已经确定并启动了丝绸之路旅游区总体规划。规划范围包括河南、陕西、甘肃、青海、宁夏和新疆及新疆生产建设兵团，规划期限自2008年至2020年。规划重点包括丝绸之路旅游区旅游资源概况、开发现状及存在的问题，资源综合评价，旅游市场分析，旅游产品开发与线路，旅游区交通等基础设施，旅游开发对旅游资源与民族文化影响和保护等方面。丝绸之路整体开发，目的在于推动并使中国丝绸之路旅游区成为国际著名品牌。进一步推动丝路品牌打造和旅游线路产业的提升，对中国建设世界旅游经济强国具有重要的意义。经过多年的推进和发展，丝绸之路游已呈现出旺盛的势头，充满无限生机。在"丝绸之路经济带"的新视野与新背景下，丝绸之路将不断激发新的能量，为游人提供全新的丝路文化内容。

丝绸之路旅游资源丰富，影响深远，持续时间长（从《穆天子传》故事到明代以后），开发潜力大。无论绿洲丝绸之路，还是草原丝绸之路，线路网状式覆盖宁夏南北，都与宁夏的历史文化密切相关，承载的文化资源厚重。从石窟文化到大量地下出土文物，从大唐丝绸之路东来的西域、中亚胡商等各色人物到成吉思汗西征带回的众多西域、中亚工匠，涉及不少重大历史事件和重要历史人物，都与丝绸之路直接关联。

丝绸之路游在宁夏，还没有很好地开发，线路单一。这主要表现在两方面：一是宁夏境内的景区与丝绸之路的衔接，还需要下功夫来做；二是宁夏丝绸之路游还没有完全与西北地区丝绸之路游很好地衔接起来。目前，丝绸之路游面临新的更大的机遇。首先，"丝绸之路经济带"建设已上升为国家战略，政府工作报告中提出"要抓紧规划建设丝绸之路经济带"。建设丝绸之路经济带，丝绸之路文化是其重要组成部分，也是发展丝绸之路游的难得机遇。其次，中国与中亚国家联合申报丝绸之路世界文化遗产，在世界范围内提升和展示了丝绸之路文化的影响力。最后，经过数十年的不断开拓与发展，宁夏旅游市场基本形成，旅游线路不断完善，"大旅游，大市场，大产业"的旅游格局已经逐步形成，但跨区域旅游合作仍需要下大气力去进一步开拓。丝绸之路旅游线做好了，在很大程度上可促进和带动整个旅游线路的发展。

（二）地域文化

宁夏地域文化资源丰富，包括文化遗产、地貌景观、湿地生态等。地域文化遗产，主要展示其精品亮点。石窟文化、贺兰山岩画、黄河农业文明、长城文化、西夏文化、沙漠文化等，都是宁夏地域文化之精华，也是外地游人期待游览的特色旅游资源。民俗游在宁夏，有其独到的特点，它是各种旅游形式的伴生物，主要包括两个方面，一是地方手工艺品和土特产，二是地方风味饮食。地域文化遗产遍布宁夏各地，以丝绸之路和黄河文明为承载，将久远的历史与厚重的文化积淀展示给游人。在审美视角上，遗产景观独具特色，自然环境有别于他处，山水河流孕育着独特的文化景观。

（三）红色文化

通常所说的红色文化资源，主要是指在中国共产党领导下，中国人民在长期革命斗争和社会主义建设时期所形成的革命精神和物质载体。[①] 这里包含着两方面的内容：精神的和物质的。物质载体，主要是指不同时期保留下来的遗址、纪念馆、烈士公墓、非遗传承，也包括近数十年修建的博物馆等。精神层面的红色文化，主要是指在各个历史时期形成的以爱国主义为核心的艰苦奋斗、自强不息、爱好和平、勇敢忠贞的伟大民族精神和道德情操。在表现形式上，红色文化内涵极为丰富，形式表现多样，富有吸引力、震撼力和感染力。我们应借助国家实施红色文化旅游的机遇，在保护开发和研究红色旅游文化资源的同时，采取措施大力发展红色文化旅游，使之与宁夏地方历史文化资源、自然风光资源、民俗文化资源融合

---

① 何其鑫等：《红色文化资源在培育社会主义核心价值观中的应用》，《江西社会科学》2013年第10期。

衔接起来。促进红色文化产业化发展，是推进宁夏旅游发展的重要措施，也是形成新的经济增长点的内在动力。

2018年，中共中央办公厅、国务院办公厅相继印发《关于实施革命文物保护利用工程（2018—2022年）的意见》《关于加强文物保护利用改革的若干意见》。前者将长征文化线路整体保护工程列为重点项目，指出要以中央红军长征路线为基础，统一规划、统一标识、统一保护标准、统一配套设施建设，打造全程贯通的"重走长征路"红色旅游精品线路。后者则明确要求，加快长征文化公园建设。两个《意见》的深远主旨，就是要在保证和利用革命文物的同时，走好"长征路"这条"初心路"。从旅游层面上看，这是跨区域文旅融合最好的途径。

（四）黄河金岸品牌

宁夏沿黄经济区已进入国家"十二五"规划，上升为国家层面重大战略。对于宁夏旅游来说，这同样带来了机遇。未来功能相对齐全的城市带、产业带和旅游带齐头并进，将黄河、黄河平原"塞北江南"的景象与黄河沿线的城市文化景观连在一起，融为一体，为未来经济大发展、文化大繁荣创造了空前的大平台。地缘特色与文化优势，为宁夏旅游品牌的打造提供了全新的机遇，彰显着独有的魅力。

黄河，是充满着神奇和无限生命力的文明之河。黄河，孕育了宁夏平原的农业文明；黄河，也成就了地域意义的自然与人文景观。腾格里沙漠边缘与黄河相伴相随，沙山由于黄河水而有了灵性，演绎了沙漠文化的生命，是自然天成的生态景观。黄河上的羊皮筏子，是古人水上运输的工具，也是游人体验黄河文化的古老载体。中卫，是黄河进入宁夏平原的第一座城市，地缘优势再现了黄河文明与人文历史的生成与繁荣，也是丝绸之路穿越黄河之后进入河西走廊的通道之一。钟楼，是明代军事文化在中卫的象征；高庙，是中卫宗教文化多元积淀的传承。中宁的枸杞，《诗经》里已有记载描述，明代的文献里有更为详尽的记载。近年随着枸杞文化的高科技开发，不但建起了枸杞文化园，而且在黄河边上建成楼阁式中国枸杞博物馆。2015年，中宁枸杞已入选中国重要农业文化遗产之列。

青铜峡，是一个充满神奇色彩的名字，附会着许多动人的传说。金沙湾，是黄河进入青铜峡之前河水与山体相拥环抱、像"太极图"一样的大湾，独具地貌特征。在这里修建的中华黄河坛，浓缩了中国传统农业文明的历史进程和黄河文明的演进过程，不但成为宁夏黄河沿岸的著名文化景观，而且将成为全国乃至世界性著名文化景观。牛首山与金沙湾的自然景观与黄河圣坛的人文景观相映衬，与十里长峡融在一起，与峡谷另一头的国家重点文物保护单位一百零八塔相连。自然景观、人文景观与黄河峡谷平稳的水面形成了一种壮阔独特的景象。规模宏大的建筑群黄河楼，已成为黄河边上的一大人文景观，黄河文明的一道亮丽风景。宁夏平原中游吴忠市，正在借助优越的地理位置和黄河水域打造"水韵"城市，彰显吴忠历史文化与农业文明。这里有全国重点文物保护单位董府，有宁夏重点文物保护单位马月坡寨子，有永宁纳家户清真寺、民俗文化园，有灵武的西夏窑址、恐龙化石馆等，都是黄河沿岸著名的文化景观和古文化遗址。

横城，是古代渡过黄河进入宁夏府城的著名渡口。三百年前，康熙皇帝亲征噶尔丹时由山西保德渡过黄河进入陕北，之后沿长城一线经兴武营、清水营西进，驻跸横城，在这里渡过黄河。横城外围有2万年前的水洞沟文明，有明代长城，都是国家重点文物保护单位。黄河西岸，有银川平原较大的湿地公园鸣翠湖。据明清以来的地方志书记载看，这些湿地形成的大小湖泊是人们捕鱼、休闲、娱乐的好去处。目前，鸣翠湖开发已具规模，但必须是在保护基础上的开发。黄河边上的月牙泉黄沙古渡、兵沟汉墓遗址，同样是一处处充满着吸引力的文化遗存。

黄河宁夏段由石嘴山出境。这里的石嘴山市大武口区境内有诸多文化遗产，如平罗县玉皇阁、田州古塔，还有北武当庙及国家级非物质文化遗产北武当庙佛教音乐、贺兰山岩画等，影响最大的当数沙湖景区。与沙坡头一样，沙漠景观与湖水相融同样体现了沙漠文化的丰富内涵，湖水、绿色、沙丘相融，将南方的水色与北方的沙丘融在一起，体现的是清秀与雄浑的魅力。近年，大武口区对城市的大规模改建，尤其是星海湖的建成，提升了文化城市的品位。

对于四方游人来说，黄河、长城、沙漠等，都是神秘而令人向往的自然与人文资源。将沿黄河带的文化资源以黄河为线连接起来，如同穿上五彩线的珍珠；将文化景点与城市连接起来，更加重了旅游文化的品位。黄河沿岸文化资源的开发包含着多重内容。黄河自身就承载着厚重的黄河文明，再加上沿岸已有的历史文化资源、当代打造的人文资源，就形成了多元文化的新载体，使得自然意义上的黄河金岸与人文意义上的黄河金岸得以叠加。宁夏黄河金岸沿线黄河坛、黄河楼、枸杞博物馆等新景观的建成并凭借黄河做旅游的文章，在体现地方历史文化特色的同时，再现的是黄河文明的地方特色，着意在于创新。

2010年7月，自中卫至大武口400公里的黄河两岸滨河大道全线贯通。当游人乘车沿黄河两岸的道路行进时，沿岸的景观会进入视野，平缓的黄河水穿过阡陌平畴的大地蜿蜒而行，两岸是一望无垠的绿色孕育着的富庶景象。黄河两岸宽窄不一的林带，或隐或显地拥抱着黄河，黄河沿岸的景区（景点）通过黄河而得以连接。旅游文化的开发，依赖的是旅游线路；旅游线路的形成，依赖的是旅游景点。旅游线路贯通了，旅游景点被一个一个连在一起。实际上，将多元文化结合在一起，增强了旅游文化的灵性和卖点，以及未来发展的后劲。景点支撑着线路，景点的文化魅力吸引着游人，要在这个基础上打造黄河金岸旅游品牌。

黄河游，一是可以欣赏和领略黄河沿线的文化景观，感悟黄河文明在宁夏的文化遗存；二是欣赏黄河沿岸塞北江南的水乡景观，参观宁夏平原的农业文明的富庶景象；三是感受船行宁夏平原黄河段的平稳与悠闲，尤其是人文景观与自然景观相融而生出的特殊感觉。夜游黄河，如同夜游珠江、夜游秦淮河一样，在灯火万家的时空中体悟黄河的静谧和神奇。

文化是旅游的灵魂，旅游是文化的载体，文旅融合发展是趋势。2009年，文化部、国家旅游局《关于促进文化与旅游结合发展的指导意见》明确指出，要"实施品牌引领战略，引导文化旅游产品开展品牌化经营"。打造旅游品牌，挖掘和突出地方文化特色尤其重要。把文化与旅游结合起来，充分展示地方文化内涵，体现自己的特色，这是旅游文化发展的途径。在观念上，要切实做好文化旅游资源向文化旅游产业的转变，要拓展产业链，从吃、住、行到游、购、娱，尤其是旅游产品的品牌化，每个环节上都要体现出旅游的文化氛围，凸显黄河文明的地方特色。黄河金岸的贯通，文化景点的连接，为宁夏黄河沿线旅游品牌的打造奠定了良好的基础。

（五）围绕城市群扩展旅游空间

以城市群为依托实现集群化发展，已成为当今提升区域竞争力的趋势。围绕城市群形成新的区域旅游经济增长极，是旅游产业新的途径。"城市群旅游就是围绕重点旅游城市劳动圈或城市带形成旅游产业要素在地域上的集聚，形成多个旅游相关企业和机构的集群化发展，获得区域的整体竞争优势。"[1] 宁夏的沿黄城市群，以银川为中心，将石嘴山、吴忠、青铜峡、中宁、中卫、固原连接起来。如果以银川为中心向兰州、西宁、呼和浩特、陕北、西安等方向发展，以固原为中心向兰州、西安、延安、庆阳、宝鸡等方向发展，就覆盖了大六盘山东西大片地域，形成宁夏与周边地区的衔接。这个地域圈的城市相距较近，相对经济联系较多，可功能互补，旅游资源共享，形成旅游产业的集聚效应。

（六）地方特殊产品开发

通常，旅游过程包括购物的环节。宁夏与吃、喝相关的三大产品，一是久负盛名的枸杞，二是盐池的滩羊肉，三是贺兰山东麓沿线的葡萄与葡萄酒。枸杞虽然以多种形式走向全国和世界，但中宁县原产地原汁原味的枸杞，仍是游人所青睐的。2013 年《纽约时报》评选全球"必去"的 46 个最佳旅游地，宁夏排名第 20 位，一个重要原因就是宁夏可以酿出中国最好的葡萄酒。[2] 这是一种影响力，也是有特色的地方特产。贺兰砚及贺兰石工艺品经过有效开发，也是宁夏特殊的文化产品。

---

[1] 马聪玲：《释放区域特色 拉动中部旅游产业升级》，《中国社会科学报》2014 年 4 月 16 日。

[2] 吴宏林：《〈纽约时报〉评选今年全球"必去"46 个最佳旅游地：宁夏排名第 20 位》，《宁夏日报》2013 年 1 月 25 日。

# 第七章　丝绸之路与"一带一路"经济

丝绸之路，是古代中国经中亚通往南亚、西亚及欧洲、北非的陆上贸易大通道，也是古代中国与亚欧大陆政治、经济、文化交流的国际大通道。20世纪90年代，学界根据丝绸之路所经过的不同地域和环境，将通常所说的丝绸之路冠名为"绿洲丝绸之路"，把途经北方草原的丝路冠名为"草原丝绸之路"，把途经海上的丝路冠名为"海上丝绸之路"，把由云南进入缅甸、印度的丝路冠名为"西南丝绸之路"。这里所说的丝绸之路，是指传统意义上的丝绸之路——绿洲丝绸之路。在宁夏境内，绿洲丝绸之路主要走向为长安—凉州道东段北道，五代、北宋时期主要走向长安—灵州道，包括穿越贺兰山走草原丝路及其衔接。元代，新开辟了翻越六盘山大通道。

## 第一节　丝绸之路在宁夏

### 一　丝绸之路与固原

（一）"汉简"与丝绸之路

固原，是绿洲丝绸之路东段北道必经之地。汉简，是两汉时期遗留下来的简牍。汉简里记载，丝绸之路东段北道是捷径。丝绸之路正式开通始于汉朝张骞出使西域之后，但此前的丝路活动已经开始。以考古出土丝绸实物看，中国的丝绸在公元前4世纪就已经传到印度和欧洲，古代欧洲人称其为"塞里斯"（seres）。中国的丝织物至少在春秋战国时已在草原民族中流行了，阿尔泰地区巴泽雷克墓葬中发现了公元前5世纪细线织成的平纹和花纹的丝织物。[1] 可以看出，草原丝绸之路在春秋战国时期就已经畅通。

公元前126年，汉武帝开始反击匈奴，派骠骑将军霍去病率大军进击河西匈奴。取得河西走廊之地后，设置武威、张掖、酒泉、敦煌四郡，同时修筑烽燧与亭障，安排军队屯田，以确保丝绸之路畅通。魏晋南北朝三百多年，丝路受到战乱一定影响，但总体上还是处在上升期。唐代安史之乱后，吐蕃先后占据河西、陇右地区，丝路受阻，唐朝与西域各国的来往一度须经过北面的回鹘汗国，当时称为"回鹘道"，即唐太宗贞观年间开通的"参天可汗道"。宋夏对峙时期丝路再度受阻，但由于政治中心南移，海上丝绸之路逐渐兴起。13世纪蒙古汗国兴起之后，丝绸之路再度复兴。明代以后，海上丝路兴盛，陆路逐渐衰落。

丝绸之路，首先是商贸之路。在这个过程中，中亚粟特胡商、草原游牧民族匈奴、突厥、回鹘等都是中继者，充当了重要的角色。除丝绸之外，中国运销到西方的还有铁器、漆器、茶、瓷器等，西方输入的商品有农作物（如苜蓿、葡萄、胡桃等）、金银器、珍宝、香料、玉器、玻璃器等。其次是文化交流之路。随丝路传来的文学艺术、科技、医药、宗教（包括石窟宗教艺术）、习俗、歌舞等，对中国社会生活和文化繁荣有着重大影响，尤其是佛教文化有着深远影响。

汉简是两汉时代遗留下来的记载丝绸之路东西方往来的简牍。20世纪30年代发现的居延汉简、悬泉汉简，里面有相对详尽的丝绸之路区间里程的记载，表明丝路途经固原为捷径，约200里路程。[2] 其走向：从长

---

[1] 〔苏〕С. И. 鲁金科：《论中国与阿尔泰部落的古代关系》，潘孟陶译，《考古学报》1957年第2期。

[2] 张德芳：《从汉简材料看汉晋时期丝绸之路全程的走向和路线》，《中日学者中国古代史论坛文集》，中国社会科学出版社，2010。

安出发，沿泾水河谷西北而行，经平凉、固原，在甘肃靖远过黄河，抵达武威，再出河西走廊。"这是当时东段的主要线路，是官员、使者和商旅的首选。只有当这条路线受阻时，人们才选择另一条路线。"①

（二）西周与早期丝路

西周时期，固原称大原，已进入周朝的势力范围。周穆王时，与固原周边的戎族不断发生战争。周宣王时期，在固原仍进行着反击戎族（猃狁）的战争。《汉书·匈奴传》载，宣王"兴师命将以征伐之（猃狁），诗人美大其功"，说的就是对这次战争得胜后的赞美。周宣王战败后曾"料民于大原"，以补充兵员，这是我国历史上最早进行人口普查的文字记载。20世纪80年代初，在宁夏固原地区固原县（今固原市原州区）中河乡孙家庄发掘出西周时期的墓葬车马坑，出土了不少重要文物，如兽面纹车轴饰、鼎、簋、戈、戟、车轴、銮铃、马镳等230余件，此外还有陶器、玉器、穿孔贝壳等。青铜器鼎、簋的出土，在宁夏是首次。这些青铜器的文化意义超出了其自身的价值，说明西周文化已逾越六盘山地区，古丝绸之路早已畅通。

传说周穆王周游天下，《穆天子传》记载了其西游的经历，包括与西王母相见的传说。《穆天子传》是产生于春秋战国时期的一部小说，故事虽然近于神话传奇，但从民俗学、人类文化学的意义上看周穆王西巡，传说背景下的历史文化演绎是饱含着历史事实依据的。从这个意义上看周穆王与宁夏的关系，一是他西巡的线路，二是亲征犬戎时在宁夏境内的经历。穆王西行所走过的地方，与汉代张骞通西域经历的地区基本上一致。②

（三）秦驰道与秦始皇

秦始皇建立秦朝的第二年（前220），以咸阳为中心修建了通往全国各地的相对完整的标准化交通干道，"东穷燕齐，南极吴楚，江湖之上，

---

① 张德芳：《西北汉简一百年》，《光明日报》2010年6月17日。
② 王宇信：《西周史话》，中国国际广播出版社，2007，第66页。

濒海之观毕至"。道路整齐划一，"道广五十步，三丈而树，厚筑其外，隐以金椎，树以青松"①。逢山开路，遇水架桥，各条道路通向京师咸阳。

秦始皇修筑的驰道，从咸阳到北地郡治所义渠。通向固原的通道，一是驰道的延伸，二是由都城咸阳出发，沿汧水、泾水北进，经甘肃泾川至平凉，过崆峒山、鸡头道抵达宁夏泾源，再达陇西（甘肃临洮）。汉武帝时期，由于安定郡的设置、"回中道"的修通，丝绸之路东段北道干线畅通。

秦始皇出巡西北边地时途经固原。司马迁在《史记》里记载了这次出巡："始皇巡陇西、北地，出鸡头山，过回中。"②秦始皇西巡时，饱览了固原山川，在六盘山鸡头道（今宁夏泾源县西峡口）东则台地行宫驻跸。鸡头道，是古代关中穿越陇山的通道之一，属丝绸之路东段南道。

朝那湫，是黄土高原上著名的湖泊，四山相围，周围数十里的水域显示了一种壮阔与神奇。先秦时期，秦国就在朝那湫所在地设置宁夏境内较早的朝那县，朝那县的名字因朝那湫而来。秦始皇这次出巡祭拜了朝那湫。

司马迁跟随汉武帝数次亲往固原并登上六盘山。《史记·封禅书》里写道："湫渊祠朝那。"苏林注解说："湫渊在安定朝那县，方圆四十里，停不流，冬夏不增减，不生草木。"③朝那湫是一处神奇的地方，被列入历史上"山川之神"祭祀之列。《嘉靖固原州志》里记载说：朝那湫，是春秋时秦国人"诅楚之文，投是湫也"的地方。战国时期，秦惠文王派说客张仪准备阴谋进攻楚国，为使这次军事进攻取得成功，秦王曾献文于朝那湫神，在湫渊焚烧祭文。秦惠文王时已派人祭祀于朝那湫，那么秦始皇祭祀朝那湫，也是顺理成章的事。

（四）汉武帝通回中道

汉代宁夏早期隶属于北地郡。汉武帝时期，在固原析置安定郡并修通

---

① 《汉书》卷五十一《贾山传》，中华书局，1987，第2328页。
② 《史记》卷六《秦始皇本纪》，中华书局，1982，第241页。
③ 《史记》卷二十八《封禅书》，中华书局，1982，第1373页。

回中道。回中道修筑前后，汉武帝多次巡幸固原。回中道修通之后，都城长安至安定郡的大道畅通。为此，汉武帝还写了古乐府诗《汉饶歌十八曲》之一的《上之回》赞扬回中道开通这桩盛事。从司马迁《史记》记载看，汉武帝前两次出巡固原之后北上，之后的四次巡视都在固原。

萧关，是历史上著名的古关隘，关址在今固原东南（青石嘴至瓦亭峡谷地带）。萧关介于北地郡与陇西郡之间。汉文帝十四年（前166），匈奴老上单于14万铁骑侵入朝那萧关，杀死驻守北地郡的最高军事武官——北地都尉孙卬，兵锋直达关中，朝野震惊。汉武帝时期，对匈奴民族采取了大规模的军事行动。同时，为了加强管理和有效防御，于元鼎三年（前114）析置安定郡，辖21县，郡治在高平县（今固原城），其中高平、乌氏、朝那、月支道等县，均在今固原市境内。在两汉统治的400多年间，高平县是整个清水河流域唯一延续的县制。安定郡成为关中通往西北地区的军事重镇。回中道的开通，极大地加强了安定郡与西汉中央政府的联系。

托名西汉东方朔著的《十洲记》，是一部颇有影响的伪书。这部书里写到一种反魂树，与枫树相似，而花叶香气却在几百里外都能闻到。若叩其树，树能发出声音，大如牛吼，听见这种声音的人心就震颤。死了三个月的人，如果闻到此树香味就能复生。汉武帝到安定郡后，月氏胡人献"香四两，大如雀卵，黑如桑葚。帝以香非中国所有，以付外库"。这则故事虽然出自伪书，但彰显的却是汉武帝与丝绸之路的关系。虽然是还魂神话，但在客观上记录了西域香料最晚在汉武帝时期已通过丝绸之路传入中原。汉武帝多次沿回中道巡幸固原，而传说故事附会在汉武帝巡幸固原期间，也为地方历史文化增添了奇妙神话故事。

（五）刘秀拜通路将军

刘秀是东汉王朝的建立者，汉高祖刘邦九世孙。他做了皇帝，但天下还没有统一。公孙述自立为蜀王，建都于成都；隗嚣实力雄厚，独霸西北；北边的卢芳亦诈称自己是汉武帝曾孙，被匈奴人拥立为汉帝。由于时局的变化，隗嚣称臣于公孙述，公孙述立其为朔宁王。隗嚣的军事防区以六盘山为屏障，以高平城为西进东出的军事重镇，史书称其是"西遮陇道"①的地方。

公元 32 年春，刘秀派大将来歙率二千余人伐山开道，袭攻隗嚣战略要地略阳城（今甘肃庄浪县南）后，隗嚣令其大将死守六盘山各大要隘通道：王元死守陇坻，行巡防守番须口，王孟防守鸡头道，牛邯驻防六盘山东侧进入高平城的通道要隘瓦亭关（固原南约 40 公里处）。自率大军堵截已进入六盘山以西的来歙部。

瓦亭关地处六盘山东麓边缘，是历史上西北地区的重要关隘之一，俗称铁瓦亭。这里群峰环拱，深谷险阻，历来为兵家控扼之地。隗嚣为夺回略阳城，命大将牛邯驻守瓦亭，扼东面门户。牛邯归降刘秀，等于打开了进入固原的大门，动摇了隗嚣的军心。

隗嚣大将高峻拥重兵据守高平城，凭借"西遮陇道"的要塞防守。刘秀双管齐下，一是军事进攻，一是瓦解分化。马援前往高平城游说守城大将高峻、任禹等归降，获得成功。攻下高平后，"由是河西道开"，丝绸之路畅通。刘秀拜高峻为通路将军，封关内侯。之后，由于粮运不济等原因，高峻叛刘秀再度返回高平城，刘秀再遣建威大将军耿弇等进攻高平城，"一岁不拔"②。刘秀接受马援建议，亲征并攻下高平城。公元 32 年四月，刘秀车驾进抵高平城后，河西大将军窦融"率五郡太守及羌虏小月氏等步骑数万，辎重五千余辆，与大军会于高平第一"。③刘秀宣告百僚，大设宴席，"置酒高会"，并以"殊礼"相待窦融。高平城通，丝绸之路通，攻取天水指日可待。

（六）萧关古道与丝绸之路

历史上"东函谷，南武关，西散关，北萧关"，奠定了一个"四塞之固"的关中政治地理格局。固原境内的萧关，即为关中北面的雄关。萧关

---

① 《资治通鉴》卷 42，中华书局，1996，第 1365 页。
② 《资治通鉴》卷 42，中华书局，1996，第 1364 页。
③ 《后汉书》卷二十三《窦融列传》，中华书局，1987，第 806 页。

道,即因萧关之名而来。萧关,有秦汉萧关与唐宋萧关之分。安定郡设置前的萧关,《史记》里多处都有提及,但未加解释以明方位。秦汉萧关地当固原城东南青石嘴至瓦亭峡、三关口一线,是历史上西北地区的著名关隘。

由萧关衍生出萧关古道。泾水与清水河,是萧关古道南北连通的自然纽带,泾水连接渭河,清水河通往黄河,承载着古丝绸之路的走向。丝绸之路大致有两条走向:一是出长安,沿汧河、泾水过平凉、三关口,出固原、海原,在甘肃靖远县北渡黄河,经景泰直抵河西走廊武威;一是出长安,沿泾水过三关口后翻越六盘山,沿祖厉河北上,在靖远县附近渡过黄河进入河西走廊。萧关设置前,沿泾水、清水河谷地北行的道路早已畅通,而且是一条重要的通道。①《史记·秦本纪》载:秦惠文王后"五年,王游至北河"。②张守节《史记正义》按:"王游观北河,至灵、夏州之黄河也。"③秦惠文王北游黄河,须经萧关道北上。"由咸阳至唐时的灵州,自须由朝那前往,而且别无他途"④,即由朝那北行走萧关古道。

汉文帝十四年(前166),匈奴老上单于14万铁骑侵入朝那萧关,亦走的是萧关古道。

汉武帝元鼎三年(前114),设置安定郡,郡治就设在高平县(今固原城)。武帝元封四年(前107),再开通回中道。安定郡的设置,回中道的开通,使高平(固原)的政治、军事位置得以提升,萧关道自身的价值和意义得到了充分的彰显,丝路通道与萧关古道融为一体。

东汉建武八年(32),刘秀亲征隗嚣至高平城(固原)。主持河西事务的窦融及河西五郡太守、羌与小月氏兵数万,辎重车辆五千多来高平城聚合。他们沿丝绸之路东进,在甘肃景泰渡过黄河,经宁夏海原县抵达高平城,走的也是丝绸之路东段的萧关古道。

魏晋时期是北方民族大融合的时期,萧关道沿线成了少数民族往来驻

---

① 史念海:《新秦中考》,《中国历史地理论丛》1987年第1期。
② 《史记》卷五《秦本纪》,中华书局,1982,第207页。
③ 《史记》卷五《秦本纪》,中华书局,1982,第208页。
④ 史念海:《直道和甘泉宫遗址质疑》,《中国历史地理论丛》1988年第3期。

第七章　丝绸之路与"一带一路"经济

足的地方。隋朝军队反击突厥，西路用兵多由原州（固原）出兵，沿萧关道再出各关隘。唐朝是空前强大的帝国，政治安定，经济繁荣，萧关道上文化交流频繁，而且与灵州道南北呼应，连接着灵州与原州两地。这两个政治军事中枢，又分别连接着关中与北方草原丝绸之路。唐太宗在原州视察马政后前往灵州，安史之乱后太子李亨北上即位于灵州，都走萧关古道丝绸之路。

宋夏战争时期，西夏控制了河西走廊，途经固原的丝绸之路长安凉州道受阻，长安灵州道畅通，继续着丝绸之路上经济与文化的东西往来。成吉思汗西征中亚，元代建立后，东西方畅通无阻，商业贸易繁荣，萧关古道仍是蒙古军队南下的通道。同时，萧关古道上另一条通往河西的丝绸之路开通，翻越六盘山的鸟道进一步拓展，丝路文化的延伸在元代更具有政治、军事与文化的多重意义。明代，由于特殊的历史背景，萧关古道虽在军事控制的态势下，但丝绸之路并未完全阻断。

（七）考古文化与丝绸之路

丝绸之路文化成为固原历史文化的重要组成部分。特殊的地理位置决定了多元文化在这里的相融交会，古代印度、中亚、西亚等文明通过丝绸之路源源不断进入中原，而固原就是这些多元文化融会与过渡的特殊地带，沉积了大量丝路文化遗存。20世纪80年代以来，固原相继出土了一批北魏至隋唐时期的墓葬，足以证明这个结论。

1981年出土于固原城郊雷祖庙北魏墓的描金彩绘漆棺，1983年固原城南郊北周大将军李贤夫妇墓出土的鎏金银壶、波斯银币及萨珊时期的工艺品，1996年中日联合发掘的北朝重臣田弘墓出土的东罗马金币及玉钗、玉环、玉璜等珍贵文物……这些中西文化交流的文物，生动地再现了东西方文化交流在固原的璀璨历史，体现了中西文化合璧的历史特点。

固原出土的这些地下文物所代表的中亚乃至西方文化表明，固原的历史文化不仅呈多元形态，而且交流融会的程度很高，它是经过秦汉、魏晋南北朝、隋唐的历史演进而积淀起来的，是依赖于漫长的历史文明隧道——丝绸之路形成的。

## 二 长安凉州道

丝绸之路的路线，目前已有约定俗成的说法。通常分为三段，即东段（起自长安，止于玉门关）、中段（今新疆地区）、西段（新疆以西中亚至欧洲或印度）。在东段又分为南道（陇山道）、中道（六盘山道）、北道（凉州道）。丝绸之路得名于德国著名地理学家李希霍芬。

固原是丝绸之路东段北道的必经之地。东段北道走向，出长安经咸阳、礼泉、乾县、到邠州（今陕西彬州市），沿泾水河谷北进，经长武、泾川、平凉，入固原南境弹筝峡（三关口），过瓦亭，到达原州（固原）。之后，沿清水河谷北上，经石门关（须弥山沟谷）过海原县，抵黄河东岸靖远县，过黄河，由景泰直抵河西武威，即长安凉州道。这是一条主干道，此外还有两条通道，即南道和中道。沿茹河道进入固原，也是早期的一条通道。

唐代是丝绸之路繁荣的高峰期，也是丝绸之路低谷期。丝绸之路文化盛衰与大唐政权兴衰息息相关。天宝十四载（755），安禄山起兵范阳，直逼长安，河西、陇右驻军东调平定安禄山叛军，吐蕃乘机内侵。广德元年（763），吐蕃大举入侵，原州陷入吐蕃势力范围，直到大中三年（849）二月，在战乱中度过80余年的原州才回归大唐。侨迁的原州政权迁回原州，大中五年（851），更升萧关县为武州[1]，其中一个重要原因就是恢复被阻隔的丝绸之路。时人张淮深写的《张淮深变文》已有记载，他对丝绸之路旧道的恢复大加赞赏："河西沦落百余年，路阻萧关雁信稀。赖得将军开旧路，一振雄名天下知。"[2] 唐萧关在固原以北（今同心县南），说明经过唐萧关的丝绸之路已经畅通。唐末天下再乱，藩镇割据，尤其是黄巢大起义使唐政局危机四伏。中和四年（884），由萧关县

---

[1] 《旧唐书》卷三十八《地理一》，中华书局，1987，第1407页；《新唐书》卷三十七《地理一》，中华书局，1987，第969页。

[2] 张涌泉、黄征校注《敦煌变文校注》，中华书局，1997，第193页。

迁升的武州再次陷于吐蕃，原州政权建制再度侨治潘原（固原东南），丝路再次阻绝。

须弥山石窟为全国十大石窟之一，地当丝绸之路必经之地石门关（古称石门水）北侧，是丝绸之路文化遗产所在。通往这里的丝绸之路，孕育了须弥山石窟。须弥山石窟初创于后秦和北魏，兴盛于北周和唐代。明代以后，尤其是近代以来，丝绸之路的衰落使这里因与外界交通中断而闭塞，逐渐淡出人们的视野。直到1982年，这座瑰丽的艺术宝库被列为全国重点文物保护单位，政府拨出巨款进行大规模修复，成为一处吸引中外游人观览的旅游胜地。

把石门关之侧的山称为须弥山，自然增加了须弥山的神秘性和浓郁的佛教色彩。据史料看，宋代已有须弥寨的称谓，可见须弥山之名最晚当始于唐代，相对确凿年代，应在须弥山大佛开凿之后。到了唐代末年，须弥山之称谓已约定俗成。明代《万历固原州志》在《重修圆光寺大佛楼记》碑文里，已直呼"须弥山"之名。须弥山石窟的开凿，有其深刻的历史文化背景，一是因为途经固原的丝绸之路与其特殊地理位置，二是源于北魏时期统治阶层的信仰及崇佛的政治环境，三是由于北周政权奠基人宇文泰对原州（固原）的着意经营；四是由于唐代原州政治、军事、经济、文化的繁荣和发展。

### 三　长安灵州道

（一）长安灵州道始末

晚唐、五代至宋初，中原与西域、天竺之间的商贸十分频繁。虽然此时海上丝路已在运行，但主要贸易还是在陆路。灵州是丝路陆路通道必经之地，长安—凉州道受阻后，长安—灵州道有地理上的绝对优势。自西域和天竺东行的各类人进入河西凉州后，接着沿白亭河北行直达今甘肃民勤县附近，然后东行至灵州，再由此南折达北宋内地环州（今甘肃环县），直抵长安。五代时期的后晋，曾遣供奉官张匡邺、郭武军节度判官高居诲等一行赴于阗，册封其王李圣天为大宝于阗国王，于天福三年（938）十二月自灵州出发，走的就是这条通道。高居诲记载了沿途的路线和沿途所见。①

灵州道有两条路线：一条是灵州—凉州道，属捷径；一条是灵州—甘州道，走草原丝路。

灵州—凉州道，是凉州畅通时的捷径。高居诲在他的《使于阗记》里说："自灵州过黄河，行三十里，始涉沙入党项界，曰细腰沙、神点沙。至三公沙，宿月氏都督帐。自此沙行四百余里……渡白亭河至凉州，自凉州西行五百里至甘州。"② 后人做过实地考察，认为自灵州渡过黄河，出贺兰山西北行，经阿拉善左旗折向西南行百余里，即达白亭海至白亭河（今石洋河），渡白亭河可达凉州。从地图上看是向北绕了一个弯，实际上这是出贺兰山越腾格里沙漠最好走的一条通道。③ 五代宋初，中原使节、商旅及僧侣往返皆走此道。④ 灵州—凉州道实际上是安史之乱前灵州—原州—凉州道的另一种走向。

灵州—甘州道，是甘州—居延海（内蒙古额济纳旗）—灵州—长安，大致走向是草原丝路。唐大中年间（847~860），吐蕃占据凉州时，使者、商人等皆绕道漠北，循回鹘旧路或由甘州北趋居延海，然后南下灵州而至长安。凉州收复后，灵州—凉州道复通。

自晚唐灵州道开通，历五代、宋初，灵州道承担着丝绸之路贸易和中西文化交流的陆上主要任务，是北方南下至长安的重要通道。据敦煌文书记载，曹氏归义军时期，灵州道空前活跃，朔方节度使（驻灵州）担负着保护朝贡使节的人身和财产安全，并确保灵州丝绸之路畅通无阻的神圣职责。⑤ 无论是晚唐张氏归义军时期，还是曹氏归义军时期，灵州道都扮

---

① 《新五代史》卷七十四《四夷附录》，商务印书馆，2014，第1708~1709页。
② 《新五代史》卷七十四《四夷附录》，商务印书馆，2014，第1709页。
③ 陈守忠：《河陇史地考述》，兰州大学出版社，1993，第225~237页。
④ 赵贞：《敦煌文书中所见晚唐五代宋初的灵州道》，《中国历史地理论丛》2001年第4期。
⑤ 赵贞：《敦煌文书中所见晚唐五代宋初的灵州道》，《中国历史地理论丛》2001年第4期。

演着极为重要的角色,这期间使节、商旅络绎往来,民族迁徙、文化交流,对晚唐、五代与宋初的历史产生过深远影响。

在日本研究者的眼中,经过晚唐五代的发展,宋初灵州已经成为国际交通都市。① 作为中转站和集散地或交通枢纽,灵州与河西及中原之间有着密切的关系。

灵州道上的文化交流和蕃汉交易主要内容有:一是来自北方、西域、天竺、河西等方面的各国朝贡使及其随从;二是天竺僧人及其他西域僧人东来宋朝;三是宋朝西去求佛经者;四是回鹘人经灵州往宋朝内地的商贸活动,以及回鹘人在灵州的商贸活动;五是灵州周围蕃部的马匹交易,宋朝在灵州马市买马运回内地,西凉府六谷蕃部在灵州的马市最为繁忙;六是军事需求,这在灵州同样重要。这一切,体现了灵州的国际交通都市的地位在当时的盛况及其意义。西夏控制了贸易都市灵州之后,切断了北部、西部与灵州方面的往来。

(二)参天可汗道

汉代修筑的光禄塞城障(今内蒙古包头市西北)向西延伸,与居延泽城障(今内蒙古额济纳旗北)连接就形成了通道。由居延海往西域可不走河西走廊,而是转入阿尔泰山南麓西行,抵达伊州(今新疆哈密)、高昌(今新疆吐鲁番)。这是草原丝绸之路的一部分。历史上的丝绸之路,安定时期基本走长安—凉州一线,因战乱受阻时就绕道草原丝路。《旧唐书·李德裕传》里记载:"承平时,向西路自河西、陇右出玉门关……自艰难已后,河、陇尽陷吐蕃,若通安西、北庭,须取回纥路去。"② 吐蕃占据陇右、河西走廊后,通往西域的丝绸之路就改道,这是参天可汗道的背景。

"参天可汗道",是由唐代京师长安前往漠北的道路。贞观四年(630),唐朝攻灭东突厥,大漠南北统一,唐朝于阴山南麓置三受降城,道路相通可南达长安。贞观二十一年(647),唐太宗平漠北薛延陀部,

---

① 〔日〕前田正名:《河西历史地理研究》,陈俊谋译,中国藏学出版社,1993,第 406 页。
② 《旧唐书》卷一百七十四《李德裕列传》,中华书局,1987,第 4522~4523 页。

黄河文明在宁夏

铁勒诸部酋长尊唐太宗为"天可汗""天至尊",不但诸部酋长来大唐朝贡,而且请求在回纥(铁勒诸部之一)以南、突厥以北开一通道,称之为"天可汗道"。它的走向大致沿秦时的直道到达天德军,再至回鹘牙帐(即唐安北都护府,今蒙古国和林),然后入伊州至高昌,通往西域。参天至尊道,就是后来所谓的参天可汗道,全程设置68个驿站,由回鹘牙帐直达长安,成为北方草原诸部落聘使朝贡的通道。途中驿站备有马匹、酒肉、食品,各部落每年贡纳貂皮作为赋税。①《新唐书·地理志》载:"中受降城正北如东八十里,有呼延谷(今昆都仑河谷),谷南口有呼延栅,谷北口有归唐栅,车道也,入回鹘使所经。又五百里鹏鹈泉,又十里入碛,经麕鹿山、鹿耳山、错甲山、八百里至山鴗子井。又西北经密粟山、达旦泊、野马泊、可汗泉、横岭、绵泉、镜泊,七百里至回鹘衙帐。"② 这是参天可汗道出唐境之外的走向。

安史之乱爆发后,河西陇右驻军东调,吐蕃乘机占据了河西、陇右大部分地区,控制了丝绸之路,切断了中原与西域的联系。唐朝为了继续维持中原与西域的政治、经济联系,不得不取道回鹘草原道。这是政府利用回鹘路的背景,民间商人也只能利用回鹘道,特别是当时活跃于丝绸之路上的粟特人。

回纥人因有功于唐朝的统一事业,利用政治上与唐朝的特殊关系获得了大量丝绢,开启了草原丝绸之路的黄金时期,从8世纪中叶至9世纪中叶操纵草原丝绸之路贸易达百年之久。当吐蕃一度占据了塔里木盆地、帕米尔高原、费尔干纳谷地时,塔里木盆地南北两道丝绸之路均被切断,于是回纥人与中亚粟特商人一起,日夜奔驰于从漠北经北庭都护府(今新疆吉木萨尔县)、伊犁、碎叶通向河中(中亚撒马尔罕)的草原丝绸大道上,形成了北庭、伊犁、碎叶三个丝绸集散中心。③

---

① 《新唐书》卷二百一十七上《回鹘上》,中华书局,1987,第6113页。
② 《新唐书》卷四十三下《地理七下》,中华书局,1987,第1148页。
③ 苏北海:《汉唐时期的草原丝绸之路》,张志尧主编《草原丝绸之路与中亚文明》,新疆美术摄影出版社,1994,第30页。

## 第七章 丝绸之路与"一带一路"经济

汉至唐的草原丝绸之路,除了上述经行天山及阿尔泰山的两条草原丝绸大道外,实际上从贝加尔湖以南向西沿叶塞尼河、鄂比河上游即唐努乌梁海等地绕阿尔泰山以北直至斋桑泊的林木中大道,由此向西南径达康居及河中,也是北方草原民族所经行的丝绸之路。从长安出发向北经过草原大道,到唐朝形成参天可汗道而直达漠北各游牧部落,包括贝加尔湖周缘及以西直达斋桑泊以北的广大地区。北去的是源源不断的丝绸和粮食,南来的是"积如丘山"的毛织物和各种名贵毛皮。草原民族向历代王朝交纳的贡税就是从草原、森林中得来的各种毛皮。[①] 回鹘路的具体走向,乃是以回鹘牙帐所在地喀喇巴喇哈逊为中心,主要分为南段和西段两部分。

丝绸之路是一条具有世界历史意义的国际通道。我国自西汉至明代,主要是通过丝绸之路与亚非欧的一些国家进行政治、经济、文化的交流。但在某个时期由于政治上的原因,这条干线也曾受到梗阻。在这种背景下不得不变更线路,唐代的回鹘道(一称回纥路)就是这样一条通道,它实际上是丝绸之路的一条辅助路线或支线。[②]

唐高祖李渊自起兵就十分重视骑兵。唐太宗李世民长于以精骑掩袭取胜,对骑兵尤其关注。唐朝北衙禁军多为骑兵,其余无论府兵还是地方戍边军队,都有一定数量的骑兵。国家要装备强大的骑兵部队,就需要数量很大的马匹。唐代马政分为国家与皇家两个养马系统,六盘山东西的牧马为国家养马基地。战马是国家军队建设的重要军用物资。《新唐书·太宗本纪》记载,贞观二十年(646)八月,太宗前往灵武(今宁夏灵武市西南)接受北方少数民族的拜见,途经原州(固原)时,"逾陇山关,次瓦亭,观马牧"。九月,唐太宗亲至灵州。铁勒各部遣往灵州的使者多达数千人。《旧唐书·太宗本纪》记载,北方少数民族首领及相关人员"相继而至灵州者数千人,来贡方物,因请置吏,咸请至尊为可汗"。当时灵州

---

[①] 苏北海:《汉唐时期的草原丝绸之路》,张志尧主编《草原丝绸之路与中亚文明》,新疆美术摄影出版社,1994,第30页。

[②] 陈俊谋:《唐代回鹘路的开通及其影响》,张志尧主编《草原丝绸之路与中亚文明》,新疆美术摄影出版社,1994。

接待场面宏大，气氛浓烈，友好和谐，体现了大唐帝国社会繁盛和经济文化发展开放的气度。为此，太宗皇帝作五言诗，题碑勒石以记其事："雪耻酬百王，除凶报千古。"《全唐诗》卷一记载："帝为五言诗，勒石于灵州，以序其事。今止存此。"[1]

"参天可汗道"成了唐朝海纳百川的象征。交通的发达，经济的发展，文化的繁荣，使得唐代的雄风荣耀天下，"绝域郡长，皆为朝贡，九夷重译，相望于道"。

（三）灵州西域道

灵州地处黄河东岸，是宋初以前宁夏北部政治、经济、文化中心，是关中北出塞外的北部重镇。灵州西通河西走廊凉州，南达原州（宁夏固原），北通漠北草原丝绸之路，东连太原一线，是重要的交通枢纽和军事重镇。战国时齐桓公西征大夏时，可能走的就是经过灵州的这条道，即由山西北境西行，经陕西北部至宁夏渡黄河，过"卑耳山"（贺兰山），经"流沙"，即今贺兰山西北的腾格里沙漠。[2]

安史之乱后，穿越河西走廊的丝绸之路受阻，西域、漠北与中原各地往来之外交、贸易和文化交流都由灵州来承担。自安史之乱平息到回鹘汗国崩溃约80年时间，这期间绢马贸易、朝贡岁赐等络绎不绝。后晋天福三年（938）高居诲出使于阗，宋初王延德出使西州等都要经过灵州这个中转站。缘此，灵州成为唐末五代及宋初重要的国际贸易大都市。

五代时期，李茂贞盘踞陕西凤翔，阻断长安至秦州（今甘肃天水市）的交通线。唐末五代至北宋初年，因陇右地区为吐蕃、党项等部落所阻，由长安至河西走廊的长安凉州道不畅通，故改经邠州（今陕西彬县），北上到宁州（今甘肃宁县），沿马岭水（今环江）而北上，至方渠（今甘肃环县南杨旗镇）。再北上至青刚峡或土桥子（在今甘肃与宁夏交界处），经旱海（戈壁）入灵州（今宁夏灵武西南）过黄河，出贺兰山口（今三

---

[1] 《全唐诗》卷一，中华书局，1999，第19页。
[2] 余太山：《古族新考》，中华书局，2000，第6页。

关口）入今阿拉善旗腾格里沙漠，抵今甘肃民勤县，沿白亭河谷至凉州（武威），与河西走廊"丝路"会合，再沿河西走廊至西域。

通常意义上的灵州道，即指晚唐五代宋初这一历史时段以灵州为中心，连接西域与中原朝贡、贸易往来的主要通道。长安—灵州道，是唐代中后期对长安—凉州北道（固原）的取代，也是对长安—凉州北道的延伸，依旧是丝绸贸易之路。尽管其走向发生了变化，但丝绸之路本身所承载的历史使命没有变，仍是历史的延续。尤其是安史之乱后，唐肃宗在灵州即位，特殊时期的灵州大都督府与丝绸之路灵州道的开通意义更为重大。"唐末五代，由于民族战争和政治形势的变化，从灵州经回鹘境而入西域的路线便起着沟通东西的作用。"[1] 这一时期灵州道的历史意义更为重要。

（四）通辽直路与国信驿路

秦汉以后的直道，是关中北出塞外的大通道。魏晋南北朝时期，长期战乱破坏了正常的社会和经济秩序，一些城市遭到战火的焚毁。一些原本没有较大城市的地区，由于地域性新政权的建立而出现了新的城市，如河西、北魏平城等。这些新城市的兴起，带动了道路与交通的发展。赫连勃勃建立大夏国之后，宁夏黄河以东、陕西北部、内蒙古鄂尔多斯以南的广大地域上的道路，一度成为河套地区东西南北交通的枢纽。宋、辽、夏、金时期，这种区域性的交通道路更加显得重要。

西夏建国后，控制着河套地区大部分地域，但河套地区东北部，包括呼和浩特平原和伊克昭盟的部分地区却属于辽国所辖。辽国契丹族原为游牧民族，取得幽燕蓟十六州农耕区后，契丹社会发生了巨大变化，在境内出现了城市，皇都上京临潢府（今辽宁巴林左旗南）应运而生。西夏与宋朝对峙中，采取联辽攻宋策略。在这个背景下，由西夏都城兴庆府（今宁夏银川）直达辽国上京的"通辽直道"得以开通，而且军事与文化

---

[1] 张广达：《古代欧亚的内陆交通》，中国史学会编《第十六届国际历史科学大会中国学者论文集》，中华书局，1985，第262页。

意义十分重要。这条通道是西夏与辽国之间的重要通道，北宋对这条通道的价值和意义也非常明白。曾巩在他的《隆平集》里就有记载，说西夏人从都城兴庆府过黄河向东北方向，"十有二驿而达契丹之境"，通道的方向和远近驿程都有描述。清代人张鉴《西夏纪事本末》附的《西夏地形图》，依曾巩的"十二驿"之说，标出具体的驿站和地名。

当时辽国设上京、中京、西京、南京、东京五道，面积广大。以上京为中枢，各京之间道路通达，沿途均设有馆驿。西夏兴庆府至辽国上京的"通辽直道"，是当时重要的通道，而且设有驿站以备官员和"诸国信使"食宿。

国信驿道，也是宋夏时期一条重要通道，是出西夏都城兴庆府向东南方向的一条重要通道。早在北魏建都平城后，黄河以东鄂尔多斯沙漠东南边缘就形成了交通驿道。西夏时期，"国信驿道"是宋朝保安军（今陕西志丹县）向北穿越西夏盐州、灵州，渡过黄河抵达兴庆府的通道，其中的一部分利用北魏时期形成的道路。宋代人曾公亮《武经总要》里称其为长城岭路，"九驿至灵州怀远镇"。七百里左右的路程，将宋朝陕西北部与西夏都城兴庆府连接起来。

## 第二节　功能区与新县制经济动能

### 一　宁东能源化工基地

宁东能源化工基地位于黄河东岸宁夏灵武市境内，它虽然不是一级地方行政建制，但它的规模与功能已经形成了一个城市的格局。2003年，自治区党委、政府审时度势，做出了举全区之力开发建设宁东基地的重大战略决策，并将宁东基地列为宁夏的"一号工程"。建设进程分为两期：一期为2003年到2010年，二期为2010年到2020年。建设内容包括煤、电、煤化工三大产业项目和基础设施建设项目。全部项目建成后，将新增工业增加值约297.6亿元，并拉动其他行业形成产值897.39亿元的规模。

宁东能源重化工基地将建设成为以煤炭、电力、煤化工三大产业为支撑，全国重要的千万千瓦级火电基地、煤化工基地和煤炭基地。2003年底，宁东基地供水工程开工建设，拉开了宁东基地开发建设的序幕。2006年6月，自治区政府批准实施《宁东能源化工基地规划与建设纲要》和《宁东能源化工基地工业产业发展暂行规定》，掀起了宁东基地大规模开发建设的热潮。

宁东基地占地面积约为3500平方公里，东以鸳鸯湖、马家滩、萌城矿区的边界为限；西与白芨滩东界接壤，延伸到积家井、韦州矿区西界；南至韦州矿区和萌城矿区的最南端的宁夏和甘肃省界；北邻内蒙古自治区鄂托克前旗。已探明煤炭储量273亿吨，远景储量1394.3亿吨，是一个全国罕见的储量大、煤质好、地质构造简单的整装煤田。宁东能源化工基地分为3个分基地：宁东煤炭基地、宁东火电基地、宁东煤化工基地。基地核心区位于银川市灵武境内，重点发展煤、电、煤化工三大核心产业，以及机械加工、生物制品、建筑材料等相关产业的一大批辐射产业。

2007年4月13日，中共中央总书记胡锦涛在视察宁东基地时，做出了"又好又快建设宁东能源化工基地，实现资源优势向经济优势转化"的重要指示，为宁东开发建设进一步指明了方向。2007年11月，国家有关部委联合下发文件，将宁东基地正式确定为国家第二批循环经济试点园区。2008年8月15日，国务院总理温家宝在视察宁东基地时指出，"把宁东基地建设成为贯彻科学发展观要求的全国一流经济开发区"。2008年9月，国务院《关于进一步促进宁夏经济社会发展的若干意见》明确将宁东基地建设成为国家重要的大型煤炭基地、煤化工产业基地、西电东送火电基地和循环经济示范区。2008年12月，国家发改委、国家能源局和自治区政府在宁东基地联合举行"煤电化"三大基地项目启动和国家重点开发区揭牌仪式，总投资500多亿元的8个项目同时开工建设。2009年2月，国家发改委批复《宁东能源化工基地开发总体规划》。规划总体目标：建成全国一流的能源化工基地，建成全国循环经济与资源综合高效利用示范区，建成带动宁夏跨越式发展与实现全面小康社会目标的重点开发区。按照宁夏"一号工程"蓝图设计布局，宁东能源化工基地将累计完成投资6000亿元以上、工业总产值5500亿元，打造千亿元园区3个、百亿元园区4个，培育千亿元企业3个、百亿元企业7个。

2010年2月，国务院副总理李克强视察宁东化工基地时提出构建宁东、鄂尔多斯、榆林能源化工"金三角"构想。2012年9月，国务院批复建立宁夏内陆开放型经济试验区，提出依靠宁东基地建设国家大型综合能源化工生产基地、综合生产区和储备区，为宁东基地快速发展奠定了基础。

2013年，国家发改委正式批复同意建设神华宁煤集团400万吨煤制油项目。经过十余年的科技攻关和39个月、5000多次革新实验，技术创新替代了靠国外进口相关设备的历史。2016年，400万吨/年煤炭间接液化项目油品技术通关，实现了煤炭"由黑变白"高端技术转换，产业成功转型升级并正式投产，成为载入中国工业发展史册的大事。2008年，时任国家副主席习近平第一次踏上宁东基地考察。时隔8年后的2016年7月，习近平总书记再次来到宁东，看到拔地而起的建筑群和火热的劳动场景，总书记说，"社会主义是干出来的"，广大基地建设者深受鼓舞。在宁夏空间发展战略规划布局里，宁东新区是一个独立的建制，是国家级能源化工基地，承载着四块牌子：国家重要的大型煤炭基地，国家重要的"西电东送"火电基地，国家重要的煤化工产业基地，国家循环经济示范区。在科技创新不断跟进的同时，实施走出去战略。2017年7月，宁东管委会与环渤海区域战略合作，双方签订《对接京津冀、融入环渤海、服务"一带一路"建设合作框架协议》，涉及产业转移、煤化工产业链延伸、技术研发、金融创新等，打造煤化工技术装备研发制造中心。通过打造宁东环渤海产业园，进一步调整产业结构，推进新兴产业转型。

宁东基地中心距离黄河仅35公里，黄河为宁东基地提供了水源保证。大银川都市圈以黄河为轴线，两岸统一规划，协调发展，银川、宁东、吴忠是功能互补区。正是从这个意义上，宁东能源基地也是黄河沿岸新兴的经济区，是宁夏重工业的载体，也是一座新型沿黄城市。

## 二 滨河新区

滨河新区，即沿黄河而建的景观城市，是用把宁夏作为一个城市来经营的理念来拓展的城市群空间，涵盖了银川黄河以东的大片地域空间和文化遗存。银川市提出"提升主城，建设新城，重心东扩，跨河发展，园区同步"的发展思路，是有创意和实施价值的。滨河新区核心区离银川主城区13公里，紧靠黄河，占地面积275平方公里，是集工业产业园区、生产生活服务区和文化旅游休闲区为一体的现代化城市综合体。在城市理念上，打造银川城区副中心区，新建的三座跨黄河大桥竣工后，由银川主城区到城区副中心区驾车仅十余分钟。滨河新区的未来，其指向是城镇化、都市化、国际化、现代化，承载着沿黄河城市群的多元功能。在国家层面上，它在宁夏向西开放的过程中，在国家重新建立丝绸之路经济带的过程中，一是将成为中国向西开放的重要的桥头堡，二是将成为宁夏内陆开放经济试验区的重要平台。在黄河城市群的视阈中，它将发挥银川城区副中心的多元作用，其基本思路，一是滨河新区1.8万亩旅游生态园林景观，二是以银川舰为载体的黄河军事文化博览园景观，三是以健康养生为依托的国际医疗城，四是尽可能连接和利用黄河东岸的文化古迹以推进旅游开发。

滨河新区的建设，把银川中心城市向外围进一步拓展，是沿黄城市群建设的一大创举。从国家层面上看，国务院确立的沿黄城市群规划，充分体现了宁夏沿黄城市带的特殊地位，尤其是沿黄城市群的特殊空间：西安、兰州、呼和浩特、太原这个空间中黄河城市群的辐射圈。内蒙古乌海、陕北、甘肃白银以东的地区，是一个很大的地域空间，也是地下资源富集的地区。在这个地域空间里，黄河城市群的兴起意义重大。从宁夏两区建设的实际走向看，滨河新区的位置与银川综合保税区、宁夏空港物流中心等走向全国和世界的对外机构融为一体，它们实际上是滨河新区的核心资源，也是支撑滨河新区加大对外开放、加强经济结构调整的重要部门。滨河新区的建设，将银川的城市群建设与黄河衔接起来，黄河为城市增添了灵动与活力。

2013年,中央城镇化工作会议明确提出,"要推进以人为核心的城镇化","要体现尊重自然、顺应自然、天人合一的理念,依托现有山水脉络等独特风光,让城市融入大自然,让居民望得见山、看得见水、记得住乡愁"。滨河新区凭借和依托黄河,更加显示了城市特色和文化记忆,在继承与创新的过程中凝聚城市文脉并融入城市形态中。城市和人一样,有着完整的记忆,它留给人们的是共同而真诚的情感。

滨河新区的功能是全方位的。这里有银川黄河东线的旅游资源,如明长城、水洞沟遗址等。黄河东岸原有沙漠化景观与人工打造的生态园林景观的双重显现,同样是一种极具地域特色的景观。因此,旅游开发是滨河新区文化建设的重要组成部分之一。在国家建设丝绸之路经济带、宁夏举办中阿博览会并向西开放的背景下,以旅游为指向的中阿经贸旅游、休闲旅游目的地,西北自驾旅游、西北风情展示和生态旅游示范地,西部首个国家休闲区等在滨河新区的聚集和实施,极具战略眼光。

滨河新区依托的是黄河,黄河主轴线东西的旅游景观同样依托的是黄河。黄河两岸的国家级湿地公园鸣翠湖、黄河古渡、黄河横城、薰衣草休闲度假旅游区、银川舰,黄河以东的水洞沟旅游区、明长城遗址公园、明长城博物馆等景区景点,都是丰富多彩的黄河文明的杰作。黄河文明实际上涵盖了长城文化、水洞沟文化、军事文化、湿地文化、休闲文化等多个门类。正是这些独特的文化资源,撑起了独一无二的滨河新区黄河文化带的文化旅游。未来滨河新区黄河文化带的后续发展,如横城国际特色小镇、黄河风情观光、长城文化体验、滨水生态康疗、特色街区购物、沙漠机车竞技、大漠草原休闲等娱乐项目,都会伴随着滨河新区黄河文化带旅游的推进而为游人所青睐。

## 三 阅海湾中央商务区

阅海湾中央商务区,是依赖阅海湾水系规划布局而形成的现代化滨水生态型商务区。它有明确的建设指向——面向阿拉伯国家的现代服务业园区，立意高，视野大，是全国唯一。阅海湾中央商务区肩负着未来的重大使命：第一，宁夏国际会议中心将成为银川城市文化的地标建筑；第二，中阿博览会永久会址成为中阿文化交流基地；第三，22个国家的使领馆区在这里聚集，吸引着全球目光；第四，由于宁夏的区位优势，将成为国家向西开放的窗口平台；第五，将成为新的欧亚大陆桥或新丝绸之路经济带的重要支点。这里优美的滨水环境，别样的风情建筑，典雅与现代相融的魅力，会成为生活宜居的新兴城市功能区。建成后的阅海湾中央商务区，可聚集总部企业150家，中小企业2000家以上，承载30万人在商务区及周边的工作生活。[1] 这样的规模已经成为相对独立的、有一定规模的城市群建设。

阅海湾中央商务区在充分利用阅海湾水系的同时，从城市群的构架上也显示了大手笔。阅海湾中央商务区建设拉开城市框架，拓展了银川城区规模，是提升城市群档次和功能的创造性举措。从宁夏沿黄城市群建设这个国家命题看，阅海湾中央商务区建设，除了以上所涉及的多元功能外，从城市建设的意义上，它不但会成为银川城市建设的现代化新景观，而且是沿黄城市群建设的重要组成部分。截至2016年，引进金融企业、机构419家，年产值超过100亿元。[2]

## 四 银川综合保税区

银川综合保税区，是宁夏开放的新契机，同时也是国家向西开放的"宁夏通道"，更是宁夏内陆开放型经济试验区新经济格局的有力保障。2012年9月10日，国务院正式批准设立银川综合保税区。经过一年的快速建设，2013年9月10日，国家十部委验收组对银川综合保税区正式验收（一期）。银川综合保税区按照建设与招商"双轮驱动"的思路有序推

---

[1] 《银川：奋力打造宁夏内陆开放型经济试验区核心区》，《阅海湾CBD推动发展的新引擎》，《宁夏日报》2013年9月15日。
[2] 银川年鉴编辑部编《银川年鉴（2016）》，宁夏人民出版社，2017，第141页。

进,"走出去"与"请进来"同步进行,积极加大招商引强工作。一期主导产业确定为轻工产业、葡萄酒产业、黄金珠宝加工产业、航空产业和保税服务业,美国、法国、澳大利亚、新西兰、伊朗、阿富汗和中国香港、中国台湾等国家和地区的投资主体陆续进入。

银川综合保税区的建立与运行,开拓了中国面向阿拉伯国家贸易的内陆开放型经济的新格局,尤其是提升了宁夏对外开放的水平,与宁夏区党委、政府提出的"开放宁夏"的理念完全一致,实施意义重大。银川保税区不仅将要承担宁夏及周边地区区域经济发展的重任,而且将搭建中阿经贸交流的"宁夏通道",成为丝绸之路经济带的"支点"。银川保税区虽然不是吸纳人口的城镇建设模式,却是支撑滨河新区的重要支点,是对外开放战略的直接载体,也是整个沿黄城市群建设发展的集散地与制度保障所在,更是国家层面上打造丝绸之路经济带重大战略实施的坚强堡垒。宁夏的红酒产业、枸杞产业、皮毛产业、轻纺产业等具有宁夏地方特色的各类产品将通过这里进入国际市场。银川综合保税区建设,是宁夏大开放、大发展的里程碑。2016年,银川综合保税区在全国44个综合保税区中排名第17位,在西部11个综合保税区中排名第5位。[1]

## 五 内陆开放型经济试验区

2012年9月,国务院正式批准宁夏建立内陆开放型经济试验区,这是我国内陆地区首个覆盖整个省域的开放型经济试验区。国家赋予其"战略"定位:一是打造国家向西开放的战略高地,二是国家重要的能源化工基地,三是承接产业转移的示范区。所谓"内陆",是相对于沿海、沿边而言,这就形成空间上的内陆与沿海、沿边的互为依托、相辅相成的战略格局。正是在这个意义上,宁夏内陆开放型经济试验区的设立意义重大,不仅是宁夏、不仅是西北,而且是国家战略大格局中的重要组成部分。宁夏在这个大格局中已成为向西开放的前沿,要充分发挥宁夏区位优

---

[1] 银川年鉴编辑部编《银川年鉴(2016)》,宁夏人民出版社,2017,第140页。

势、能源优势、文化优势，大视野、全方位、多层次、宽领域对外开放，从国家层面构建西部地区更加开放的经贸合作区域。经济的大发展，与城市文化的大发展是一体的。

银川市是这个内陆经济试验区的核心区，石嘴山、吴忠、固原、中卫、宁东，是这个内陆经济试验区的五大支柱。银川市的滨河新区、阅海湾中央商务区、银川综合保税区及石嘴山、吴忠、固原、中卫、宁东等新区建设或城镇化进程，都在描绘着蓬勃发展的新前景，都在抒写着开放宁夏的新篇章，都在为黄河城市群建设与延伸做着前无古人的盛事。站在国家向西开放的前沿，宁夏内陆开放型经济试验区将伴随着新丝绸之路经济带的繁荣昌盛而不断推进和发展。

内陆开放型经济试验区建设，是"国家大战略，宁夏新使命"。要在对外开放的战略层面上凸显大视野，做足大文章，要有清晰的定位，要有具体战略构想，要有务实具体的举措。要充分体现宁夏区位战略优势，将内陆开放型经济试验区建设与丝绸之路经济带建设、黄河几字弯发展战略很好地衔接起来，找到突破点。开放宁夏、富裕宁夏、和谐宁夏、美丽宁夏的未来就依托在这些层面上。

## 六　红寺堡区

红寺堡区，地处宁夏中部干旱带。历史上这里基本是荒芜之地，但地理位置非常重要。虽然属于中部干旱带，但北部与中宁鸣沙相邻而靠近黄河。红寺堡的名字起源于明代，因为明代黄河以东以南盐池、灵州、鸣沙等地都是蒙古兵锋经常南下的通道，红寺堡是明朝设立的长城沿边一处军事防御堡塞。明代以后，随着战争的结束，红寺堡的军事防御功能逐渐淡去。民国以后，已经很少有人能记得起它的名字。20世纪末，宁夏南部山区异地移民与红寺堡的名字又连在了一起。

1993年，全国政协主席李瑞环在宁夏考察时，建议在有条件的地方搞扬水灌溉，集中移民搬迁。第二年，全国政协副主席钱正英受李瑞环主席的委托，带领水利专家再次来宁夏做实地考察，提出利用黄河两岸广阔

**黄河文明在宁夏**

平坦的干旱荒原，扬黄河之水建设200万亩灌溉区，迁入南部山区100万贫困人口。1995年，国务院批准了宁夏扶贫扬黄灌区规划并列入国家"九五"计划，确定开发4个扬黄灌区，红寺堡区为其中之一，灌区面积75万亩。1996年5月，用世界银行贷款启动的全国最大的扶贫移民工程——宁夏扶贫扬黄灌溉工程奠基。经过数年的工程建设，黄河水被引入宁夏中部干旱带，红寺堡区是率先受益的地区之一。1998年，移民整体搬迁开始，南部移民陆续迁入红寺堡开发区。经过20余年的开发，现已有可耕灌的水浇地数十万亩，完成人工造林130万亩，治理水土流失近1000平方公里，先后搬迁和安置宁夏中南部贫困山区8县移民20余万人，建成了全国最大的生态移民区。[①]

1999年9月30日，国务院正式批复设立吴忠市红寺堡区。经过二十余年的奋斗，二十余年的发展，红寺堡区已经在这片沃土上生根开花，一届一届区政府带领生存在这个新天地里的农民脱贫致富奔小康。昔日的荒漠之地，已发展成为富庶的新区。红寺堡区凭借黄河水资源以发展农业经济为主导，设施农业与养殖并进，"慈善"与产业同行，葡萄产业展现了经济发展的巨大潜力，宁夏百万亩葡萄长廊项目给红寺堡区葡萄产业的未来提供了更为广阔的发展空间。

红寺堡区这座新兴的移民城市，已经在广袤的红寺堡大地上耸立，街衢宽阔，道路四达，楼房林立，大县城的格局已初显规模，以商贸为主的生态园林新城呈现出前所未有的新的活力。宁夏移民博物馆，是红寺堡区城市建设的地标，记载着红寺堡区移民文化的变迁史。

红寺堡区与黄河沿岸其他城市一样，是黄河灌溉农业的产物。从这个意义上看，也是黄河文明孕育的城市。从地理空间上看，这里在历史上也是符合古代筑城建县的要求的，只是由于山丘相蔽、土地沙荒（明代红寺堡驻军在这里有屯田经历，后因抛荒造成地表沙化）而成荒芜之地。

---

① 李培林、王晓毅主编《生态移民与发展转型——宁夏移民与扶贫研究》，社会科学文献出版社，2013，第21页。

第七章　丝绸之路与"一带一路"经济

扬黄灌溉拓荒，为建成移民区开辟了一方田园绿洲。同时，也为宁夏增添了一处全新的受益于黄河灌溉的县级城市。

## 第三节　丝路经济带与沿黄城市群

### 一　丝路与沿黄城市群

丝绸之路的名字，是19世纪70年代德国人李希霍芬提出来的。它主要是指欧亚两大地理板块之间的一条陆路通道，中途通过亚洲腹地，在干旱的沙漠、戈壁和高原中由绿洲相连而成，故又被称为沙漠绿洲丝绸之路。从我国向西是广阔的中亚、西亚和欧洲南部地区。汉代张骞"凿空"西域开通的丝绸之路始于长安，途经宁夏固原跨越黄河向西穿越河西走廊，经敦煌过疏勒（今新疆喀什），向西翻越葱岭后到达中亚、西亚直抵欧洲地中海沿岸。中华文化传播海外的历史很早，周穆王西狩的故事，说明那时已有中国人向域外传播中国文化；张骞在西域发现当地人使用"蜀布""邛杖"，说明此前已有中国的物产传到了中亚一带。

宁夏除了有沙漠绿洲丝绸之路外，还连接着草原丝绸之路。秦汉时期，随着匈奴民族的迅速崛起与扩张，宁夏成为其往来活动的主要地域。在汉朝与匈奴博弈的过程中，汉文化通过沙漠绿洲丝绸之路与草原丝绸之路进入蒙古高原及西伯利亚地区。实际上，这种影响早在秦始皇时期蒙恬率大军在宁夏及其以北击退匈奴就开始了。西汉初期，汉匈之间的战争、"和亲"，草原丝路都发挥了重要作用。中亚、蒙古国、西伯利亚等地区出土的大量文物就证实了丝绸之路文化的传播。此外，佛教文化东传朝鲜半岛、日本列岛，草原丝绸之路也起过重要作用。固原北周李贤墓出土的玻璃器皿、须弥山石窟及佛教文化的东传，与草原丝绸之路相关联。

丝绸之路主干道有四条：一是汉唐时期起自长安（洛阳）经由宁夏穿越河西走廊的丝绸之路，二是草原丝绸之路，三是途经四川、云南、西藏的西南丝绸之路，四是海上丝绸之路。由于丝绸之路的重要文化意义及影响，联合国教科文组织数次对丝绸之路进行过详细考察。自1988年开始了历时10年的丝绸之路学术考察活动，1990年考察了陕西西安至新疆喀什沙漠丝路，1991年考察了草原丝绸之路。2006年以来，在联合国教科文组织的倡导和推动下，我国与中亚有关国家开展了丝绸之路跨国申报世界文化遗产的活动。在前期的申报与评审过程中，丝绸之路宁夏段列入《世界文化遗产名录》预备名单者有4处（固原古城、北朝隋唐墓地、须弥山石窟、开城遗址）。

2013年1月，正式申报联合国教科文组织的文本中，宁夏段丝路4处遗址虽然未能进入，但丝绸之路整体申遗的成功，同样对宁夏带来发展机遇，尤其是在文化遗产保护与经济社会发展方面。宁夏是丝绸之路必经之地，境内有许多与丝路文化关系密切的文化遗产。"西北地区其独特的地域文化和民族习俗在中华文明迈向多民族国家、多元文化格局的过程中起着特别重要的作用。甘肃、青海、宁夏、新疆因地理位置之便，与长安交相辉映，构架起通往西方的重要中转站……新疆文物充满异域特色，甘肃文物展现早期交流与汉代开拓的历史，青海、宁夏文物表现魏晋之后承启的特点，陕西文物则体现盛唐气象，而宋元时期新疆、宁夏和甘肃的文物又表现出丝绸之路自唐代以后绵延发展的可能。这种文物资源的区域性、互补性现状，构成了一部完整的中国绿洲丝绸之路的发展史。"[①] 出土的文物，再现了丝绸之路东西方文化交流的脉络及其丰富的程度。

两千年前，东西方发生了两大历史事件。在西方，是亚历山大东征和罗马帝国的兴起；在东方，是汉武帝时期张骞通西域。这两大事件对丝绸之路绿洲线的形成产生了巨大的影响。公元前139年，汉朝的国力逐渐强盛，而且对北方的匈奴民族形成威慑，汉武帝派张骞出使西域。张骞第二次出使西域，才将绿洲和沙漠地带连接起来，使丝绸之路畅通。在这个过程中，也将沿途的国家和部落如珍珠般连接起来。当这条连接中亚、西亚

---

[①] 俄军：《寻梦丝路 重启旅程》，《中国文物报》2013年11月6日。

的大通道形成并畅通时，丝路沿线大小国家的使者、商人、僧人就往来于这条通道上。西汉末年，汉朝统治者失去了对西域的完全控制，再加上匈奴的袭扰，丝绸之路一度中断。公元73年，东汉班超经营西域并再次打通丝绸之路，丝路延伸到了欧洲。罗马帝国使者首次沿着丝绸之路到达东汉的洛阳。唐代安史之乱以后，绿洲丝绸之路河西走廊受阻冷落，途经宁夏的丝绸之路灵州道与北方草原丝绸之路继续发挥着大丝路的作用。这条交通大动脉犹如连接东方和西方的金丝带，承担着丝绸之路政治、经济、文化联系的重要职能，不仅是古代亚欧互通有无的商贸大道，也是促进亚欧各国与中国友好往来、沟通东西方文化的友谊之路。

宁夏，地处绿洲丝绸之路东段北道的必经之地，丝路文化西出东进，为宁夏积淀了丰厚的丝路文化（前文已有不同层面的叙述），而且为地域经济发展、城市文化繁荣起过重要作用。新时期沿黄城市群建设，在"一带一路"建设和"向西开放"战略背景下，有着更为广阔的发展空间和多元渠道。目前，已开通中欧、中俄国际货运班列；中国民航局"十三五"规划将宁夏列入区域航空枢纽建设地，打造空中丝绸之路，建成内陆地区以航空交通为枢纽的示范城市，开拓阿盟成员国航空货运市场并发挥重要作用，包括文化"走出去"交流交融与推进。这一切，为沿黄城市群建设和发展提供了更多的机遇。

## 二 "一带一路"重要支点

随着中国与中亚共建丝绸之路经济带大外交格局的确定，丝绸之路的价值与意义再次从国家层面上得到了体现。这条起始于公元前2世纪、持续至公元16世纪的商贸与文化交流的大动脉，在承载着时空久远的中西方文明的交流与融合的同时，仍在继续书写着新时代的新篇章，彰显着当代意义。宁夏尽管不沿边，不靠海，但作为古丝绸之路东段北线的商埠重镇，有特殊的地理位置，有开放的通道条件。国家批准宁夏承办的"中国—阿拉伯国家博览会"，两年一届。2015年中央经济工作会议指出，要扩大对外开放。宁夏正在按照会议提出的"更加注重推进高水平

## 黄河文明在宁夏

双向开放"[1]的要求走向世界。

2014年6月5日,中国—阿拉伯国家合作论坛第六届部长级会议在北京召开。中阿合作论坛在政治上相互尊重,经济上平等相待、互利共赢,文化上包容互鉴,尊重文明的多样性。阿拉伯国家的"向东看"与中国"向西看"是一致的。"丝绸之路经济带建设"这一未来宏大构思,将阿拉伯国家"向东看"与中国"向西看"紧密地连接在一起。建设内陆开放型经济试验区,为宁夏更好地融入对外开放提供了保障。

向西开放战略与丝绸之路经济带发展,其宏观指向是一致的,战略谋划是一体的。对于宁夏来讲,一是与中亚新丝绸之路经济带的对接,一是与阿拉伯国家丝绸之路的对接。近年来,在对外开放的总体格局中,西部地区开放程度不断扩大。当中亚的战略地位日渐凸显时,丝绸之路经济带的桥梁作用更大。

位于西部地区的宁夏,应该抓住新丝绸之路经济带背景下的战略机遇。要秉承丝绸之路文化的开放性、包容性、创新性、互学互鉴、互利共赢的丝路精神,利用好现代传播手段,在向西发展的过程中提升中华文化的影响力。向西开放的意义在于,通过丝绸之路经济带构建陆路向西发展的大通道。

无论向西发展战略还是丝绸之路经济带建设,其发展的前提和基础是文化,文化是纽带。千百年来,我们的祖先在东进西出的过程中,留下了丰富而宝贵的丝路文化。开放性、包容性、创新性、务实性,是丝路文化的鲜明特点。做丝路文章,实施向西开放的战略,必须秉承丝路文化的特点,提升中华文化的影响力。面对目前的大机遇,宁夏向西开放必须坚持理论创新与实践创新相结合,突出地域优势与国家重大需求相结合,立足本土与国际视野相结合,突出和加强宁夏历史文化研究,拓展文化内涵,让宁夏地域文化(文化资源)"走出去",将人文遗产与自然山水文化资源推向丝路文化覆盖的地方。

---

[1] 《中央经济工作会议在北京举行》,《光明日报》2015年12月22日。

## 三　丝路经济与商贸延伸

两千多年前，横跨欧亚的丝绸之路将中国与中亚和阿拉伯世界连接起来。两千多年后，重建丝绸之路经济带、续写丝绸之路新篇章已成为中外文化交流与商贸往来的新趋势。在西部大开发的背景下，近年为实施国家"向西开放"战略，加快构建新的内陆开放型经济格局，宁夏由举办中阿论坛到举办两年一届的中国—阿拉伯国家博览会，为阿拉伯国家与我国的经贸合作、项目洽谈和友好往来搭建了新的平台。习近平总书记格外重视，每一届"博览会"的召开都收到了总书记的贺信。一个更加开放、务实、创新的宁夏，正按照总书记"更加注重推进高水平双向开放"的要求走向世界。

2013年9月，习近平总书记访问哈萨克斯坦纳扎尔巴耶夫大学时发表演讲，在盛赞中哈传统友谊的同时，倡议与中亚五国共同建设"丝绸之路经济带"。之后，《中共中央关于全面深化改革若干重大问题的决定》中进一步提出，"推进丝绸之路经济带、海上丝绸之路建设，形成全方位开放新格局"。中央从更为宽泛的视野、更高的层面上提出了未来合作与发展的战略构想，"指向国家安全、对外开放、西部开发、中国经济未来新增长点四重战略目标"[①]，实际上是一种全方位的指向。在启动丝绸之路经济带建设的同时，也要促进多元文化的交流，维护和巩固中亚国家与本土文化传统和精神文化遗产，增强区域互信，促进经济合作。作为丝绸之路经济带的重要支点宁夏，在未来中西商贸往来与中外文化交流中有更为广阔的发展前景。国家"十二五"规划提出"扩大内陆开放，加快沿边开放"，宁夏获准设立内陆开放型经济试验区，将成为国家"向西开放"的重要支点，成为丝绸之路经济带建设战略空间中的重要中转站。"丝绸之路经济带"不是人们通常理解的"带状合作区域，这实际上是欧

---

① 曹云：《丝绸之路经济带具四重战略目标》，《中国社会科学报》2014年1月10日。

亚大陆空间所生活的各国进行互利合作的网络"[①]。"打通太平洋到波罗的海的运输大通道",这是未来"丝绸之路经济带"欧亚合作的世界空间,要充分认识到丝绸之路经济带在未来的战略意义。

早在1990年9月,兰新铁路向西延伸到阿拉山口,标志着东起我国连云港等港口,西迄荷兰阿姆斯特丹等港口,长达万公里的第二亚欧大陆桥贯通,处在运输网络末梢的西北地区,成为连接东亚和中亚、亚欧两大洲的腹心地带。开放的宁夏,是指对内对外全方位开放,是一个全新的战略构想。亚欧大陆桥依托的是西北地区的开放格局,宁夏在这个格局中有着自己特殊的区位优势和地域特色。宁夏的两区建设需要宁夏实施开放战略,构建内陆新格局需要宁夏实施开放战略,建设国家丝绸之路经济带更需要宁夏实施开放战略。古丝绸之路上的商队和使团(者),不仅促进了东西方的商业贸易,也传播着东西方文化和宗教。文化交流许多时候是通过商业往来进行的。丝绸之路如同铺就的一张网络,四通八达,为中西贸易与文化交流奠定了历史性的基础。从当代意义审视,也为我们今天建立丝绸之路经济带提供了延伸的背景文化和历史参照。

宁夏,是丝绸之路东段北道必经之地。两千年前,丝绸之路将东方大国与阿拉伯半岛上的诸多部落和古国连在一起,商贸与文化交流共同书写着那段辉煌的文明史。历史典籍里的记载,地下出土文物的实证,都在以不同的形式揭示着宁夏曾经的历史。追溯历史,自然地理意义上的格局没有变,古丝绸之路所连接的中亚、西亚的地理空间没有变,但丝绸之路商贸与文化交流的历史及其延伸的空间却在变化和延伸。在海洋文明继续发展的同时,重新审视陆上丝绸之路的历史意义和价值,追溯和衔接新世纪背景下的中阿商贸与文化交流,应该是宁夏充分利用区位优势、融入丝绸之路经济带建设的新机遇,也是进一步研究古丝绸之路商贸与文化交流对当下建设新的丝绸之路经济带的深远意义所在。

古丝绸之路绵亘万里,延续千年,积淀了以和平合作、开放包容、互

---

① 邢广程:《"丝绸之路经济带"与欧亚地缘格局》,《光明日报》2014年1月12日。

学互鉴、互利共赢为核心的丝路精神。宁夏地处古丝绸之路通道上，走出去战略是有坚实历史和文化基础的创举。建设开放的宁夏，正是新丝路文化在宁夏、在中国的直接体现。宁夏内陆开放型经济试验区的设立，与丝绸之路经济带构想是一体的，在经济全球化区域合作的背景下，宁夏内陆经济开放试验区文化交流将日益频繁并体现其独有的作用和价值。丝绸之路经济带建设前景宏大而深远，开放的宁夏必将在这个大舞台上有更大的全新的作为。

党的十八大以来，宁夏发挥向西开放的独特优势，积极融入国家"一带一路"建设。一是构架陆路、空中、网上丝绸之路，多层次立体化建设开放通道。2016 年 1 月 15 日，宁夏开通首趟国际货运班列。数年来，有大量班列开往中亚和欧洲等地。二是加快建设内陆开放型经济试验区和银川综合保税区。石嘴山精细化工和银川羊绒制品等出口基地成为国家级转型升级示范基地。三是坚持内外并举双轮驱动，积极主动"走出去"，建设贸易口岸和境外产业园区。由宁夏主导建设的中国—沙特（吉赞）产业园、中国—阿曼（杜库姆）产业园被列入国家发改委 20 个产能合作示范区、商务部 16 个重点推进境外经贸合作区。[①]

当前，从国内看，应加快推进国内航空快线和准快线建设。沿黄经济区是国家功能区之一，航空快线的建设和延伸，必须密切与京津冀、长三角、珠三角、西安、兰州的航线，衔接和借鉴这些功能区的治理和创新经验。从国际看，充分发挥宁夏地域优势，稳定和提升银川至中亚、西亚国际货运班列，拓展与蒙古、俄罗斯的货运班列。同时，开拓海运空间。

## 四　文化"走出去"战略

在丝绸之路经济带背景下，"重走丝绸之路"是一种历史性追溯，依托丝绸之路举办系列文化活动很有必要。《中共中央关于全面深化改革若

---

[①] 孙波、陈晓虎、荣启涵、曹健：《情满塞上　奋进逐梦——以习近平同志为核心的党中央关心宁夏发展纪实》，《中国文化报》2018 年 9 月 19 日。

干重大问题的决定》提出:"加强国际传播能力和对外话语体系建设,推动中华文化走向世界……培育外向型文化企业,支持文化企业到境外开拓市场。"怎么走出去,如何开拓?将中国的书画文化、中国的中医药文化、中国的品牌文化、中国的特色文化等带出去展示给世界,讲给世界,至关重要。

宁夏要依托丝绸之路把自己的文化和故事传播出去。宁夏丝绸之路文化、黄河文化、历史文化、西夏文化、回族中医药文化等,要以不同的渠道和形式向外推介。物产,也是"走出去"战略重要组成部分,宁夏的枸杞、枸杞产品、牛羊肉、羊绒产品、葡萄酒等,同样可以通过丝路文化的通道走向中亚、阿拉伯国家和欧洲。

## 五 内陆开放型经济试验区

2013年12月,宁夏回族自治区党委十一届三次会议提出,全面建设开放宁夏、富裕宁夏、和谐宁夏、美丽宁夏,开放宁夏列在首位,体现了自治区党委和政府全面深化改革、推进和提升宁夏经济建设的新思路。作为一种宏观战略,开放宁夏与国家建设丝绸之路经济带的构想是一体的。宁夏近年已经做了不少开创性工作,对于建设丝绸之路经济带已经有了基础。2017年6月,宁夏第十二次党代会上提出要实施新兴产业提速工程,推进西部云基地、新型智慧城市建设,打造中阿网上丝绸之路经济合作试验区宁夏枢纽。当前,国家共建"一带一路"倡议正在向丝绸之路沿线的亚洲、非洲、欧洲国家和地区落地生根、持久发展阶段迈进。古丝绸之路上的宁夏,要研究和总结古丝绸之路上经济、政治、文化交往,以及不同文明互学互鉴的历史经验,为宁夏积极参与"一带一路"建设提供历史参照和有益启示。

宁夏内陆经济开放试验区,是宁夏"走出去"战略的平台与通道。目前,要充分利用丝绸之路经济带与内陆经济开放区这个纽带关系,设计好出口。要把握好两大背景机遇:一是要抓住全球产业重新布局的机遇,推动内陆贸易与投资走出去;二是抓住国内"海外接单、沿海加工"模式向"沿海接单、内地加工"模式的转变,以扩大内陆开放的机遇,建立内陆开放型经济试验区高地。截至 2014 年,我国与五大洲 28 个国家和地区建设了 15 个自由贸易区。① 截至 2019 年 3 月,中国政府已与 125 个国家和 20 个国际组织签署 173 份"一带一路"合作文件。截至 2018 年底,中欧班列已经连通欧亚大陆 16 个国家的 108 个城市,中国与 15 个沿线国家签署了包括《上海合作组织成员国政府间国际道路运输便利化协定》在内的 18 个多边国家运输便利化协定;中国与 47 个沿线国家签署了 38 个双边和区域海运协定;中国与 26 个国家和地区签署了双边政府间航空运输协定;中国与沿海国家货物贸易进出口总额超过 6 万亿美元;中国先后与 20 多个沿线国家建立了双边本币互换安排;与 7 个沿线国家建立了人民币清算安排,与 25 个沿线国家的金融监管当局签署了合作文件;丝绸之路沿线民间组织合作网络成员已达 310 家,成为推动民间友好合作的重要平台。② 宁夏内陆开放型经济试验区应抓住这个机遇,努力在多层次、全方位和宽领域上开展文化和商贸活动,拓展对外合作空间。

沿黄城市群建设是基础。在这个基础上按照"全域银川"理念,着眼"新丝绸之路经济带"和大银川都市区重大战略,推进"两区"建设,充分利用内陆开放型经济试验区的优势,实现宁夏跨越式发展。宁夏第十二次党代会提出要积极参与"一带一路"建设,中阿博览会将成为中阿共建"一带一路"的重要平台和通道。同时,积极推进内陆开放型经济试验区、银川综合保税区两区建设,加快内陆开放步伐,是融入"一带一路"建设的时代机遇。"努力实现经济繁荣、民族团结、环境优美、人民富裕,确保与全国同步建成小康社会",是宁夏的奋斗目标。

## 六 城市群建设格局与黄河精神传承

(一)城市群规划升级

城市群是我国新型城市化主体形态,也是拓展发展空间、释放发展潜

---

① 李新:《加速实现扩大内陆沿边开放》,《光明日报》2014 年 4 月 11 日。
② 刘梦:《"一带一路":从"大写意"到"工笔画"》,《光明日报》2019 年 4 月 25 日。

能的重要载体，还是参与国际竞争合作的重要平台。宁夏沿黄城市群建设同样承载着这样的使命，而且在不断往前推进。宁夏沿黄经济区，位于全国"两横三纵"城市化格局中包昆通道纵轴的北部，在国家战略布局中，宁夏交通地理位置尤为重要，又是国家粮仓基地。2010年，《全国主体功能区规划》颁布，宁夏沿黄经济区成为全国重点开发建设的18个功能区之一。

国家"十二五"规划将沿黄经济区上升为国家战略。其功能定位凸显了三大特点：一是宁东以现代能源化工基地为引领，重点发展能源化工、云计算和电子信息、装备制造、新能源、新材料、生物医药、生态纺织等产业；二是将沙湖、沙坡头、镇北堡西部影视城、黄河大峡谷等黄河沿线的景区连接起来，形成黄河文化旅游带；三是建立贺兰山东麓葡萄文化长廊、中国枸杞原产地长廊、罗山脚下的红寺堡葡萄基地，形成特色绿色农产品产业基地。

（二）高铁时代

宁夏城市群建设，从交通意义上是一个里程碑。2015年9月，国家发改委批复：为支持宁夏加快沿黄经济区建设，完善区域综合交通网络，加快新型城镇化发展，同意宁夏沿黄经济区城际铁路网规划方案。规划范围为沿黄经济区内银川、吴忠、石嘴山、中卫4个城市及其下辖城市，实现银川至周边城市1~2小时交通圈布局规划。同时，启动银川至宁东城际铁路建设。按照《宁夏空间发展战略规划》的基本思路，要把宁夏作为一个大城市来规划建设。交通以城际铁路先行，将沿黄城市群空间拉近，解决城市间的交通问题。

2016年12月14日，国家发改委发出通知，将进一步加快城市群规划编制，促进城市群健康可持续发展。2017年，启动宁夏沿黄城市群规划编制。

银川至中卫的城际高铁于2019年岁末运行。这条快速通道包括银西高铁银川至中卫段、吴忠至中卫城际铁路，全长207公里，将银川、河东机场、吴忠、中卫连接越来，沿黄经济区已纳入1小时经济圈。这条线路

## 第七章 丝绸之路与"一带一路"经济

向北与包（头）银（川）高速连接，至呼和浩特、北京；向南经银西高铁向西延伸至白银、兰州。此外，宝中铁路固原至平凉段扩能项目，已列入国家"十三五"铁路建设规划，银川至宁东高铁通车在即，能源化工"金三角"交通体系已经形成。高等级公路网、大能力铁路网、大密度航空网三位一体的现代化综合立体交通运输体系的形成，将全面凸显宁夏在全国交通大格局中承东启西、连接南北走向的战略地位并提升其影响力，助推沿黄城市群建设快速发展。

### （三）潜力与辐射

在新一轮西部大开发中，要推进沿黄经济区的现代化带动战略，将中心城市的发展与其他市县的发展有机结合起来，与城市群体系完善结合起来，深入挖掘潜力。一是集聚效应，体现在规划编制一体化，基础设施一体化，产业发展一体化，区域市场一体化，生态建设一体化。二是辐射效应，宁夏沿黄经济区是宁夏生产要素和经济活动最为集中的地区。同时也是周边500公里范围内自然环境最为优越、最适宜人居的地区，能辐射广大周边地区。通过沿黄经济区的率先崛起，能提升沿黄经济区的整体竞争力和辐射能力，形成西部地区新的增长极。

沿黄经济区建设有利于保障国家能源安全。宁东能源化工基地，与鄂尔多斯、榆林地区共同构成体量较大的能源化工"金三角"。这里化石能源探明储量1.55万亿吨，约占全国的30%，油气产量占全国的25%，是我国集中开发的特大型能源基地。建设我国西北油气生产加工供应基地，打通西北陆路石油进口通道，是时代赋予沿黄经济区的使命。

要争取国家赋予沿黄经济区综合保税区和自由贸易区的优惠政策以及部分区域、部分产品特殊的免税政策，积极促进区域合作和对外开放，使沿黄经济区成为西部地区发展环境最好、改革成本最低、示范效应最高的经济区，发挥银川中心城市的辐射作用，为西部欠发达地区实现跨越式发展探索新路，为宁夏经济社会发展做出积极贡献。

### （四）黄河精神

"黄河文化是中华文明的重要组成部分，是中华民族的根和魂。"黄

### 黄河文明在宁夏

河文明孕育了自强不息的精神。千百年来，黄河孕育着华夏民族，生成代表中华民族优秀传统文化的黄河文明。它以"坚韧不拔、勤劳刻苦、自强不息、厚德载物、兼收包容、海纳百川"的黄河文化，凝聚成"团结、拼搏、求实、开拓、奉献"的黄河精神。黄河文明深深根植于绵延数千年的宁夏地域文化之中，成为维系广大人民群众共同创业的精神纽带。

习近平总书记对黄河生态的保护格外关注，2016年考察宁夏时就提出要"让母亲河永远健康"。2019年，总书记在河南主持召开黄河流域生态保护和高质量发展座谈会时指出："推动黄河流域高质量发展要从实际出发，宜水则水、宜山则山、宜粮则粮、宜农则农，宜工则工、宜商则商，积极探索富有地域特色的高质量发展新路子。"[①] 黄河文化是一种跨区域交流合作的文化，沿黄经济区建设多元推进的过程中，必须传承和遵循这种理念。宁夏人心里都应该明白，宁夏"唯黄河而存在，依黄河而发展，靠黄河而兴盛"。因此，保护、传承、弘扬黄河文化，是沿黄经济区建设中挖掘、研究和提升宁夏地域文化的使命；弘扬黄河精神，就是对黄河文化的保护、传承与弘扬。保护黄河沿岸生态环境，保护黄河支流生态环境，保护黄河原生态湿地，就是护佑黄河宁夏段生态保护的"高质量发展"。

宁夏沿黄经济区有黄河灌溉农业的支撑，有特殊的区位优势，有国家层面上的政策扶持，有已经形成规模的宁东化工基地，有沿黄城市群已经形成的各种经济优势，有已经形成和正形成的高铁网络、航空网络，以及期待下功夫开通的黄河航运，沿黄经济区腾飞正在描绘明天的蓝图。年轻而古老的沿黄经济区，将发展成为吸纳带动宁夏周边区域、立足西北地区，经济发达、文化繁荣昌盛的城市群。

---

① 《共同抓好大保护 协同推进大治理 让黄河成为造福人民的幸福河》，《光明日报》2019年9月20日。

# 主要参考文献

《史记》，中华书局，1982。

《汉书》，中华书局，1987。

《魏书》，中华书局，1987。

《新唐书》，中华书局，1986。

《旧唐书》，中华书局，1986。

《宋史》，中华书局，1997。

《元史》，中华书局，1987。

《明史》，中华书局，1987。

（宋）司马光：《资治通鉴》，中华书局，1996。

《明实录》，台湾"中央研究院"历史语言研究所影印校勘本，1962。

（清）顾祖禹：《读史方舆纪要》，中华书局，2011。

嘉靖《宁夏新志》，宁夏人民出版社，1982。

嘉靖《固原州志》，宁夏人民出版社，1985。

乾隆《甘肃通志》，兰州大学出版社，2018。

宣统《固原州志》，陕西人民出版社，1992。

（明）朱栴撰修，吴忠礼笺证《宁夏志笺证》，宁夏人民出版社，1996。

万历《朔方新志》，中国社会科学出版社，2015。

乾隆《宁夏府志》，宁夏人民出版社，1992。

邹逸麟：《千古黄河》，中华书局香港有限公司，1990。

侯仁之主编《黄河文化》，华艺出版社，1994。

《中华文明史》，河北教育出版社，1994。

马正林：《中国城市历史地理》，山东教育出版社，1998。

葛剑雄、曹树基、吴松弟：《移民与中国》，中华书局香港有限公司，1992。

赵俪生主编《古代西北屯田开发史》，甘肃文化出版社，1997。

李治安：《元代行省制度》，中华书局，2011。

鲁人勇、吴忠礼、徐庄：《宁夏历史地理考》，宁夏人民出版社，1993。

陈望衡：《环境美学》，武汉大学出版社，2007。

刘春成、侯汉坡：《城市的崛起——城市系统学与中国城市化》，中央文献出版社，2012。

周振鹤主编《中国行政区划通史·明代卷》，复旦大学出版社，2007。

薛正昌：《固原历史地理与文化》，甘肃文化出版社，1998。

薛正昌：《宁夏历史文化地理》，宁夏人民出版社，2007。

薛正昌：《宁夏境内丝绸之路文化研究》，甘肃教育出版社，2014。

石涛主编《中国灾害志·宋元卷》，中国社会出版社，2019。

张崇旺主编《中国灾害志·明代卷》，中国社会出版社，2019。

杨新才：《关于古代宁夏引黄灌区灌溉面积的推算》，《中国农史》1999年第3期。

刘磐修：《魏晋南北朝时期北方农业的进与退》，《史学月刊》2003年第2期。

张德芳：《西北汉简一百年》，《光明日报》2010年6月17日。

刘士林：《从大都市到城市群：中国城市化的困惑与选择》，《江海学刊》2012年第5期。

王双怀：《中国古代灌溉工程的营造法式》，《陕西师范大学学报》

(哲学社会科学版) 2012 年第 4 期。

宣晓伟：《中国未来的区域增长格局研究》，《区域经济评论》2013 年第 4 期。

张学良：《中国区域经济转变与城市群经济发展》，《学术月刊》2013 年第 7 期。

杨贵庆：《"社会生态链"与城市空间多样性的规划策略》，《同济大学学报》(社会科学版) 2013 年第 4 期。

薛正昌：《城市群建设析论——以宁夏沿黄城市带建设为例》，《宁夏社会科学》2016 年第 5 期。

# 后　记

　　黄河与黄河文明，在中华古代文明的多元发展中，承载的是一幅幅瑰丽多姿的历史画卷。宁夏历史与黄河和移民密切关联，引黄灌溉以移民开发为源起而不断发展。宁夏平原早期是一个沉降带，它接受了大量的沉积物，土层深厚，淤积出肥沃的土地，农业开发较早，黄河水自流灌溉，是极为富庶的农业区。南北走向的贺兰山，护卫着这个特殊的地理空间，阻隔着山外的漫漫黄沙。早在明代就有"天下黄河富宁夏"之赞誉。母亲河，父亲山，铭刻在了宁夏人的骨子里。

　　2009年4月，宁夏区党委、政府提出"建设沿黄城市带，推动全区城市化进程"的决策之后接着又提出打造"黄河金岸"的战略构想。宁夏的谋划，获取先机，迎合了国家战略。2010年，《全国主体功能区规划》颁布，宁夏沿黄经济区进入国家主体功能区规划建设序列。接着又有国家"十二五"规划纲要的颁布。在这一系列重大决策里，都明确提出了建设宁夏沿黄经济区的国家指向。国家重大决策的出台，沿黄经济区建设的推进，是在发展中演进，在发展中完善，在发展中提升的。黄河孕育了宁夏平原引黄灌溉农业文明，也诞生了宁夏平原黄河沿线的城市群。有了这个大背景和国家政策的实施，我便有了一些思考，琢磨从宁夏历史文化的层面做些梳理和研究，包括一些理论层面的研究，希望能为沿黄经济区建设提供历史参照和文化支撑。2012年，我以"宁夏平原沿黄经济区与黄河文化带研究"为题申报国家社科基金项目。那一年顺畅，课题

# 后 记

得以立项。

宁夏历史悠久,地理位置特殊,战国时期秦国建县设制,秦朝时开渠引水,移民开发,已经历了两千多年的历史。课题撰写内容,一是宁夏历代政权建制,二是历代移民开发,三是宁夏平原黄河农业文明,四是沿黄河城市群的出现和发展。明代宁夏平原黄河几次改道,对城市布局造成影响,但军镇、卫所的格局已呈现城市群的雏形。清代,沿黄城市群已基本形成,民国时期趋于完善。近年开发建设,不断有新的功能区设立,有新县制出现,移民仍在改变着城市的结构,推动着城市化进程。黄河湿地得以修复,生态建设引起人们的高度重视,城市环境不断优化,"一带一路"经济不断提升城市群的影响力。在这个背景下书写沿黄城市群的历史,鲜活而有生命力。

近十余年间,我对宁夏黄河灌溉农业文明、宁夏平原移民开发史、沿黄城市的兴废等做过一些研究,应该说有一些基础。课题立项后,我除了认真翻阅典籍文献尤其是明清地方志书外,对重要的文化遗迹做过多次实地考察调研,也多次实地考察宁夏平原古灌渠,包括一些干渠、干渠的进水闸、灌溉民俗文化、黄河沿岸原生态湿地等。这期间,有一些研究成果见诸报刊。沿黄城市群的范围,主要包括宁夏平原沿黄河带分布的10个城市,但在课题撰写过程中将宁夏南部固原市也列入其中。理由有三:一是因为黄河一级支流清水河。西汉时期,眴卷县(县治今中宁境)即属于安定郡(今固原市)管辖,从水系看,两千年前固原与沿黄地域空间就融为一体;二是黄河文明的发祥地主要在黄河诸多支流的两侧,清水河流域即古丝绸之路通道,两岸台地又是便于人类栖息生存的地方;三是按照《宁夏空间发展战略规划》布局,固原是宁南区域中心城市。从这些意义上看,沿黄城市群应该是一个宽泛的地域概念。

2014年,课题如期完稿送审。评审专家提出了一些修改意见,我充分吸纳,做了认真修改。2018年,课题结项。2019年,宁夏社会科学院决定出版系列丛书,课题有幸忝列其中。10月末,社会科学文献出版社陈颖老师打来电话,同时发来"选题申报表"。申报表里,题目仍填写的

**黄河文明在宁夏**

是课题申报时的名称——《宁夏平原沿黄经济区与黄河文化带研究》。陈老师说，书名还可再斟酌。春节过后的一天，陈老师垂问何时可交书稿，我说明天。此刻，觉得应该有一个能涵盖全书内容的"书名"了。黄河文明涉及沿线九省区，从地域上界定称谓可能会确切一些。于是，便想到了《黄河文明在宁夏》这个书名。陈老师见到书稿后微信回复，一是书名认可；二是提出了十分清晰的修改意见，包括此后各位审读老师提出的许多精细的修改意见，我都认真吸纳，反复修改，受益良多。同时，非常钦佩审读老师们治学的严谨、深厚的功力和一丝不苟的敬业精神。

书稿付梓之际，感念宁夏社会科学院各位领导的抬爱，也感谢科研处各位老师的关心。同时，十分感谢陈颖老师、桂芳老师花费的心血和所付出的辛勤劳动。沿黄城市群研究，包括军事、政治、经济、城市、文化诸多方面，纵横深广宽厚，限于自己的知识结构和研究能力，内容或者有简略之嫌，或者有疏忽遗漏，或者有舛误之处。敬请读者批评指正。

薛正昌谨识

2020 年 2 月 22 日银川寓所

## 图书在版编目(CIP)数据

黄河文明在宁夏/薛正昌著. -- 北京：社会科学文献出版社，2021.12
（宁夏社会科学院文库）
ISBN 978-7-5201-8888-3

Ⅰ.①黄⋯ Ⅱ.①薛⋯ Ⅲ.①黄河流域-文化史-研究-宁夏 Ⅳ.①K294.3

中国版本图书馆CIP数据核字（2021）第163605号

·宁夏社会科学院文库·

## 黄河文明在宁夏

著　　者 / 薛正昌

出 版 人 / 王利民
责任编辑 / 陈　颖
文稿编辑 / 闫富斌
责任印制 / 王京美

出　　版 / 社会科学文献出版社·皮书出版分社（010）59367127
　　　　　 地址：北京市北三环中路甲29号院华龙大厦　邮编：100029
　　　　　 网址：www.ssap.com.cn

发　　行 / 社会科学文献出版社（010）59367028
印　　装 / 三河市尚艺印装有限公司

规　　格 / 开 本：787mm×1092mm　1/16
　　　　　 印 张：23　字 数：339千字
版　　次 / 2021年12月第1版　2021年12月第1次印刷
书　　号 / ISBN 978-7-5201-8888-3
定　　价 / 128.00元

读者服务电话：4008918866

版权所有 翻印必究